Black Flags, Blue Waters

The Epic History of America's
Most Notorious Pirates

海賊の

悪名高　ちの物語

エリック・ジェイ・ドリ
Eric Jay Dolin

吉野弘人 訳

Black Flags, Blue Waters
The Epic History of America's Most Notorious Pirates

Published in agreement with the author,
c/o BAROR INTERNATIONAL, INC., Armonk, New York, U.S.A.
through Japan UNI Agency. Inc, Tokyo

ジェニファー、リリー、そしてハリーへ

——ウィリアム・シェイクスピア「ベニスの商人」

「だが、船ったってただの板切れだ。船乗りったってただの人間だ。それに陸のネズミに海のネズミ。陸の盗賊に海の盗賊、つまり海賊ってやつがある」
（訳注：白水ブックス シェイクスピア全集「ベニスの商人」小田島雄志訳）

海賊の栄枯盛衰／目次

序章

Introduction

一七一八年の一一月終わりごろに黒ひげが海軍中佐ロバート・メイナードとスループ船ジェーン号の甲板で戦う姿を描いた二〇世紀初めの絵画。

一七二六年四月の終わり、ジョン・グリーン船長は、やっと船出の準備を終えた。ジャマイカの広大な港、キングストン港の埠頭《ふとう》に係留されたエリザベス号には、すでに最後の食料、水、そして日用品が積み込まれていた。グリーンと彼の一六人のクルー（乗組員）は、今まさに大西洋を横断してアフリカのギニアへ向かい、厳しいジャマイカ経済にとっては主要な労働力である奴隷を運んでこようとしていた。大きな利益を生み出していた広大なジャマイカのさとうきび農園では、当時何万もの奴隷が、過酷な環境のもとにさとうきびの収穫や加工といった骨の折れる仕事に従事していた。増加を続ける大英帝国の国民は、この過酷な労働のおかげで紅茶やコーヒー、ケーキといったものを砂糖で甘くすることができたのだ。もっとも、幸せなことにこういった嗜好品の消費者のほとんどは、その味覚を満足させるために悲惨な奴隷労働が行われているという事実を知ることはなかった。砂糖農園では労働者の死亡率が非常に高く、農園主は、増え続ける需要に追いつくために、継続的に奴隷を補充しなければならなかった。もしグリーンとそのクルーのような奴隷商人がいなければ、最終的にジャマイカの経済は停滞してしまうことになるだろう。

ジャマイカのクリスタル・ブルーの海を出発した直後、エリザベス号にトラブルが発生した。グリーン船長と一等航海士のトーマス・ジェンキンスがたちまち大部分のクルーの恨みを買ってしまったのだ。クルーは、二人が自分たちを〝虐待し、犬のように残酷に〟扱ったと言った。二七歳の甲板長、ウィリアム・フライがクルーの怒りをとりまとめて反乱を企てた。五月二七日深夜、エリザベス号がアメリカの沖合数百マイルを航行していたとき、フライと彼の共謀者は、今こそが立ち上がるときだと決意した。

深夜一時過ぎ、見張りに立っていたフライが合図を送った。来《きた》るべき暴力への期待に緊張しながら、フライと四人の仲間は、甲板を急いで横切り、かじを操っていたモーリス・クンドンに近づいた。フライは体を寄せると、クンドンの耳元でささやいた。「いいか、少しでも手足を動かしたり、声を出したりしたら、脳みそを吹っ飛ばすぞ」さらにはっきりとわからせるために、フライはシャツを上げて、ズボンに挟んである銃を見せた。クンドンは、船長室に続く階段を下りて行くフライとそのうしろに続く船員のアレキサンダー・ミッチェルをただぼうぜんと見守っていた。

驚くグリーン船長を無理やりベッドからたたき起こすと、二人の反逆者は、抵抗する船長を甲板に引きずり出した。二人が船長を海に放り出そうとする寸前、船長が叫んだ。「お願いだ、甲板長。放り出さないでくれ。そんなことしたら死んじまう」フライは、新たに手に入れた権力の座を存分に味わいながら、船長に自分と同じように「主よ、私の魂を憐れみたまえ」と繰り返すよう、冷淡に言い放った。そしてフライとミッチェル、さらにウィンスロップという名の船員は、グリーン船長を手すりの外に放り投げた。運命を受け入れられないグリーンは、最後の力を振り絞ってメインシート（ブームやメインセールの下端部に取り付けるロープで、風に対する帆の角度を調整するために使われる）を必死でつかんだ。しかし、それはほんの一瞬、刑の執行を延ばしただけだった。ウィンスロップが船大工の使う大きな斧を持ち出し、これを波の上でぶら下がっているグリーンに向けて大きな弧を描いて振り上げ、哀れな船長の手首に振り下ろした。グリーンは切り落とされた手を残したまま、海へと落ちて行った。

血に飢えたクルーの怒りは治まることなく、次のいけにえである一等航海士のジェンキンスを探し始めた。操舵《そうだ》長のサミュエル・コールは仲間に「あの野郎を甲板に引きずり出せ」と叫んだ。しかし、少し前にグリーンが死刑執行人に激しく抵抗したのを聞いていたジェンキンスは、おとなしく従い、「お願いだから、命だけは助けてくれ」と嘆願した。反逆者たちはジェンキンスを甲板に引きずり出した。ウィンスロップは、「船長の後を追うんだな」と叫びながら、ジェンキンスの肩に血まみれの斧を見舞い、一等航海士を船の外に放り出した。ジェンキンスは、波間を浮き沈みしながら、「お願いだ、ロープを投げてくれ」と叫んだ。だが、助けようとする者はいなかった。反逆者たちは船を支配すると、その名前をフェイムズ・リベンジ号と改め、海賊としての第一歩を踏み出した。

フライを船長に選んだ後、海賊たちは獲物を求めてアメリカの沖合にコースを定めた。スノー船と呼ばれる、二本のマストを持つ横帆船であるフェイムズ・リベンジ号は、四門の大砲と四基のすえつけ用旋回砲を有しており、必ずしも強力な火力を備えていたとは言えなかったものの、海賊たちの目的を果たすには十分の装備だった。フライとその仲間たちは、自らを誇らしげに〝幸運の紳士《ジェントルマン・オブ・フォーチュン》たち〟と呼び、その後の数週間で、ノースカロライナとニュージャージーの間で、三隻の商船を襲い、多くの捕虜を捕らえた。なかでももっとも重要な捕虜は、ボストンに向かう商船ボネッタ号の船長ウィリアム・アトキンソンだった。アトキンソンはこのあたりの海域に非常に詳しかったため、フライは、彼にフェイムズ・リベンジ号をニューイングランドまで案内するか、海賊たちに〝頭を吹き飛ばされる〟かの選択を迫った。

アトキンソンは渋々ながらも案内人の役割を引き受けた。六月一二日ごろ、フライは彼に船をマーサズ・ビンヤード島（訳注：現在の米国マサチューセッツ州ケープコッドの南に位置する島）に向けるよう指示した。フライはそこで水と食料を手に入れようとしていたのだ。しかし、アトキンソンには別のもくろみがあった。彼はわざとマーサズ・ビンヤード島を見失ったふりをした。船がコースをはずれていることにフライが気づいたときには、フェイムズ・リベンジ号はすでにナンタケット島を通り過ぎていた。アトキンソンのたくらみに怒ったフライは、彼を殺すと脅したものの、優秀な水先案内人を失わないほうがいいと考え直した。代わりにフライは、アトキンソンに案内を続けさせ、新たにニューイングランドの漁船が集まるノバスコシア沖の海域に向かわせた。すべてが計画通りに進めば、フライは船脚の遅いフェイムズ・リベンジ号を捨てて、スピードが速く、機動性の高い船にアップグレードできるはずだった。

わざとコースをはずれるずっと前から、アトキンソンは計画を考えていた。彼は船を海賊から取り戻すチャンスを熱心にうかがい、計画がまだ固まっていない段階から、何人かの捕虜仲間に話をしていたのだ。事実、アトキンソンは、彼の船が海賊に奪われたらどうするかを常々考え、捕らえられた場合は、海賊の〝機嫌を取って〟でも、〝立ち向かう機会が来るまで〟待とうと心に誓っていた。アトキンソンに必要なのはきっかけだけだった。

六月二三日の朝、フェイムズ・リベンジ号は、タラ漁を行う巨大な漁船が多く集まる漁場、ノバスコシア沖一〇〇キロメートルのブラウンズ・バンクに到着した。フライとその仲間たちは、世界共通の海賊のシンボルである黒い旗を掲げ、すぐにマーブルヘッドから来たスクーナー船（訳注：メインマストが縦帆の帆船）ジェイムズ号を襲った。だが、フライがほしかったのは、さらにもっと速い船だった。

やがて、その目的にかないそうな別のスクーナー船があらわれると、フライはクルーの大部分をジェイムズ号に移して、その船を追わせた。

しかし、より速い船を熱望するフライの思いが、彼を破滅に導くことになった。フェイムズ・リベンジ号には、フライの他に彼の部下は三人しか残っておらず、しかもまともな部下は一人しかいなかった。三人のうちの一人は反乱の容疑をかけられて足かせがはめられた状態で、もう一人は酒を飲んでベロンベロンに酔っぱらっていた。このとき船内には一五人の捕虜がおり、そのうちの何人かは足かせをはずされていた。

ジェイムズ号が獲物を追って去ってまもなく、フェイムズ・リベンジ号の船首に立っていたアトキンソンは、フライに遠くに別の漁船が見えると告げた。これこそが彼の待っていた機会だと思ったアトキンソンは、さらに何隻かの船が見えたふりをし、〝お目当ての船団〟がすぐにも手に入ると興奮した口調でフライに告げた。船尾近くの後甲板にいたフライは、自分の望遠鏡では一隻しか見えないと言った。アトキンソンはフライにもっと近くで見るよう船首に来るように言った。このときのフライの行動は、彼が偉大な海賊でも、優れた判断力を有する人物でもないことを証明していた。彼は二丁の装塡《そうてん》済みの銃と剣を後甲板に残したまま、アトキンソンのいる船首に向かった。フライは、まったく疑うことなくウインドラス（訳注：いかりを引き上げるための機械）の上に座り、望遠鏡で水平線を眺めた。

フライの注意が水平線に向けられている間、アトキンソンは、無防備で無力な海賊船の船長に飛びかかり、両手をうしろ手に縛りあげた。その瞬間、ときが来たら立ち上がることを約束していた他の二人の捕虜も突進してフライを取り押さえ、その間にアトキンソンが船尾に走ってフライの銃を奪った。アトキンソンは、船首に走って戻ると、フライに銃を突きつけ、「捕虜となって服従しない限り、死ぬことになるぞ」と冷静に告げた。

騒ぎを聞いて、唯一まともな海賊の一人がはしごを使って主甲板に上がって来た。アトキンソンは振り向きざまに、銃床でその男を殴り、他の捕虜の力も借りて取り押さえた。フライとその部下はすぐさま監禁された。これによって、フライの短くも、血にまみれた、そしてほとんど滑稽とも言える海賊船長としてのキャリアは突然終わりを告げたのだった。

アトキンソンはすぐさまボストンに向かった。一方、ジェイムズ号に残された海賊たちは、フェイムズ・リベンジ号が去って行くのを見てショックを受けながらも、夜を徹して追跡を続けた。しかし熟練した船乗りであるアトキンソンは、闇にまぎれて追跡者を振り切った。それからの数日間、フェイムズ・リベンジ号のクルーは、フライのたえまなく続くわめき声に悩まされた。彼は〝自分自身を呪《のろ》い、彼を産んだ母親を呪い〟さらに〝天を呪い……神の裁きを呪った。そして捕らえた英国人に死を与える代わりに慈悲を与えたすべての海賊たちを呪った〟という。また彼は〝あらゆる地獄の悪魔がやって来てこの船とともに地獄へ連れて行ってくれる〟ことを願った。しかし、港で彼を待っていた運命を考えると、彼の願いのほうがまだましだった。

六月二九日、フェイムズ・リベンジ号は、アメリカの植民地のなかでももっとも大きく、もっとも活気のある港ボストンに到着した。手かせ足かせをはめられた海賊たちは、九〇センチメートル近い厚さの壁と巨大なオークと鉄でできた扉――その鍵は三〇センチ近い大きさだった――を持つ、薄暗い色の石でできた刑務所に投獄された。ただちに特別海事裁判所が招集され、七月五日にはフライと部下の二名に対し、海賊行為を理由に絞首刑が宣告された。もう一人の酔っぱらいは、だまされて海賊になっていたことがわかり、刑の執行を猶予された。

判決が下されてからの一週間、海賊たちは街中の話題となり、さらにコットン・マザー牧師からの熱い注目を浴びた。清教徒《ピューリタン》を祖父と父に持つ説教師であり、アメリカの植民地で間違いなくもっとも有名な人物であったマザー牧師は、有罪となった男たちのもとを訪れ、二度と罪を犯さないと誓って神の前で悔い改めるよう、彼らに訴えた。マザーは、それこそが、彼らが絞首刑となった後に〝天罰を避ける〟ための唯一の道なのだと諭した。

その次の日曜日、マザーはボストン・クライスト・チャーチ（現在のオールド・ノース・チャーチ）で説教を行い、海賊の凶悪な行為を非難するとともに、全能なる慈悲深き神の支配をたたえた。海賊のうち、マザーの嘆願を聞き入れて悔い改めた二名は、マザーの説教を聞くため、そして教会の信者席を埋めつくす教区民の哀れみの対象として仕えるために礼拝に出席した。しかし、フライは出席を拒み、〝衆目にさらされるつもりはない〟と言い張った。フライはまた、熱心だがくどいほどにあきらめの悪いマザーに対し、自分は後悔などしておらず、悔い改めることも自分の行いを否定することもできず、〝悔い改めたといううそをついたまま死んでいく〟つもりもないと不遜にも言い放った。

二日後、死刑を宣告された囚人たちを港の端の刑場に運ぶために、荷馬車が刑務所に入って行った。〝不機嫌で怒りをあらわにしていた〟フライは、ほぼ一週間食事を拒み、たまに水しか飲んでいなか

“サウス・イースト・ビュー・オブ・ザ・グレート・タウン・オブ・ボストン・イン・ニューイングランド（アメリカ、ニューイングランドの偉大なる都市ボストンの南東部の風景）”と題する挿画（一七三六年ごろ）。この絵は、以前に描かれたものをもとにしており、ウィリアム・フライとその仲間が裁判にかけられたころのボストンの様子を描いている。

ったにもかかわらず、驚くほど活気にあふれていた。目撃者によると、他の二人の囚人が神妙に馬車に乗り込んだのに対し、〝フライは元気よく、そしてある意味、勇ましく荷馬車に飛び乗った〟という。何千もの人々が通りに並び、死刑囚の行進を一目見ようと集まっていた。マザーによると、フライは〝勇敢な男〟として死ぬつもりだったという。フライは、手に小さな花束を持ち、道端に並ぶ人々に感謝の意をあらわしさえした。彼は絞首台の下に置かれた〝台に軽やかに上がると〟、群衆に向かって笑顔を見せた。やがて、めいっぱいの虚勢を張りながら、〝手際が悪いと言って死刑執行人を非難し〟、輪なわを絞めなおさせた。

三名の地元の聖職者が祈りをささげ、海賊一人ひとりに最期のことばを述べる機会が与えられた。フライ以外の二人は、じっくりと時間をかけて祈りをささげ、彼らがはねつけることができなかった罪深い誘惑――悪口、飲酒、そして安息日違反など――を避けるよう集まった見物人に忠告した。フライの順番が来ると、マザーは彼に、最後に神の前で罪を認めるよう願った。しかし、その願いも無駄だった。首のまわりに輪なわがまかれると、彼はふてぶてしい態度で群衆を見渡し、〝船長たちに言いたいことがある〟と言い、世の船長らがクルーを正しく扱わなければ、彼が行ったような反乱にあう危険があると忠告した。フライが自身の悪行を認めず、悔い改めなかったにもかかわらず、マザーはわずかながらも満足を感じていた。フライが絞首台で〝来るべき裁き〟を待つ間、彼はフライの手足が震えていることに気づいたのだ。マザーはそれも当然だと考えたに違いない。悔い改めない魂には山のような試練があの世で待っているのだ。

刑が執行された後、海賊たちの死体は、ボストン港の沖合八キロメートル先にあるニックス・メイト島（この島は、非常に小さいながらも、絞首刑が行われるときには大いに注目を浴びた。現在では花崗岩《かこうがん》の四角い台座のみが残り、その上にピラミッド型の立標が置かれ、港を出入りする船の案内を助けている）に運ばれ、フライの仲間二名はその島に埋葬された。だが、この悲しくも悲劇的な話の首謀者であるフライは、〝人々――特に船乗り――に対する警告として鉄の柱につるされ、さらされた〟。

だがその警告は、ほとんど必要なかった。フライの目覚ましくも血にまみれた海賊としての短い活動は、一六〇〇年代に始まった、いわゆる海賊の黄金時代の最後のあがきだったのだ。海賊の黄金時代こそ、海賊が略奪行為を繰り広げ、世界がこれまでに経験したことのないもっともドラマチックな時代だった。このとき、多くの海賊が太平洋やインド洋を混乱におとしいれた。この黄金時代は、キャプテン・ウィリアム・キッドや黒ひげといった伝説的な海賊に加え、彼らほどは有名ではなかったものの、その卑劣な行為によって同じくらい人々の心に強い印象を与えた他の多くの海賊たちを生み出した。海賊の黄金時代が、あまりにも強い印象を人々の心に与えたため、ほとんどの人々にとっては、黄金時代の海賊こそが、海賊そのものと実質的に同義であると言っても過言ではない。

海賊の黄金時代については多くの書籍が記されており、本書もそれらの文学的系統に加わるものであるが、私としては多少ひねりを利かせたつもりである。本書では、広くこの時代に目を向けるのではなく、アメリカの英国植民地を活動の拠点とするか、アメリカ沿岸地域を荒らしまわった海賊の歴史のみに焦点を当てている。一六八〇年代初めから一七二六年までの間、これらの海賊は植民地にとっては非常に身近な存在である一方、時には険悪な、そしてしばしば不倶戴天《ふぐたいてん》の敵対的な関係にあった。両者は、初めのうちは、ともに財政的に潤う良好な関係を保っていたが、最後にはボストンからチャールストンにかけての地域で、あまたの海賊が絞首刑に処されることになる、血で血を洗う戦いという形でピリオドを打つことになった。本書は、この不安定な関係の魅惑的な始まりとその性格について明らかにし、それによって、アメリカの歴史の中でももっとも人々を魅了する物語を明らかにしたいと考えている。

もちろん、アメリカと海賊との関係が一七二六年のフライの処刑をもって、突然終わりを告げたわけではない。その後の歴史上の事実のなかでも注目すべき点としては、一八〇〇年代の初めから半ばごろにかけてのアメリカ合衆国が、北アフリカ沿岸でアメリカ船を悩ませたバルバリア海賊や、カリブ海、北アメリカの東海岸、そしてメキシコ湾岸などでアメリカの船を待ち伏せて襲ったスペインの海賊と戦い、これらを制圧していたことが挙げられる。さらに最近では、二一世紀になって、ソマリア海賊がソマリアの攻撃可能範囲にある船舶を捕らえて、身代金を要求するなどして、アメリカに限らず世界中の商船を深刻な混乱におとしいれている。これらやその他の海賊のアメリカとの関係を描くことは、魅力的ではあるが、本書の範ちゅうではない。代わりに本書では、黄金時代のアメリカの海賊についての物語や史書をたどっていくこととしたい。

本書の中心は、公海上で略奪行為をするという運命的な選択をした海賊たちである。しかし、海賊について語る前に、用語の定義と〝私掠船《プライベーター》〟との違いを明らかにしておく必要がある。海賊《パイレーツ》ということばは、一四世紀に初めてあらわれ、ギリシャ語のペイラテス（peiratēs）、ラテン語のピラータ（pīrāta）に由来し、どちらも広く〝攻撃する、襲撃する〟という意味を持っている。

さらに具体的に言えば、海事用語としては、海賊は、海上で盗みを働く者たちのことをいい、陸上における強盗の海上版ということができる。

人々が航海をする限り、そこには海賊がいた。あらゆる文化やあらゆる国の船が海に櫂《かい》を下ろし、風をつかまえようと帆を張るとき、それらの船は、ギリシャの詩人ホメロスがいうところの〝自由気ままに襲いかかり、略奪に命をかける海のオオカミ〟と戦ってきたのだ。英国の冒険家であり、バージニアのジェームズタウン植民地の創設者の一人でもあるジョン・スミスは、何かと議論の的になる人物だったが、〝あらゆる土地に多くの人々がいれば、なにがしかの盗賊がいるように、多くの船が集まるあらゆる海には海賊がいる〟と記したことに関しては、正しかったようだ。そしてスミスの二〇〇〇年以上前に、ローマの歴史家にして政治家のカッシウス・ディオは賢明にもこう述べている。「海賊がいない時代などなく、人類の本質が同じである限り、なくなることもないだろう」古代および現代の歴史には海賊がたどった破滅への道についての物語が豊富にあったのである。

これに対して、私掠船《プライベーター》とは、民間人が所有し装備を調えた武装した船舶で航海し、戦時中に政府から許可を得て敵国の船舶を拿捕《だほ》する者のことをいう。その許可証は、〝私掠免許状〟といい、これを持っている者に、交戦国の船舶を拿捕し、その船と積み荷を戦利品として奪うことを認める、政府発行の正式な法的文書だった。それらの略奪品を競売して得た代金は、私掠船の乗組員や投資家、政府の間で分配された。主として、政府は、自らの海軍が戦争を行うに足る戦力を有していないときに、海上における戦力強化の手段として私掠船を利用した。さらに言えば、私掠船は、商船や戦艦を襲って妨害をすることで、敵国の経済や軍事力に打撃を与え、自国の勝利を確実にするための役割を担っていたのである。私掠の合法性と、海賊行為と極めて類似しているという観点から、私掠船のことを〝許可を受けた〟海賊と呼ぶ者もいる。

多くの歴史家や著述家が述べているように、海賊と私掠船の境界線は非常にあいまいであり、時には判別できないことさえある。私掠免許状の合法性には疑問がある上、海賊とみなされる者たちも、国家の期待――黙示的であれ、明示的であれ――を踏まえて行動し、表向きは国のために戦っていると考えているふしもある。さらに見方の問題もこれを複雑にしている。美しさが見る人によって違うように、ある者にとっては海賊でも、別の者にとっては私掠船であることがある。例えば、正式な文書を持っている私掠船は、支援している国にとっては合法であるが、攻撃される側にとっては、海賊でしかなく、恥知らずな行為に対してさらに恥の上塗りをしているにすぎないと見るかもしれない。

本書では、私掠船ではなく、海賊について述べるつもりであるが、読者のなかには、いくつかのケースではその区別が、何らかの形で正しくなされていないと考えるかもしれない。それでもなお、本書が焦点を当てるのは、著名な英国の法学者にして政治家であるエドワード・コーク卿（一五五二年－一六三四年）が〝人類の敵〟と呼び、通常は対象となる獲物の国籍にかかわらず、自らの利益のために商船を襲い、法を破り、公海を恐怖におとしいれた海の無法者たちである。

もっとも基本的な部分において、本書が描いているのは、財宝を求めて商船をいけにえにするという、危険で時には命をも賭けたゲームをプレイする海のギャンブラーたちである。ほとんどの海賊は大きな経済的成功を得ておらず、多くの場合、暴力的な死によってその短いキャリアを終えている。しかし、必ずしもそういった例ばかりではない。何人か、特に一七〇〇年以前に植民地を拠点として活動した海賊のなかには、富を手に引退することができた者もいた。

本書はまた、脅迫と、時には極端なまでの残忍性の歴史でもある。海賊はほとんどの場合、暴力そのものではなく、力による脅しを用いて犠牲者を従わせたが、その方法が失敗すると、望みの獲物を手に入れるためには喜んで戦った。もっとも血にまみれた戦闘が起きたのは、海賊と犠牲者との間よりも、海賊とこれを倒そうとして送られてきた軍隊との間であった。

本書は同時に政治的な陰謀の物語でもある。一六〇〇年代、多くの植民地は、海賊の行為が英国の法に違反していたにもかかわらず、海賊を熱心に奨励し、支援していた。そういった植民地にとって、海賊は危険な略奪者ではなく、商売上の後援者であり、友であり、家族であった。海賊は、植民地が熱望していながら、母国が課す面倒な貿易規制のせいで手に入れることができない商品や金《かね》を植民地にもたらした。植民地の総督のなかには、海賊から賄賂を受け取る者や、海賊に私掠免許状を発行してうわべだけの公的な地位を与える者までいた。彼らは海賊が英国の敵国を襲うつもりなどなく、代わりにインド洋に向かい、イスラム世界の富を運ぶ船を襲ってその富を持ち帰って来るつもりだということをよく知っていたのだ。

最後に、本書は海賊に対する取り締まりと処罰、そして根絶についても述べている。一六〇〇年代後半、海賊の問題が深刻化するにつれ、英国は政治的、法的、軍事的指導力を発揮して海賊の脅威に対抗し、大きな成功を収めた。しかし一七一〇年代の半ばから、海賊はまた息を吹き返し、その数が爆発的に増加し、これまで以上にアメリカの植民地沿岸を航行する英国船に対し、略奪行為を繰り返すこととなった。かつては多くの入植者や政府関係者から好意的に見られていた海賊も、次第に貿易に深刻な脅威を与える不倶戴天の敵として見られるようになった。英国は、フライとその仲間たちが絞首刑にされた一七二〇年代半ばまでに、法的、政治的および軍事的な手段を組み合わせることによって海賊を事実上撲滅したのだった。

彼らの活動とは別に、本書ではなぜ海賊が社会における法的規範や社会的規範を逸脱してまで、危険で暴力的な人生を追いかけたのかについても明らかにしたい。海賊のモチベーションは、時に理解しづらく、特に多くの海賊が短命だったことから、ほとんど誰も自身の考えを記録に残していない。それでもこの時代の記録は、現代の研究によって補完することによって、何が彼ら海賊を〝死の王の旗のもと〟に航海させたのかを分析するうえでの十分な資料となっている。

次章から、読者は海の略奪者たちのプロフィールを知ることになる。そこには、悪名高きキッドや黒ひげに加え、アメリカ最初の海賊であるディクシー・ブル、バッカニアのなかでも特筆すべきヘンリー・モーガン、その成功が植民地に驚きをもたらしたトーマス・テュー、場違いな海賊紳士スティード・ボネット、拷問と殺人を楽しんだエドワード・ロウ、そしてミダス王の富を手に入れながらもこれを失ってしまったサミュエル・ベラミーらの人生が描かれている。

ただし、本書を生き生きとさせる登場人物は海賊だけではない。他にも、海賊を支援する植民地に対し、軽蔑をこめた目を向けていた厳格な英国の植民地総督エドワード・ランドルフや、マダガスカルの悪名高い海賊のたまり場の王となった〝キング〟・アダム・バルドリッジ、金に汚いことで有名なニューヨークの総督ベンジャミン・フレッチャー、黒ひげが無敵ではないことを証明して見せたロバート・メイナード大尉、アメリカの〝ロビンソン・クルーソー〟フィリップ・アシュトン、そして一七二三年の夏にブロック島沖で三六もの海賊を捕らえたピーター・ソルガード艦長らも本書に登場する。

海賊は、長きにわたり、大衆文化においてもっとも華やかで印象深い有名人であった。その多くは、ロバート・ルイス・スティーヴンソンの「宝島」や、一九三五年に公開され、ハリウッド・スター、エロール・フリンのハリウッド主演デビュー作となった「海賊ブラッド」など、海賊をモチーフにした書籍や映画の影響によるところが大きい。さらに最近では、ジョニー・デップ演じる、派手に飾り立て、不作法でカリスマ的な魅力を持つキャプテン・ジャック・スパロウが活躍するディズニーの「パイレーツ・オブ・カリビアン」シリーズが新たな海賊ファンを生み出し、海賊が人々の心に根ざした存在であることを証明して見せた。また、海賊の衣装がハロウィーンの夜にもっとも人気のある衣装だということや、毎年九月一九日に、多くの熱狂的なファンによって、世界海賊口調日（訳注：世界中の人々が海賊の口調で話をする日）が祝われているということも決して不思議ではない。

多くの人々は海賊をロマンチックな視点で見ているが、死後に彼らの功績について作り上げられた伝説を除けば、海賊にロマンチックな要素はまったくない。海賊が退屈だと言っているわけではない。それはまったく違う。この後に描かれる海賊たちは、人々を引きつける魅力や機知に富んだ会話においてはキャプテン・ジャック・スパロウにかなう術もないが、それでも彼らは目を離すことのできないキャラクターである。アメリカの海賊の真の物語は、これまでに書籍や映画で描かれた想像上の海賊の冒険よりも、さらに驚異に満ち、魅力的なのである。

第一章　小さな始まり

1. SMALL BEGINNINGS

アレキサンドル・オリヴィエ・エスケメリンによる『バッカニア・オブ・アメリカ（アメリカのバッカニア）』のオランダ語版表紙（一六七八年）。

スペインとポルトガルの国王フェリペ三世（在位一五九八年―一六二一年）は、一六〇七年五月にバージニアのジェームズタウンに建設された英国の新たな植民地を、用心深い目で見ていた。英国が植民地化に関心があるだけだと主張する一方で、フェリペ三世は英国には下心があると信じていた。

何年も断続的に続いた戦いの後、やっと一六〇四年に英国との間で講和条約が締結されたばかりだったこともあり、彼は新たな〝友〟が信頼できるかどうかについて必ずしも楽観的になってはいなかった。一六〇八年七月、国会議員らも同じ疑念を抱いていることを知ったフェリペ三世は、〝英国がバージニア島を足がかりとして、そこから海賊行為を働きに打って出ようとしている〟ことを議員らから忠告されていた。フェリペ三世が守ろうとしていた富のことを考えると、その心配も不思議ではなかった。

一六世紀、ヨーロッパ諸国が新世界へと拡大していく黎明期《れいめい》、スペインは、征服者《コンキスタドール》によって二つの偉大な先住民文明を容赦なく征服したことで、金と銀の大きな鉱脈を手に入れていた。一五二一年にエルナン・コルテスによってアステカ王国が無残にも滅ぼされたことによって、金や銀の貴金属がスペイン経済に流れ込み始めた。この流れは、フランシスコ・ピサロが一五三二年にインカ帝国を打ち破ったことでさらに大きなものとなった。その翌年、ピサロは、インカ帝国皇帝アタワルパが自らの解放と引き換えにおよそ二〇トンの金銀を身代金として払ったにもかかわらず、彼を殺害した。

かつてのアステカやインカの国内に生まれたスペイン領の鉱山都市は、当初は金塊や銀塊をスペイン本国に輸送していた。しかし、やがて現地に貨幣鋳造所が作られ、そこで金塊や銀塊を貨幣に鋳造するようになっていった。もっとも製造力が高かったのは、スペイン人がセロ・リコ（豊かな丘とい

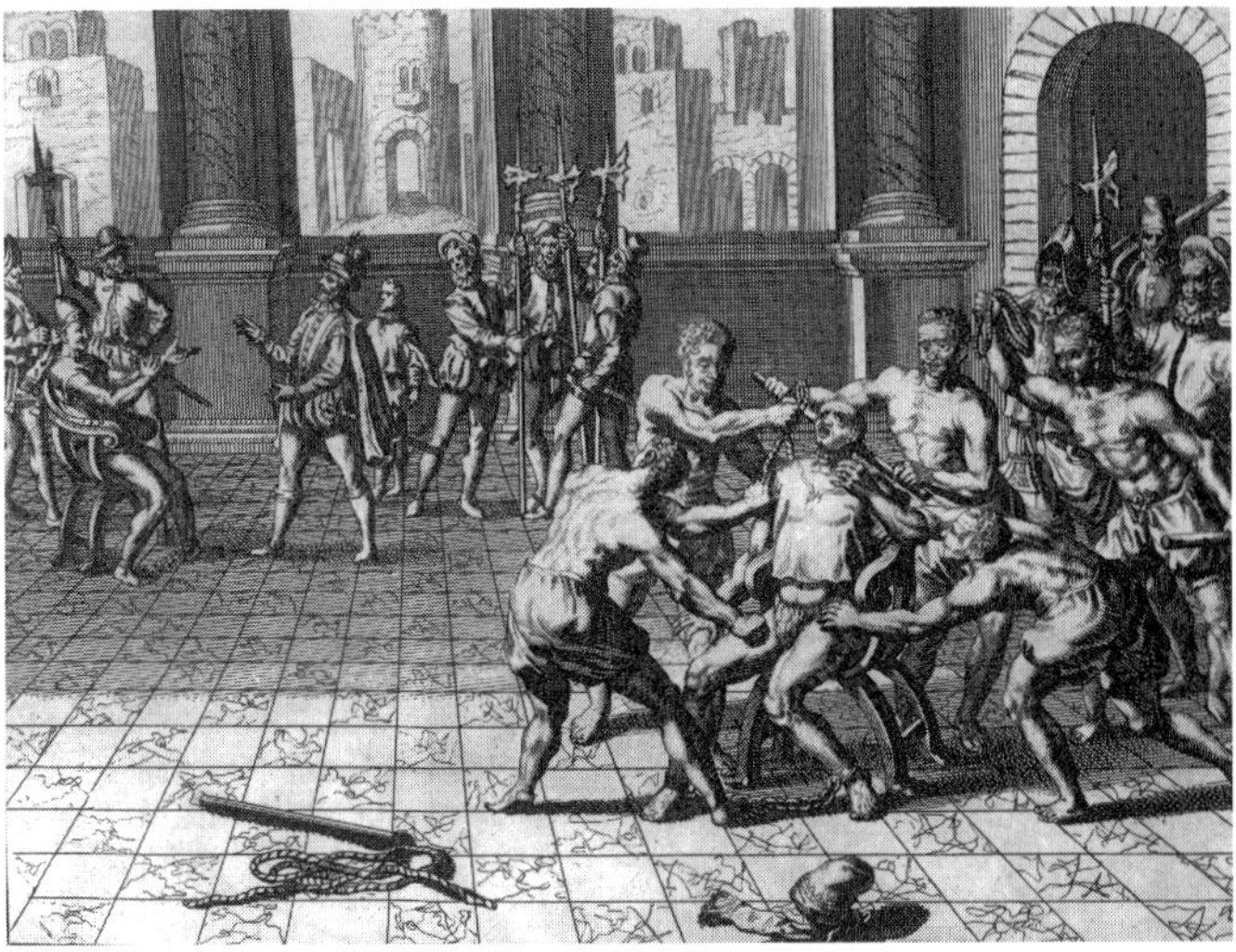

一五三三年にスペイン兵がインカ帝国皇帝アタワルパを窒息死させる様子（一七〇七年）。

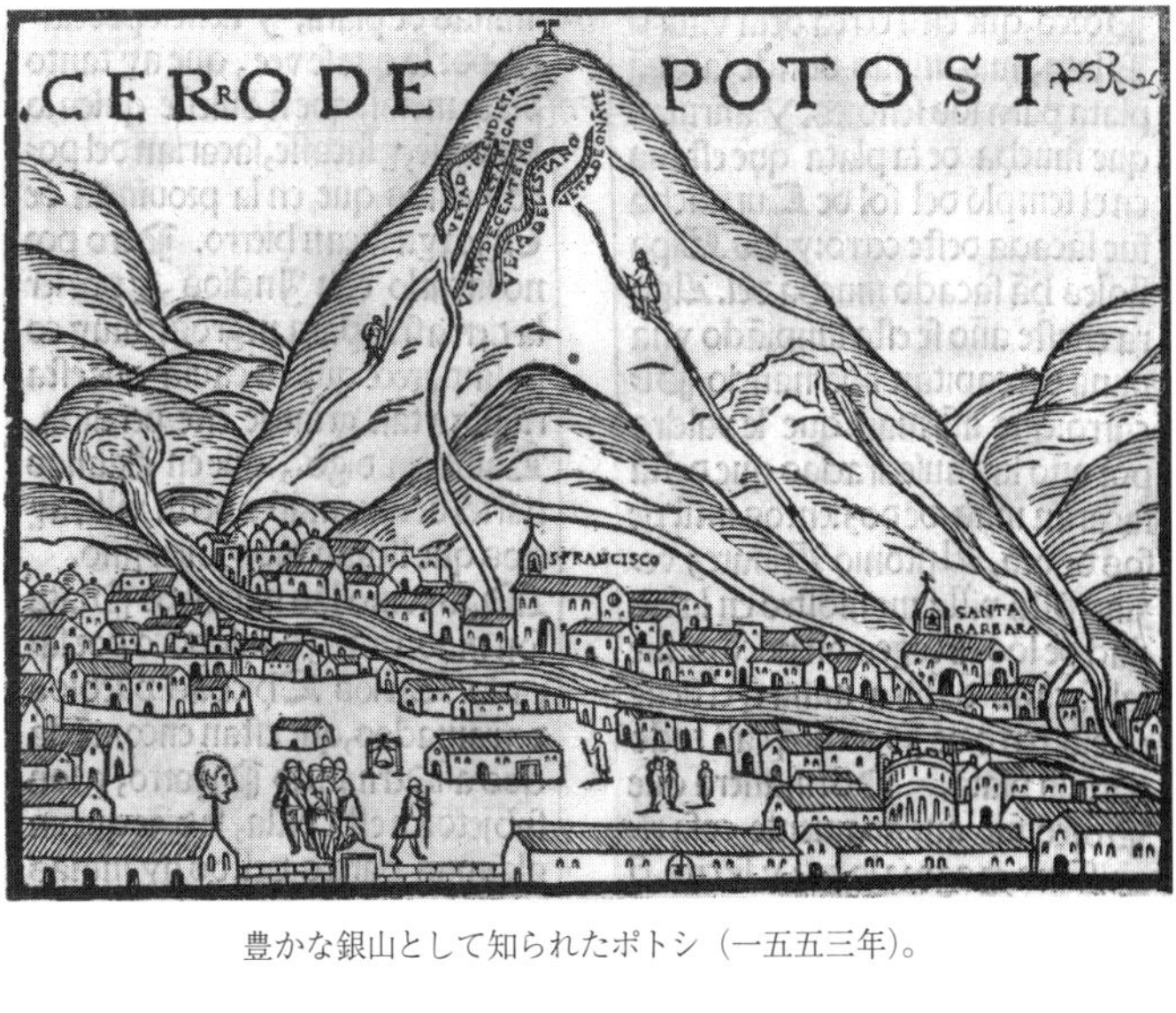

豊かな銀山として知られたポトシ（一五五三年）。

う意味）と呼ぶ山のふもとにあるインカの都市ポトシ（現在のボリビア）に一五七五年に建設された鋳造所だった。およそ四八〇〇メートルの山であるセロ・リコは、いみじくもシルバー・マウンテンとも呼ばれ、これまでに発見されたなかでも最大級の銀鉱床《ぎんこうしょう》を有していたことから、慣用句として、また世界各地で切なる願いをあらわすことばとして、〝ポトシのように豊かに〟と言われるようになった。

貨幣鋳造所は、スペイン・エスクード金貨（エスクード金貨はダブルーンとも呼ばれた）やもっとも有名な八レアル銀貨（いわゆるピース・オブ・エイトのこと。八レアルの価値があったことから、そう呼ばれた。これらの銀貨はしばしばより小さな通貨単位や小銭として使うために八つのピースに分けられた。アメリカのドルもスペインの銀貨——すなわち八レアルコイン——に基づいており、さらにピース・オブ・エイト一枚が一ドルだったので、ピース・オブ・エイト二ピース分が二五セントに相当した。ここから、〝ツー・ビット〟や〝ツー・ピーセズ・オブ・ア・ダラー〟が二五セントを意味するスラングとなった）、スペイン銀貨など、〝真の意味で初の世界通貨〟となった大量の貨幣をスペイン帝国にもたらした。一五〇〇年代の終わりまでに、南アメリカのスペイン領は年間三〇〇〇トン以上の金塊や銀塊、さらには貨幣を製造し、世界がかつて経験したことのないような爆発的な繁栄を誇っていた。しかしこれらの繁栄には、恐ろしい犠牲も伴っていた。鉱山における採掘での過酷で危険な労働を強いられていたアンデス山脈の先住民たちが、数多く命を落としていたことから、セロ・リコは〝人を喰《く》う山〟として知られるようになったのだ。

運送用のラバによる長い列が金銀の塊や貨幣を、ジャングルの奥地から、危険な山々を越え、川を下って海岸沿いで待っている船まで運ぶと、その船がさらにこの貴重な貨物を大西洋を越えてスペインへ、あるいは太平洋を越えてスペインの植民地であるフィリピンへと運んだ。これらの宝を積んだ船のうちもっとも壮大な船がいわゆるマニラ・ガレオンと呼ばれるもので、現在のメキシコのアカプルコとフィリピンのマニラの間のおよそ九〇〇〇マイル（一万四四〇〇キロメートル）を航行していた。多数の大砲で武装し、スペイン帝国の優秀な船乗りと兵士が何百人も配備されたこのマニラ・ガレオン船は、船殻《せんこく》がチークとラナン——熱帯木材の一つで非常に密度が高いため、大砲の弾も傷つくことなくはね返した——でできた巨大な船だった。アカプルコを出発したマニラ・ガレオンは、金や銀をマニラのスペイン商人のもとへ運び、それらを中国の光沢豊かな絹や、香料諸島と呼ばれたモルッカ諸島の香辛料などといったアジアの高級品と交換した。それらの商品はアカプルコに戻って陸路でメキシコの東海岸まで運ばれた後に、スペイン行きの船に積まれた。当時の記録によると、マニラに向かう有名なガレオン船は、〝あらゆる海の財宝〟と呼ばれていたという。

金や銀、そして異国の品々の流入がスペインを信じられないほど裕福にする一方で、世界をリードするこの強国は、その繁栄を羨望《せんぼう》のまなざしで見つめる他のヨーロッパ諸国の怒りを買っていた。その怒りをさらに悪化させたのは、スペインがアメリカ大陸の膨大な部分を領土として主張し、新世界の富を利用しようとする他のヨーロッパ諸国には、わずかばかりの残り物しか残されていなかったという事実だった。スペインが領土を主張する根拠の一つは、それらの地域が、征服者《コンキスタドール》たちが残酷な方法で先住民たちを支配下に置いた後に植民地化された地域であることに基づいている。その主張は、一四九四年にスペインとポルトガルの間で締結されたトルデシリャス条約にも根拠を置いていた。この条約の中心的な意義は、ローマ教皇アレクサンドル六世が世界地図上に北から南に引いた地理的境界線にある。スペインはその境界線の西側の、キリスト教支配の及ばないすべての土地に対する権利を与えられ、その一方でポルトガルにはその境界線の東側の同様の土地に対する権利が与えられた。これにより、基本的に南北アメリカ大陸からブラジルのすべての地域（東部の一部を除く）がスペインに与えられることになった。もちろん、それぞれの帝国主義的野望を抱く他のヨーロッパ諸国はこの条約を認めず、これに従うことを拒否した。しかし、スペインにとっては、アメリカ大陸はすべて、彼らに正当に与えられたものだったのだ。

敵対するヨーロッパ諸国は、スペインの圧倒的な領土の収奪に対する怒りをまぎらすために独自の対抗手段を取った。それはスペインから財宝を奪うという方法だった。一六世紀中と一七世紀初め、スペインは、ヨーロッパの多くの国との戦争に巻き込まれていたことから、多くの敵が存在した。したがって多くの国々がスペインの財宝船を探して襲うために、私掠船を派遣していた。同時に、多くのヨーロッパの海賊船も、同じ目的を持っていた。オランダやフランスの私掠船や海賊船がスペインの船にとって大きな脅威となる一方で、もっとも大きな利益を得たのは英国だった。そしてそのなかでも、もっとも成功を収めたのがフランシス・ドレイクだった。

海賊や私掠船のクルーの間で育ち、戦いのなかで学んできたドレイクは、一五七七年から一五八〇年にかけて世界一周を成し遂げたことで名声を得た熟練した船乗りだった。この航海は、一五一九年から一五二二年にかけてスペインのフェルディナンド・マゼランが成し遂げた航海に次いで、世界で

ハワード・パイルによる“アン・アタック・オブ・ガレオン（ガレオン船への襲撃）”と題する挿画（一九二一年）。

フランシス・ドレイクの肖像画（一五八三年ごろ）。

二番目の、そして英国人としては初めての偉業だった。だがドレイクの航海の動機は、世界一周の栄誉ではなく、金《かね》だった。チューダー朝エリザベス一世――〝処女王《ザ・ヴァージン・クイーン》〟と呼ばれ、その在位期間（一五五八年―一六〇三年）中に英国における文化と政治力の復興《ルネサンス》を証明した――から彼が受けた秘密裏の命令は、当時英国とスペインが戦時下にはなかったにもかかわらず、太平洋上のスペインの船から財宝を奪うことだった。長年鬱積《うっせき》していたスペインに対する恨みと特に彼女の義理の兄であるフェリペ二世（在位一五五六年―一五九八年）に対する敵意――彼女は〝さまざまな傷〟を負わされたと主張していた――を胸に抱いていたエリザベス一世は、スペインを懲らしめて、その富を英国のために略奪したいと考えていたのだ。

　ドレイクは、エリザベス一世が望んでいたよりも多くの財宝を英国にもたらした。彼は南アメリカの東海岸に沿って多くのスペイン領の都市やス

カカフエゴ、すなわち〝スピットファイア〟（左）。フランシス・ドレイクのゴールデン・ハインド号に襲われているところ。

ペイン船を襲い、あっという間に金銀の財宝を蓄えた。彼のもっとも有名な略奪行為は、スペインの船乗りがカカフエゴ――英語では〝スピットファイア（訳注：「短気者」「かんしゃく持ち」という意味がある）〟――と呼んだ、ヌエストラ・セニョーラ・デ・ラ・コンセプシオン号に対するものだった。この船は有名なマニラ・ガレオンではなく、沿岸輸送船だったが、巨額の財宝を運んでいた。積み荷は、三六キログラムの金塊や大量の銀塊で、通常は小石を使うバラストの代わりとしてこれらを用いていたと言われている。さらにその他にも、銀貨の詰まった箱や大量の宝石が積まれていた。

その後ドレイクの船ゴールデン・ハインド号は、英国に凱旋《がいせん》帰国し、一五八〇年九月二六日にプリマス港に寄港した。激怒したフェリペ二世がドレイクを海賊――明らかにその通りだったが――と呼ぶ一方で、英国は、自らの視点から見て彼を私掠船《プライベーター》であり英雄と呼びたがった。ちなみに詩人であり、文芸評論家でもあるサミュエル・テイラー・コールリッジは、二五〇年後に、この英国の言い分に対し、「同じ時代の人々が海賊と呼ぶことを認めない限り、海賊など存在しない」と言って、痛烈に批判した。

ドレイクの輝かしい地位は、一五八一年四月四日にエリザベス一世がゴールデン・ハインド号の船上で行われた祝宴の最中に、彼にナイトの爵位を授けたことで確固たるものとなった。エリザベス一世は、自ら金色の剣でドレイクの肩を軽くたたく代わりに、フランス大使にその栄誉を与えた。このことは、英国が公式にはドレイクの行為を認めていないこと――認めていることは誰もが知っていたが――を示すための、かなり見え透いた行いだと解釈する者もいた。結果的にドレイクは、ダイヤモンドやエメラルドをちりばめた宝石を女王に贈るだけでなく、女王の命令通りスペインを懲らしめ、そ

一六一二年ウィリアム・ホールが描いたジョン・スミス船長のバージニアの地図。一般的な地図とは違い、この地図では上ではなく、右が北になっている。ほとんどくっついて見える二つの陸地の間の狭い海域はチェサピーク湾である。

の結果、戦利品全体の半分にあたる分け前として、英国の年間収入を上回る財宝をもたらしたのだった（一六一八年、英国の探検家、ウォルター・ローリー卿はフランシス・ベーコン卿に対し、「民衆のために海賊になったものはいない、彼らの目的はもっとちっぽけなものだ」と語ったと言われている。ドレイクに対する扱いは、このことばを裏づけているといえる。〝T・ウィルソンによるローリーとの会話の覚書（一六一八年九月二八日）(Calendar of State Papers, Domestic Series, The Reign of James I, 1611-1618, vol. 9, ed. Mary Anne Everett Green (London: Longman, Brown, Green, Longmans, & Roberts, 1858), 577) 参照）。

これこそがドレイクや、〝エリザベスの海の略奪者〟と呼ばれた英国の〝船乗りたち《シー・ドッグ》〟がスペインの財宝を積んだ船を襲った理由であり、フェリペ二世の息子にして王位を継承したフェリペ三世が、バージニアのジェームズタウンを英国の海賊の拠点と断じ、たとえジェームズタウンの支援者の多くが私掠船《プライベーター》だと言い張っても、スペインにとっては海賊以外の何者でもないと考えた理由だった。スペイン国王の危惧は、フェリペ三世がジェームズタウンの植民地の様子を探らせるために派遣した、スペインのカラベル船の船長ドン・ディエゴ・デ・モリーナの報告を受けてさらに強まった。

入植者の様子をひそかに探る代わりに、モリーナは一六一一年の夏に捕らえられ、投獄されてしまった。数年後、彼は、ジェームズタウンから、ロンドンにいるスペイン大使を通じてひそかにフェリペ三世に手紙を送った。そのなかでモリーナは、〝国王陛下〟に対し、バージニアについて、〝怪物がまだ子どものうちにその成長を止めること〟が重要であると警告した。さらに、もしその成長を放っておけば、植民地は、〝ヨーロッパ中の海賊のたまり場〟になり、やがてはスペインの富を奪って、最終的にはアメリカ大陸におけるスペインの植民地を壊滅させることになると記した。スペインの国際的な支配的地位を考え、さらには英国がスペインをその地位から引きずり下ろそうとしていると考えたフェリペ三世は、莫大《ばくだい》な富をもたらす植民地に対する脅威を極めて深刻にとらえた。

バージニアが海賊行為の拠点になるというフェリペ三世とモリーナの危機感は、十分理にかなったものだったが、結局のところ、彼らは正しく理解していなかった。まだ悪戦苦闘していた英国の植民地は、スペインの脅威となるどころか、ほとんど自立できていなかったのである。彼らにとってもっとも重要なことは今日を生き延びることであり、タバコの葉のような商品価値の高い製品を育ててさらなる発展の基盤を作り、新世界における英国の領土権主張を支えることにあった。にもかかわらず、バージニアは、初めのころ、海賊と関わりを持っていた。

一六一九年初め、英国船トレジャラー号の船長ダニエル・エルフリスは、ジェームズタウンを出港し、カリブ海でスペイン船を襲っていた。トレジャラー号は、その船主であるウォリック伯がサヴォイア公からスペイン船を襲うことを許可する委任状を購入していたことから、形式的には私掠船《プライベーター》だった。バージニアの総督はウォリック伯の友人だったことから、委任状の有効性を認めるとともに、エルフリスの武運を祈っていた。

トレジャラー号はオランダ船ホワイト・ライオン号と協力して、メキシコ湾のカンペチェの沖合でスペインの奴隷船サオ・ファオ・バウティスタ号を襲って奴隷を奪った。その年の終わりにこの二隻の船はジェームズタウンに戻り、ジェームズタウンの住民らとの間で奴隷二〇人を食料と交換した。これが北米大陸の英国領に着いた最初のアフリカ人奴隷だった（その何年か前には、バミューダ諸島に連れてこられた奴隷がいた）。その二〇人の奴隷がたどったその後の運命については、歴史家の間でも激しい議論がなされており、確かなところはわかっていないが、何人かは総督が奴隷として使う一方で、他の者は年季奉公としてタバコ農場で長年働いた後に自由の身になったものと思われる。

しかし、バージニアの政治的な立場は、トレジャラー号が出港した後に一変していた。植民地の新たな総督は、エルフリスの持つ〝私掠許可状〟に対し懐疑的な見方をし、彼のことを海賊とみなした。この見方は、英国本国の方針に沿ったものだった。というのも、当時英国はスペインと交戦状態になく、ジェームズ一世――エリザベス一世の継承者にして、ステュアート朝最初のイングランド国王――は、国王の臣下が出資しているか外国政府が出資しているかを問わず、いかなる形の私掠船も禁止していたのである。エリザベス一世とはまったく異なる立場を取った彼は、私掠船と海賊は区別ができず、どちらも〝略奪をなりわいとする下劣で邪悪な者である〟と断じた。高等海事裁判所も、総督と国王に同意したことでウォリック伯はエルフリス船長の行動について弁解せざるを得なくなった。結局、ウォリック伯は、政治的なコネクションのおかげで難を逃れることができた。しかし、植民地に出資していたバージニアのロンドン会社の幹部たちは、バージニアの総督にスペインを含む英国の〝友好国〟に決して危害を加えないことを命じるよう明確なメッセージを送った。その結果、総督は、特に海賊船が植民地から出港することを禁じ、〝厳しく罰し、荷物を没収しない限り〟、植民地に居住させることも禁じた。

バージニアは、最初に海賊と関わりを持った――その関係はその後絶たれたものの――アメリカの植民地の一つであると言われているが、最初に自らの沿岸水域で海賊と対峙《たいじ》した最初の植民地ではなかった。それを見るためには、沿岸をさらに北上し、英国が新世界に強力な足がかりを築いた一七世紀の中ごろまで時間を進める必要がある。

一六三〇年代の初め、英国の開拓者ディクシー・ブル（いくつかの文献ではDixyまたはDixeyとつづられている）が、ニューイングランドに入植した。当時この地では、ビーバーの毛皮がもっとも価値の高い商品だった。その光沢のある毛皮は、インディアン（本書を記すにあたり、私は北アメリカの原住民を広く言い表すために、インディアンまたはネーティブ・アメリカンのどちらの用語を使うかを決めなければならなかった。私は大部分においてインディアンと呼ぶことを選択している。これ

ジョン・ジェームズ・オーデュポンによる“American Beaver（アメリカン・ビーバー）”と題する挿画。この魅力的なげっ歯動物は長年にわたって植民地経済には不可欠な存在だった。

は私の尊敬する多くの著者がこのことばを使っているからで、私にとってもより使いやすいことばだからである。デイビット・ハケット・フィッシャーが著書『Champlain's Dream』の中で、彼がインディアンのリーダーを集めてどう呼ばれたいかと尋ねたとき、彼らは二通りの答えをした。彼らは、特定の部族のことを言うのであればその部族が用いるべきことば、例えばモホークと呼ぶが、〝全体〟を指す場合は、インディアンという呼び方で〝かまわず〟、〝彼らは誇りを持ってそのことばを使っている〟とフィッシャーは記している。私もそのアドバイスにならいたいと思う。（David Hackett Fischer, Champlain's Dream, The European Founding of North America（New York：Simon & Schuster, 2008）,636n26）参照）

によって集められ、入植者との間で鉄製品や衣類、貝殻ビーズ、さまざまな装身具と交換されて英国に送られていた。この毛皮は、英国本国でビーバー・ハット――ヨーロッパ中で大流行し、おしゃれな上に防水性が高いことからとても高価だった――に使われていた。毛皮の販売は、プリマスやマサチューセッツ湾の数千もの入植者にとって、非常に重要な産業であり、生活必需品を購入するための収入源であると同時に、アメリカへの航海に資金を提供してくれた商人からの負債を返済する主要な収入源となっていた。多くの進取の気性に富んだ入植者と同様、野心的なブルも、この厳しいアメリカの植民地においてビーバーの毛皮でひともうけをしようと考えていた。

ブルがメイン沿岸のインディアンと商売を行っていたときに災難が襲った。一六三二年の夏、貿易品と毛皮を積んだ彼の船がフランス人の集団に奪われたのだ。怒ったブルは、フランスに対する報復を行うため、急きょ、船を調達し、一五名の兵士を集めた。しかしこの追跡は運に恵まれなかった。食料も不足してきたことから、ブルは最後の手段として海賊行為に訴え、二隻の英国船を襲った。やがて、どういった理由であるかは定かでないが、ブルは仲間を説得して、略奪のための拠点をペマキッド川の河口にあるフォート・ペマキッド――現在のブースベイ港北東数マイルの地点――に定めた。

一六三〇年にエイブラハム・シュルテによって建設されたフォート・ペマキッドは、砦《フォート》というよりは、商人が集まる交易所といったほうが近く、その周辺におよそ五〇〇人の英国人入植者と漁師が住んでいた。その年の秋、ブルは砦と周辺にある家を襲い、五〇〇ポンドもの金品を強奪した。当時、商船の船長が一年に稼ぐ金額が二四ポンドであり、マサチューセッツのケンブリッジでは、二万四〇〇〇平方メートルの耕作地と二万平方メートルの牧草地がついた家を、一〇ポンドで買うことができた。略奪者たちがいかりを揚げ、略奪品を持って港を出ようとしたそのとき、砦からの狙いすましした

マサチューセッツ・ベイ植民地の総督、ジョン・ウィンスロップ。一六三〇年から一六四九年までに合計で一二年間在任した。

銃弾がブルの仲間の一人を撃ち殺した。この一発はブルの仲間たちを死ぬほどおびえさせ、当時の記録によると、彼らは〝恐怖におののいた〟という。

フォート・ペマキッドに対するいわれのない攻撃に関する知らせは、すぐにニューイングランド中に知れわたり、沿岸のあらゆる地域に警鐘を鳴らした。一一月の終わりにかけて、現在のニューハンプシャー州ポーツマス近隣にある、ピスカタクア農場のウォルター・ニールが、マサチューセッツ・ベイ植民地の総督として高名なジョン・ウィンスロップに宛てて手紙を書いて状況を説明した。ウィンスロップはただちに議会を招集し、植民地所有のバーク船（訳注：三－五本マストの小型帆船）ザ・ブレッシング・オブ・ザ・ベイ号に二〇名の人員を乗せて、海賊の討伐に派遣することで合意した。しかし、極寒と雪による悪天候のため、出港準備に必要な作業が遅れた。その一方で、ウィンスロップは、ニールがすでに四隻の船と四〇名の武装した男たちを連れて、ブルを追っていることを知った。これこそが、植民地が最初に取った海上における軍事行動だった。結果として、ウィンスロップと議会は、ニールからの〝報告があるまで、海賊討伐に対するさらなる兵力の派遣〟を延期することとした。一二月初めに報告が届いたとき、その知らせは失望させる内容だった。ニールたちは何も発見することができなかったのだ。

その後の数カ月間で、ブルたちは断続的に目撃されたものの、どうやら捕らえられた後に待っている厳しい処罰を恐れて、海賊行為をあきらめたようだった。ウィンスロップは、「彼らはいくつかの英国のプランテーションに滞在したが、何も奪わず、ちゃんと金を払って購入していた」と記している。また、ウィンスロップは、彼らが〝深酒を禁止する掟を作っていた〟とも記している。また海賊は、時折、〝デッキに集まって、歌を歌ったり、他愛《たあい》もないことを話したり〟していたという。ブルとその仲間は、これ以上のトラブルは避けたいという意思をはっきりさせるため、すべての英国植民地の総督とプランテーションに手紙を送り、「これ以上住民に危害を加えるつもりはなく、南に行くつもりなので、これ以上追わないように――捕まるくらいなら、自ら船を沈めるつもりだ」と書き記した。あるとき、彼らはマサチューセッツのセーレムで船を襲い、アンソニー・ディックスという船長とクルーらを仲間に加えたが、彼らが船をバージニアに向かわせようとしたため、抵抗して結局逃げ出してしまったという。陸地に戻ったディックスは友人に、彼らを襲った海賊はひどくおびえていて、「ロープがたてる音にも怖がるほどだった」と語った。

一六三三年五月、ウィンスロップは〝ブルらの海賊を追うために、ピンネース船（複数の帆を持つ小型船。主に大型船のための補給船として用いられた）〟を派遣したが、この船は二カ月に及ぶ捜索

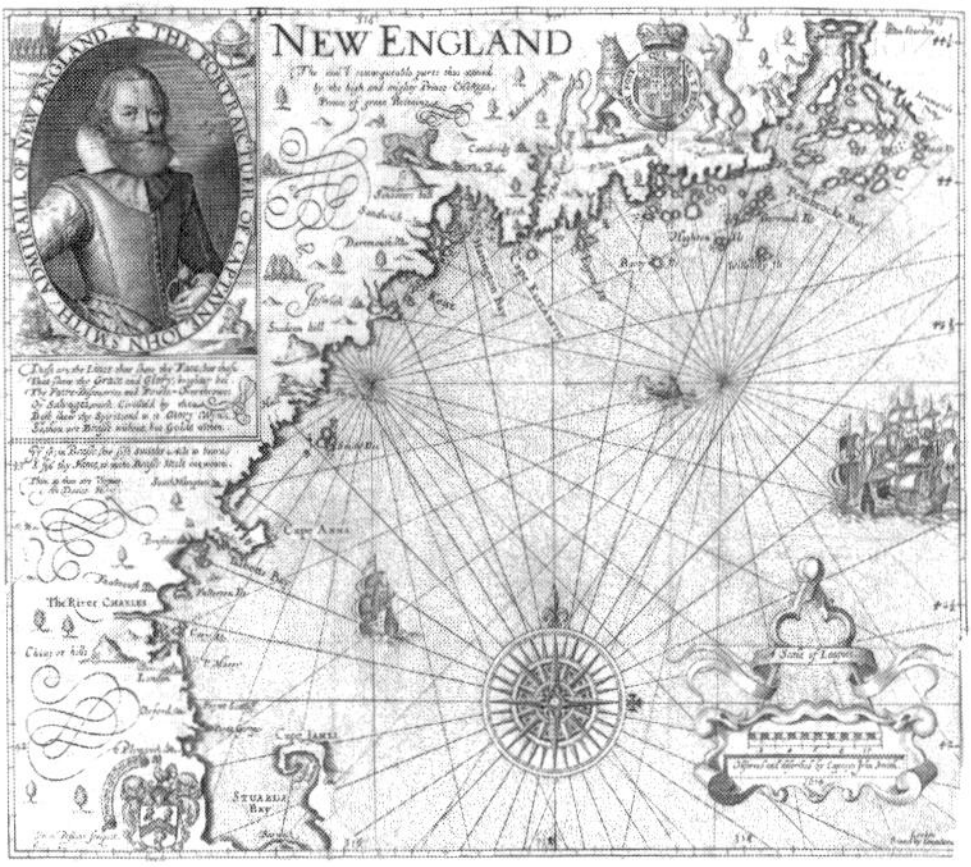

一六一六年のニューイングランドを描いたジョン・スミスの地図。ディクシー・ブルの海賊行為によってこの地域全域が厳戒態勢となった。

の後、何の成果もなくボストンに戻ってきた。ブルについてはその後二度と語られることはなく、彼に何が起きたのかはいまだに謎である。当時のある記録によると、ブルたちは〝東に逃げ〟、カナダのフランス植民地に向かった可能性が高いとされ、〝さらにブル自身は、その後英国に戻り哀れな末路を迎えた〟という。また、他にもブルがフランスの植民地にいたという説や、インディアンに殺されたとする説もある。

植民地になにがしかの警告を発し、ウィンスロップをいらつかせたにもかかわらず、ディクシー・ブルは真の意味での海賊とは言えず、彼の短くも無駄なばか騒ぎをまねする者もほとんどいなかった。それどころか、その後、一六八〇年代までの五〇年間で、アメリカの植民地の沿岸地域において、海賊が船を襲うことはほとんどなかった。その大きな理由は、魅力的な財宝やそれらをめぐる実際の海賊行為は、はるか南のカリブ海――急速に海賊の天国となっていた――が舞台となっていたことにある。

一五〇〇年代後半から一六〇〇年代初頭にかけて、スペイン船やラテンアメリカの海岸沿いの街を襲う海賊は、襲撃をして奪えるだけの財宝を奪うと、すぐに彼らの本拠地であるヨーロッパに帰っていた。しかし一六〇〇年代半ばになると、カリブ海を拠点として出没する海賊の数が増えていった。彼らはバッカニア――現在のハイチとドミニカ共和国にあたるヒスパニオラ島に語源を有することば――と呼ばれた。

一六三〇年ごろ、主にフランスに加え、英国、オランダ、ポルトガルからの難民がヒスパニオラ島に住み着いていた。彼らは遭難船の生き残りや、船から脱走した者、西インド諸島のタバコやさとうきび農場の年季奉公の強制労働から逃げ出した者、この地域のスペインの植民地から逃げてきた者などだった。彼らは、食料を得るために多くの牛や豚を狩った。これらはクリストファー・コロンブスが一四九三年に新世界を目指した二回目の――より野心的な――航海のときに、この島に連れてきた牛や豚の子孫だった。彼らは、原住民のタイノ族から肉を保存する方法を教わり、肉を切り分けてそれをグリーンウッドの木で作った枠につるして燻《いぶ》し焼きにした。肉を保存しておく場所のことをブーカン《boucan》と言い、その保存法を煙で燻すことを意味するフランス語からブカニエ《boucanier》と呼ぶようになり、その結果、彼らのことをブカニエ、すなわち英語でバッカニアと呼ぶようになった。

当初、バッカニアは平和的な男たちであり、狩りをして加工した肉を、近くを通る船に売ることで満足し、それ以外にほとんど外の世界とは接点がなかった。しかし、スペインは、この新たな共同社

エスケメリンによる『The Buccaneers of America』の一七四四年フランス語版に描かれているバッカニア。

会の出現を領土に対する侵入とみなして怒りをあらわにした。その結果、バッカニアに対するスペインの執拗《しつよう》な攻撃が始まり、彼らをヒスパニオラ島の北西部にある小さくてより防御のしやすいトルトゥーガ――島の変わった形からスペイン語でトゥルトゥレ《turtle》すなわち亀を意味する――と呼ばれる島へと撤退させた。バッカニアがヒスパニオラ島での狩りにこだわると、スペインはトルトゥーガ島を攻撃してバッカニアの多くを虐殺し、残りを散り散りにさせた。しかし、およそ三〇〇もの生存者は、再びトルトゥーガ島に集まり、砦を築いて防御力を高め、新たな獲物――スペイン人――を狩ることを決めた。こうして、バッカニアは海賊となった。

　武装したバッカニアは当初はカヌーや小舟を使って、島から近くの海域へと出撃し、大陸からスペインに商品や財宝を運ぶスペイン船を襲った。これらの襲撃の成功によって、バッカニアは獲物を求めてより遠くまで航行できる大きな船を手に入れた。一六〇〇年代の半ばまでに、カリブ海一帯のバッカニアの数は膨れ上がり、〝海の兄弟〟と呼ばれるゆるやかな社会を形成していった。彼らはスペインへの憎しみ、互いへの忠誠、そして従うべき掟によって一致団結していた。

バッカニアの社会は独特で、当時主流だったトップダウンによる支配とは大きく異なり、民主主義を用いた組織運営を採用していた。バッカニアの船長が海賊行為をしたいと考えた場合、招集をかけると、剣や銃、火薬、そして銃弾を持った志願者が船長の船に集まった。彼らは、航路を決めるときは、多数決によってどこに獲物を探しに行くかを決定した。彼らはまた民主主義的な方法で全員が署名する契約書を作成し、戦利品をどう分配するかについて決めていた。たとえば、典型的な契約では、船大工のような特殊なクルーには一五〇スペイン銀貨《ピース・オブ・エイト》、船医には二五〇スペイン銀貨を与えることが定められていた。契約の条項には、初期の医療保険や労災保険に相当する内容も含まれており、右腕を失った場合は六〇〇スペイン銀貨または奴隷六人、左腕を失った場合は三〇〇スペイン銀貨または奴隷五人、片目を失った場合は一〇〇スペイン銀貨と奴隷一人が与えられることが定められていた。これらの経費が支払われた後に、残りが分配され、船長が船の管理と自分自身のためにもっとも大きな分け前をとり、残りをクルーで均等に――少年は大人の半分――分けた。

バッカニアは、自らが捕らえた捕虜に対しては、極めて残酷に扱うことが多かった。一般的な拷問のなかには、捕虜を縛って棒で打ちすえたり、ロープを使って、翼を広げたワシのように手足を広げさせたり、手や足の指の間に火のついた導火線を押しつけたりする方法などがあった。特に残酷な拷問法は、ひもを捕虜の頭に巻いて〝目が卵のように飛び出るまで〟、それをきつくねじるというものだ

フレデリック・ジャド・ワウによる一隻の船に群がるバッカニア（一九一〇年ごろ）。

った。バッカニアのなかには、ふざけて捕虜を拷問する者もいれば、情報を引き出すために拷問する者もいたが、彼らの残忍性を演出するために、拷問を戦略的に利用する者もいた。彼らは、自らの存在が敵に対して真の恐怖を与えれば、敵が戦うことなく降伏する可能性が高いことを知っていた。そうすることで、財宝を得るために自身の命を危険にさらす必要がなくなるのだ。バッカニアは、時折、拷問に訴えることで、現代風に言えば、恐怖というブランド・アイデンティティーを維持していたのである。

一七世紀のバッカニアのなかで、フランス人のフランシス・ロロノアほど危険な男はいなかったと言われている。彼は、少年時代をカリブ海で年季奉公人として過ごし、自由を得た後、バッカニアに加わった。スペインに対する深い憎しみが彼の残虐性の原動力だった。彼は、スペイン船を襲うと、まず船長やクルーを拘束し、彼らに主甲板へ続くはしごを一人ずつ上がるように命じた。捕虜がハッチを通って主甲板に出るやいなや、ロロノアは、剣で彼らの首を切り落として殺した。またあるとき、ジャングルで彼を待ち伏せしていたスペイン兵を撃退した後、襲撃を避けて目的地まで向かう道をスペイン人捕虜に尋ねた。捕虜が答えを拒むと、ロロノアは激怒した。当時の記録によると、彼は〝片手刀で捕虜の胸を切り開き、生きたままの心臓を引き出してこれをかじった後、「別の道を教えろ、さもなければ貴様らにも同じことをしてやる」と言って、その心臓を捕虜の一人の顔に投げつけた〟と言われている。この残酷な行為をしてまもなく、ロロノア自身も彼の残虐性を想起させるような方法で殺された。彼はパナマの原住民に斬り殺され、手足を切り取られて火あぶりにされたという。

時間とともに、バッカニアはトルトゥーガ島を越えて広がっていき、一六六〇年代には、一六五五年に英国によって占領されていたジャマイカ島の周辺に好んで出没するようになっていた。バッカニアは、この島の都市ポートロイヤルの成長しつつあるコミュニティーに引き寄せられるように、島の南東部に広がる、くちばしのような形の一〇マイル（約一六キロメートル）に及ぶ砂州に拠点を置くようになった。彼らはすぐに自分たちのスキルがジャマイカの統治者たちにとっても大きな価値を持っていることに気づき、海賊と植民地との互いに有益な関係が始まった。英国は強力な戦艦を用いてジャマイカを制圧したものの、二、三年もするとそのすべては本国へ戻ってしまい、同時に島に住みついた多くの兵士も熱帯病で死ぬか、本国へと戻っていた。そのため、植民地は比較的無防備な状態で、英国の永遠の敵であるスペインの前哨基地に取り囲まれる状態にあった。そこで植民地の統治者

エスケメリンのThe Buccaneers of Americaの一六八四年の英語版に描かれた“ザ・クルエルティ・オブ・ロロノア（ロロノアの残虐行為）”と題する挿絵。フランシス・ロロノアが一人の男の胸から切り出した心臓を別の男の顔に押しつけて情報を引き出そうとしている様子が描かれている。

たちは、ジャマイカを襲撃から守るために、バッカニアに支援を求めた。つまりは、植民地の住民と同様、バッカニアもスペインを憎んでおり、しかも強力な戦力を持っていたのだ。

一六六〇年代から一六七〇年代にかけて、ジャマイカの統治者たちは、多くのバッカニアに私掠免許状を発行し、ペン一本で彼らを私掠船《プライベーター》に仕立て上げた。これらの私掠船はスペインの船や植民地を餌食にするだけでなく、ジャマイカの防衛にも役立った。この私掠免許状は、英国とスペインが戦争状態にないときにも発行されていたことから、その正当性には疑問があったが、ジャマイカの統治者にとってそんなことはどうでもよいことだった。本国から遠く離れて暮らす彼らは、〝(トルデシリャス条約が定めた)境界線の向こうには平和は存在しない〟という考えを持っていた。そして実際に私掠船《プライベーター》となったバッカニアがもたらす戦利品は植民地の経済を活性化し、植民地と本国の金庫を潤したのだった。

風格のあるれんが造りの家々と三〇〇〇人にも達しようかという人口――その三分の一は奴隷だった――を誇ったポートロイヤルは、一六八〇年までの新世界の英国の都市のなかでも、間違いなくもっとも裕福な都市だった。だが、そのうわべだけの洗練の下には、明らかに醜い恥部が隠されていた。このとき、ポートロイヤルは〝世界でもっとも危険な都市〟、あるいは〝西インド諸島のソドム〟と呼ばれていた。怪しげなバッカニアや私掠船のクルーが、酒や官能的な快楽を求めて、ポートロイヤルの通りや路地をうろついていた。あるバッカニアは仲間たちについてこう語っていた。

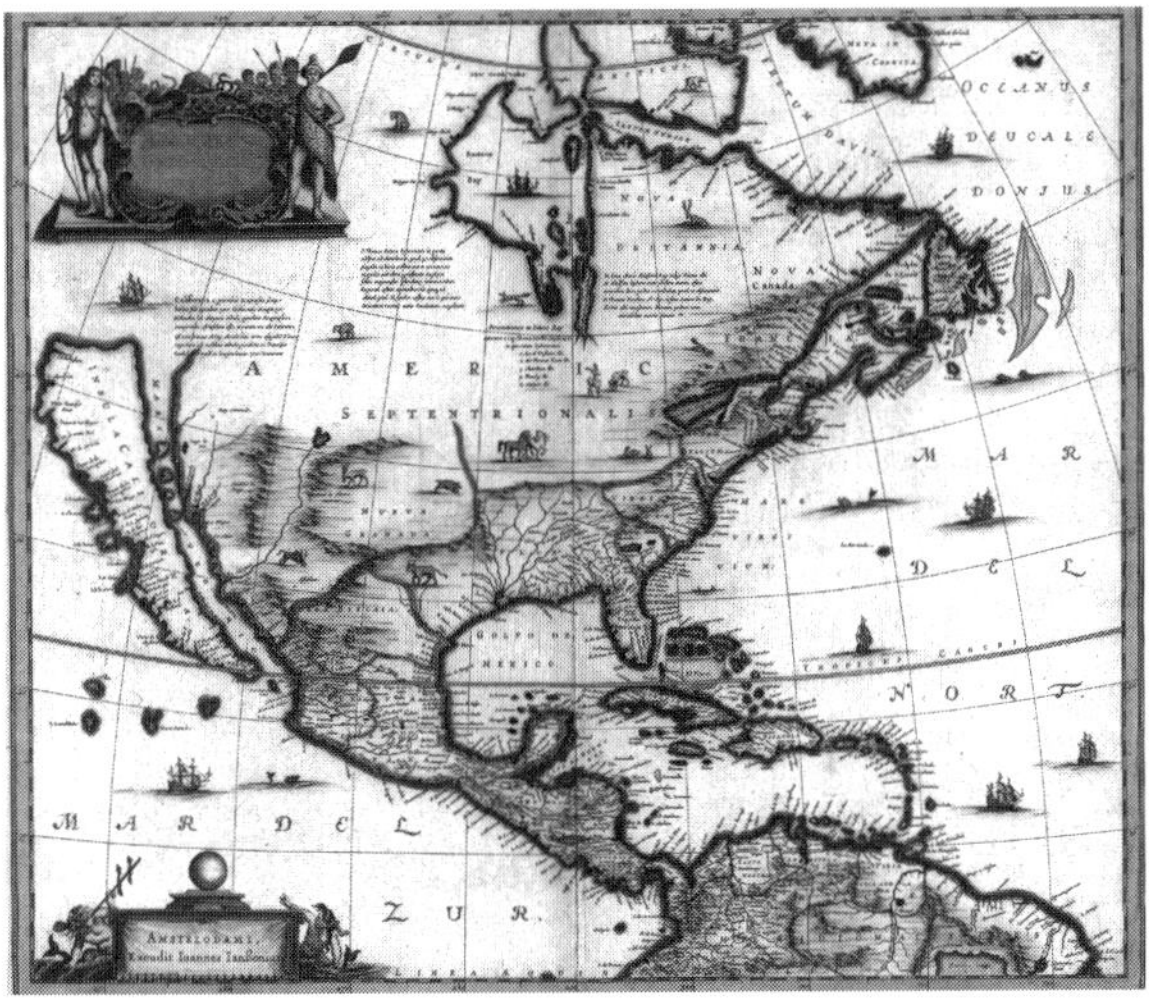

オランダの地図（一六五二年ごろ）。北アメリカ、中央アメリカおよび一部の南アメリカが示されている。

あいつらは金《かね》を手に入れたとしても、それを長く持っていたりはしない。金がある限り、ばくちをしたり、女を買ったり、酒を飲んだりと大忙しさ。なかには一日で二〇〇〇から三〇〇〇スペイン銀貨《ピース・オブ・エイト》を使い果たして、次の日にはすっからかんになるやつもいる。娼婦に五〇〇銀貨を払って、ただ彼女の裸を見ているだけってやつも知ってるよ。うちの船長はよくワインを一樽買って、その鏡板を割り、通りの真ん中をふさいでいた。そこを通るやつは船長と一緒に飲まなければならないんだ。断れば持っている銃で撃ち殺されるのさ。

ポートロイヤルに異常なほど多くのバーや売春宿が集まっていることを自慢していたのも不思議ではなかった。この都市《まち》でもっとも有名な娼婦の一人だったメアリー・カールトンは、特に高い労働倫理を持っていた。この時代の記録によると、

〝彼女は太っていたため、あるいは頻発していた暴力行為に耐えかねていたせいか、まるで理髪店の椅子のような働きぶりだったという。つまり、一人が出て行くとすぐに、別の男が入ってくるという具合だった〟。

ジャマイカを拠点としたもっとも有名な私掠船《プライベーター》がヘンリー・モーガン――多くの人にとっては同じ名前のラム酒のブランドが有名かもしれないが――だった。英国のウェールズ出身だという事実を除き、モーガンの前半生については謎に包まれている。彼がどうやってジャマイカにたどり着いたかについては、相反するさまざまな説が語られているが、そのなかで唯一、一致しているのは、彼が、英国軍が一六五五年にジャマイカを占領したのと同じころに、この島にやってきたというものだった。モーガンはジャマイカにたどり着くと、多くのバッカニアや私掠船の遠征に参加した。だが、彼の名を一躍有名にしたのは、一六七一年に、ポトシやペルーの鉱山で産出された金銀が集められるパナマシティで行った血まみれの私掠行為だった。

五〇隻もの船団と二〇〇〇人近くの兵を率いて、モーガンはダリエン地峡の東岸部（現在のパナマ）にあるチャグレスに到着し、スペインの砦を打ち破った後、地峡を越えてパナマシティへと向かった。そこには偵察隊から侵略が迫っていることを告げられたスペイン兵が待ち受けていた。しかし、戦備も乏しく寄せ集めのスペイン兵は、バッカニアとして戦闘能力を磨いてきたモーガンの歴戦の兵士たちにかなう術もなかった。結局、六〇〇ものスペイン兵が殺され、さらに多くの兵士が負傷した一方で、モーガンが失った兵はわずか一五名だった。

しかし、大量の財宝を手に入れようというモーガンの望みは激しい抵抗にあった。襲撃前に、パナ

エスケメリンの『The Buccaneers of America』の一七〇四年英語版に描かれたヘンリー・モーガン。

マの総督ドン・ファン・ペレス・デ・グスマンは、街にあった財宝の多くを沖合に停泊していた船に移動させていた。彼はまた、火薬を詰めた樽を街の各所に配置して、侵略者が街の境界線を越えて侵略してきたら導火線に火をつけるよう兵に命じていた。モーガンの兵らが攻め入ってきたとき、街は炎に包まれ、船に積んであった多くの財宝は無事に逃れることができた。翌日、前日まであった何千もの家屋は焼け焦げた材木と灰に変わっていた。その荒廃した光景を後に思い出し、モーガンは「こうして世界でもっとも偉大な金銀の市場であり、有名な歴史ある都市パナマシティは破壊された」と記している。

それでも、三週間以上をかけて、隠している財宝を見つけるために住民たちを拷問し、捕らえた女性たちを陵辱した後、モーガンらはがれきのなかから、溶けた金銀や宝石を見つけ出した。彼らはさらに戦利品を求めて田舎地帯も徹底的に捜索し、逃げそびれたスペイン船も略奪され、戦利品に加えられた。その結果、強奪した財宝は最低でも一四万スペイン銀貨《ピース・オブ・エイト》から、多ければ四〇万スペイン銀貨相当になる――入手可能な多くの資料によると少ないほうの金額が有力とされている――と見られている。それでも大量の財宝が彼らの手からこぼれ落ちたことを知って、モーガンと仲間たちは死ぬほど悔しがったという。

一六七一年四月ジャマイカに帰ってきたモーガンは、パナマ征服の英雄として大衆から温かく迎え入れられた。しかし、モーガンに私掠免許状を与えたジャマイカの総督トマス・モディフォード卿は不安を募らせていた。およそ一年前の一六七〇年七月、マドリード条約が締結され、アメリカ大陸における英国とスペインの講和が成立していた。この条約によって、スペインはジャマイカを含む、アメリカにおける英国の領有を認め、その一方で両国は私掠船を追放し、海賊行為を取り締まることに合意していたのである。そして、条約の内容は、モーガンがパナマシティへの遠征に出発した後にジャマイカに伝えられていた。条約によって政治的な見通しが大きく変わったことで、モディフォードはモーガンの略奪行為が、憎むべき敵に対する甘美な勝利ではなく、英国の同盟国に対する残虐な海賊行為と見られることを恐れた。

モディフォードの不安は決して杞憂《きゆう》ではなかった。モーガンを海賊とみなし、またアメリカ大陸における帝国支配の中心地が崩壊したことに動揺したスペイン政府が、厳しい処罰を求めてきたのだ。スペイン国王カルロス二世をなだめるため、英国王チャールズ二世はモディフォードを更迭して逮捕したうえで本国へ送還し、ロンドン塔に投獄した。六カ月後、英国はさらにスペインをなだめるために、モーガンも逮捕した。しかし彼は、英国へ送還される途中、国王が選択肢を考慮している間に、

燃えているパナマを背に立つヘンリー・モーガン。ジョンソンの『海賊史』一七二六年版に描かれている。

釈放が認められた。

結局、すべて帳消しになったどころか、それだけにとどまらなかった。モディフォードも二年後にロンドン塔から釈放され、その名誉も回復された。暗雲が立ちこめるなかでロンドンに戻ったモーガンは、三年後にすべての罪を免れただけでなく、ナイト爵に叙され、周辺の海賊を撲滅せよとの命令を受けて代理総督としてジャマイカに戻った。さまざまな要因がこの驚くべきモーガンの復活に寄与したようだった。パナマシティ襲撃の成功によって、彼は本国でも英雄的な存在となり、国民の間にフランシス・ドレイクの凱旋《がいせん》帰国という輝かしい記憶を思い起こさせ、新たな祝福の理由を与えたのだ。チャールズ二世もまた英雄崇拝にとらわれていた。国王は精力的で下品な酒好きのモーガンをすぐに好きになった。〝愉快な君主《メリー・モナーク》〟と呼ばれていた国王自身が快楽主義者であり、モーガンとよく似ていたことからもこのことはうなずけた。同時にチャールズ二世はスペインとの同盟に関心を失うようになり、スペインがすぐにまた敵国となると確信していた。最終的には戦利品がモノを言った。パナマシティの略奪やそれ以前の遠征によって、モーガンは王国の財政を大幅に改善していたのだ。世の常として、金《かね》は多くの罪を洗い流してくれるものだった。

マドリード条約に従い、モーガンを含む多くのジャマイカの統治者たちは、国王による恩赦や処罰、裁判、絞首刑といったさまざまな方法を組み合わせて、海賊を島から追い出そうと試みた。力を強めつつあったジャマイカの商人たちは、これらの措置を歓迎した。彼らは、以前は島の保護者としてバッカニアを歓迎していたが、モーガンやその仲間の私掠船による襲撃が功を奏したこともあって、スペインによる攻撃の脅威がほとんどなくなったことから、逆に彼らの行動を冷ややかな目で見るよう

ハワード・パイルによる"The Buccaneer Was a Picturesque Fellow（バッカニアは魅力あふれる男だった）"と題する挿画（1921年）。

になっていた。またそういった商人たちは、海賊の巣窟としてのジャマイカの悪評を拭い去って、入植者を温かく迎える場所としてのブランドを再生し、奴隷に支えられて急成長していたさとうきび経済を拡大させたいと願っていた。

しかし、海賊を追い出すことは、非常に困難の伴う仕事だった。一六六三年から一六八四年までの間に三度ジャマイカの総督を務めたトーマス・リンチ卿は、〝このいまわしい海賊行為があまりにも長く続き〟、あまりにも多くの海賊がいたことから、〝まるで雑草かヒュドラ（訳注：ギリシャ神話に出てくる九つの頭の怪獣。転じてさまざまな側面を持つ難問の意味がある）のように、切っても同じくらいのスピードで生えてくる〟と語っている。とはいえ、モーガンがアルコール漬けの人生を全速力で駆け抜け、一六八八年八月二五日に五三歳でその生涯を終えたときには、ジャマイカの海賊や私掠船《プライベーター》は大幅に減り、この島の危険や放蕩《ほうとう》、混乱といった側面はかつてに比べて大幅に減っていた。

海というネットワークを通じた植民地同士の不安定な関係を考えると、サウスカロライナからマサチューセッツまでの北アメリカの英国植民地も、決してカリブの海賊たちと無縁ではなかった。それどころか、一六四〇年代から一六八〇年代まで、植民地と海賊との関係はさらに強くなり、その大部分が海賊と植民地の双方にメリットを与えていた。

第二章　もろ手を挙げた歓迎

2 . WELCOMED WITH OPEN ARMS

一六七三年のニューアムステルダム（ニューヨーク）の風景。

カリブの海賊と植民地との間でもっとも重要だったのは、財政面でのつながりだった。植民地の商人たちは、多くの船をカリブ海に送り、そこで海賊と取引をしていたが、やがて多くの海賊がその戦利品を北アメリカの植民地に持って行き、これを食料や飲み物、娼婦、そして次の航海のための準備に費やすようになった。海賊の金《かね》が植民地に流れ込んでいったもっとも早く顕著な例は一六四四年、トーマス・クロムウェル船長がニューイングランドに帰還した際のことだった。

クロムウェルは、一六三〇年代まではマサチューセッツの〝ごく普通の船乗り〟だったが、一六四〇年代になってウォリック伯の私掠船団に加わり、戦時中ではないにもかかわらずカリブ海でスペイン船を襲い、事実上の海賊となった。五月、彼は戦利品をいっぱいに積み、八〇人の〝活気にあふれた荒くれ者〟――プリマスの総督、ウィリアム・ブラッドフォードは彼らをそう呼んだ――を乗せた三隻の船とともに、プリマス港に入港した。この裕福な訪問者は、一カ月間プリマスにとどまり、〝気前よく〟金を浪費した。最初のころ、彼らは酒を飲んではけんかをし、まるで〝狂人のように〟振る舞い、植民地の取り澄ました清教徒の市民にとっては、彼らを憤慨させるはた迷惑な存在だった。しかし、滞在も終わりに近づくころには、海賊も〝より穏やか〟になり、〝貧しい者らに惜しみなく施しを与える〟ようになったという。元弁護士で非常に信心深い、マサチューセッツ・ベイ植民地の総督ジョン・ウィンスロップは、宗教的な観点から、海賊のプリマスへの訪問について、彼らの金《かね》をこの街に分け与え、癒やし、助けるために〝神の摂理〟が彼らをこの地によこしたのだと断言した。

他の海賊たちも、クロムウェルをまねるように富をばらまいた。例えば、一六八四年、ジャマイカの総督トーマス・リンチは、北アメリカの植民地が、〝海賊がもたらした金《かね》であふれている〟と語っている。そしてその金額は驚くべきものだった。リンチによると、ある英国の公職者が〝あらゆる国のなかでももっとも有名な海賊の寄港地〟と位置づけたボストンだけでも八万ポンド相当の資金が海賊によってもたらされていたという。この資金の大きさを理解するために比較してみると、当時の植民地の男性労働者の年収は一〇ポンド（女性はそのおよそ半分）であり、商船の船長でも七二ポンドでしかなかった。ある試算によると、〝植民地時代のアメリカの貨幣の少なくとも半分はスペインのピース・オブ・エイト銀貨で、そのほとんどは海賊がもたらしたものだと言われている。

海賊は、貨幣に加えて一六五二年英国領のアメリカで初めて設立されたボストンの鋳造所に銀塊ももたらした。銀は、その鋳造所で、植民地では有名だったパイン・ツリー・シリングに鋳造された。この銀貨はホワイトパインの木が表に刻まれていたことからこう呼ばれていたが、この大きな木の、高くまっすぐ伸びた太い幹は、船の頑丈なマストとして使われたことから、成長しつつある英国の海軍や商船にとっての重要な役割を象徴していた。当時の英国の政府関係者は、貨幣にすることで、〝それと気づかれずに大量に銀を運ぶことができるようになることから、海賊が銀塊をボストンに運ぶことを推奨した〟と記している。この時代におけるアメリカの植民地のほとんどで貨幣の鋳造は違法であったということは、海賊も植民地の鋳造業者もまったく気にしていなかった。もう一つの独創的な方法は、銀塊を銀細工師――故買屋《こばいや》の役割を担っていた――に持ち込み、溶かしてフォークやナイフ、スプーンにすることだった。これらは、後に再び溶かされて貨幣に鋳造され、その持ち主が借金を返済する際に使われていた。

また海賊は、インディゴや衣類、砂糖といったさまざまな商品もアメリカの植民地にもたらし、植民地の経済を大いに潤した。さらに、海賊はアフリカの奴隷も植民地にもたらした。増加しつつあった海賊は、植民地に財宝や商品、奴隷を供給するだけではなく、実際に植民地に根を下ろして生活をしていた。一六八八年、植民地の記録によれば、当時ニューヨークやニューロンドンで、〝多くの海賊が家や土地を買い、一人あたり一〇〇〇ポンドから一五〇〇ポンドを持ち込んで定住していた〟という。これは〝かなり裕福な商人〟の財産に匹敵する金額だった。このように海賊から市民になった人物のなかでももっとも注目に値する存在がトーマス・ペインだった。

一六八二年、ペインはパール号でカリブ海を航行してスペイン船を襲っていた。ジャマイカの総督トーマス・リンチが海賊行為で起訴しないことと引き換えに取引を持ちかけ、ペインが海賊を〝捕らえて連れてくるか、殺せば〟すべての罪が許されることになっていた。ペインはこれに同意し、私掠免許状を授けられた。しかし、やがて彼の本性があらわになった。ジャマイカを出港するやいなや、ペインはバハマに向かい、任務を遂行する代わりにそこで何人かの海賊の船長と手を組んだのだ。この一団は偽のフランス国旗のもと、スペインの植民地であるフロリダのセント・オーガスティンに向かったが、残念なことに、この街は住民による厳重な警戒が敷かれていた。彼らは、この街を襲う代わりに、その周辺地域を荒らしまわり、住民を恐怖におとしいれた。やがて海賊の集団はバラバラになり、ペインと彼の仲間たちはスペインの難破船を見つけて銀を奪った。その後、ロードアイランドに向かった彼らは、一六八三年の夏にニューポートに着き、運び込んだ大量の財宝とともに温かく迎えられた。

ボストンの副税関長、トーマス・サッカーは、ペインの到着を知ると、ただちに船を押収しようとした。しかし、ロードアイランドの総督、ウィリアム・コディントン・ジュニアがその行動をさえぎり、サッカーにこの問題については翌朝に対処するようにと告げた。サッカーはこの遅延戦術がペインに警告を与え、〝押収に抵抗するために武装する時間〟を与えるためのものだと気づいていた。翌朝になり、ペイン、サッカー、そしてコディントンに加え、植民地の公務でボストンを訪れていたニューハンプシャーの総督エドワード・クランフィールドとニューヨークの総督トーマス・ドンガンが状況についてあらためて話し合うために集まった。ペインは私掠免許状を示したが、サッカーとクランフィールド、ドンガンは、署名がリンチのものではないとして、これが偽造だと主張した。さらに彼らは、ペインがただの海賊であるにもかかわらず、私掠船《プライベーター》の船長どころか、王室執事であるかのようにあやまって認識されていると主張した。実際にはペインはリンチから正式な私掠免許状を授かっていた――もっともスペイン船ではなく、海賊を襲うことを認めていたものと思われるが――ので、免許状が偽造だという主張は明らかに誤りで、告発者はペインが海賊になったことを知っていたためにこのように言い張った可能性が高かった。しかし、コディントン総督は、パール号が〝海賊行為をしていたこと〟やセント・オーガスティン周辺のスペインの植民地を襲っていたことをサッカーが指摘した後でさえも、私掠免許状の正当性を譲らず、船の押収を認めなかった。

　自由の身となったペインはニューポートに住居を定めた。しかし、一年もしないうちに、ニューヨークの税関長ウィリアム・ダイアーが彼のもとを訪れた。一六八四年九月、ダイアーはペインを〝完全な海賊〟だとして逮捕を命じた。またダイアーは、海賊をかくまい、サッカーによるペインの逮捕と、ペインの船の押収を妨げたとしてコディントンも告発した。しかし、これらによっても何も変わることはなく、ペインはすぐに釈放された。数年後、ペインは著名な地元の判事で将来の総督と目されている男の娘と結婚し、コミュニティーの立派な一員となった。

ペインがカリブ海からロードアイランドに向かい、そこに定住したのに対し、当時の海賊とアメリカの植民地の関係は双方向のもので、植民地を本拠地として獲物を求めて南に向かう海賊もいた。一六七六年に英国人エドワード・ランドルフが、植民地の貿易慣行の調査と土地に関する権利問題を解決するためにアメリカに派遣されたとき、彼は多くの入植者らが海賊行為を奨励していることを知り驚いたという。「彼らは十分な人員を配備した六〇から七〇トン（トン数が船舶の貨物積載能力を表す単位である）の船を用意し、これを私掠船《プライベーター》と呼んで、免許状もなしに西インド諸島に派遣していた。彼らはそこで、住民に対し暴虐の限りを尽くし、大量の銀や貨幣、金塊に加え、司祭が着る豪華な外套《がいとう》や教会の献金皿といった金目《かねめ》のものを奪っていた」とランドルフは語っている。

アメリカの植民地で海賊が受け入れられていることに、英国本国は警戒を深めていた。本国の政府関係者たちは、海賊行為は、死をもって罰するべき重罪に相当する深刻な犯罪とみなしており、海賊をかくまうのではなく、戦うことを植民地に期待していた。英国法においては、捕らえられた海賊は裁判のためにロンドンまで連れてこなければならなかった。しかし、そのために費やされる多大な時間と費用のせいで、実際には海賊が正義の裁きを受けるために大西洋を越えて送られることはほとんどなかった。またいくつかの植民地は、海賊を裁くために現地の裁判所を利用していたが、その結果特例が適用されることがしばしば生じていた。植民地の多くで採択されていた法には、実際にはあまりにも多くの抜け穴があったため、海賊に対する対策は事実上無意味なものとなっていた。

ごくまれに植民地が海賊を裁判にかける場合もあったが、それは見せかけにすぎなかった。一六八七年、怒った国王ジェームズ二世は、ニューヨークの総督ドンガンに書状を送り問題を指摘した。国王はその書状のなかで、国王と議会に対し、植民地が海賊を〝適切に裁く代わりに、証拠が不十分なままにすぐに裁判を行い〟、一部の証拠しか知らされていない陪審員が海賊に有利な判決を下すという、不適切な手続きが横行しているという報告が寄せられていると指摘していた。その結果、海賊は無罪となり、〝引き続きこれまでどおり海賊行為を続け、貿易に多大な悪影響を与えていた〟。

裁判が行われ海賊を起訴することができても、多くの場合、そこには障害が伴った。その代表的なものが、海賊から利益を得ている商人による抵抗だった。特にそれが顕著だったのは、一六八四年、スペインを捕らえることに失敗したあのニューヨークの税関長ダイアーが、ミッシェル・ランドレソンが船長を務めるフランスの海賊船ラ・トロンプーズ（英語ではトリックスター、すなわち詐欺師という意味）号を押収しようとした事例である。

一六八四年八月、ラ・トロンプーズ号はカリブ海での海賊航海を成功裏に終え、ボストン港の入り口に姿を見せた。当時ボストンの住民はこの海賊船の到着を天の恵みと見ていた。特に船に積まれた莫大《ばくだい》な財宝はそれぞれのクルーの取り分が七〇〇ポンドにもなると言われていたことから、住民たちは、海賊が街の居酒屋などで気前よく金を使ってくれるに違いないと考えていた。ボストンでもっとも裕福な商人の一人だったサミュエル・シュリンプトンは、水先案内人を送って、港のなかにあるヌードル島（ヌードル島は、現在はもう島ではなく、ローガン空港に隣接するイースト・ボストンの一部となっている）――彼がたまたま所有していた――まで船を案内した。数週間後、ダイアーがボストンに到着し、ラ・トロンプーズ号を王の名のもとに押収し、〝虐殺と強奪で悪名が高い、第一級の海賊〟であるランドレソンを支援し、かくまう者についても罪に問うと宣言した。

しかし、押収を宣言することと実際に船を押収することは、まったく別物だった。ダイアーが国王の顧問の一人に宛てた書面のなかで、彼は「ランドレソン船長に対し正義を行おうとしたがなかなか進まず、多くの商人から激しい抵抗やひどい脅しにあった。サミュエル・シュリンプトンは、特にひどく、……彼は、船を押収しようとするなら、頭を吹き飛ばされるか、刺されることになるぞといって脅した」と記している。さらにダイアーは、シュリンプトンが船をヌードル島にかくまい、〝金や銀、宝石、カカオといった海賊の戦利品の隠し場所〟にしたと訴えた。問題をさらに悪化させるかのように、シュリンプトンは船を武力で守ると豪語し、次の航海に向けて船の装備を調えているとさえ吹聴した。結局、ダイアーにはただ怒りをくすぶらせることしかできなかった。誰も正義を行おうとはしなかったのだ。シュリンプトンがラ・トロンプーズ号の装備を調えると、ランドレソンたちはすぐに次の獲物を求めてボストンを出港した。

植民地がもろ手を挙げて海賊を歓迎したのには多くの理由があったが、その筆頭は、慢性的に乏しい植民地の財政に対し、海賊がもたらしてくれた金《かね》だった。決して驚くべきことではないが、当時の商事法のもとでは、貿易収支は常に英国に有利に決められており、植民地は、母国から商品を買う場合、原則として正金、すなわち金貨で支払わなければならなかった。英国が一六〇〇年代の中ごろから後半にかけて、慢性的な金貨や金塊不足におちいっていたという事実も、植民地の通貨事情を不安定なものにするばかりだった。コットン・マザー牧師は、一六九一年に、「ニューイングランドの銀はまるで川の急流のようだ。いつもやってきてはあっという間に去って行く」と記している。

海賊は、その川が枯渇しないよう救ってくれた。海賊がもたらす銀は非常に貴重であり、また海賊は、文字通り自分たちの出費に見合うだけのもっとも高い価値を提示する植民地に向かうことを選んだので、多くの植民地は互いに競ってこの外国の貨幣につける価値をつり上げた。特に競い合ったのは、マサチューセッツ、ペンシルベニア、ニューヨーク、イーストジャージーとウエストジャージー（後のニュージャージー）、そしてサウスカロライナで、これらの植民地のすべてに、多くの海賊が寄港し、さらにはそこに定住していたことは決して偶然ではなかった。

植民地の総督らが海賊の金《かね》を高く評価したのは、植民地経済に利益をもたらしたという理由からだけではなく、もっと利己的な理由からでもあった。総督の給料は多くの場合微々たるもので、総督のなかには、自らの地位を個人的な富を増やすための手段として利用する者がいた。特に没落した名家の出身者――決して珍しい存在ではなかった――はその傾向が強かった。また総督のなかには、植民地の防衛に対し個人的に資金を提供している者もいたことから、彼らの財政状態をさらに悪化させていた。これらのことを考えると、海賊からのキックバックや賄賂を受け取ったり、これらを求めたりする総督がいたことや、そのなかにはあからさまに、あるいは積極的にこれを求め、結果的にその職を失った者がいたことも決して驚くことではなかったのかもしれない。

海賊がもたらした商品も、彼らが温かい歓迎を示したもう一つの理由だった。英国の航海法では、植民地に集まった商品は英国船に載せてまずは英国に送らなければならず、そこでもともと高価だった輸入商品にさらに高い関税がかけられるため、植民地に届くときにはさらに高価になっていた。植民地の住民がこの航海法をひどく嫌っていたところに、海賊がこれを避ける絶好の機会を与えてくれた。海賊から商品を直接購入することで、仲介業者を排除することができ、商人や入植者たちは合法的な取引で得るよりも安価に、商品を手に入れることができたのだ。

これらの安価な商品や価値の高い貨幣、さらには金塊や銀塊のおかげで、海賊にとって強力で頼りになる支持層が生まれていった。そのなかには総督や、政治家、商人、そして入植者などがおり、彼らはみな不正に得た金《かね》によって利益を得ていた。本国の方針を順守し、海賊を取り締まろうとする植民地には、しばしばこれを阻止しようとする強力な抵抗勢力が存在したのだ。歴史家のマーク・G・ハンナは、多くの総督はその地位に任ぜられる前から、地元の商人と長年にわたる関係を構築しており、〝たとえ個々の総督が海賊を取り締まろうと望んでも、海賊との取引を進めようとする有力な商人からの圧力によって、従うように脅されていた〟と記している。このような圧力は、〝有力な商人からのものだけではなかった。当時の歴史家によると、官僚についても、〝海賊や違法な取引に対して正当な措置を積極的に講じることによって抵抗勢力を怒らせた場合、家族や財産に危害が及ぶ可能性があった〟という。

また海賊は、植民地に対し保護を提供していた。英国本国は植民地の軍事的な要求にほとんど注意を払わず、しばしば植民地自身で何とかするよう強いていた。そして植民地の市民軍や海軍は、財源上の問題から不十分な戦力しか持ち合わせていなかったため、ほとんど頼りにならなかった。海賊は戦力を提供することで植民地の防衛力の不足を補ってくれた。多才な海賊だったトーマス・ペインは、海賊から植民地の保護者になったいい例である。

一六九〇年の夏、フランスの私掠船団がニューイングランドの沖合にあらわれ、地域をパニックにおとしいれた。これは九年戦争（一六八八年－一六九七年）――植民地ではウィリアム王戦争として知られていた――のさなかのことであり、当時ヨーロッパの多くの国がフランスと敵対していた。私掠船団はすでにナンタケット島やマーサズ・ビンヤード島、フィッシャーズ島、ブロック島を襲い、家々を荒らしまわっては家畜を殺し、船を奪い、住民をむち打って貴重品の隠し場所を白状させていた。残虐行為のうわさはすぐに大陸本土の植民地にも広まり、ニューポートやロードアイランドの住民は、次は自分たちの番だと思って戦々恐々としていた。総督らによる評議会が緊急で招集され、ニューポート港に停泊していた一〇門の大砲と六〇人のクルーを擁するバルバドスのスループ船（メインセールと三角帆《ジブ》を前後に装備したマストが一本の帆船）ロイヤル・スティード号を徴用することを決定した。後は必要なのは船長だけだった。植民地にはトーマス・ペイン以外には海上戦に詳しい人物がいなかったことから、彼が船長に選ばれた。

ペインは、三〇名のクルーを乗せたもう一隻のスループ船とともにニューポートを出港し、ブロック島に向かった。地元の住民からフランスの私掠船団がニューロンドンに向かったことを知り、ペインはこれを追跡し、すぐに敵船の姿を捕らえた。戦いは二時間半続いた。戦いの早い段階で、フランスのスループ船の船長の一人――〝非常に凶暴で、腹のすわった男〟だった――が、グラスにワインを注ぎ、英国船の一つに〝すぐにでも乗りこめなかったら、死んで地獄に落ちてもかまわない〟と豪語した。しかしそれは無駄な遠吠えだということがすぐに証明された。彼が持ち上げたグラスを唇につけた瞬間、一発の銃弾が彼の首に穴を開け、あっという間に彼の命を奪ったのだ。闇がその日の戦いに終わりを告げるまでに、フランス人一名と、英国人とともに戦ったインディアン一人が死亡した。

両者は、夜の間はやや距離を置いて停泊した。ペインは、朝に戦いが再開されるものと思っていたが、夜明け少し前に、フランス船は去ってしまった。当時の記録によると、この船団を率いていたフランス人が、以前ペインの私掠船の一員だった男で、〝何らかの方法で〟ペインのことを知り、「彼と戦うなら悪魔と戦うほうがましだ」と言ったという。彼らが逃げたのがこの理由だったのかどうかは定かではないが、フランス船は去って行き、ペインと仲間たちはニューポートに戻り英雄として迎えられた。

植民地に定住する海賊の数は比較的少なかったものの、植民地自体の人口が少なかったこともあって、彼らが植民地の生活に与えた影響は非常に大きかった。一六九〇年当時、アメリカには一九万人の入植者が一万七〇〇〇人の奴隷とともに、大陸の東端に沿って薄く広がっており、そのほとんどは海岸から五、六キロメートルの圏内に住んでいた。植民地最大の港であるボストンでさえ、七〇〇〇人の住民しかいなかった。したがって、海賊がもたらす多大な資金や商品、戦力によって、海賊は植民地にとって重要な経済、社会、そして軍事上の勢力となっていたのだった。

一八〇〇年代半ばに描かれたものであるが、傾船整備の様子がよく描かれている。傾船されている船はフランスのコルベット艦ラ・アストロラベ号とラ・ゼレ号。

海賊が植民地に利益をもたらすのと同様に、植民地も、その見返りとして海賊に貴重な資源と機会を与えていた。海賊は、植民地の港で日用品を購入し、略奪品を売却し、クルーを集め、医療を求め、酒や肉欲的な娯楽を楽しんだ。そして彼らは、引退後の生活を楽しむほどに十分長生きした場合には、海賊としてのキャリアを終えた後に定住するための場所に植民地を選んだ。これらと同じくらい重要だったのが、彼らの船を傾船《けいせん》して整備する機会が得られることだった。

船の船殻は、長い時間をかけて、海藻からフジツボまで、あらゆる種類の海の生物によって腐敗させられた。これによって船は抵抗力が増えてスピードが落ちるだけでなく、深刻な損傷を受けることにもなった。最悪なのがフナクイムシ（学名Teredo navalis）で、この軟体動物の一種は、木材にトンネルのように穴を掘り、スイスチーズのようにぼろぼろにした。傾船――基本的にはロープを使って船を片側に傾け、普段は水のなかにある船殻部分をあらわにすること――によって、船殻の付着物をきれいにこすり落とし、腐って穴だらけになった木材を取り換え、水漏れする木材と木材の間に槇肌《まいはだ》（訳注：ヒノキやマキの内皮を砕き、柔らかい繊維としたもの）を詰めるコーキングをやり直したうえで、タールや硫黄、獣脂を混ぜた油でコーティングすることで、船の寿命を延ばし、性能を向上させるのである。大きな港の傾船を専門に行うことができる埠頭《ふとう》で、海賊は彼らの船を整備し、そういった埠頭がない場合は、奥まった入り江や海岸沿いの湾状の地形を利用して同様の作業を行った。

こういった便益を提供することによって、植民地は、海賊が違法行為を追求するための拠点を提供していた。こういった支援がなければ、海賊は繁栄するどころか、生き残ることすらできなかった。つまり、植民地は、本質的には、海賊の犯罪パートナーだったのである。

植民地による海賊の受け入れと支援は絶対的なものではなかった。海賊は資金や商品、そして保護を提供しているときは歓迎されたものの、沿岸の水域で彼らの〝専門業務〟を行うときには、決して喜んで受け入れられることはなかった。このことはトーマス・ポンドの例が明らかにしている。

一六八九年八月九日の朝、ポンドと武装した一二人の仲間たちは小さなスループ船でボストン港を出港した。最終的な目的はカリブ海まで行って、フランス船を餌食にすることだった。だがまずは、もっと良い船を手に入れ、クルーを集め、食料や武器、弾薬も補う必要があった。翌日、彼らはホーリング・チャードが船長を務めるセーレムから来たメアリー号という名の漁船を襲った。ポンドたちはこのケッチ船（前後二つのマスト――メインマストを前に小さなミズンマストを後ろに――を装備した帆船）を奪い、正式に海賊としての航海をスタートさせた。ポンドはチャード船長と彼の二人のクルーをスループ船に残したが、チャードのクルーの一人、ジョン・ダービーは、自ら進んでポンド

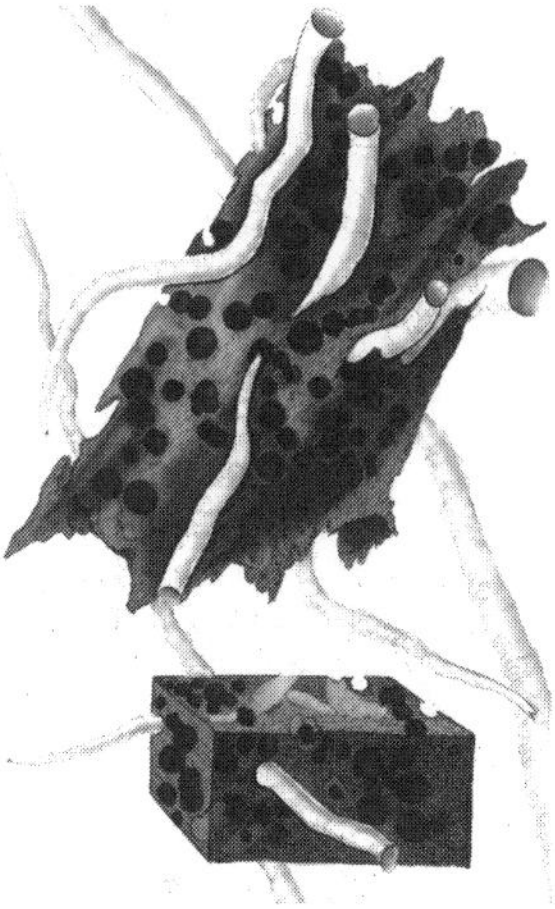

フナクイムシが水に浸った木材を素早く腐敗させ、穴を開ける様子。白い部分は、この珍しい軟体動物が分泌する石灰質の管である。

らと行動をともにした――この行動は、彼がマーブルヘッドに妻と五人の子どもたちを残してきたことを考えると、奇妙で、自分勝手かつ軽はずみな決断に思えた。ポンドたちは次にカスコ湾に向かい、そこで湾内の島の一つから一匹の子牛と三匹の羊を奪い、現在のメイン州ポートランドにある小さな砦、フォートロイヤルの沖合に停泊した。

ダービーは二人のクルーとともにフォートロイヤルに上陸した。二人のクルーが水を調達している間、ダービーはこのとりでの司令官シルバナス・デイヴィスに会っていた。デイヴィスはダービーがどこから来たのかと尋ねた。ダービーはケープセイブル島の沖で漁をしているときにフランスの私掠船に襲われ、食料を奪われてしまったのだと説明した。するとメアリー号のことをよく知るデイヴィスは、なぜチャード船長が砦に来なかったのかと尋ねた。ダービーは、船長は足をけがしたのだと答え、さらに水と、船長を診てもらうための医師が必要だと言った。これはもちろんうそだった。ボンドの真の意図は医者を説得して南への冒険行に参加させることだった。というのもけがが職業上のリスクとしてつきまとう海賊船においては、医療専門家の需要は非常に高く、喜んで参加してくれる医師を見つけることは非常に難しかったからである。

ダービーの答えを聞いたデイヴィスは警戒した。彼の部下がメアリー号を訪れ、一般的な漁船よりもはるかに多くのクルーが乗船していること、そしてチャード船長の姿がどこにも見えないことを報告したことで、彼の疑念はさらに深まった。デイヴィスはこの訪問者が〝ならず者〟ではないかという不安を持ち始めていた。それにもかかわらず、デイヴィスは医師をケッチ船まで連れていくことを認めたが、その医師が、仲間に加わるようにというボンドの懇願にも説得されずに戻ってくると、謎が一層深まった。その医師は緊張しているようで、ケッチ船に何人のクルーがいたかについてたびたび答えを変えたため、デイヴィスはその医師が何らかの悪いたくらみに関与しているのではないかと考えた。もっとも医師はボンドとの遭遇で動揺していた可能性が高く、むしろ心配するべきは彼ではなかった。デイヴィスの知らないところで、メアリー号を訪れた二人の兵士がボンドの仲間になることに同意し、他の兵士も参加させることを約束していたのだ。

その夜、デイヴィスは砦のまわりに武装した見張りを配置し、〝海側をしっかり見張る〟ように指示した。深夜、ボンドと運命をともにすることを決意した七人の兵士が蜂起し、仲間に銃を突きつけた。運べるだけの武器と弾薬、そして衣類を集めると、裏切り者たちは砦のボートでメアリー号に向かった。そしてその後すぐに、ボンドはケープコッドに針路を取った。

翌日、ケープコッドの高台地帯（現在のトゥルーロ）の沖合で、ポンドはスループ船グッドスピード号を襲ってこの船を奪い、彼の仲間をグッドスピード号に移し、逆にグッドスピード号のクルーをメアリー号に移した。ポンドは、もし植民地政府のスループ船が〝追ってきたら、捕らえられる前に〟最後の一人まで死ぬ覚悟で抵抗し、激しい戦いになるだろうというメッセージを残し、ボストンの植民地政府関係者に伝えるようにグッドスピード号のクルーに言い残した。

後からわかったことだが、メアリー号のチャード船長から得た情報を受けて、植民地政府はすでに海賊を追って、武装した船を派遣しており、ボストン港にメアリー号が帰って来ると、さらに追加で追っ手を派遣していた。しかしどちらの追跡も実を結ばなかった。その間、ポンドとその仲間は、かなり遠回りの針路を取っていたのだ。彼らはケープコッドとマーサズ・ビンヤード島に寄港してさらに家畜と水を調達し、八月二七日にはホームズ・ホール（現在のヴァインヤードヘブン）で、ブリガンティン船（前後二つのマスト――フォアマストとマインマスト――に横帆を装備した帆船）を襲い、食料やラム酒、タバコを奪ってから解放した。その後、彼らは、猛烈な嵐に襲われたため、バージニアで八日間ヨーク川に避難せざるを得ず、そこでさらに二人のクルーと奴隷一人を仲間に加えた。嵐が去ると、ポンドはマーサズ・ビンヤード島の沖合にあるナウション島のターポリンコーブに戻った。その後数週間、ポンドはケープコッドとマーサズ・ビンヤード島の間で海賊行為をし、一隻の船は取り逃がしたものの、二隻の船を捕らえ、そのうちの一隻から食料を奪った。このさまよえる海賊は、九月の終わりにはターポリンコーブに戻り、好天が訪れるのを待って、クラサオ島へと出港した。

マサチューセッツの総督サイモン・ブラッドストリートは、これらの立て続けに起きた略奪行為に警戒心を募らせ、ポンドが以前使っていたケッチ船メアリー号に二〇名の兵士を配備して、必要であれば武力を用いてでも〝海賊を制圧し〟、ボストンに連れてきて裁きを受けさせるよう命じた。サミュエル・ピースが船長の任に就き、九月三〇日にボストン港を出港した。メアリー号は、海上を腕のように延びるケープコッドを巡回した後、ビンヤード海峡を目指して西に向かった。一〇月四日、ピースは一艘《そう》のカヌーがウッズホールから水路に入ってくるのを発見した。カヌーに乗っていた男は、ピースに〝ターポリンコーブに海賊がいる〟と報告した。これを聞いたピースらは〝雄たけびをあげて〟戦いに備えた。

その後まもなく、グッドスピード号を遠く視界にとらえたピースは、メアリー号を近づけるようクルーに命じた。海賊船は逃げようとしたが、メアリー号のほうが操船技術に優れていたため、すぐにその差を縮めた。メアリー号は、グッドスピード号を至近距離にとらえると、ユニオンジャックをメインマストに掲げ、警告のため大砲とマスケット銃による砲撃をグッドスピード号の船首をかすめるように発射した。これに対抗するかのように、ポンドたちも、彼らの〝赤い旗〟をマストに掲げて、いっさいの容赦はしないことを示し、クルーを甲板上に配備した。戦いの準備は整った。

ピースは海賊に「国王に向かって攻撃してみろ」と言って挑発したが、ポンドはひるまなかった。彼は後甲板に立ち、自分の剣を振り回すと、海を挟んで敵船に向かって「かかってこい、臆病者、おれが直接ぶちのめしてやる」と叫んだという。ポンドが好戦的な誘いを口にするやいなや、銃撃戦が始まった。ポンドは腕とあばらに、一方ピースは腕とわき腹、そして太ももに銃弾を受け、二人は船室に下がった。ピースの兵士たちは降伏するよう繰り返し海賊を説得し、今なら〝寛大な措置〟を講じると言ったが、海賊はその申し出をあざ笑った。「臆病者め、情けをかけてやるのはおれたちのほうだ」と海賊は叫んだという。最初の銃弾が放たれてから一時間後、ピースの兵士たちは群がるようにして海賊船グッドスピード号の甲板に乗り込むと、いっせいに銃を放ち、さらにマスケット銃の床尾で血まみれになるまで情け容赦なく打ちすえて海賊を制圧した。銃撃による煙が晴れると、四名の海賊が死に、残りの多くが負傷していた一方、ピースの兵士たちは五名が負傷しただけだった。死亡した海賊のなかにはジョン・ダービーが含まれていた。マーブルヘッドに残された彼の妻と子どもたちは、自らの力で生きていかなければならなくなった。

捕らえた海賊とともに、メアリー号とグッドスピード号はロードアイランドを目指して出発した。ロードアイランドに到着すると、負傷した兵士は宿屋に運ばれ、ニューポートからやってきた医師の治療を受けた。しかし、治療のかいなく、ピースはけががもとで一〇月一二日に息を引き取った。その一週間後、船はボストンに向かい、海賊は重警備のもと刑務所に入れられた。

一六九〇年、グッドスピード号のクルーたちは海賊行為と殺人の罪で裁判にかけられた。そのうちの一四名が有罪とされ、絞首刑を宣告されたものの、刑が執行されることはなかった。その理由は定かではないが、植民地の有力な市民の多くがブラッドストリート総督に慈悲を請うたと言われている。嘆願者のなかには、何人かの〝位の高い女性〟や、前総督ジョン・ウィンスロップの孫ウェイトスティル・ウィンスロップ、海賊の裁判を担当した治安判事の一人などが含まれていた。ブラッドストリートはこの嘆願に応じ、結果的に一名の海賊のみの刑を執行し、ポンドを除く残りのクルーは減刑された。そのうちの一名は、絞首台に乗って準備が整う直前に恩赦を受けて自由の身となった。植民地政府の評議会メンバーによると、この突然の執行中止は、見せ物を期待していた〝人々を大いにがっかりさせた〟という。ポンドに関しては、刑の執行は一時的に延期され、一六九〇年春に英国に送還されたが、そこで再び、理由ははっきりしないものの、すべての罪を免除された。

ポンドが自由の身になったのとときを同じくして、海賊の歴史における劇的な変化が起きていた。海賊は依然としてカリブ海に出没していたものの、この熱帯の猟場は略奪者になろうとする者にとって魅力に乏しくなり、その数は次第に減っていた。財宝を積んだスペインの船団は襲撃に備えて、より厳重な警備をするようになっていたのだ。ジャマイカなどの植民地政府の取り締まりも、海賊の活動を難しくさせていた。さらに、新世界におけるスペインの植民地からの金銀の流れは、まだかなりの量があったものの、以前に比べるとはるかに少なくなっていた。

この状況を激しくも劇的に象徴するかのように、一六九二年六月七日の正午前に、壊滅的な地震がジャマイカを襲った。海賊の天国だったポートロイヤルでは、建物が倒壊し、通りは大地の液化によってうねる川へと姿を変えて人々を飲み込み、揺れが治まって地面が固化したときには、多くの人々が押しつぶされていた。大地に飲み込まれた人々のなかには、頭だけ地面から突き出し、その後何日もの間、飢えた野良犬の集団にかじられていた者もいた。最終的に、ポートロイヤルの陸地の三分の二が波に飲み込まれ、死者の合計は、その後けがや病気で亡くなった者も含めて五〇〇〇名——その多くはバッカニアだった——に達した。さらに悲惨なことに、何百もの死者や膨れ上がった死体が湾内の海面を漂って海岸に打ち上げられ、目撃した者によると、〝魚や鳥たちの餌〟となっていたという。

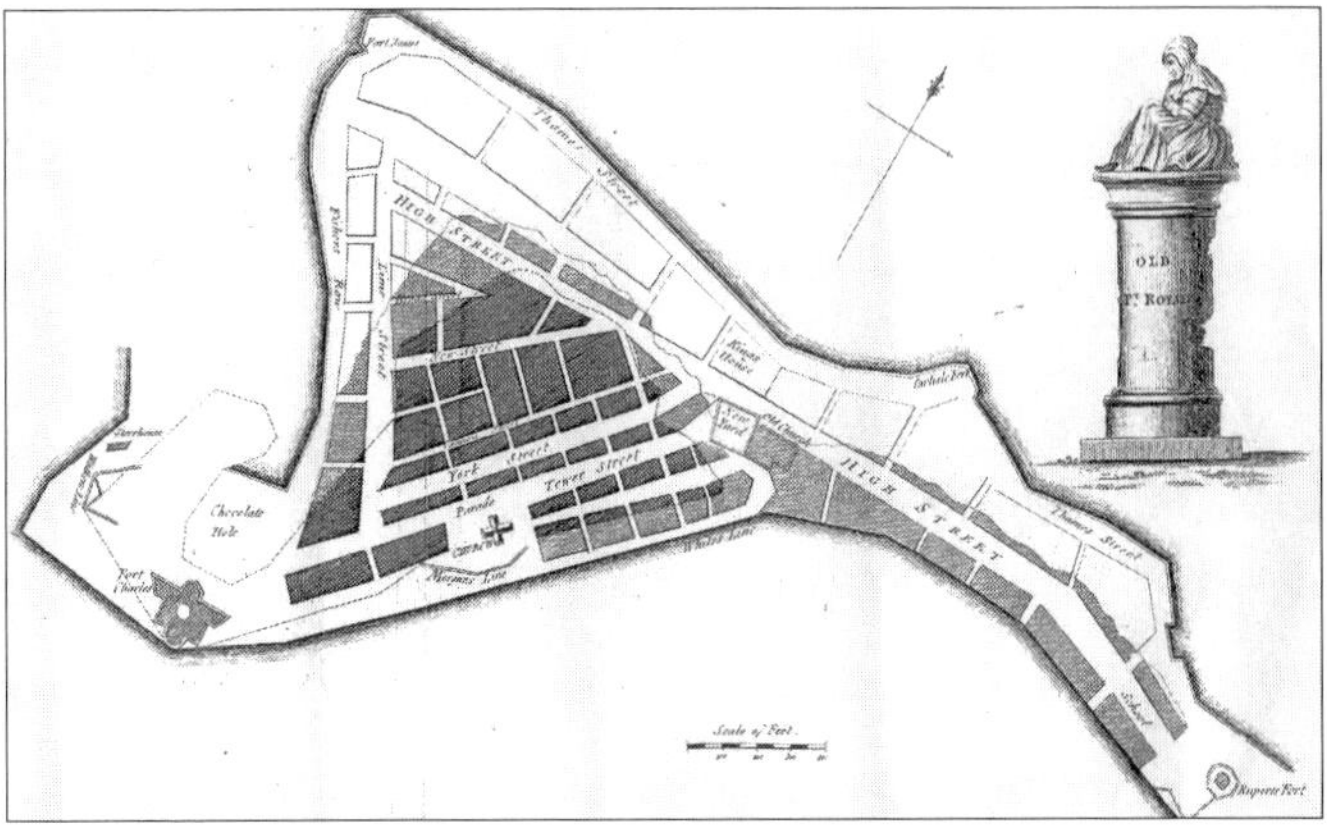

一六九二年の地震に襲われる前のポートロイヤル。地図の外縁は旧ポートロイヤルの境界で、下と真ん中部分の影になっている地域が地震の後の市の境界を示している。残りの部分は海に飲み込まれた。

生き残った地元の聖職者はこの地震のことを、〝世界でもっとも罪深い、堕落した人々〟に下された〝神の恐ろしい裁き〟だと言った。

カリブ海における海賊の将来に影が差すのと同じころ、新たな機会を提供する場所があらわれた。地球の反対側インド洋では、高級な絹や宝石、しっかりした作りの更紗《さらさ》、異国風のスパイス、そして膨大な量の金銀の宝飾品や貨幣など、アジアの富を積んだ船が航行していた。防御力の乏しいこれらの船は、海賊にとってはよだれが出るほど魅力的な獲物だった。植民地の総督の熱い支援を受けて、多くの海賊がアメリカの港からインド洋に向けて出航した。そして同時に、これはアメリカの歴史上、海賊にもっとも富をもたらした時代の始まりだった。

第三章 〝石や砂のように豊富に金《かね》のあるところ〟

3 . “WHERE THE MONEY WAS AS PLENTY AS STONES AND SAND”

Piratical Station—Isle of Madagascar.

海賊とマダガスカルの原住民の女（一八三七年に描かれたもの）。

一六八九年春、世界で四番目に大きな島、マダガスカル島の南西部に位置するサン＝トーギュスタン湾に三隻の海賊船が停泊していた。それらの船――英国船が二隻とオランダ船が一隻――は、目を疑うような状態だった。船殻は、〝ほとんど航海には使い物にならないほど〟虫の喰《く》った穴だらけで、数カ月にも及ぶ航海によって何層にも重なった海洋生物に覆われていた。帆は〝破れたうえに風雨にさらされたため〟、二重に重ねた絹の生地に置き換えられていた。そんな痛ましいほどの船の状況にもかかわらず、クルーは活気に満ちていた。彼らは、一六世紀初めから一八世紀中ごろにかけてインドとパキスタンの大半を統治していた、強大なムガル帝国の船から、〝豊富な財宝〟を奪うことで、想像できないほど裕福になっていたのだ。絹によって修復されていた帆は、船倉にある金や銀と同様、彼らの略奪の証《あか》しだった。陸地では、海賊たちが自らの戦利品を〝高価なヨーロッパの酒や上質のワイン〟と交換し、〝たった二〇人のクルーしか乗っていない小さな船〟がムガル帝国の巨大な船を難なく制圧したことを自慢していた。

この海賊たちは、決してムガル船を最初に襲った海賊というわけではない。それまでの何十年もの間も、ヨーロッパの海賊は豊かな財宝を求めてインド洋に出没していた。インドと紅海に面したアラビアの都市ジェッダやモカとの間を、金貨や銀貨、織物、その他異国風の東インド（〝東インド〟ということばは、当時、インドや中国、日本その他の極東地域の国々を総称した表現として使われていた）の商品を西洋に運び、同じように高価な貨物を載せて帰ってくるムガル船は、海賊にとっては格好のターゲットだった。しかし、海賊にとってもっとも魅力的だったのは巡礼船だった。年に一度、イスラム教徒がメッカに巡礼するハッジの間、ムガル船は貿易品だけでなく、この神聖な航海のために高価な衣類や宝石に加え、豊富な金《かね》を持ってくる大勢の巡礼者も運んでいたのだ。

膨大な財宝がインド洋を渡っているというニュースは、西洋の国々を飛び交った。船乗りたちは、ビールやラム酒のジョッキを酌み交わす酒場で、そして世界の交流の場としてにぎわう各地の波止場で、ムガルの財宝の魅力について熱く語りあった。アメリカ大陸では、これまでカリブ海でスペイン船を追っていた海賊や、大もうけを夢見る船乗りたちが、東洋の黄金の海路に熱いまなざしを向けていた。彼らは、ウィリアム王戦争（一六八八年―一六九七年）のおかげで、すぐにこれらの財宝を追いかける独自の方法を見つけた。

これまでの戦争と同じように、このときも英国は海軍の戦力を補い、敵国――このときはフランスだった――を攻撃するために私掠船に頼っていた。英国中で、私掠免許状が正式に発行され、新たに指名された多くの私掠船がその任務に就いてフランス船を追い求めた。しかしアメリカ大陸では、私掠免許状はしばしば違った目的で発行されていた。多くの植民地の総督は、フランス船を襲うつもりなどなく、代わりにインド洋のムガル船を襲うことを計画している者に、その意図を知りながら、見せかけの合法性を与える私掠免許状を有料で発行していたのだ。この偽りの私掠免許状のおかげで、彼らは、何らかの理由で捕らえられたときも、自分たちを正式に認められた任務に就いていると主張することができた。しかし、英国はムガル帝国と戦争状態にはなかった。したがってムガル船に対する攻撃は、当然ながら、ただの海賊行為でしかなかった。だが、植民地の統治者たちはこの事実をまったく気にしていなかった。

彼らは有料で免許状を発行することによって私腹を肥やすだけでなく、〝私掠〟航海の出資者として、海賊が植民地に戻って来たときに戦利品を分け合い、出資金を回収することも期待していたのだ。

最初にムガルの財宝を求めてインド洋に向かったアメリカ船は、ウィリアム・メイソンが船長を務めるジェイコブ号だった。彼らは、一六九〇年の終わりに私掠免許状を持たずにロードアイランドを出港した。しかし一年半がたっても、この新米の海賊はまったく成果を上げられず、そのためクルーの間に不和が生じていた。結局メイソンと一九名の仲間は別の船に移り、エドワード・コーツがジェイコブ号の船長を引き継いだ。これによってジェイコブ号に幸運が訪れる。その後の六カ月間で、コーツたちは四隻のムガル船を襲って、彼らから十分な銀貨や金塊、そしてさまざまな東インドの商品を奪った。その結果それぞれのクルーは八〇〇ポンドもの分け前を得た。この大もうけに満足し、コーツたちはアメリカ大陸に帰って、ゆっくりと勝利を味わうことに決めた。

彼らはニューヨークへ向かった。というのも、ニューヨークの総督ジャコブ・ライスラーがカリブ海からやってくる海賊とその戦利品を歓迎するという評判を聞いており、インド洋からやってくる海賊と財宝にも同様の態度を示すはずだと考えたからだった。しかし、ジェイコブ号がニューヨークの沖合に到達するまでには、政治的状況が変わっていた。ライスラーは退任し、新たにベンジャミン・フレッチャーが総督に就任していたのだ。コーツは、この総督の交代を船上ですでに知っていたようだ。ニューヨークに向かっても、フレッチャーからどのように受け入れられるかはっきりしなかったことから、代わりにコーツは、海賊に対して非常に友好的なことで知られる、ロングアイランド島の突端《とったん》にあるサウソールドに向かい、次の行動をじっくりと考えることにした。コーツは仲間の海賊、エドワード・テイラーを地元の政治家であるウィリアム・ニコルと話し合わせるために上陸させ、さらにテイラーとニコルの二人をニューヨーク・シティーに派遣し、フレッチャーと面談させて、フレッチャーがジェイコブ号のニューヨーク港への入港を認め、なおかつクルーを法的措置から守ることを認めてくれるかどうかを探らせようとした。

一八世紀の歴史家は、フレッチャーのことを〝強い情熱とわずかな才能を持ち、非常に精力的であると同じくらい強欲な男〟と辛辣《しんらつ》に評している。多くの植民地の総督と同様、彼も自らの地位を、私腹を肥やすための手段としか考えていなかった。友人の一人は彼を「国の利益ではなく金《かね》だけを求める哀れな乞食だ」と言い、また別の友人は彼が「贈り物を受け取るときは特に喜んだ」と語っていた。したがって、テイラーとニコルが彼のオフィスを訪れたとき、フレッチャーが喜んで取引に応じたことは決して驚くことではなかった。

フレッチャーは、海賊がフレッチャーとニコルそれぞれに七〇〇ポンドを支払えば、船がニューヨーク港に入ることを認めると言い、テイラーもこれに同意した。しかし海賊の多くはその分け前をすでに使っていたことから、コーツは資金集めに苦労した。代わりに彼は、ジェイコブ号をフレッチャーに譲り、さらに二〇〇ポンドをニコルのためにかき集めた。フレッチャーがジェイコブ号を八〇〇ポンドで売り払ったことを考えると、この取引は結果的にフレッチャーに有利に働いた。さらにフレッチャーは街にやってきた海賊から、自由と引き換えに一人一〇〇ポンドを徴収した。

また、フレッチャーの妻と娘も、選び抜かれた金の鎖や宝石、輝くような絹を海賊から受け取るなど利益を得た。貪欲なフレッチャーは、この取引に大いに気をよくし、ムガル船を襲おうとしている他の海賊志願者とも積極的にパートナー関係を結んだ。彼の最初のチャンスはおよそ一年後、トーマス・テューによって実を結んだ。

ロードアイランド生まれのテューは、一六九一年バミューダ諸島にいたとき、この島の総督から、アフリカのゴレ島にあるフランスの砦を攻撃するための私掠免許状を授かった。八門の大砲と六〇人のクルーを擁する七〇トンのスループ船アミティ号の船長として、テューは一六九一年の秋、同じ目的を持ったもう一隻の船とともにバミューダを出港した。大西洋を横断する途中で、二隻の船は激しい嵐によって離れ離れになってしまった。しかしこれがテューにきっかけを与えた。若いころから海賊の一員だった彼は、今や自分の船を得ていた。彼は海賊になるようクルーを説得し、財宝を積んだイスラム教徒の船が集まるインド洋を目指すよう呼びかけた。

テューの明快な呼びかけ――あるいはムガル船の財宝の魅力――には十分な説得力があったようだ。彼らは喜望峰を回って、紅海とアデン湾をつなぐバブ・エル・マンデブ海峡――ジェッダやモカを目指すすべての船はここを通過しなければならなかった――に向かった。そこでテューは紅海へ向かうムガル船を発見した。その船はアミティ号よりもはるかに大きく、多くの大砲と三〇〇人以上のクルーを擁していた。テューは、明らかに不利な状況にもかかわらず、必ず勝てるといってクルーを励ました。そしてそのことば通りにこの船を打ち破り、迅速かつ無血での勝利を収めた。テューの部下は金や銀、宝石その他の財宝を求めて船内をくまなく探した。しかし戦利品はあまりにも多く、アミティ号には載せるスペースがなかったため、せっかく発見した火薬などもその一部はあきらめざるを得なかったという。それぞれのクルーへの分け前は一二〇〇ポンドから三〇〇〇ポンドになった。

テューはバミューダに戻るつもりだった。しかし、彼と仲間たちがインド洋を出た一六九三年の終わりに大西洋を激しい嵐が襲った。アミティ号はメインマストを失って航路を大きくはずれてしまい、一六九四年にロードアイランドのニューポートに寄港することを余儀なくされた。この地でのテューに対する歓迎は熱狂的だった。ロードアイランドの住民は地元出身のテューが持ってきた財宝――一説によると一〇万ポンド相当の価値があったという――に驚嘆した。テューは財宝の一部を競売にかけ、ロードアイランドの総督ケイレブ・カーに気前よく分け与え、バミューダにいるアミティ号の出資者に便りを送って彼らの取り分について伝えた。その金額は投資した額の一四倍にもなったという。

ニューポートのもっとも新しい有名人は、自らの功績をおおっぴらに吹聴した。テューの旧友であるジョン・グレイブスは、ニューポートの埠頭《ふとう》にいるテューを訪ねたときの様子を、〝テューは何も話してくれ、彼が昨年紅海でムガル船を襲い〟、彼と船主との間で分けるための金として〝一万二〇〇〇ポンドあまりが手元に残った〟と言っていたと語っている。

テューは引退して豊かな余生を楽しむつもりだったが、すぐに海賊の世界に引き戻された。彼の仲間の多くは、その取り分を酒と女に費やしてしまい、すぐに元の船長に失った金《かね》を取り戻すためにもう一度航海に出ようと泣きついてきたのだ。テューはクルーを助けてやりたいと思い、また自分自身もさらに富を得たいと思ったことから、結局その申し出を受け入れた。しかし、彼は、出港する前に、インド洋への航海を認める私掠免許状を手に入れておきたかった。そのため、彼はニューヨークのベンジャミン・フレッチャーのもとに向かった。

テューは、略奪したムガルの宝石を売るために、以前にもニューヨークを訪れ、フレッチャーと会っていた。その際の二人の会話の内容は定かではないものの、フレッチャーがテューに私掠免許状を発行してもよいとほのめかしていたことは明らかだった。そしてテューは、その約束を果たしてもらうために一六九四年一〇月ニューヨークに戻って来た。当時人口が四〇〇〇人を超え、大いににぎわっていた港町の石畳の通りでも、テューの姿はさっそうとして人目を引いた。彼は、背は低く、年も四〇前後だったが、銀色のリボンをまわりにあしらった青い帽子をかぶり、金のレースと、光に照らされると表面が虹色に輝く大きな真珠のボタンをあしらった青いベルベットのジャケットを着ていた。これにリネンのズボンと凝った刺しゅうの施されたストッキングを合わせ、さらに精巧に作られたアラビアンゴールドの鎖を首からぶら下げ、〝珍しい宝石を鞘《さや》にあしらった〟輝く短剣を腰の編み込みベルトにしっかりとたくし込んでいた。この時代の海賊にとって、このように明るく派手な衣装を着ることは決して珍しいことではなかった。当時、入植者の多くは法や慣習により、ぜいたくを禁じられチェックの衣装を着ることを強いられていた。海賊はこういった法や慣習を軽蔑し、自らの衣装によってその成功を誇示した。テューは地元の居酒屋や通りで、インド洋に戻るつもりでいることを周囲に漏らしていた。フレッチャーは、テューを取引相手になりうるとみなし、喜んで街に迎え、三〇〇ポンドと引き換えに私掠免許状を彼に授けた。

何年か後、本国の政府関係者から海賊に対する支援について尋問を受けた際、フレッチャーは、テューが一六九四年の終わりにこの街にやってくるまで、彼のこともその背景についても、何も知らな

ハワード・パイルが描いた海賊トーマス・テュー（左）とニューヨークの総督ベンジャミン・フレッチャーの会談の様子（一九二一年）。
タイトルは“彼はテュー船長が愛想のいい、気さくな男だとわかった”とされている。

かったと主張した。フレッチャーは、テューは「見知らぬ訪問者として、この街を訪れる他の訪問者と同様に交渉しに来た」と言い、「十分な人員を乗せたスループ船を持っており、カナダのセントローレンス川の河口でフランス船と戦うと約束したので免許状を与えた」と語った。フレッチャーは、テューが「勇気にあふれた行動の人であり、非常に愉快な男だ」とも語った。二人は時折、夕方になると散歩に出かけ、さまざまなことを仲良く話し合い、フレッチャーはテューに対し、彼の口汚くののしる癖や飲酒をやめるよう強く説得したという。またフレッチャーは、テューに品行方正な生活をするようすすめるため、彼の模範となる紳士の振る舞いについて書かれた本をテューに贈った。二人の友情をさらに強いものとするため、フレッチャーはテューに銃を贈り、そのお返しとして、フレッチャーいわく〝高価ではないが珍しい物〟をテューから贈られたという。

率直に言えば、これらはまったくのたわ言であり、フレッチャーが自らの行いを隠すために行った利己的な試みでしかなかった。フレッチャーはテューが何者であり、何を求めているかをよく知り、金払いの良い客を喜んで抱え込んでいたのである。元ニューヨーク市長（一六八九年－一六九一年）だったピーター・デラノイは、「テューはフレッチャーの寵愛《ちょうあい》を受け、皆の見ているなか、総督の六頭立ての四輪馬車で通りを走り、ニューヨークに戻ってくることを約束させるために金時計を贈られた。テューは宝石を贈ってその親切に応えた」と記している。フレッチャーは、テューがセントローレンス川を目指すつもりなどなく、その代わりにムガル船を求めてインド洋に向かうつもりだということを、間違いなく知っていたはずだ。当時の記録には、テューが海賊であることは、〝周知の事実だった〟と記されていた。

免許状を手に、テューは一一月初めにニューポートに戻ってきた。そこではアミティ号が出港の準備を整えていた。テューの計画に関するうわさは、彼自身が言いふらしていたこともあって、あっという間に広まり、多くの男たちがクルーに加わろうと波止場に集まってきた。財宝の華やかなイメージが彼らの想像に火をつけたことは間違いなかった。当時の記録によると、彼らはみな〝金《かね》が石や砂のようにあふれている紅海へ行くこと〟を望み、国中のあらゆる場所から、主人のもとを離れてやってきた使用人や親元を離れてやってきた若者たち、自らの意に反した関係を余儀なくされていた多くの者などが集まって来て大混乱となっていた〟という。すべての船は、有望なクルーだけでなく、未経験の海賊志願者でもあふれかえっていた。またボストンやペンシルベニアからも何隻かの船がやって来て冒険に加わった。そして一一月の終わり、アミティ号とその僚艦《りょうかん》は、インド洋に向けて出航した。

テューは勝っているうちにやめるべきだった。翌年、アミティ号――とテュー――は、非常に高い防御力を備えたムガル船を紅海の入り口で襲ったものの敗北を喫してしまう。記録によると、大砲の砲弾によってテューの腹部が切り裂かれ、内臓が飛び出したという。彼がデッキに倒れ、息を引き取った後、クルーは追跡をあきらめ、マダガスカルへと向かった。アミティ号はひどく損傷し、ベストコンディションとはいえなかったものの、マダガスカルの沿岸に到着すると一隻の船を見つけこれを奪った。このアミティ号のクルーの残党はその後も海賊行為を続けたが、二度とニューヨークには戻ることはなかった。こうして、フレッチャーのテューへの投資は実を結ぶことなく終わった。

しかしフレッチャーのテューに対する投資の失敗は、他の多くの成功によって相殺された。彼は、私掠免許状を発行することで、その手数料と航海が成功したときの分け前を海賊から受け取ることになっていた。他にも彼が海賊から金《かね》をむしり取っていた典型的な例は、コーツとその仲間たちに課したように、街に入ることを希望する海賊に一人一〇〇ポンドを払わせたことであった。さらに彼は、いわゆる〝みかじめ料〟も払わせていた。彼はこの金は〝面倒な事態におちいることを避けるため〟に必要なのだと海賊に説明していた。記録によると、フレッチャーの在任期間中、彼は数百人もの海賊からこのみかじめ料を受け取っていたという。

フレッチャーと海賊との結託を示す証拠が存在していたにもかかわらず、フレッチャーは一貫して無実を主張した。彼が私掠免許状を与えた者の多くがすぐに海賊に方向転換した事実を突きつけられても、彼は、「彼らが海賊になったとしても、それは私にとっては運が悪かっただけのことであり、私の罪ではない。彼らがそんなことをするなんて聞いていなかった」という説得力のない説明を繰り返すだけだった。六年の在任期間中、彼は自身の総督としての給与を超える三万ポンドという金額を懐に入れていた。彼は軍当局者や商人からもリベートを受け取っていたことで有名だったが、植民地政府の資金も横領をしていた。そしてその富の多くは海賊とのつながりによって得たものだった。

もちろん、海賊から利益を得ていたニューヨーカーはフレッチャーだけではなかった。税官吏のシドリー・ブルックは海賊から賄賂を受け取って彼らを見逃しており、保安官も同様のことをしていた。またニューヨークの有名な商人――スティーブン・デランシーやウィリアム・〝タンジェ〟・スミスといった特に影響力のある人物など――も海賊行為にかなりの投資を行い、これによって富を得ていた。

歴史家ゲイリー・B・ナッシュは、このような企業家精神にあふれた行為は、〝初期のアメリカ版ホワイトカラー犯罪〟だと断じている。しかし、あるニューヨークの商人は、異なるビジネスプランを採用していた。フレデリック・フィリップスは、海賊行為に投資する代わりに、海賊と商売をすることにしたのだった。

フィリップスは、フレドリック・フライプセンの名でオランダに生まれ、一六五〇年代にアメリカ大陸にやって来た。彼はマンハッタン島の南端に位置するオランダの植民地ニューネーデルランドの活気に満ちた首都ニューアムステルダムに住み着いた。大工をしていたフィリップスは、〝オールド・ペグ・レッグ（年寄りの銀脚）〟ことピーター・ストイフェサント総督に仕え、後にウォールストリートの名の由来となった一二フィートの壁——もともとは侵入者を防ぐことが目的だった——を初めとして、多くの建造物を街中に建設した。野心があり、抜け目のなかったフィリップスは、すぐに商売に手を広げ、一六六二年に貿易業界の大物ピエター・ルドルフス・デ・ヴリースの未亡人マーガレット・ハーデンブローク・デ・ヴリースと結婚することで、輝かしい前途を手に入れた。マーガレットの莫大《ばくだい》な遺産と彼女の商才を手に入れたことで、フィリップスは大きな野望を抱いた。

しかし、一六六四年彼は大きな危機に遭遇する。四隻の英国の戦艦がハドソン川の河口にあらわれ、一発の砲弾も発することなくオランダ植民地を征服し、この繁栄した港町をニューヨークという名前に変えたのだ。

進取の気性に富んだフィリップスは、政治の風向きが変わったことにも気後れすることなく、この潜在的な危機的状況をむしろチャンスととらえた。多くのオランダ人住民と同様、彼は英国の寛大な降伏条件を受け入れ、英国王に忠誠を誓って、忠実な臣下となった。さらに彼は市民としての忠誠を示すために、名前も英国風に変えた。その後の数十年で、彼は貿易業界における自らの帝国を劇的に拡大させ、貝殻ビーズの製造や製粉業にも投資して植民地でもっとも裕福な人物の一人となった。都市《まち》の北に位置するハドソン川に面した九万エーカー（およそ三六〇平方キロメートル）の広さのフィリップスバーグ・マナー（訳注：現在はニューヨークの観光施設となっている）は彼の社会的地位と莫大な富の究極的な象徴であるといえる。

フィリップスと海賊との関わりは、最初は奴隷を通じてのものだった。一六〇〇年代の終わり、ニューヨークは植民地における奴隷売買の中心地であり、七〇〇〇人の奴隷がとらわれの身となっているなど、北アメリカ大陸のどの都市よりも多くの奴隷を抱えていた。フィリップスは一六八〇年代にこのいまわしい取引に足を踏み入れた。そして一六九〇年代にマダガスカル島の北東の沖合にあるサント・マリー島（マダガスカル語でノシ・ブラハ）の住民であるアダム・バルドリッジから手紙を受け取ったことで、その取引を劇的に増加させることとなった。

バルドリッジの若いころについてはほとんど知られていないが、一六八五年に殺人の告発を免れるためにジャマイカから逃亡し、その後すぐに海賊になったと伝えられている。その過去はともかく、バルドリッジは、一六九一年にフォーチュン号でサント・マリー島に着くとすぐに船から逃走し、この島に住み着いた。これは性急な決断ではなく、むしろ計算の上での行動だった。バルドリッジは奴

ニューアムステルダムのタバコ商人（一七世紀半ばごろ）。このころ、フレデリック・フィリップスは商人としてのスタートを切った。うしろで奴隷が働いていることにも注目されたい。

隷商人になろうと考えていたのだ。

奴隷商人になろうとする者にとってマダガスカルは、特に二つの理由から成功が約束された場所だった。まず何よりも奴隷を手に入れやすいことがあった。英国の王立アフリカ会社は西アフリカの大規模な奴隷貿易を独占していたが、その範囲はインド洋には及んでいなかった。また英国の東インド会社はインド洋と東インド諸島の貿易を独占していたが、奴隷貿易に関しては事実上関心を示していなかった。つまり、英国の奴隷商人がマダガスカルで奴隷を買って、アメリカ大陸の植民地に送ることを妨げるものは何もなかったのだ。

マダガスカルが奴隷商人にとって魅力的だったもう一つの理由は、奴隷の価格にあった。西アフリカの奴隷の価格は、マダガスカルの奴隷の六倍から八倍だったため、マダガスカルの奴隷商人は、安価に手に入れた奴隷をアメリカ東部の植民地で売ることで高い利益を得ることができたのである。

バルドリッジがサント・マリー島に着くまでは、マダガスカルでは英国の奴隷商人がほぼ二〇年にわたって、このいまわしい取引を取り仕切っていた。バルドリッジは彼らの取引相手の一人になりたいと考えた。そこで彼は、原住民に取り入るために、互いに張り合っている一族との間の、一見終わることのない戦いにも参加した。このことは原住民との関係を強化するだけでなく、捕虜という形で奴隷を捕らえる手段にもなった。戦いを通じて奴隷を捕らえるだけでなく、バルドリッジは、この捕虜を使って地域の部族と物々交換を行った。バルドリッジの軍事指導者としての成功は、他のマダガスカルの住民にも魅力的に映り、多くの者がサント・マリー島の彼のもとに集まった。彼はサント・マリー島にささやかな砦を造り、やがて自らを〝キング・バルドリッジ〟と称するようになった。

バルドリッジがフィリップスの奴隷取引についてどうやって知ったかは定かではないが、一六九一年に彼はこのニューヨークの商人にビジネスを提案する手紙を送り、一人三〇シリングで奴隷を提供すると申し出た。しかし話はそこで終わらなかった。サント・マリー島をインド洋での活動拠点とする海賊が増えたことで、バルドリッジは魅力的な東インドの商品も容易に手に入れることができるようになっていた。バルドリッジは、フィリップスがこれらの商品を購入したいなら、フィリップスの代理人として喜んでこれらの商品を海賊から手に入れると申し出た。さらにフィリップスが海賊に商品を売りたいなら、バルドリッジはフィリップスに代わってこれも行うことができた。

フィリップスは、この取引が将来有望なことを悟り、すぐにチャールズ号を派遣した。船は一六九三年八月にサント・マリー島に到着した。その後、バルドリッジは、シャツやズボン、靴下、靴、樽に入ったマデイラ・ワイン、ラム酒、石うす、のこぎり、鯨油、鉄鍋、火薬、栽培用の種子、鍬《くわ》、聖書など、フィリップスから送られてきた商品を市場《バザール》で売った。それはまるでニューヨークの市場がマダガスカルにやってきたようなものだった。海賊たち——多くはもともとアメリカの植民地からやって来ていた——はこの幅広い品ぞろえに喜び、こぞって商品を買いあさった。もうけは信じられない額となった。ニューヨークで二シリング払って購入した一ガロンのラム酒がサント・マリー島では五〇シリングで売れ、ニューヨークでは一九ポンドで売られている大樽（約五〇〇リットル）に入ったワインを、海賊は三〇〇ポンドで買って行った。

しかし、バルドリッジは約束を守らなかった。二〇〇人の奴隷の代わりに、三四人の奴隷——このうちの一五人は三歳以下の子どもだった——と、一一〇〇スペイン銀貨《ピース・オブ・エイト》、一五頭の畜牛、そして五七本の鉄棒しか送り返してこなかったのだ。フィリップスは投資の一部しか戻ってこなかったことにがっかりした。彼いわく、奴隷こそが〝もっとも重要な収益源〟であり、健康な成人なら植民地では一人三〇ポンド以上で売れたはずだったのだ。バルドリッジが奴隷を約束通りに送ってくれていたら、利益はさらに四〇〇〇ポンド上乗せになっていただろう、とフィリップスは残念そうに記している。

損失を取り戻そうと決意したフィリップスは、別の船を派遣して、バルドリッジに約束を果たすように迫った。どうやらバルドリッジは約束を守ったようで、フィリップスは、バルドリッジを奴隷売買の主要な取引相手として信頼し、翌年もサント・マリー島との長距離貿易を継続した。その結果、フィリップスはニューヨーク最大の奴隷商人となった。奴隷や貨幣とともに送られてくる豊富な東インドの商品もニューヨークや英国で売られ、フィリップスを大いに喜ばせた。さらに追加の収益源も非常にもうかることが証明された。フィリップスの船は、乗客一人あたり一〇〇スペイン銀貨《ピース・オブ・エイト》プラス食費で、ホームシックになった海賊をアメリカに運んでやったのだ。フィリップスは、ニューヨークとマダガスカルとの間の貿易に関し、誰もが認める先駆者だったが、彼の成功は模倣者を産み、多くのニューヨークの商人が貿易取引や奴隷売買、サント・マリー島への輸送取引によって裕福になった。

フレッチャーやフィリップスが主導的な役割を果たしていたように、ニューヨークと海賊とは密接に結びついていた。歴史家ロバート・C・リッチーのことばを借りると、この街は〝海賊の天国であり、インド洋に向かう海賊の中心地〟として悪名を轟《とどろ》かせるようになっていき、〝全盛期のポートロイヤルほどではないにしろ、同様の悪評〟を得るようになっていた。海賊たちは、獲物を求めて何年かインド洋をうろついた後、苦労して強奪した戦利品の分け前を派手に使いまくっていた。ニューヨークの波止場の酒場や売春宿、通りや路地では、海賊がばか騒ぎを繰り広げ、まともな市民たちを憤慨させた。

ニューヨークが一六九〇年代の大半を通して、アメリカ大陸の海賊活動の中心地であったことには議論の余地はないものの、海賊を歓迎し、支援した植民地はニューヨークだけではなかった。他の多くの植民地、中でもロードアイランドやマサチューセッツ、ペンシルベニア、サウスカロライナは、いわゆる〝海賊航海〟――インド洋へ向かい、主にマダガスカル島を拠点として海賊行為を繰り返しアメリカに戻ってくる航海――に参加する海賊たちと極めて友好的な関係を構築していた。こういった海賊たちは、財宝を積んで魅力的な海域を航海するムガル船を標的としていたことから、人々からは〝紅海の男たち《レッド・シー・メン》〟と呼ばれていた。

ある試算によると、一六九〇年代、約四〇隻の船がアメリカとインド洋との間を行き来していたという。これらの船のほぼすべての船長は、〝植民地の総督が国王の敵と戦うことを認めた私掠免許状を持っていた〟。しかし、実際には、彼らのほとんどはフランス船を追い求めることはなく、海賊になっていた。

この手の〝仕事〟には、ほとんどあらがいがたい魅力があったようだ。当時の記録には、「紅海やマダガスカルの財宝は船乗りにとって非常に魅力的だったので、誰もが海賊になりたいという衝動をおさえることはできなかった」と記されている。何と言っても、当時はまともな船乗りが月に一ポンドから二ポンドしか稼げないのに対し、海賊は、その一〇〇倍――運が良ければ一〇〇〇倍――の金を稼ぐことができたのだから、それも不思議ではなかった。

イスラム教徒の船を襲い、その財宝を奪うことに気がとがめる海賊は、もしいたとしてもごくわずかだった。ロードアイランドの海事裁判所職員ナサニエル・コディントンは、一六九九年に、インド洋に向かう海賊たちは、イスラム教徒を〝不信心者であり、殺しても罪にならない〟と見ていたと記している。また同様に、この当時、ムガル船を襲ってロンドンの裁判所で裁かれることになったある海賊は、「キリスト教の敵であるイスラム教徒の船を襲って財宝を奪うことは合法であると思っていた」と主張していた。ほとんどすべてがキリスト教徒だったアメリカの入植者も、このようなムガル帝国の人々に対する蔑視《べっし》を間違いなく抱えていたはずであり、イスラム教徒に限らず、他の多くの文化や地域に対しても、かなり軽蔑に満ちた見方をしていた。

大西洋岸の多くの入植者や政府関係者、商人たちは、彼らが何十年か前にカリブ海の海賊を利用したのと同じ理由で〝紅海の男たち《レッド・シー・メン》〟を利用した。海賊は、植民地に金《かね》をもたらすと同時に、英国の航海法の間隙を縫って、植民地の商売熱心な商人に、東インドの商品を、同じものを英国から合法的に買うよりもはるかに安い価格で――それらの商品がそもそも植民地で合法的に手に入ったとして――容易に手に入るようにしてくれた。光沢のある絹や繊細な磁器などの東インドの商品は、ロンドンでの需要が高く、高価であったにもかかわらず、優れたものはすぐに買われてしまい、人気のないものだけが残ってアメリカに輸出されていた。海賊はこの障害を取り除き、あらゆる東インドの商品が植民地でも特売価格で手に入るようにしてくれた。当時ウィリアム王戦争によって貿易を制限され、植民地経済は大きな停滞を余儀なくされていたことから、海賊のもたらす金《かね》と商品は、大いに歓迎された。

海賊を歓迎する場合、入植者や政府関係者、商人たちは自身の利益のために行動し、法や議会、本国の要望などは無視した。特に本国との関係については重要で、独立戦争のはるか以前の当時でさえ、多くの入植者たちは、植民地はすでに本国からはどこか分離した存在――独立した存在だと主張する者もいた――と感じており、必ずしも本国の指示に拘束される必要はないと考えていた。一六七八年にマサチューセッツ議会は、「英国法は英国を取り巻く四つの海でのみ拘束力を持つものであってアメリカ大陸には及ばず、英国議会は、国王に代わって植民地を支配するものではなく、植民地における貿易取引が本国によって妨げられるものではない」と宣言した。このような姿勢は、入植者らが海賊を自らのなかに受け入れることを容易にした。

さらにそのことは、植民地を本拠地とする多くの海賊がその地で受け入れられ、愛されていたことも意味していた。彼らは、地球の裏側の〝不信心者〟から財宝を奪うことで、自らとその家族によりよい生活を与えることを選んだ息子であり、父であり、兄弟だった。海賊の多くは、十分な富を得るまでこの冒険を続け、裕福になってこのコミュニティーに戻って来ることを考えていた。そして、地元と強いコネクションを持った資産家として、温かい歓迎を受けるだろうと考えていた。さらに、彼らのことを無法者と見る者は、たとえいたとしてもごくわずかだった。むしろ彼らは、新世界の過酷な環境のなかで生き残り、さらに繁栄していこうとする隣人を助ける、コミュニティーの立派な一員であると見られていた。事実、多くの入植者は、〝紅海の男たち《レッド・シー・メン》〟が海賊だとはまったく考えておらず、私掠船《プライベーター》だと考えていた。これは、事実とは異なる単なる語義上の区別であったものの、海賊の行動を支援することに対する〝法律上〟の正当性を入植者らに与えていた。

歴史家のマーク・G・ハンナは、海賊が植民地社会から避けられたり、裁判のために本国へ引き渡されたりするのではなく、むしろ歓迎されていたもう一つの理由は、植民地政府関係者が〝自らの身を守るためだった〟と指摘している。海賊が罪を告発されると、入植者も、被告人との密接な関係を証言しなければならなくなるのだった。海賊が植民地社会と密接な関係にあったため、入植者らは既得権益を有しており、自らが海賊をかくまい、〝彼らの商品を購入していたこと――すなわち彼らと関係があったこと――を証言すること〟は避けたいと考えていた。したがって、海賊を守り、裁判を受けさせないようにすることによって、入植者自身も罪に問われることを避けていたのだ。

こうして、植民地は海賊にとって魅力的な場所となっていった。一六九三年、ジャマイカの副総督ウィリアム・ビーストン卿は、「この島で見られる多くの私掠船や海賊は、紅海に新たな活路を見いだし、そこで前代未聞の略奪や殺人、残虐な行為を繰り広げた。彼らは、今は莫大な富を手にアメリカ北部の農園に戻って来て、不正に得た富をひそかに享受している」と記している。またビーストンは、海賊が、アメリカの植民地に略奪品を持ち込んだ後に「罪を許され、新たな航海――あらゆる種類のならず者がこれに集まった――に向けた装備を調えた」と非難している。

多くの植民地の政府関係者が喜んで海賊を受け入れ、彼らの活動から利益を得ていたが、なかには異なる思いを抱く者もいた。ある英国政府関係者は、元陸軍中尉で、メリーランド州総督(一六九四年―一六九八年)のフランシス・ニコルソンが、〝海賊や違法な貿易を取り締まることに熱心で、海賊行為を支援している疑いがある者に対しても非常に厳しかった〟と、尊敬をこめて記している。しかし、ニコルソンの努力にもかかわらず、海賊は依然として植民地に集まってきた。一六九五年、ニコルソンは、「紅海からメリーランドにやって来た海賊が一人あたり一〇〇〇ポンドから一五〇〇ポンドの金を手に、同じ額の分け前を約束すると言って、船乗りたちに彼らの商船を去ってともにインド洋に向かうよう勧誘した」と記している。さらにニコルソンは、「私はクルーが去ってしまい、一、二隻のごくわずかな商船しか残っていない状態になるのではないかと恐れ、こういった勧誘を防ぐためにあらゆる手段を講じたものの、これを防ぐ術はなかった。

少なくとも一〇〇人を超える男たちがバージニアやメリーランドの船団から集まっていたことは間違いなく、海賊は、これらの人員を抱えて海賊行為をするために一二隻から一四隻のスプール船やブリガンティン船などを建造した」と語っている。

〝紅海の男たち《レッド・シー・メン》〟が植民地に影響を与えているのと同じころ、彼らはまたサント・マリー島にも大きな影響を与えていた。トルトゥーガ島やジャマイカがバッカニアの本拠地となったのと同じように、そしてアメリカの植民地が多くの海賊に対して、同じ役割を果たしたのと同じように、サント・マリー島も〝紅海の男たち《レッド・シー・メン》〟がインド洋で活動する際の拠点となっていた。彼らは、マダガスカルの豊富な飲み水や畜牛、家禽《かきん》、かんきつ類、米などを利用し、この島を、傾船や荷降ろし、戦利品の分配、そして次の航海の準備のために使っていた。もちろん、長期間この島に滞在する者にとっては、この島は事実上第二のわが家となっていた。

キング・バルドリッジがこの島でもっとも有名な西洋人だったことは間違いないが、西洋人は決して彼だけではなかった。一六九七年初めにこの島を訪れた者は、〝広大な港〟の周辺におよそ一五〇〇人もの海賊が住んでいたと報告している。港には一七隻の船が停泊し、なかには四〇門もの大砲を装備した巨大な船もあったという。別の記録には、海賊のコミュニティーはそこまで大きくなかったのではないかと疑問を投げかけているものもあったが、当時相当な数の海賊がこの島に住んでいたことは間違いなく、海賊――大部分は英国の海賊――がやって来ては去って行き、その数は大きく変動していた。

〝西洋人と原住民の荒くれ者たちのリーダー〟だったバルドリッジは、望まぬ訪問者があらわれたときに備えて、二〇門の大砲を配備した小さな砦――おそらく土を盛ったか、低い柵を設けた程度のもの――を湾口近くに造っていた。海賊たちは、夜は目立たない小屋に住むか、それぞれの船に戻って過ごしていた。

サント・マリー島はアメリカ大陸からは、四カ月から六カ月の航海を要したが、海賊たちは、奴隷船や同様の海賊船に手紙を託すことで、友人や家族と定期的に連絡を取り合っていた。彼らは、家族の死に対する知らせから、生活のやりくりに関する妻の心配、そしていつになったら帰れるのかの予想など、あらゆる種類の知らせを家族や友人と連絡し合っていた。ある女性が夫に宛てた手紙で、その女性は夫が戻ることを願い、「最後に、あなたと一緒に過ごせる日を毎日願いながら、あなたへの愛をつのらせています」という甘いことばで締めくくっている。怒りっぽく厭世《えんせい》的な一匹おおかみのイメージとは異なり、多くの海賊は、彼らがやって来て、いずれ海賊として成功したあかつきにはそこで過ごしたいと願う故郷を持っており、そういった土地と密接に結びついた生活があった。彼らは海賊をライフスタイルではなく、職業として見ていたのだ。

サント・マリー島での日々の生活を、一人称の視点で記録したものはほとんどなく、あったとしてもその内容は、酒や自慢話、そしてマダガスカルの女性とのセックスといったものであったことは想像に難くない。勝ち負けにかかわらず、ギャンブルも彼らのお気に入りの気晴らしだった。ニューヨークから来たある海賊は、ダイスを一回振っただけで一三〇〇スペイン銀貨《ピース・オブ・エイト》を手に入れたという。またけんか沙汰もしょっちゅうだった。あるときは、直近の航海で稼いだ戦利品の分配額に不満を持った一四人の海賊が、七人ずつに分かれ、勝ったほうが相手の戦利品をぶんどるという条件で戦った。このバトルロイヤルの数週間後にニューイングランドからサント・マリー島に到着した者によると、〝一方のグループは七人全員が死に、もう一方は七人のうち五人が死んだため、結局二人ですべての財宝を分け合った〟という。

サント・マリー島の海賊植民地の歴史上もっとも血なまぐさいエピソードは、一六九七年の夏に起こった。この年の六月、バルドリッジはブリガンティン船スイフト号の持ち分の一部を購入し、自らの商売の版図を他のマダガスカルの地域にも拡大しようとサント・マリー島を出港した。しかし一週間ほどした後、サント・マリー島の原住民が蜂起して島にいたおよそ三〇人の海賊を殺した。バルドリッジは島に帰る途中で別の船からこの知らせを聞き、身の危険を感じて、賢明にもニューヨークへ向かうことを選んだ。資産家であるバルドリッジは、ニューヨークでその余生を送ったという。

後にバルドリッジは、この暴動は海賊が原住民を虐待したことが原因だったと主張した。しかし、別のより説得力のある証言によると、非はバルドリッジにあったという。その証言者は、戦いや売買で手に入れた原住民を奴隷として取引することを禁じていたにもかかわらず、バルドリッジが、地元の原住民を奴隷として売り払ったことで一線を越えてしまったのだと語った。一方でサント・マリー島に目を戻すと、原住民たちは落ち着きを取り戻していた。この何年か前、まだ少年だったころにニューイングランドにやって来たエドワード・ウェルチという男が、奴隷商人としてのバルドリッジの役割を引き継ぎ、海賊植民地はこれまでと同じように続いたという。

一七世紀末、英国本国の政府関係者も、アメリカ植民地とインド洋における海賊の急激な増加について十分認識していた。次第に増加していく植民地の総督からの報告は、特にこの問題に焦点が当てられ、ボンベイに本拠を置き、英国とムガル帝国との貿易を行っていた東インド会社の従業員からの報告も同様にこのことを問題視していた。しかし、増大しつつある海賊の脅威に関するもっとも優れた報告は、こういった植民地の総督や東インド会社ではなく、アメリカの税関官吏だったエドワード・ランドルフからもたらされた。

六〇代半ばの気難しく、尊大な官僚であるランドルフは、一六七〇年代にアメリカ大陸で多くの政府の要職を歴任していたが、入植者や植民地の政府に対して一貫して批判的な立場を取っていた。英国本国と英国政府の忠実な信奉者であるランドルフは、植民地のことを、両親に反抗して指示やルールに従うことを拒む、わがままなティーンエージャーのように見ていた。ランドルフは、入植者や植民地の政府関係者が、自分たちの利益になるときには、英国法さえも無視していることをあらゆるところで目にしていた。彼の目から見てもっとも悪質な行為は、航海法を無視して、密輸や海賊行為などの違法な貿易を行っていることだった。

偏見のある考え方を持ってはいたものの、ランドルフは鋭い観察者でもあった。彼は、植民地の違法行為について、航海法違反だけではなく、死刑に相当する犯罪でもある海賊行為にも焦点を当てて驚くほど正確に観察していた。一六九六年五月、彼は英国政府当局に報告を行い、問題の所在を明らかにした。彼は海賊行為が植民地全体にまん延し、植民地の総督らが〝あらゆる国の海賊に、船長や船主としての地位を与え、違法な貿易を著しく助長している〟と主張した。また彼は、〝海賊が頼りにし、隠れ家としている主な植民地〟として、サウスカロライナ、ノースカロライナ、ロードアイランド、マサチューセッツ、ペンシルベニアを挙げ、それらの植民地では、〝総督自らが、クラサオ島などの地域との間で違法な取引を行う多くの海賊をもてなしている〟と指摘した。奇妙なことに、ランドルフは、ニューヨークについては、そこが海賊にとってのスポンサーであり、海賊の天国であることを知っていたにもかかわらず、報告では触れていなかった。

ランドルフの報告は、アメリカやインド洋からの報告とともに、英国政府内に大きな驚きを引き起こした。植民地の総督に海賊を取り締まるよう求める声明や法令が出されたが、効果に乏しく、植民地に対する要請も、それが印刷された紙ほどの価値もなかった。植民地自身は、決してそのやり方を変えることはなかったのだ。しかし、潮目はまさに変わろうとしていた。その理由の一つとなったのは、もっとも謎に包まれ、もっとも成功を収めた海賊ヘンリー・エイヴリーの活動によるものだった。

第四章　取り締まり

4. CRACKDOWN

ムガル船を襲うエイヴリーのファンシー号（一八三七年に描かれたもの）。

チャールズ二世号の船員たちは怒り狂っていた。この船は、英国の投資家による出資を受けた四隻の西インドへ向けた遠征隊のうちの一隻で、フランスの前哨基地への攻撃や、スペインの難破船からの財宝の引き揚げ、スペイン植民地との交易を主な目的としていた。船団は、一六九三年の八月に英国のグレーブセンドを出港し、スペイン政府の免許状を受けるため、スペインのア・コルーニャに向かっていた。度重なる遅延の後、船団は一六九四年の初めにア・コルーニャに到着したが、そこからさらに、免許状を受け取るまでに何カ月も待たされることになった。さらに状況を耐えがたいものにしたのは、事態が遅々として進まないだけでなく、クルー自身や故郷にいるクルーの家族を養うための給料を投資家に懇願していたにもかかわらず、それが支払われていないことにあった。グレーブセンドを出港しておよそ一〇カ月後の一六九四年五月、クルーの怒りはついに限界に達した。彼らは一等航海士のヘンリー・エイヴリー（ヘンリー・エイヴリー（Henry Avery）は知られている中で最も一般的な名前であるが、当時の他の記録には、ヘンリー・エブリー（Henry Every）、ロング・ベン、ジョン・エイブリー、キャプテン・ブリッジマンらの名前もある）に反乱のリーダーとなるよう求めた。

エイヴリーはこのとき四〇歳前後で、チャールズ二世号に加わるまでは、英国海軍の戦艦で士官候補生、航海士、一等航海士を歴任してきた百戦錬磨の男だった。当時の記録によると、エイヴリーは中背で肉づきがよく、豪胆であると同時に〝明るく陽気な面も併せ持っていた〟が、機嫌の悪いときには〝極度に厳しかった〟という。エイヴリーはリーダーとして適任だった。彼はすぐに求めに応じ、クルーの大部分に計画への忠誠を誓わせ、五月七日の夜に行動に移した。

チャールズ・ギブソン船長が高熱に襲われ、自身のキャビンで寝ている間、チャールズ二世号のクルーは近くに停泊していた船団の別の船、ジェイムズ号に向けてボートをこぎ、反乱に加わる同志を募った。仲間を集める間に、他の船員の間に警戒する動きも出たことから、エイヴリーはただちに行動に移さざるを得なくなった。彼とその仲間は、チャールズ二世号の他のクルーをあっという間に制圧し、出航の準備を進めた。ジェイムズ号や近くのスペインの砦からの砲撃を受けながらも、チャールズ二世号は何とか無傷で出航し、南へと向かった。

翌朝目覚めたギブソン船長は、ベッドのまわりをエイヴリーとその仲間たちに囲まれていることに驚き、さらに船が出航していることに気づくと、何が起きているのかと彼らを問い詰めた。エイヴリーは、「おれは成功するために生まれてきた男であり、成功を追い求めなければならない」と言い、インド洋で海賊になると宣言したうえで、ギブソンに冒険に加わるなら船長の地位にとどまってよいと説明した。反乱に驚いたギブソンは、申し出を断った。慈悲深いことに、エイヴリーは、ギブソンを海賊になることを拒んだおよそ一五人のクルーとともに、船に備えつけてあったボートで近くの島へと解き放った。

多少は厚かましいと感じたのか、エイヴリーはすぐに船の名前をファンシー号に変え、仲間とともにその後八カ月間、アフリカ各地の沖合に出没して船を襲い、ブランデーや織物、錨《いかり》、砂金などを奪った。その後、ファンシー号は、喜望峰を回ってマダガスカルに寄港し、食料や装備を補給し、傾船して船を整備するとともに、新たなクルーを集めた。その後エイヴリーは、マダガスカルの数百マイル北西に位置するジョハンナ島（現在のコモロ群島の一部、アンジュアン島）に向かった。そこには近くのバブ・エル・マンデブ海峡を通るムガル船を襲撃するために、多くの海賊が集結していた。

一六九五年二月の終わりにジョハンナ島を離れる前に、エイヴリーは〝すべての英国の司令官〟に向けて手紙をしたためた。そこで彼は、ファンシー号が四六丁の銃と一五〇人のクルーを擁する手ごわい敵であることを伝えていた。しかし、彼は、司令官たちの恐れを払しょくするように、自身が船長でいる限り、英国船を襲うことはないとも記した。エイヴリーは、トラブルを避けるために、近づいてくる船がどの国の船なのかわからない場合は、メインマストのうしろのミズンマストに旗を掲げるよう、英国船の船長に求めた。エイヴリー自身も同様のことをして、英国船には手を出すことはなかった。しかし、あらゆる海賊と同様、彼もクルーを完全にはコントロールできないことを知っていた。彼は、「仲間は貪欲で勇敢なうえ、強い意志を持っているため、彼らが私の意見を聞かない場合には、私も自分をおさえることはできない」と記していた。手紙は「今も英国人の友として」と、親しみをこめて結んでいた。エイヴリーの考えは、英国船を避けてムガル船だけを標的とすることで東インド会社を怒らせることを避けようというものだった。しかし、それは大きな間違いだった。

一六九五年の春遅く、エイヴリーの手紙の内容がボンベイの東インド会社のオフィスにも伝えられると、経営陣は大いに困惑した。東インド会社は、一七世紀の大半を通じて、経済的にも政治的にも重要な拠点となっていたムガル帝国との間で、莫大な利益をもたらす取引を行っていた。言うまでもなく、海賊はこの取引関係を脅威にさらした。過去の海賊の襲撃はムガル帝国の政府関係者を激怒させ、主な襲撃者が英国の海賊であることがわかると、その怒りの矛先は、まったく関与していないにもかかわらず、東インド会社に向けられた。ムガル帝国の地方の統治者のなかには、禁輸措置を発令

ヘンリー・エイヴリー（手前）とムガル船を襲うファンシー号（奥）。

し、東インド会社の経営陣を工場や事務所に拘束することで報復を謀《はか》る者もいた。エイヴリーが紅海を目指した理由を知り、経営陣は最悪の事態となることを恐れた。彼がムガル船を襲えば、ムガル政府の〝計り知れない怒り〟を買うことになり、東インド会社にも悪影響が及ぶことは必至だった。

夏のさなか、ファンシー号はバブ・エル・マンデブ海峡にある荒涼とした島、ペリム島の沖合に到着した。だが、そこにいたのは彼らだけではなかった。多くの船がファンシー号と行動をともにしており、それらの船はすべて同じ目的を持つ、アメリカの植民地からやってきた〝私掠船〟だった。そのなかには、デラウェアのルイス（当時はペンシルベニアの一部だった）から来たワント船長のドルフィン号や、ニューヨークから来たトーマス・テューのアミティ号、ロードアイランドのジョセフ・ファロ率いるポーツマス・アドベンチャー号とウィリアム・ミューズ船長のパール号などが含まれ、いずれもエイヴリーの指揮に従うことに同意し、モカを出港してインドへ向かうムガル船を待っていた。海賊は、ペリム島の近くを通過するムガル船を襲おうとしていたのだった。

一週間以上待ったあげく、海賊たちは突然、近くを通ったケッチ船の船員から驚くべき知らせを聞いた。二五隻の船団が昨晩出港し、海賊が停泊している場所から二マイル（約三・二キロメートル）の地点にいるというのだった。すぐに海賊たちは追跡を始め、ムガル船団の目的地スラトを目指した。クルーの数が不足していたドルフィン号はすぐに燃やされ、クルーは、すでにパール号を曳航《えいこう》していたファンシー号に乗り移った。ポーツマス・アドベンチャー号はファンシー号について来ていたが、アミティ号はついていくことができなかった。アミティ号は、僚船の視界から消えたすぐ後、トーマ

ムガル船の財宝をファンシー号に積み込む海賊船長ヘンリー・エイヴリーとその部下（一八三七年に描かれたもの）。

ス・テューの命を奪う強力な戦備を整えたムガル船と遭遇することになる。

九月の初め、海賊たちは、およそ二〇〇〇マイル（約三二〇〇キロメートル）に及ぶ追跡の果てに、スラトでもっとも裕福な商人アブドゥル・ガファーが有する、六門の大砲を備えた三〇〇トンのファス・ママディ号を発見した。船団の他の船と同様、ファス・ママディ号も、何百人もの巡礼者を乗せてメッカ巡礼から帰るところだった。英国旗《ユニオンジャック》を翻《ひるがえ》すファンシー号の指揮のもと、海賊たちはお目当ての獲物に迫った。ファス・ママディ号は三発の砲弾を放つもそのかいなく、追いつかれてしまった。海賊たちは何人かの船員を殺し、他の船員を拷問して五万から六万ポンド相当の金銀を奪った。

海賊は、ファス・ママディ号を従えてさらに追跡を続けた。数日後、彼らはスラトから一〇〇マイル（約一六〇キロメートル）の海域で大当たり《ジャックポット》を引き当てる。ギャング・イ・サワイ号（英語表記ではガンズウェイ――Gunsway――）は、並のムガル船ではなかった。この船は、ムガル帝国の国王アウラングゼーブ（在位一六五八年－一七〇七年）の所有する船で、およそ一〇〇〇人の巡礼者を乗せ、八〇門の大砲と四〇〇丁の銃を有し、多くの兵を配備した、国王の船団のなかでももっとも大きな船だった。

二時間に及ぶ海賊船とギャング・イ・サワイ号との戦闘の果てに、双方に多くの死傷者が出た。ギャング・イ・サワイ号は圧倒的な兵力と火力を誇っていたにもかかわらず、海賊にはかなわなかった。狙いすました砲弾がメインマストを打ち砕き、また別の砲弾によって四人が死亡し、ほかにも多くのクルーが負傷した後、ムガル船のクルーは降伏した。ある記録によると、海賊が船上に群がると、ギャング・イ・サワイ号の船長、ムハンマド・イブラヒムはデッキの下に逃げ込み、最後の抵抗としてメッカから連れ帰った女性たちに銃を持たせて戦おうとしたが、無駄な抵抗に終わったという。

海賊たちは数日にわたって略奪を尽くし、財宝の隠し場所を白状させるために乗客らに拷問を加えた。乗客が宝を差し出さないと、海賊は獣のような悪行に及び、多くの女性をレイプした。被害者のなかには家族や友人が陵辱されるのを見ることに耐えられず、短剣で自ら命を絶ったり、船から海に飛び込んだりする者もいた。そのような残酷な行為の対象となった巡礼者の一人に、国王の年老いた親戚で高い地位にある裁判所職員の妻がいた。

ギャング・イ・サワイ号は少なくとも数十万ポンド相当の莫大な荷物を積んでいた。ファス・ママディ号とギャング・イ・サワイ号の財宝は、最終的に海賊のクルーの間で分配され、それぞれ一〇〇〇ポンドずつ――船長と一等航海士は、それぞれその二倍と一・五倍――分配された。その後、海賊は散り散りになり、パール号はエチオピアへ、スザンナ号はサント・マリー島へ向かった。ポーツマス・アドベンチャー号の目的地は定かではなかったが、いずれも次の獲物を求めて去って行ったようだった。一方で分け前を得たエイヴリーは、引退を心待ちにしていた。彼は、その後反乱の企ても切り抜け、反抗的なクルーとは途中の各地で別れて、結局バハマのニュープロビデンス島へ向かった。

一六九六年四月にニュープロビデンス島に着くと、エイヴリーはバハマの総督ニコラス・トロットに手紙を送り、ファンシー号の入港許可と、彼と仲間たちが港にいる間の保護を求めた。交渉を有利に運ぶため、海賊は船とその装備に加え、海賊一人あたりスペイン銀貨《ピース・オブ・エイト》二〇枚と金貨二枚――エイヴリーはその二倍――を提供することを約束した。ニューヨークの総督フレッチャーと同類と言ってもよいトロットは、この申し出に大いに喜び、この名誉あるゲストをもろ手を挙げて歓迎した。その後、海賊はすぐに散り散りになり、エイヴリーを含む半数は英国やアイルランドに帰り、残りの者はカロライナに向かった。

エイヴリーの襲撃の知らせを聞いたボンベイの東インド会社の経営陣はすぐに、興奮気味に書き記した報告書をロンドンの本社に送った。「このことはムガル帝国の王室に暗雲を引き起こすでしょう。これが激しい嵐にならないとよいのですが」と報告書は不吉な調子で述べていた。その願いにもかかわらず、恐ろしいまでの嵐が巻き起こった。ファス・ママディ号とギャング・イ・サワイ号がスラトに着き、略奪と残虐行為が伝えられると、報復を求める人々が通りに集まり、東インド会社の工場を取り囲んだのだ。暴徒によって工場の施設が破壊され、従業員が殺されるのを防ぐために現地の軍隊が到着するのを待って、多くの英国人従業員が、工場のなかから壁を守っていた。しかし、軍隊が到着したのは、この自警主義的な正義から英国人を解放するためではなく、彼らを拘束するためだった。経営陣は手を縛られ、工場の窓には板が打ちつけられた。兵士に伴われて工場に連れて来られた英国人従業員の一人は、通りの民衆に激しく殴打され、その傷がもとで三日後に息を引き取った。

最終的には、経営陣がスラトの刑務所に入れられ、さらにインドにおける工場のすべての業務がアウラングゼーブ国王によって停止させられた。当然のことながら、国王は知らせを聞いて激怒していた。普通のムガル船が襲われるだけでも十分に悪いのに、こともあろうに国王の船や非常に有力な商人の船が襲われ、さらにどちらの船にもイスラム教のもっとも神聖な儀式の一つに参加した敬虔《けいけん》な巡礼者が乗っていたのだ。これは商業的な災害というよりも、政治的な災害であり、イスラム教のもっとも重要な部分を狙った冒瀆《ぼうとく》的な行為だった。

アウラングゼーブ国王は、当初は東インド会社と徹底的に戦い、インドから追い出そうとまでしたが、やがて周囲の慎重論が優勢になった。九カ月間、工場が刑務所と化して取引が停止される一方で、その裏では会社と国王の側近との間で問題の解決に向けた協議が図られていた。結局、多額の賄賂と、紅海との間を航行する巡礼船に東インド会社が武装した護衛船を提供することで合意に達した。一六九六年六月、スラト工場の門は再び開かれ、その後すぐに取引も再開した。

エイヴリーの残虐な海賊行為によって、東インド会社は、大きな富をもたらすインドとの交易から永遠に締め出されるかもしれないという、想像を絶する事態にまで追い込まれた。彼らは、海賊と戦

ムガル帝国国王アウラングゼーブ。

うためには、どんなことでもやることをアウラングゼーブ国王に見せなければならないと考え、英国の枢密院にエイヴリーと仲間たちに対し、法的な措置を講ずるよう請願した。英国政府は、東インド会社から莫大な利益を得ていたことから、インドにおける権益を守ろうと考え、一六九六年七月一七日エイヴリーとそのクルーを海賊とみなし、植民地の関係者と各地の海にいる将官に対し、彼らを捕らえて法の裁きを受けさせるよう命じた。彼らを捕らえる可能性を高めるために枢密院は、エイヴリーかその部下を捕まえることに協力したエイヴリーのクルーに対して免罪を約束し、海賊同士を敵対させようとした。枢密院の議員の一部が逮捕に対しこのような恩賞を与えることに二の足を踏むと、東インド会社はエイヴリーの逮捕に対し五〇〇ポンド、部下のクルーに対しては一人五〇ポンドを支払うことを自ら申し出た。これは事実上の国際指名手配といってもよい前例のない行動であり、歴史家ダグラス・R・バージェス・ジュニアは〝史上初の国際的な海賊狩り〟であると言っている。しかし、得られた結果は残念なほど乏しいものだった。

エイヴリーは、バハマを出港すると、アイルランドの北側の沿岸にあるドニゴールに向かい、その後ぱったりと消息を絶った。その後の数年間で、エイヴリーと彼の成功にまつわる神話は、彼を多くの人々にとって伝説的な――むしろ英雄と言ってもよい――存在に仕立て上げた。彼は、冊子や書籍、伝承物語詩《バラッド》に描かれ、〝成功した海賊〟と題する風刺劇になってロンドンのロイヤル・シアター、ドルリーレーン劇場で上演され、大いに人気を博した。彼のその後の人生に関するばかげた記録の一つは、エイヴリーがマダガスカルで信じられないほど裕福な海賊国家の王となり、ギャング・イ・サワイ号から拉致したと言われるアウラングゼーブ国王の孫娘を妻にしたというもの――もちろんまったくの作り話である――だった。

エイヴリーのクルーに関しては、逮捕された者はわずかで、しかもそのほとんどは裁判にかけられることはなかった。もっとも興味をそそる逮捕劇は、詮索好きのメイドの功績によるものだった。海賊の一人がロンドンから三〇マイル（約四八キロメートル）ほどにある宿屋に泊まったときに、メイドが彼の持ち物を盗んだ。盗んだコートを探ると、およそ一〇〇〇ポンド相当の金貨が裏地に縫い込んであった。強欲よりも正直さが勝り、彼女は地元の警察に駆け込んだ。警察は金貨を押収し、ただちにその海賊を投獄した。

海賊とみなされた六人の裁判は一六九六年一〇月一九日、ジャスティス・ホールや中央刑事裁判所として知られる、ロンドン西部にある印象的なれんが造りの建物、オールドベイリー――その建物のある通りにちなんでそう呼ばれていた――で行われた。王室顧問弁護士のヘンリー・ニュートンは、裁判の冒頭で、英国が関与する重大な利害関係について、「海賊を許せば、わが国が当然に大きな利権を有し、大きな利益を得ている世界の貿易は終わりを告げるでしょう」と陪審員に説明した。海賊が罰せられなければ、その結果はインドとの戦争になり、〝インド交易のすべてを失い、その結果、わが国は窮乏化〟することになるとニュートンは主張した。つまり、寛容な裁きは経済の崩壊をもたらすことになるのだと。しかし、圧倒的な証拠とエイヴリーの仲間たちの証言――彼らは寛大な措置と引き換えに検察側の主張を支持した――にもかかわらず、陪審員は六人全員に無罪の評決を言い渡した。

政府と東インド会社の経営陣は驚きを隠せなかった。彼らは有罪を確信して、絞首刑の日時まで決めていたのだ。それどころか、海賊がロープでつるされる絵を描かせさえし、英国が海賊の取り締まりに真剣であることをアウラングゼーブ国王に示すことで、英国とムガル帝国との間のもつれた関係を修復しようとさえしていた。しかし、陪審員の驚くべき評決は、英国が〝海賊国家〟であるという、長年にわたって広く持たれてきた考えをあらためて肯定することになってしまった。その意味でエイヴリーは、英国人にとっては、かつて公海上で略奪行為をし、民衆にもてはやされたフランシス・ドレイクや同時代の海賊たちに連なる海賊と何ら変わることはなかった。なぜ陪審員がそのような決定をしたのかは、彼らの議論の記録が残っていないことから定かではないが、海賊行為が英国経済に深刻な悪影響を与えるという事実にもかかわらず、陪審員はイスラム教徒――当時の西欧社会では一般的に〝異教徒〟として見られていた――に対する犯罪行為は犯罪にあたらないと見ていたのではないかと考える者もいる。

理由はともかく、政府は即座に評決を無効にするべきであると決定した。しかしどうすればいいのだろうか？　問題を解決するために、高等海事裁判所の首席判事にして、英国の偉大なる法学者であるチャールズ・ヘッジが呼ばれた。彼はこの六人を、海賊としてではなく、国王チャールズ二世に対する反逆罪で再び裁判にかけるよう提案した。

二回目の裁判は一〇月三一日に始まった。ヘッジは首席検事としてニュートンが最初の裁判で行ったのとまったく同じ主張を陪審員に対し繰り広げた。ヘッジは〝外国の人々は、わが法廷の判決をこの国全体の判断としてとらえることから〟、陪審員は違法行為に対し、強く断固とした立場を取らなければならないと主張した。さらに彼は、もしそうしなければ、〝野蛮な国家は、われわれのことを海賊の隠れ家やたまり場、巣窟としてとらえ、われわれの古くからの友人たちも、商人や人類の敵である海賊がこの古くからの商業の都を逃げ場所としていることに驚きを覚えるだろう〟と主張した。

英国政府と東インド会社の深刻な思いが通じたようで、陪審員は、今回は六人の被告に有罪の評決を下した。担当判事は、安堵《あんど》のため息を漏らし、陪審員に対し、〝この国とこの都市の名誉を大いに回復してくれた〟と述べて、感謝の意をあらわした。海賊たちは、一六九六年一一月二五日、ロンドン塔からおよそ一マイルにあるテームズ川沿いのワッピングの処刑場――一四〇〇年代の初めから多くの海の犯罪者をあの世に送るために使われてきた絞首台があった――で刑を執行された。有罪判決を受けた男の一人は、輪なわを首に巻かれる直前に、〝自らの悪行、特に自らが無慈悲に扱ったインド人に対する残虐な行為を反省した〟。彼は、たとえインド人を〝異教徒や不信心者〟と考えていたとしても、〝今となっては自分の罪に対し目を開き、そのような残虐行為に対する死を受け入れる〟と語ったという。

苦労して手に入れた勝利だったが、アウラングゼーブ国王をなだめるにはほとんど役に立たなかった。結局のところ、六人の海賊にしか正義は下されず、最大のターゲットであるエイヴリーはまんまと逃げおおせてしまったのだ。さらに、裁判と有罪判決によっても、インド洋をめぐる状況にはまったく変化がなかった。エイヴリーにならい、そして彼の成功に刺激され、他の英国の海賊もインド洋を荒らしまわり、多くのムガル船ばかりでなく、ヨーロッパの船も襲っていたのだ。一六九七年の初めに東インド会社のボンベイ工場から送られた手紙には、〝海賊にとって戦利品は非常に魅力的であり、そしてそれが短期間で得られることから、もしこのまま海賊を取り締まらなければ、次にどこを襲うか、あるいはどこに集結するかを海賊に自由に決めさせることになる〟と記され、増えつつある脅威に注意をうながしていた。それでもなお、二つの裁判は大きな影響を与えていた。これらの裁判によって、アメリカの植民地と海賊の親密な関係があらわになり、この議論の的となる問題に、あらためて英国政府の目を向けさせることになったのである。

これらの裁判の六カ月前、エドワード・ランドルフがまん延する植民地の海賊に対する支援について詳細に記した報告書を提出していた。裁判での証言は、このランドルフの辛辣《しんらつ》な主張を裏づけることとなった。一六九六年、商務・拓務庁《たくむちょう》に代えて、商務庁が設立されていたが、商務庁は、海賊に関するこのいまわしい情報を極めて深刻にとらえた。これまでの商務・拓務庁は、植民地の管理や英国法の順守状況の監督、海賊の取り締まりに関する本国への助言においてあまり成果を上げていなかった。しかし、対照的に商務庁は植民地の状況についてより深い知識を有する専門家集団であり、設立当初から海賊の取り締まりを優先課題としていた。

エイヴリーの部下が絞首刑にあった数カ月後、商務庁はいくつかの植民地に対し、方針を改めるよう求める書状を立て続けに送った。一六九七年一月、マサチューセッツの総督ウィリアム・ストートンに送られた書状には、ウィリアム三世（在位一六八九年—一七〇二年）が各植民地の総督らに対し、〝海賊の取り締まりに全力を尽くす〟よう命じたことにあらためて触れ、さらに〝エイヴリーのクルーの裁判において、ニューイングランドが海賊に装備を提供し、彼らをもてなしている地域として頻繁に言及された〟ことを指摘した。ロードアイランド、サウスカロライナ、ペンシルベニア、そしてニュージャージーの各植民地も同様に海賊をもてなしているとして警告を受け、取り締まりを明確に指示された。しかし、フィラデルフィアの肝の据わった治安判事として知られたロバート・スニードの苦闘が証明するように、植民地に混乱を引き起こしかねない変化は、容易には進まなかった。

一六九七年四月、スニードは、エイヴリーとその仲間たちを捕らえることを植民地の総督たちに命じた布告を聞き、英国王の忠実な臣下として、そして誠実な治安判事として、自ら行動を起こすことを決意した。まさにそのときに、エイヴリーの仲間たちの一部がフィラデルフィアにいることを知ったスニードは、ウィリアム・マーカム総督の家を訪れ、このならず者たちを捕らえることこそが総督の義務であると語った。以前はジャマイカで大工をしていたスニードは、ペンシルベニアに来て二年になり、地元の政治にも精通していたことから、マーカムが彼の要求に二の足を踏むであろうことは十分承知していた。財力に乏しく、強欲な性格のマーカムがこれまでずっと海賊と海賊が植民地にもたらす金《かね》を歓迎していたことはよく知られていた。エイヴリーの仲間が〝マーカムとその家族に莫大な贈り物をしている〟といううわさは山ほどあり、さらにひどいことに、マーカムの娘が最近、エイヴリーのクルーの一人であるジェイムズ・ブラウンと結婚していたという事実もあった。

スニードが布告に言及すると、総督は涼しい顔でそんなものは見ていないと言い張った。これは明らかにうそだった。そしてスニードが読むように求めても、総督はこれを拒否した。海賊が厚かましくも通りを歩いていることや、〝酒を飲みながら〟おおっぴらに手柄を自慢していることについて総督は知っているのか、とスニードは問い詰めた。マーカムはこれについても知らないと言い張り、さらに「人々がこの街にやって来て、金《かね》をもたらすなら、それがどこから来たかを尋ねる義務はない」と言った。スニードはエイヴリーの仲間がフィラデルフィアにいることを証明できると言い、さらにマーカムが彼らを逮捕しないことは彼にとっての汚点になるとも言った。しかしそれでもマーカムは動かなかった。マーカムの頑迷さに愛想をつかしたスニードは、マーカムに体を寄せて、「総督と海賊との間に合意があることは一目瞭然だ。誰も気づいていないと思ったら大間違いだぞ」とささやいた。そのような無礼な態度にマーカムは激怒したが、それでもエイヴリーの仲間の存在は認めた上で、「海賊は市民であり、彼らがもたらす金《かね》はこの国のためになっている」と言い張った。絶望したスニードは、憤慨して立ち去った。

後でわかったことだが、このけんかごしの会合は二人だけの秘密ではなかった。マーカムの妻と娘が隣の部屋でこの話を聞いており、スニードが立ち去るやいなや、エイヴリーの仲間の一人のロバート・クリントンに会談の模様を話した。クリントンはすぐにこの情報を同じくエイヴリーの仲間だったエドムンド・ラッセルとピーター・クラウセンにも話した。翌日、路上で海賊たちはスニードを呼び止め、彼を英国本国に対する〝密告者〟と呼んだ。これに怒ったスニードは再び総督の家を訪れ、マーカムにこの嫌がらせについて告げ、総督の家族が海賊に密告したに違いないと言った。このとき部屋にいた、マーカムの血気盛んな妻と娘は、自分たちが密告したことを認めたうえで、スニードこそ〝密告者と呼ばれるにふさわしい男〟だと言い放った。怒ったスニードは、もう残された選択肢はないとマーカムに言った。スニードは自身で海賊を逮捕するつもりだった。

スニードは二人の同僚判事エドワード・シッペンとアンソニー・モーリスに支援を頼み、二人もこれに同意した。しかし、スニードは知らなかったが、モーリスの親戚の一人がエイヴリーの仲間であるクラウセンと結婚していたことから、モーリスが、マーカム総督と話し合って態度を翻し、スニードに手伝うことはできないと告げた。しかし、考えを改めなければ国王に報告すると言ってスニードが脅すと、モーリスは渋々ながら再び態度を変えた。

クリントン、ラッセル、クラウセンは逮捕され三人の判事の前に連れてこられた。三人の判事は彼らがファンシー号に乗っていたことは明らかだという点では合意した。そこでスニードは全員を拘置するよう求めたが、他の二人は彼らの保釈を認め、結局海賊は裁判所を出て行った。数週間後、海賊が逃げようと計画していることを聞いたスニードは、再び彼らを逮捕した。今度は、スニードは驚くべき証人を用意していた。マーカムの義理の息子にあたる元海賊のジェイムズ・ブラウンだった。彼は以前の海賊仲間を裏切り、彼らが実際にエイヴリーの船に乗り、略奪した品を分け合っていたと告白した。残念ながら、この告白に総督の娘がどのように反応したかについては記録に残っていない。しかし、想像するに、彼女は〝密告屋の夫〟のことを聞いて穏やかでいられなかったことだろう。判事たちは検察官に逮捕状を発行するよう命じたものの、海賊たちは拘置所で数日過ごしただけで、再び保釈を認められた。

またもや任務を妨害されたものの、頑固なスニードはあきらめなかった。彼は自身で逮捕状を発行したが、これはマーカムの怒りを買うだけだった。マーカムは、自分に知らせることなく逮捕状を発行する権限はスニードにはないといい、スニードを〝卑劣な男〟といってののしり、〝あえて〟もう一度逮捕状を発行するなら、彼を〝処分する〟といって脅した。スニードは、ただ自分の職務を果たそうとしているだけであり、マーカムのそのような職権の乱用には耐えられないと言った。この抵抗はさらに総督を怒らせるだけで、マーカムは、今度は、警官に対しスニードの逮捕状を無視し、彼から銃を取り上げるよう命じた。これによってスニードは、彼に危害を加えると繰り返し脅していた海賊に対し無防備な状態となった。

これらの司法妨害にもかかわらず、スニードは自らの態度を貫き、何とかしてまたも三人の海賊を逮捕した。しかし、彼は拘置所や看守を信用するほどばかではなかった。保安官が不要だと主張したにもかかわらず、彼は追加の見張りを置くよう求めた。案の定その夜、クリントンとラッセルは脱獄した。壁の穴をふさいでいた三五センチメートル×二五センチメートルの厚板をはずして逃げたと見られた。しかし、翌日拘置所を訪れた海兵はその説に疑問を投げかけた。その海兵はクリントンが〝ひ

ど く 太った男〟であることを知っており、そんな小さな穴をくぐることはできないと主張した。保安官が彼らを正面玄関から出したとしか考えられなかった。

マーカムは渋々ながら二人の確保に五ポンドの報奨金を出した。その後、一人の女性が武装した海賊たちを街の中心近くの低木の茂みの陰で目撃した。しかし、脱走に加担した保安官は、見間違いに違いないと言って彼女の証言を無視した。マーカムが目撃談について報告を受けたときも、保安官は何の行動もとらなかった。スニードは辛辣《しんらつ》に言い放った。「誰もがわかっていた。アラビアの金《きん》が良心に勝ったのだ」

数日後、クラウセンは釈放された。それからしばらくしてラッセルとクリントンも隠れ家から姿をあらわし、平然とフィラデルフィアの街――当時は都市というよりは集落といったほうが近く、およそ四〇〇〇戸の家と二五〇〇〇人の白人の住民、そして数百人の奴隷しかいなかった――を自由に闊歩《かっぽ》した。スニードはマーカムに逮捕状の発行を求めたが、予想通り、けんもほろろに拒絶された。疲れ切って落胆したスニードはとうとうあきらめた。

総督たちに〝海賊行為の抑止〟を求める商務庁からの書状は、この災害を厳重に取り締まるための第一歩にすぎなかった。一六九〇年代後半から新たな世紀の始まりにかけて、英国政府と植民地政府は、アメリカ大陸における海賊とこれを支援する体制の撲滅を狙った多くの措置を講じていた。一六九七年九月二〇日に九年戦争が終わり、レイスウェイク条約が締結されたことを受けて、英国政府は、多くの資源を投入してその取り組みを支援した。またそういった資源を切実に望む声も寄せられていた。なぜなら、戦争の終結によって私掠免許状が無効となり、職を失った私掠船がすぐに海賊になるのは、歴史をひも解く限り、火を見るよりも明らかだったからである。

戦争の終結時に、概して海賊が急激に増えるという動きは、一六二九年に、英国王ジェームズ一世が一六〇四年に王位に就いた後に起きたことを観察したジョン・スミスによっても雄弁に証明された。ジェームズ一世が即位後に最初に取った行動の一つが、英西戦争を終わらせるためにロンドン条約を締結したことだった。これとほぼときを同じくして、国王は私掠船を違法とした。ジョン・スミスは「裕福な私掠船のクルーはすでに得た財宝を持っておとなしく暮らし、貧しくその日暮らしにおちいった者は海賊に転じる。ある者は裕福な者からさげすまれたために、ある者は支払いを受けられなくなったために、ある者は派手に暮らしていて貧困に身を落としたくないために、またある者は虚栄心からただ有名になりたいために、そして他の者は復讐《ふくしゅう》や強欲あるいは不幸の結果として海賊になる」と語っている。富を得る方法は限られていたことから、これらの不満を抱いた私掠船のクルーには、海賊になるしか道はなかったのである。

アメリカ大陸における海賊取り締まりの取り組みが多くの最前線で講じられた。なかでももっとも重要なのは、海賊や、海賊と取引をしている商人の両方を甘やかしてきた総督を更迭することだった。その結果、海賊と通じていた政治家、ニューヨークのベンジャミン・フレッチャーは、初代ベロモント伯爵であるリチャード・クートと交代することになった。ベロモントはニューヨークの総督だけではなく、マサチューセッツやニューハンプシャーの総督も兼任することになった。彼は一六九七年に任命されていたが、ニューヨークに到着したのは一六九八年の四月になってからだった。六二歳で、背が高く、恰幅《かっぷく》の良い、痛風持ちのベロモントは、これまでの海賊との戦いにおける実績と疑うことなき忠誠心、そして勤勉であるとの評判から国王によって総督の職に任じられた。裕福ではない貴族として、そして裕福になりたいと強く願っていた貴族の一人として、ベロモントはしばしば自分の給料では支出をカバーできないと不満をこぼしていた。ただし彼の給料が、収入を補うために海賊からの賄賂を受け取っていた同僚の総督らよりも低かったという証拠は残っていない。

ベロモントは時間を無駄にすることなく、すぐに攻撃を開始した。着任して一カ月ほどで、彼は植民地の評議院議員を前に、ニューヨークが海賊を支援し彼らから利益を得ているという不名誉な評判について、長広舌をふるった。ベロモントがフレッチャーと他の植民地政府関係者が金《かね》と引き換えに海賊を保護している事実に触れると、税関長のシドリー・ブルックはいくぶん率直な物言いで、そのような行為は〝以前は重要な問題とはみなされず、近隣の植民地でも一般的に行われているものだ〟と答えた。不正行為を認めるかのような、この不用意な発言はベロモントを激怒させた。彼は「これを微罪だと考えているようだが、国王とその臣下はこれを重罪だとみなしている」と怒鳴りつけた。ブルックは〝言いわけをしたわけではなく、事実を述べただけだ〟と弱々しく答えた。植民地の全員にもはや事態は変わったのだということを示すため、ベロモントはすべての海賊を逮捕することを求める布告を発するよう提案した。議員たちは、新しい総督の激しい怒りと決断におびえ、すぐにこの提案に賛成した。

翌日、議会を招集したベロモントは、なおも攻撃的だった。〝海賊はあらゆる市民国家が忌み嫌う憎むべき行為〟だと宣言し、〝国王陛下と英国にとって有害であるばかりでなく、英国の貿易と特に

初代ベロモント伯爵リチャード・クート。

東インド会社にとってひどい悪影響を与える〟ことから、これを根絶やしにすることを約束した。

ベロモントは自らのことばを、行動をもって証明してみせた。彼は即座に、フレッチャーと同様に海賊を保護していた政府関係者や、ベロモントが〝海賊の保護に関するあっせん屋〟と呼んだ多くの政府関係者を更迭した。そのなかにはブルックやウィリアム・ニコル――ジェイコブ号のニューヨーク入港をあっさりと認めた張本人――も含まれていた。またベロモントはフレッチャーに忠誠を誓っていた議員の多くや一部の保安官も、〝人間のクズ〟だと断じて更迭した。

ベロモントは次にフレッチャーに狙いを定めた。前任者と海賊との親密な関係に対する彼の憎しみは、異常なほどだった。ベロモントは、うんざりするほどの山のような書状を商務庁に送り、フレッチャーの膨大な悪行の数々を、彼が海賊を支援した、文字通りあらゆる実例とともに詳細に説明し、さらには軍隊からの横領や不正な土地の払い下げなどの他の悪行についても報告した。商務庁は、ベロモントの送った調査書類を用いてフレッチャーの罪を問う聴聞会をロンドンで開いた。この聴聞会によって彼が〝海賊行為を大いに助長していた〟ことに対し責任があることが認められたにもかかわらず、フレッチャーは、高い地位にある者との関係のおかげで、それ以上の追及を受けることはなかった。しかし、フレッチャーの政府内におけるキャリアは突然終わりを迎え、彼の評判も地に落ちた。

ペンシルベニアの総督マーカムも、数年に及ぶ彼の海賊への支援に対する訴えの末に更迭された。ペンシルベニア植民地の創設者にして所有者だったウィリアム・ペンは、当初はマーカムの不正についての報告を信用しなかった。ランドルフが一六九七年に貴族院で、マーカムが〝海賊の支援者〟だと証言したときも、ペンは怒りをあらわにし、そのような主張は〝でたらめのうそっぱち〟だと反論した。しかしその後商務庁が中心となって行われた調査で、そのような〝支援〟の実態が明らかになり、国王から特権をはく奪されると脅されるに至って、ペンは居心地のいい英国の環境を後にし、ペンシルベニアの荒れ地に赴いて事態を改善せざるを得なくなった。

ペンは、一六九九年一二月にフィラデルフィアに到着すると、彼の植民地が間違いなく海賊の巣窟となっていることをすぐに悟った。ペンシルベニア、ウエストジャージー、メリーランドの海軍中将ロバート・クワリーは、海賊は〝ポケットを金貨でいっぱいにして通りを闊歩《かっぽ》し、植民地政府高官の忠実な友である〟とペンに語り、ペンも自らの目で確かめることでその非難が真実であると理解した。

ウィリアム・ペン
（一七九七年ごろに描かれたもの）。

クワリーは、海賊を取り締まるにあたって、ペンシルベニア政府から〝最低限の支援〟しか得られず、大きな困難に直面していると不満を漏らした。それどころか、ペンシルベニアの住民も植民地政府の関係者も、海賊を接待し、彼らをかくまうことに一生懸命になっていた。クワリーによると、彼が海賊を捕らえるために何とか派遣した兵は〝植民地に富をもたらし、そこに定住する正直者を海賊と呼んで邪魔をする植民地の敵とののしられ侮辱された〟という。

この状況に危機感をもったペンは、すぐに布告を発し、すべての植民地政府の関係者に、〝最大限の努力を用いて、積極的に海賊の疑いのある者を追跡し、捕らえ、確保するよう〟命じた。彼は植民地議会に「海賊と海の略奪者に対する法」を提出し、布告に法的実効性を与えようとした。また彼は、商務庁の要求に基づきマーカムを更迭し、自ら総督の任についた。

ペンは彼の愛する植民地が海賊を受け入れていることをすぐに認めたが、同時に外部の勢力に対しても批判の声を投げかけた。彼は、もし〝ジャマイカが、海賊がインド洋に向かう前に彼らの行為を取り締まっていれば〟、そしてペンシルベニア近隣の植民地が積極的に金《かね》を受け入れることと引き換えに、あらゆる種類の支援を提供していなければ、海賊がペンシルベニアに来ることはなく、ペンシルベニアも〝汚名を受ける〟ことはなかっただろうと主張した。実際には、ペンシルベニアの住民が海賊を歓迎し、支援しなければ、ペンシルベニアが汚名を受けることはなかったのだが。

ペンが自身の植民地における海賊との間の不正を取り締まっているのとときを同じくして、一六九七年にイーストジャージーとウエストジャージーの総督としてジェレミア・バッセが任命された。これによって、海賊に対する戦いは新たな局面を迎えることとなった。彼は、プエルトリコの沖合で海賊に捕らえられた経験があり、海賊に対する憎しみをはっきりと口にしていた。バッセによると、彼を捕らえた海賊は、解放するまでの間、バッセらを〝激しく殴打し、食事を切り詰め、夜は樽のなかに閉じこめた〟という。

総督として、バッセは本国にたえまなく報告を行い、海賊行為と特にこれを助長するさまざまな植民地の役割について警鐘を鳴らした。彼は「世界のどこかで英国旗を掲げた海賊が増加し、国家が不名誉を着せられ、悪影響をこうむることは、決して見過ごすわけにはいきません。アメリカの植民地はこの増加に大きな貢献を果たしています」と商務庁に報告した。彼は、彼とその同僚たちが積極的に植民地中の海賊を取り締まったように、〝これらの海のならず者たちを取り締まり、東インド貿易の安全を確保する〟ための方策を取るよう国王にうながした。

ベロモントとバッセの総督就任とマーカムの更迭は、海賊との戦いにプラスの影響を与えた。海賊と海賊を支援していた者は、植民地政府当局が彼らを監視し、捕まえようとしていることを悟った。また成功例もいくつか見られた。たとえば、バッセの取り組みによって、何人かの海賊がとらわれて投獄された。またベロモントも、就任からちょうど三カ月後に商務庁に報告を行い、自身の取り組みによって海賊が一〇万ポンドの財宝とともにニューヨークにやって来ることが妨げられたため、ニューヨークの地域社会のリーダーたちはニューヨークが〝破滅的な状況におちいった〟と言って〝騒ぎ立てている〟と記した。その後の何年かにおいても、ベロモントは多くの海賊を捕らえ、裁判のために英国に送還した。

しかし、そのような成功例は限られていた。どんなに意欲的で積極的な総督も、既得権を有する幅広い層からの一致団結した反対に直面した。ベロモントの改革と宣言は、長年にわたって海賊から多大な利益を得ていた植民地の関係者や商人、市民を激怒させ、いたるところで激しい抵抗にあった。ベロモントは、税官吏に海賊の略奪品を押収させようとしたが、自らが投資をして得た利益を守ろうとする商人に邪魔され、あるときは押収品を守るために、またあるときは拘束されて殺すと脅された税官吏を解放するために、追加の人員を送らざるを得なかったことも何度かあった。また、税関の〝主任調査官〟が、疑わしい東インドの積み荷を押収する命令を実行することに生命の危険を感じ、職を辞したこともあった。

ニューヨークの商人たちは、ベロモントの部下たちに略奪品を押収されないように、マダガスカルからニューヨークに戻ってくる彼らの船に、ニューヨークには寄港せず、代わりに気づかれずに簡単に密輸できる海岸沿いの他の場所で陸揚げするように指示した。ベロモントが、海賊が妻のもとを訪れるためにやって来るところをわなにかけようとしたときも、〝正義を果たそうにも、海賊たちがあまりに街の住民と仲良くなっていたため〟、捕らえることができないことが多かったという。こういった妨害やごまかしを見たベロモントは、ニューヨークを〝海賊の巣窟〟と呼び、〝不正な交易や紅海からの海賊の略奪品は、この街の人々が切望しているもの〟だと嘆いた。

植民地での海賊との戦いにおけるもう一つの側面は、火力だった。一六九〇年代の終わりにかけて、アメリカの沿岸に海賊が多く出没するようになり、襲撃も増加した。当時、二隻の英国海軍の船がアメリカの沿岸をパトロールしていたが、植民地の総督たちは、より大きな保護を与えるよう本国に求めた。これらの要望は非常に都合の良い時期に寄せられた。英国海軍は先の戦争の間に増強され、ゆくゆくは英国を海の盟主とする強力な軍事力を得つつあった。最終的に、一六九〇年代の終わりには、海軍本部は商務庁にうながされて、ニューイングランドやニューヨーク、バージニアにさらに戦艦を送ることに同意した。バージニアでの経験が示すように、十分な兵力を備え、有能な指揮官に率いられた適切な火力を備えた戦艦があれば、状況もかなり違ってくるはずだった。

一六九九年七月、二六門の大砲と一三〇人のクルーを擁する海賊船プロビデンス・ギャレイ号がチェサピーク湾の湾口近くにやって来た。船長は英国人のジョン・ジェイムズだった。中背で肩幅の広いたくましい体の男で、顔は天然痘の跡で醜く覆われ、首には金のチェーンをぶら下げ、その一つには金の爪ようじがぶら下がっていた。その年の初めに、ジェイムズはこのギャレイ船（帆とオールを備えた背が低く平たい船）で反乱を起こし、オランダ人の船長を降伏させると、船長を一五人のクルーとともに、ピストル三丁と火薬一瓶だけを与えて、バハマのベリー諸島の一つの島に置き去りにした。反乱の後、プロビデンス・ギャレイ号は派手に海賊行為を繰り広げ、数えきれないほどの船を襲い、にわかには信じられないものの、伝えられるところによると三〇〇万ポンド相当の金銀財宝を獲得したと言われている。食料が底をつき、船も損傷したことから、ジェイムズは食料や帆、装備を奪うためにバージニアに向かった。

七月二三日、プロビデンス・ギャレイ号は、バージニア岬（チャールズ岬とヘンリー岬）の沖合で、比較的小型の商船ホープ号をあっという間に制圧した。略奪品のうち、役に立つ品物はわずかだったが、もっとも価値があったのは、この海域を守り、チェサピーク湾を出入りする商船を護衛するために配備された海軍の戦艦エセックス・プライズ号に関する情報が得られたことだった。ホープ号は何カ月にもわたるエセックス・プライズ号の航海記録をロンドンに持ち帰る途中だった。ジェイムズはその記録を詳細に調べ、すぐに将来の敵となる船の戦力を悟った。そして彼は、エセックス・プライズ号と一戦を交え、これを奪うことをその場ですぐに決意した。

二日後、エセックス・プライズ号はヘンリー岬沖に停泊していた。するとジョン・オールドレッド船長が、遠くで見知らぬ船が商船メリーランド・マーチャント号を追っているのを発見した。オールドレッドは追跡を命じた。エセックス・プライズ号が近づくと、その謎の船は英国旗と情け容赦なく攻撃することを意味する血まみれの旗をメインマストに掲げた。オールドレッドが有利な位置を得ようとする間に、敵船はエセックス・プライズ号に向いた船側のすべての大砲を放って一斉攻撃をしかけ、エセックス・プライズ号もこれに応戦した。オールドレッドは、まだ攻撃者の素性をわかっていなかったが、海賊船であることは明らかだった。一方、ジェイムズのほうは砲撃を加えている相手のことを正確に把握しており、このエセックス・プライズ号をどうしても自分のものにしたいと思っていた。

オールドレッドはすぐに、一六門の大砲とおよそ五〇人のクルーしかいないエセックス・プライズ号では、より大きなプロビデンス・ギャレイ号に海上戦ではかなわないと悟った。彼は、海賊をメリーランド・マーチャント号から引き離すためには、プロビデンス・ギャレイ号を浅瀬に誘い、座礁させるか、船殻に穴を開けさせ、その間に商船に逃げる時間を与えるのが最善の戦法だと考えた。オールドレッドはジェイムズに餌に食いつかせようとしたが、海賊はその手には引っかからなかった。代わりにジェイムズは、メリーランド・マーチャント号に注意を向け、その船首越しに砲弾を放って、行く手をさえぎろうとした。メリーランド・マーチャント号の船長とクルーを船上で捕らえた後、ジェイムズはエセックス・プライズ号の追跡を続けたが、エセックス・プライズ号の船長が戦いを避けていると見て、メリーランド・マーチャント号に戻って略奪を続けた。

オールドレッドはすぐに上陸すると、バージニアの総督フランシス・ニコルソンに書状を送って状況を説明した。沿岸に海賊があらわれたという知らせはニコルソンを激怒させた。それは、海賊が交易に与える悪影響からだけではなく、彼が心から海賊を憎んでいたことも理由の一つだった。ニコルソンはこの何年か前に、「私はずっとこういったならず者や彼らの野蛮な行為を忌み嫌ってきた。間違いなく彼らは、一般的に見ても人類の恥であり、特に誇り高く、勇敢であり、気高い英国人の敵である」と語っていた。しかし、ジェイムズらを上回る戦力を備えていなかったため、ニコルソンにはなすすべがなかった。二日後、プロビデンス・ギャレイ号がロアノーク・マーチャント号を襲ってこれを拿捕《だほ》し、船員の何人かを海賊に加えたという知らせが、ニコルソンの怒りの火に油を注いだ。ニコルソンはさらに悪い知らせが来るものと身構えていたが、それ以上はもうなかった。ロアノーク・マーチャント号を襲った後、ジェイムズたちは、よりよい猟場を求めてその海域を離れることを決め、去って行った。

このプロビデンス・ギャレイ号の襲撃は、地域をパニックにおとしいれた。総督と議員たちは比較的規模の小さいエセックス・プライズ号では、重装備の海賊船から植民地や商船を守ることができないという証左を得たのだった。そして、一六九九年の晩夏から初秋にかけて、海賊船がアメリカ沿岸で数十隻もの商船を襲ったという知らせが広まったことにより、さらなる襲撃への恐怖が高まった。唯一の希望はより強力な戦艦の存在だと悟り、ニコルソンは海軍本部により大きな戦艦の派遣を求めた。一七〇〇年四月二〇日、その船はぎりぎりのタイミングで到着した。

建造されてまだ六年しかたっていないHMSショアハム号は、三〇門の大砲と一二八名のクルーを擁していた。船長のウィリアム・パッセンジャーは有能な司令官で、その命令は明確だった。ショアハム号はエセックス・プライズ号に代わって、チェサピーク湾とバージニア岬周辺の海域を航行して海賊を植民地から守ることになっていた。もし何かを見つけたら、彼は〝捕らえるか、沈めるか、燃やすか、破壊する〟ようクルーに指示していた。到着から一週間ほどで、パッセンジャーはその命令を実行に移した。

四月二八日、ケコウタン（現在のハンプトン）にあるウィリアム・ウィルソン大佐の家でパッセンジャーとニコルソンが雑談をしていると、オールドレッドが驚くべき知らせを持って駆け込んできた。その知らせはヘンリー岬の沖合で商船が海賊に襲われ、かろうじて逃げたというものだった。ニコルソンはパッセンジャーに翌朝まで出港を待つようすすめたが、パッセンジャーはその足でショアハム号に向かい、すぐに出港した。しかし、風はなく、水先案内人も浅瀬が点在する海域を暗闇のなかで進むことに乗り気でなかったことから、船はゆっくりとしか進めず、結局パッセンジャーは、リンヘイブン湾にいると言われていた海賊船からおよそ九マイル（約一五キロメートル）の地点に停泊せざるを得なかった。

この遅れは、ニコルソン総督には思いがけない幸運をもたらした。パッセンジャーがショアハム号に向かった直後、ニコルソンも市民軍を海岸沿いに集めていた。しかし彼は、行動の人として自らも攻撃に加わりたかったので、ショアハム号が沖合に停泊していることを知ると、ここぞとばかりにこの船に乗り込んだ。翌朝、ショアハム号はいかりを揚げ、湾口に向かった。そしてすぐに海賊船ラペ号を発見した。

フランス語で平和を意味するラペ号は、ここ数カ月間、平和とは程遠い行為を繰り返していた。二〇門の大砲を擁するラペ号は、一六九九年終わりにトルトゥーガを出港し、フランス人船長ルイス・ギターの指揮のもと、七隻の船を襲って、そのうちの二隻を仲間に加えるなど、人々のうらやむような戦果を次々と上げていた。捕らえられた船員は、海賊に加わるか訊かれ、断ると捕虜にされた。ギターのクルーの一人は、欲望に訴えかけて、彼らに仲間に加わるように誘った。その海賊は、「商船の船員じゃあ、月に二五シリングしか稼げないだろう」とあざけるように言い、「仲間になれば七〇〇から八〇〇ポンドが手に入るぞ」と誘った。ラペ号のもっとも新しい獲物は、四月二八日の遅くにリンヘイブン湾で拿捕《だほ》したニコルソン号だった。ニコルソン号は七〇〇樽のタバコをロンドンに運ぶ途中だったが、ギターは喜んでこの船を拡大しつつある海賊の船団に加えた。

ニコルソン号を制圧した直後に、ギターは後になって致命的だとわかるミスを犯した。数日前、捕虜の一人が、ショアハム号の到着に気づかずに、エセックス・プライズ号がすでにロンドンに向けて去り、この沿岸は無防備な状態にあるとギターに話していたのだ。しかし、ギターがニコルソン号のクルーを尋問すると、船大工の一人が今も海軍の船が沿岸にいると証言した。しかし他のクルーの何人かはこれを間違いだと指摘したため、ギターはこの船大工がうそをついていると断じ、罰としてマスケット銃の火打ち石の代わりにこの哀れな男の親指をはさみ、肉に穴が開くほどねじを締めつけ、さらに剣の平らな側で打ちすえた。その夜遅く、別の捕虜もギターに遠くに〝大きな船〟を見たと言ったが、自信過剰なギターは、〝ここには戦艦はいない、もしそれが商船なら、いずれわれわれのものになる〟と言って、捕虜のことばを無視した。自分たちの脅威になる戦力は近隣にはいないと確信し、ギターは部下たちに前後不覚になるまで酒を飲むことを許した。

四月二九日の夜明けごろ、ショアハム号はラペ号から半マイル（約八〇〇メートル）まで近づいていた。ギターは自分の目が信じられなかったが、すぐに自分が英国海軍屈指の戦艦と対峙《たいじ》していることを悟った。海賊船のなかは、泥酔状態から覚めたクルーで大混乱となった。クルーは五〇人の捕虜をあわてて船倉に押し込み、何とかラペ号の戦闘準備を整えた。対照的にパッセンジャーは、来るべき戦いを楽しみにし、「たかがこんな小さな船、すぐに制圧してみせる」と豪語した。

激しい戦闘が午後遅くまで続き、二隻の船は互いに舷側に損傷を受けた。至近距離に入ると、互いにマスケット銃や拳銃で応戦したが、最終的にはショアハム号が優勢となった。ラペ号は、帆を裂かれ、マストを折られて、船殻も〝ほとんど粉々になるまで打ちのめされ〟、はしごも破壊されたうえに、船自体も座礁してしまった。午後三時、ギターは損害を調べたうえで、停戦を求めて白旗を揚げた。

しかし、負けず嫌いのギターはまだ最後の手を隠し持っていた。五〇人の捕虜を取引材料に使ったのだ。彼は部下に、船の火薬庫まで火薬で導火線代わりの線を作るよう命じ、その後、捕虜の一人をショアハム号まで泳がせて、〝司令官がギターとその部下たちに慈悲と赦《ゆる》しを与えてくれないなら、船を爆破し、全員が死ぬことになる〟という最後通告を伝えさせた。このメッセージを支持するかのように、ラペ号のクルーたちは「焼き尽くせ、焼き尽くせ」と声をそろえて叫び始め、条件が聞き入れられないなら、乗員全員を喜んでいけにえにするというメッセージを送った。混戦のなかでも勇敢に戦い抜いたニコルソン総督は、海賊に慈悲を与え、国王に寛大な措置を求めることに同意した。海賊は降伏し、捕らえられた。結果的に、二六名の海賊が戦闘中に死亡し、その半数近い負傷者――そのうちの八名はその負傷がもとで後に死亡した――が出た。ショアハム号でも、四人が死亡し、多くの者が負傷した。

ギターの部下のうちの三名は、戦闘中にラペ号にいなかったため、降伏の条件は適用されなかった

（そのうちの二人は酔っぱらっていて、戦闘の間中、略奪した船で眠りこけていた）。ニコルソンは、その三名を裁判にかけ、彼らは、海賊行為により有罪が宣告され、絞首刑となった。ギターと残りの部下は英国に送還され、国王が慈悲を認めなかったため、裁きを受けることになった。結局、ギターと五〇名以上のその部下らも有罪が宣告され、刑が執行された。

英国政府は、腐敗した政治家を更迭し、戦艦を植民地に送ることで海賊と戦うと同時に、変化を確実にするための法の整備にも着目した。一六世紀に定められた法は、海賊を英国に送還して裁判を受けさせることを求めていた。しかし植民地が本国の政府に従おうとしても、そのためには費用がかかり、事実上、法の執行を妨げる強い負のインセンティブが働いた。その結果、一六九〇年代の後半には、告発された海賊の多くが植民地の拘置所に捕らえられていたものの、裁判を受けられない状態となっていた。この問題を解決するため、一七〇〇年一月、商務庁は国王に対し、植民地の総督に告発された海賊を、裁判を受けさせるために、証人や証拠とともにロンドンまで送還させる命令を出すようながした。国王もこれを認め、数十名もの海賊が英国に送られ、最終的には有罪が宣告されて絞首刑となった。

しかし、このように国王が海賊を英国に送還するよう命ずる前から、そのような大西洋を越えた海賊の送還を不要にする制度を作る取り組みが進んでいた。一六九〇年代半ばから後半にかけて、英国政府の要請により、植民地で海賊を裁判にかける法が多くの植民地で採択されていた。しかしそれらはきちんと整備されておらず、多くの場合、意図的に歯抜け状態にされ、ほとんど効果がないのが実態だった。最終的に英国議会は、〝ニューイングランドや他の植民地の手に負えない状況を考慮して〟、一七〇〇年四月、代理海事裁判所においてオイヤー・アンド・ターミナー（傾聴と決定）を行う特別委員によって海賊の裁判を行うことを認める「より効果的な海賊取り締まりのための法律」を採択した。しかし、これによってこれまでとは決定的に違う裁判にしなければ意味はなかった。植民地で比較的少数の海賊が裁判にかけられる場合、海賊の仲間である同情的な陪審員が海賊を有罪にすることを拒むことが多くあった。そこで新しい法では、陪審員そのものを排除することにした。代わりに、高い地位にある植民地政府関係者や軍当局者、有力な商人や農場主から選ばれた委員がそれぞれの裁判に評決を下すこととなった。そこには、それらの者は一般の陪審員よりも法の条文を尊重し、地元の熱い思いには左右されないという考えが根底にあった。海賊行為に対する処罰は、英国と同様死刑だった。

さらに、法律は海賊の定義も積極的に拡大して解釈した。反乱を起こして船を乗っ取る者――海賊から自らの船を守らなかった者も含まれた――も海賊とみなされ、どんな形であれ、海賊を助けたり、海賊になるようにそそのかしたり、海賊に物品を提供したり、支援したりした者――海賊から物品を受け取ったり、これらを隠したりする者も含まれた――は、海賊への共犯として裁判にかけられ、有罪が宣告された場合は、これらの共犯者にも死刑が宣告された（ただし、このような共犯者は植民地ではなく、英国に送還されて裁判を受けた）。海賊に抵抗するためのインセンティブを船乗りに与えるため、海賊との戦闘で負傷した者に対し報奨金が与えられ、もし死亡した場合には、その相続人がこれを請求することができることとなった。海賊行為の計画を暴いた者に対しても同様の報奨金が与えられた。

同時に議会は、さらに一歩進んで「大英帝国の植民地における総督の犯罪に対する処罰に関する法律」と題する新たな法律を制定した。この法律に基づき、総督らも他の者と同様の法的基準で裁かれることとなり、海賊に避難場所を提供したり、資金を提供したりする行為も犯罪として裁かれることとなった。さらに、英国の司法長官によると、新たな法律には、海賊を支援した罪で有罪となった総督が植民地の勅許を失うことも定められていた。

裁判を受けさせるために海賊を大挙して英国に送還させるという国王の命令と、これら二つの包括的な海賊取締法は、植民地における海賊の取り締まりが、英国本国の最優先課題であることのさらなる証左であった。


海賊との戦いは、キャプテン・ウィリアム・キッド――実際にはまったくたいしたことはないのだが、間違いなく世界でもっとも有名な海賊――の不運な航海に対し英国政府の取った反応によって、さらに拍車がかかった。キッドに関する話には、何千とは言わないまでも、何百ものうそやあやまり、脚色が含まれている。彼の成功についての書籍は、山ほど存在し、今後もなくなることはないだろう。だが、本書においては、インド洋における彼の行動がアメリカの海賊の方向性にいかに影響を与えたかを理解するために、彼の物語の概要だけを述べることとする。

一六五四年、スコットランドのダンディーに船員の息子として生まれたキッドは、頑強な体を持ち、尊大な態度をしばしばのぞかせる口達者で短気な男だった。彼はカリブ海でバッカニアとして、さらにその後、私掠船のクルーとして活動した後、一六九一年にニューヨークにたどり着いた。そこでキッドは、政治的反乱をおさえることに尽力したことから、新しい総督に気に入られることになった。彼の上流階級への仲間入りは、つい最近未亡人になり、莫大な遺産を相続したばかりのサラ・ブラッドレー・コックス・オートとの結婚によりさらに強固なものとなった。しかし、海との強いつながりから、彼はすぐに貴族の生活に飽きてしまい、一六九五年、四一歳のとき、冒険と名声を求めて、英国海軍の士官となるためにロンドンへと向かった。

望んでいた海軍の士官の地位に就くことはできなかったが、キッドはそれよりも特異な指揮権を手にすることになった。彼のニューヨーク時代の友人であるロバート・リビングストンのコネで、キッドは、当時すでにニューヨークの統治権を得ようとしていたベロモント卿に紹介された。それが誰のアイデア――キッド、リビングストン、ベロモントあるいは三人のいずれかのアイデアの組み合わせ――だったのかは定かではないが、ある独創的な計画が生まれた。海賊の災厄がインド洋にまん延していることを考え、キッドに船を与え、インド洋に派遣して海賊を退治させてはどうだろうか？　英国海軍がウィリアム王戦争の影響で手薄な状態にあり、海賊の取り締まりに船を割く余裕がないことを考えれば、そういった計画は非常に時宜を得ており、効果的に違いなかった。キッドが成功すれば、財宝を持ち帰って、この計画の出資者を裕福にするだけでなく、海賊の災厄を減らすことにも役立つのだ。関係者すべてにとってメリットのある計画だった。

ベロモントの主導のもと、投資家のグループが集められた。ベロモントやリビングストン、キッド、何名かの政府高官に加え、ウィリアム国王自身も一〇パーセントの持ち分を有する匿名の出資者とな

一六九一年当時のニューヨークにおけるキャプテン・ウィリアム・キッドの住居。もはや存在していないが、現在のパール・ストリートとハノーバー・ストリートの角にあった。

った。キッドは最終的に二種類の私掠免許状を授けられた。一つは海賊船を捕らえることを認めたもので、これまでとは異なり、戦利品――船や商品、財宝――を、本来の所有者ではなく、キッドとそのクルー、そして投資家で分けることができるとしていた。さらに、これまでは海軍本部が得ることとなっていた戦利品の取り分についての条件は削除されていた。二つ目の免許状は、キッドにフランス船を襲うことを認めていた。九年戦争は依然として続いており、フランスも海賊と同様、侮辱の対象だったのである。あらゆる私掠免許状と同様、これらも〝戦利品なければ、支払いもなし〟、つまり、キッドとその仲間が戦利品を得なければ、何も得ることはできないという条件になっており、大きな成功か、あるいは悲惨な失敗をもたらすかのイチかバチかの方法だった。

私掠免許状も指揮する船がなければ何の意味もなかった。キッドと投資家は、建造されたばかりの、三六門の大砲を擁する二八七トンのアドベンチャー・ギャレイ号を選んだ。この船は、用途が広く、帆とオールによってどんな種類の状況でも航行や作戦行動をすることができた。一六九六年四月下旬、アドベンチャー・ギャレイ号は、一部のクルーを乗せて英国を出発し、さらにクルーを補充するためニューヨークへと向かった。

すでに尊敬される存在であり、さらに輝かしい国王の免許状を手にしたキッドは、ニューヨーカーに、そして特に二人のサラ——彼の妻と娘——に温かく迎えられた。クルーを募集する呼びかけが広範囲にわたってなされたものの、応募して来る者はいなかった。問題は分け前の配分にあった。クルーには戦利品の二五パーセントが分配され、残りをキッドと他の投資家で分配することになっていたが、クルーの応募者にとって、これは受け入れがたい条件だった。通常は、私掠船のクルーには戦利品の六〇パーセントが分配されていたのだ。深刻な問題を抱えていることを悟ったキッドは、投資家に相談することなく、通常通り六〇パーセントの分配を約束する新たな募集を行った。この新たな取り決めのうわさを聞いて応募者が殺到した。政府が発行した私掠免許状のもとに莫大な富を手にすることができる絶好の機会など他にあるだろうか？　ニューヨークはまさに〝海賊の巣窟〟——ベロモントが後に指摘したように——となっており、キッドの新たなクルーの多くが元は海賊だということは驚くことではなかった。

一五四名のクルーを乗せて、キッドはインド洋に向けて出航する準備を整えた。キッドの準備を観察し、免許状の条件についても知っていたフレッチャー総督は、大きな問題が起きるきざしを感じていた。「最近やって来たキャプテン・キッドは、英国王の国璽《こくじ》のもとに海賊討伐を委任され、ニューヨークから出港した。彼らは正当または不正な手段を問わず、財宝を得るだろう。だがもし彼が免許状に意図された成果を上げることができなければ、分け前を支払うこともできず、クルーをおさえることはできなくなるに違いない」とフレッチャーは記している。

一六九六年九月、アドベンチャー・ギャレイ号はニューヨークを出港し、一六九七年一月にマダガスカル島のトゥリアラに到着した。船の整備と食料の補給を行うため、二月の終わりに島の北に位置するコモロ諸島に向かった後、キッドのクルーのおよそ五〇名が熱帯病にかかって死亡してしまった。キッドは何とか代わりのクルーを補充したものの、船を覆っていた暗鬱《あんうつ》とした不安感を拭い去ることはできなかった。その主な原因はクルーの死にあったものの、出港しておよそ八カ月が経過しているにもかかわらず、一隻の獲物も見つけられていないこと、すなわちクルーが何の分け前も得ていないことのほうがより大きな問題だった。

四月の終わり、キッドはこの状況を打開するため、バブ・エル・マンデブ海峡に向かって北上し、毎年のメッカへの巡礼からの帰りで財宝を積んだムガル船を襲うことを決意した。彼は賊船を討伐するのではなく、海賊そのものになるつもりだった。「行くぞ、野郎ども、あの船からお宝を奪うんだ」とキッドは部下に命じた。

八月半ば、一七隻のムガル船が、三隻のヨーロッパの護衛船に守られてバブ・エル・マンデブ海峡を通過していた。護衛船のなかには、三六門の砲を備え、エドワード・バーロウが船長を務める、東インド会社のセプター号の姿もあった。キッドのアドベンチャー・ギャレイ号はこの船団の背後に迫り、遅れていた一隻のムガル船に近づいた。セプター号は海賊船を認識し、略奪者に対し数発、砲を放った。微風だったが、アドベンチャー・ギャレイ号はオールで進むことができたことから、わずかながらキッドに有利な展開となった。部下を駆り立てて、巨大なムガル船に向けてオールをこぎ、護衛船が反応する前に追いつこうとした。アドベンチャー・ギャレイ号が至近距離まで近づくと、ムガル船は警告の砲弾を放ち、キッドの部下も山のような砲撃で応戦し、そのいくつかがムガル船をとらえた。しかし、バーロウは部下にボートを降ろし、ロープを使って護衛船のセプター号を戦いの場へとけん引するように命じた。セプター号は、近づくと大砲を放ち、キッドは追跡を断念せざるを得なくなった。

失望したキッドは、仲間たちに呼びかけて次の行動について投票させ、インド洋に向かうことを決めた。八月の終わり、アドベンチャー・ギャレイ号は、マラバール海岸の沖合で、英国の旗を掲げる小さな船を、船首越しに威嚇の砲撃を加えて停船させた。その船はインドの商人が所有し、トーマス・パーカーが船長を務めるメアリー号だった。キッドがアドベンチャー・ギャレイ号の船室でパーカーと話している間に、大勢のキッドのクルーが悪だくみを抱いて、メアリー号に向かってボートをこいでいた。彼らはメアリー号のクルーに財宝の隠し場所を白状させるため、何人かをうしろ手に縛りあげ、手首にロープをつけてデッキからつるした。クルーが苦痛に身もだえるなか、キッドの部下は、財宝のありかを白状するまで、剣の平らな面で彼らを打ちすえた。わずかな金《かね》と航海機器、銃の他に香辛料やコーヒーなどさまざまな商品を発見し、キッドの部下はこれらの略奪品を持ってアドベンチャー・ギャレイ号に戻った。

メアリー号を解放する前に、キッドは部下に一部の略奪品を返すように命じ、さらにパーカー船長に航海士としてアドベンチャー・ギャレイ号に残るよう命じた。また複数の国のことばが話せるポルトガル人も通訳として残るよう命じられた。英国旗を掲げる船を襲い、その船長らを仲間に加えることで、キッドはついに海賊の世界へとその一歩を踏み出したのだった。

およそ一週間後、キッドは、東インド会社の小さな工場があるインド西部のカルワルに寄港した。キッドの目的は木材と水を補給することだったが、この滞在はキッドの思惑と違って大きな事件を引き起こすこととなった。キッドのクルーのうち九名が脱走し、そのうちの二名が工場に逃げ込んだのだ。彼らは東インド会社の職員に、〝キッドが海賊になるつもりであり〟、その仲間になりたくないので逃げてきたと伝えた。また脱走者は、キッドが英国船（メアリー号）を襲い、船長と通訳を無理やり仲間に加えたことも職員に話した。さらに脱走者は、キッドがムガル船を襲う計画を立てていると警告した。

東インド会社の職員は二人の使者を送って、キッドからさらに情報を得ようとし、またパーカーと通訳を解放させようとした。しかし、キッドは〝そのような者は乗っていないと明確に否定した〟（実際には二人をデッキの下の〝穴のなかに〟隠していた）。戻って来た使者が語ったキッドと彼の野蛮な部下たちの様子は、キッドが本当に海賊になったことを裏づけるものだった。職員たちはこの結果をボンベイの上司に伝えた。また職員たちは、キッドの特異な私掠免許状や強大な戦力、〝活力にあふれた性格〟はすぐにクルーの〝尊敬と畏敬の念を得た〟ものの、彼の〝ささいなことで部下と言い争い〟、反対する者を誰彼かまわず銃で脅す性格は、部下を〝おびえさせ〟、〝たもとを分かちたいと部下に思わせるようになった〟とも記した。しかし、これが記されたとき、キッドはすでに出港していた。彼は、高価な略奪品を得ることで、クルーの間で高まりつつあった不満を鎮めようとしていた。

その後数カ月間、キッドは実りのない探索を続け、成果がないことに対するクルーの不満は爆発寸前になっていた。特にアドベンチャー・ギャレイ号の掌砲長《しょうほうちょう》、ウィリアム・ムーアは、キッドがメアリー号を襲った後に遭遇した東インド会社の船を襲わせなかったことに対する不満をあらわにしていた。ある日、ムーアが鑿《のみ》を研いでいると、キッドが近づいてきて、東インド会社の船を襲わないという彼の決定を疑問視したとしてムーアを責めた。短気で力も強いキッドを恐れ、ムーアはそんなことは言っていないと言い張ったが、キッドはムーアを「見下げ果てた犬野郎」と言ってさらに責めたてた。これに対し、ムーアは「自分が見下げた犬野郎だと言うなら、そうさせたのはお前で、お前がおれや他のクルーを腐らせた」のだと言い返した。怒ったキッドは、「おれがお前を腐らせたというのか、この犬野郎」とどなったという。キッドは何度か行ったり来たりした後、鉄の帯で束ねられた木製のバケツをつかむと、これをムーアの頭に振り下ろして頭蓋骨を打ち砕いた。船医による治療のために運ばれていくムーアに対し、キッドはさらに「このクソ野郎が！」と言って悪態をついた。翌朝、ムーアは息を引き取った。数カ月後、船医にムーアの死について話したとき、キッドはその影響についてはほとんど心配せず、〝英国にいる友人が何とかしてくれるはずだ〟とうそぶいたという。

三週間後、キッドの部下の一人が、水平線に帆船を発見し、海賊はすぐに追跡を開始した。アドベンチャー・ギャレイ号は九時間の追跡の末、その船に追いつき、停止させるために威嚇の砲撃を行った。このとき、アドベンチャー・ギャレイ号はフランスの国旗を掲げていた。これは多くの船乗りが敵船を欺くために用いていた作戦で、キッドもこの方法で他の船の船長に手の内をさらさせようとしていた。この帆船はルパレル号といい、マイケル・ディッカースが船長を務めるオランダ船籍の船だった。アドベンチャー・ギャレイ号に乗り込んだディッカースは、船長室に通されると、キッドのフランス人クルーに迎えられ、航行のための書類を見せるよう求められた。危険な海域を航行する多くの商船の船長と同様、ディッカースもさまざまな緊急事態に対処できるように、いろいろな種類の通行許可証を持っていた。キッドのアドベンチャー・ギャレイ号をフランスの船だと信じていたディッカースは、安全に航行を続けられることを期待してフランスの通行許可証を差し出した。書類が手渡されるやいなや、キッドが進み出て、愉快そうに叫んだ。「おやおや、こいつは運がいい。こいつは英国の敵船じゃあないか」

拿捕《だほ》されたルパレル号は海賊によって、ノーベンバー号と名前を改められ、食料や織物などの比較的価値の低い積み荷は近くのインドの港で売却された。これによってキッドはわずかながらも金《かね》を手に入れ、疲れ果ててまだ不満のたまっているクルーにこれを分け与えた。その後の二カ月間で、アドベンチャー・ギャレイ号は、ノーベンバー号を曳航しながら、二隻の小規模な商船を襲い、わずかながら富を増やした。

さらに、一六九八年一月三〇日、キッドはフランスの旗を掲げる作戦を再び用いて、ケダー・マーチャント号をわなにはめようとした。四〇〇トンを誇るケダー・マーチャント号は、二〇万から四〇万ルピー——およそ二万五〇〇〇ポンドから五万ポンド——相当の織物や、阿片、砂糖、鉄、硝酸ナトリウムなどを満載していた。ケダー・マーチャント号の船長である英国人のジョン・ライトがフランスの通行許可証を手渡すやいなや、キッドはこの船の略奪を宣言した。キッドがこの新たな戦利品である船に乗り込むと、ケダー・マーチャント号の船荷監督人、すなわち積み荷の所有者が二万ルピーと引き換えに逃がしてほしいと申し出てきた。しかし、キッドは、クルーの投票を受け、積み荷にはそれ以上の価値があるとしてこれを拒んだ。キッドは、ケダー・マーチャント号を自らの船としたが、積み荷の一部は近くのインドの港で、およそ八〇〇〇ポンドで売り払って仲間に分配し、残った大量の積み荷は、将来売却するために船倉に保管しておいた。

その後数カ月間で、アドベンチャー・ギャレイ号は、三隻の小さな船を襲ってその積み荷を奪った。しかしこの船は、航海と戦闘で傷つき、傾船しての修理が必要な状態だった。キッドのアドベンチャー・ギャレイ号は、ケダー・マーチャント号やノーベンバー号とともにマダガスカルに向かい、一六九八年の四月と五月の数週間をかけてサント・マリー島に到着した。そこで、キッドは、たまたま港に停泊していた、カリブ海で私掠船のクルーだった当時の古い知り合いである、レゾリューション号の船長ロバート・カリフォードと再会した。カリフォードとその仲間は、当時インド洋を荒らしまわっていた有名な海賊だった。キッドが海賊を討伐する免許状を持っていることを知っていたカリフォードは、キッドに対する警戒の念を抱いた。カリフォードはキッドが自分たちを捕らえるために来たと思ったのだ。しかし、キッドは、自分が〝彼らと同様の悪党であり〟、カリフォードに危害を加えたら、〝自分の魂も地獄の業火に焼かれる〟ことになるだろうと語って、カリフォードを安心させた。こうして二人はラムパンチを飲み交わして再会を祝った。

キッドはサント・マリー島に数カ月間滞在し、その間に略奪品をクルーに分配した。彼は老朽化して水漏れのするアドベンチャー・ギャレイ号を捨てることにし、ケダー・マーチャント号を旗艦とし、これをアドベンチャー・プライズ号と名づけた。キッドの部下のうち、もっと財宝を得たいと思った一〇〇名ほどは、カリフォードの仲間となり、七月には新たな航海に向けて去って行った。

一六九八年の終わりにかけて、キッドは、わずか二〇名のクルーや大勢の奴隷とともにカリブ海に向かった。一六九九年四月初め、アンギラ島に到着したキッドを手荒な歓迎が待っていた。およそ五カ月前にウィリアム三世の国務大臣であるジェイムズ・ヴァーノンが、キッドとその部下を海賊とみなし、何としても捕らえるようにという布告を出していたのだ。

この劇的な展開をもたらしたのは、当然ながら東インド会社だった。キッドがあらわれ、インド洋の海域を再び荒らしまわったとき、東インド会社は、ヘンリー・エイヴリーの事件やファス・ママディ号、ギャング・イ・サワイ号が襲われた事件の後遺症をまだ引きずっていた。実はケダー・マーチャント号は、フランス船ではなく、アウラングゼーブ国王の臣下の一人に貸し出されている船で、他の政府高官も航海から得られる利益の分配を受けることになっていた。英国王その人から私掠免許状を授かった英国船がムガル船を襲ったという知らせは、東インド会社に対するアウラングゼーブ国王の怒りを再燃させた。エイヴリー事件のときと同じく、国王は、賠償金が支払われ、ムガル船を保護する新たな約束がなされるまで、東インド会社の経営陣を工場に幽閉した。これを受けて東インド会社は、キッドに対しただちに断固とした対応を取り、彼らを捕らえるよう英国政府に求めた。キッドの非道な行為を特に際立たせるため、国王はインド洋で海賊行為をしていたすべての海賊に、一六九九年四月三〇日までに降伏すれば包括的な恩赦を与えると発表した。これは恩赦を手にすることで、海賊が二度と悪の道に戻らないことを期待したものだった。ただし、この包括的な恩赦から二人の海賊――エイヴリーとキッド――は除外されていた。

包囲網が狭まり、お尋ね者となったキッドは、カリブ海にはもう安全な場所はないのではないかと恐れ始め、オランダ領セントトマス島の総督から保護を断られたことからも、その思いを強くしていた。選択肢は、彼の支援者であるベロモント――今はニューヨークの総督になっていた――のいるニューヨークしかなかった。しかし、アドベンチャー・プライズ号はひどい水漏れがする状態だったので、まずは新たな船を手に入れる必要があった。

セントトマス島を出港した後、キッドはたまたま、ヘンリー・ボルトンという地元の商人に出会った。ボルトンは、スループ船セント・アントニオ号を売ってくれただけでなく、キッドが蓄えていた略奪品の一部の買い手を探してくれた。これらの取引が行われている間、アドベンチャー・プライズ号は、ヒスパニオラ島東部の河口の森の近くに停泊していた。そのまま航海を続けることを望んだキッドと部下の一部は、財宝と所持品をセント・アントニオ号に移して、北へ向かった。このときかなりの量の財宝がアドベンチャー・プライズ号に残されていた。キッドはこれらの品をボルトンに託し、三カ月以内に戻って船と財宝を受け取ることを約束した。

六月、セント・アントニオ号はロングアイランドのオイスターベイの沖合に停泊し、その後の数週間、ロングアイランド湾とナラガンセット湾の間を航行していた。その間、キッドはこのときボストンにいたベロモント卿に自身の処遇を話し合うための使者を送った。ベロモントに対するキッドの説明は、明らかに都合のいいところだけを選んだ、虫のいい話だった。キッドは、決して免許状に違反する行為は行っていないと主張した。彼は二隻しか船を襲っておらず、しかもそれらの船はフランス

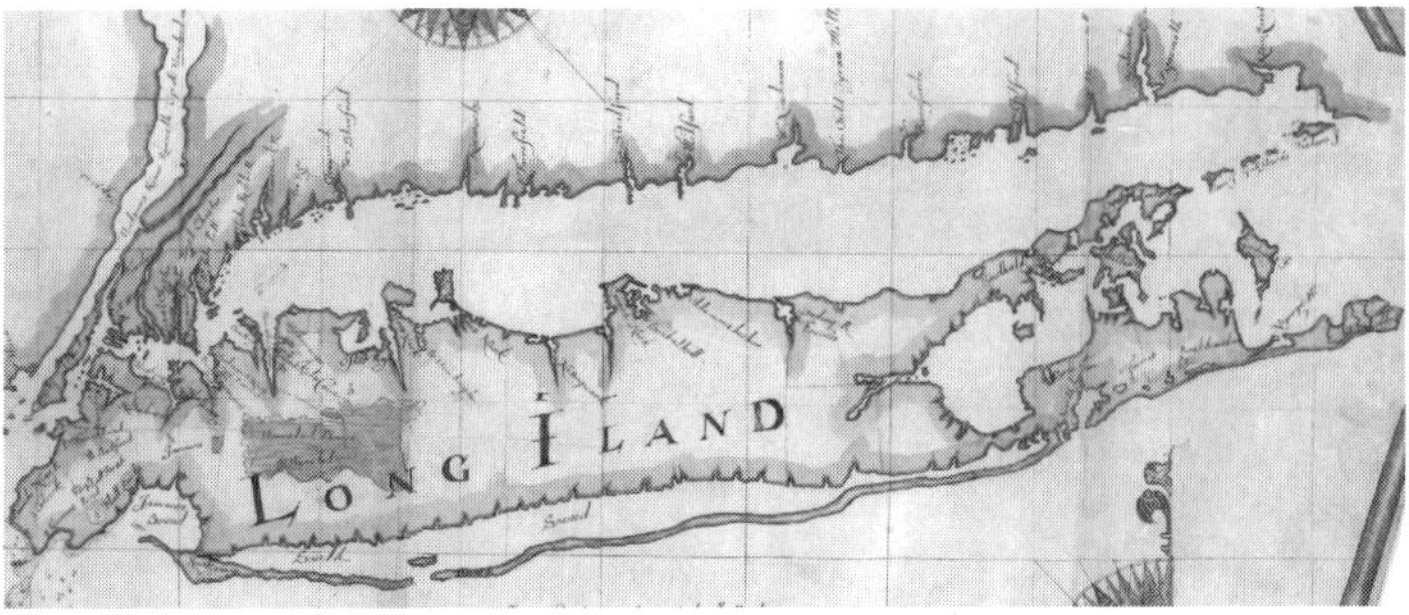

一六七〇年ごろのニューヨーク、ロングアイランドの地図。矢印はガーディナーズ島を示している。

の通行許可証を持っていたと主張し、襲撃も自らの意思に反して部下が行ったものだと説明した。また彼は船を正当な船主に返そうとしたが、部下が彼を船室に閉じこめ、彼を殺すと脅したのだと言い張った。さらに彼は、部下がサント・マリー島で反乱を起こし、大挙して彼のもとを去り、カリフォードの船に加わったと主張した。彼は手元に一万ポンドを持っており、他にも三万ポンドをアドベンチャー・プライズ号に積んだまま西インド諸島の安全な場所に残してあると言った。このように比較的わずかな金額しか持っていないことに、ベロモントはショックを受けたに違いない。というのも、キッドの帰還に先立って、彼が四〇万ポンド相当の財宝を持ち帰ってくるといううわさが興奮気味に語られていたからだった。キッドは、自分の話を証明するために、二通のフランスの通行許可証をベロモントに送り、総督に寛大な措置を懇願した。彼はそれがかなったあかつきには、セント・アントニオ号と財宝をボストンに運び、カリブ海からアドベンチャー・プライズ号も回収して来ると約束した。

ベロモントはキッドに手紙を書き、もし彼の言っていることがすべて本当なら、国王の寛大な措置を得られるはずであり、さらにアドベンチャー・プライズ号を取りに戻るために船の装備を調えることを支援することもできるだろうと記した。キッドは、このことばを十分な保証ととらえ、六月の終わりにボストンに向かって出航した。しかし、出航する前にキッドとその仲間は、彼らの財宝のうちのかなりの部分――金塊、銀、綿、絹織物――を、ロングアイランドの突端《とったん》の沖合にあるガーディナーズ島の所有者ジョン・ガーディナーに預け、戻って来るまで保管するよう頼んだ。さらにキッドは沖合に停泊している間にも、他の財宝の一部を親交のあった友人たちに預けていた。

ボストンでキッドは、ベロモントや植民地議会の議員たちに何度も会い、自分の行動について説明し、釈明をした。航海の様子を記すように要請されると、以前使者を通じてベロモントにした説明に、さらに多少の脚色を加えて詳しく文書にした。この際、フランスの通行許可証を持っていた二隻の船を襲撃したのが彼の意に反したことだったと主張する代わりに、キッドはこれら二隻の船を、私掠免許で認められた戦利品として差し出した。彼はまた、サント・マリー島で起きたことについても、興味深い説明をした。キッドは、部下にカリフォードとその仲間を海賊として捕らえるよう命じたが、部下らが「カリフォードに一発大砲を見舞えば、二発になって返ってくる」と言って、キッドの命令を拒んだのだと言った。さらにキッドは次のように主張した。キッドの部下が反乱を起こした後、部下たちは銃や食料をアドベンチャー・プライズ号から奪い、繰り返しキッドを殺すと脅した。命の危機を感じたキッドは、更紗の織物を扉のうしろに積み上げてバリケードを作り、毎晩船室に立てこもった。彼は部屋には弾丸《たま》をこめた四〇丁の銃を用意し、侵入してきた者を撃つ準備までしていた。またカリフォードが、サント・マリー島の内陸四マイルの場所にあったエドワード・ウェルチの家――キッドはそこに金庫を置いていた――に行き、金庫から、〝一〇オンスの金と四〇ポンドの銀、三七〇枚のスペイン銀貨《ピース・オブ・エイト》〟をキッドが航海中つけてきた日誌とともに奪っていったと主張した。当然ながら、キッドは、紅海からやって来たムガル船や他の船を襲ったことにはいっさい触れなかった。

ベロモントがキッドの話を信じたとしても――ベロモントは、後に「キッドの話したことにはうそや矛盾が多く、すぐに十分疑わしいことに気づいた」と言っており、信じてはいなかったようだ――、彼にはキッドを逮捕する以外の選択肢はなかった。どのみち、英国政府はキッドを海賊とみなし、彼を捕らえるように命じていたからである。これを無視することは、ベロモントにとっては自ら政治的な死を選ぶようなものだった。キッドへの出資者の一人だったという事実は、彼の立場を依然として危うい状況に置いていた。さらに二人の関係は、海賊を厳しく取り締まる総督として、彼が長年築き上げてきた評判をも危うくしていた。ベロモントは、キッドを捕らえることが、そういった危機的な状況を改善することになると考えた。だが最終的に決め手となったのは金《かね》だった。キッドの出資者として、ベロモントはキッドが持ち帰ると言った戦利品のうち、四万ポンドの取り分の権利を有していた。キッドが海賊行為に関し無罪となって放免された場合でも、ベロモントはわずかな分け前しか受けられず、出資金を差し引けば、一〇〇〇ポンドしか手元に残らなかった。しかし、キッドを海賊として捕らえた場合、ベロモントは、海軍中将として財宝の三分の一を手にすることができた。この計算が最後には決め手となり、七月六日、ベロモントはキッドを捕らえ、投獄した。

国王は、この知らせに喜び、この悪名高き海賊を送還させるためにボストンに船を送った。しかしキッドとその仲間が、他の虜囚や海賊とロンドンに着いたのは、一七〇〇年四月のことだった。このとき、キッドがガーディナーズ島に残してきた財宝を含め、ベロモントが見つけ出したキッドの財宝およそ一万四〇〇〇ポンドも、一緒に大西洋を越えて送られてきた。ベロモントは、キッドがカリブ海でアドベンチャー・プライズ号に残してきたといわれる財宝についても、船を送って探したものの、発見できていなかった。アドベンチャー・プライズ号は燃やされ、財宝が積まれていたとしても、とっくの昔になくなっていたのだ。ベロモントは、その強い願いにもかかわらず、結局キッドの財宝からもうけを得ることはできず、一七〇一年三月五日にその生涯を閉じた。

キッドがロンドンに到着する前から、彼の事件は、ホイッグ党とトーリー党の激しい政争の焦点となっていた。ベロモントは、キッドを支援した他の政府高官と同様、ホイッグ党員だった。彼らの計画が発表されたとき、議会はホイッグ党が優勢だったが、キッドが捕らえられ、ロンドンに送還されたときには、ホイッグ党は勢いを失いつつあり、トーリー党は、キッドの海賊への転向を、政敵へ打撃を加えるための手段として喜々として利用した。彼らは文字通り、キッドの犯した罪がホイッグ党の首を絞めることになることを願ったのである。これは相手をおとしめるための論争であると同時に、ホイッグ党を批判する票を集めることを意図したものでもあった。だが、結局ホイッグ党は生き残り、傷ついたものの、わずかに議席を失っただけにとどまった。そして、ホイッグ党も、この事件にきちんと幕引きをしなければならないと考え、キッドを裁判にかけて有罪とすることで論争に終止符を打とうと考えた。忠実なホイッグ党員である国務大臣のジェイムズ・ヴァーノンは、この何年か前に次のように記している。「議会はあら探しに躍起になっていたため、嵐を収めることができないのであれば、厄介者は見捨てるしかなかった。そのためには取るに足らない男を見きわめる必要があった」そして歴史家ロバート・C・リッチーのことばを借りれば、キッドこそ、まさに〝取るに足らない男〟だった。

キッドに対する正義の裁きは時間をかけて進められ、裁判が始まったのは一年以上たってからのことだった。その間、キッドは、ニューゲート監獄に幽閉されていた。一八世紀当時、ニューゲート監獄は、〝悲惨な住環境にして、終わることのない暴力の巣窟であり、話す者はいても、聞く者のいないバベルの塔〟と呼ばれるほど恐ろしい場所だった。この地獄で、最低限必要なものしか与えられず、しかもほとんどずっと独房に閉じこめられ、キッドの健康は急激に損なわれていった。

一七〇一年五月八日と九日、キッドは、アドベンチャー・ギャレイ号の掌砲長ウィリアム・ムーア殺害容疑と、ケダー・マーチャント号やルパレル号襲撃を含む複数の海賊行為を理由に、海事裁判所で裁かれた。ムーア殺害に関してキッドは、部下が反乱を起こしたときに起きたもので、「故意にやったのではなく、反乱の首謀者であるムーアに挑発され、怒りから殺してしまった。心からすまないと思っている」と語った。そして意図せず殺してしまったのだから、殺人ではなく、せいぜい過失致死であると主張した。

裁判のなかで、ケダー・マーチャント号やルパレル号襲撃に関する海賊行為について、キッドはどちらの船もフランスの通行許可証を持っていたので、これらは合法的な襲撃であり、ムガル帝国との関係に気づいたキッドがこれらの船を解放しようとしたが、クルーの投票によって否決されたのだと反論した。しかし、ベロモントがロンドンに送った通行許可証がなぜか紛失してしまったことから、キッドがこれらの船を合法的な戦利品だと主張することができなくなってしまった。キッドは自身の弁護のためにこれらの通行許可証を探すように何度も要請したが、どこからも見つからないと言われるだけだった。これらの通行許可証は二〇世紀初めになって商務庁の記録から発見された。しかし、なぜこれらの書類がそんなに長い間隠されていたのか、そしてなぜそこにあったのかは依然として謎のままである。この通行許可証は、おそらくはキッドの有罪を確実にするために、意図的に隠されていた――おそらくホイッグ党によって――という者もいる。これはありうることではあったが、もしキッドがこれらの通行許可証を持っていたとしても、結果が変わることはなかっただろう。キッドは他の海賊行為でも裁かれており、原告である国の証人になった彼の部下の一部から提出された証拠は、強力かつ決定的なものだった。

結局、キッドは殺人と海賊行為の両方で有罪となり、同じく有罪となった六名の部下（そのうちの五名はのちに国王の恩赦を受けた）とともに、絞首刑が宣告された。最終的な判決を聞いた後、キッドは法廷に向かってこう言った。「閣下、これはあまりにも厳しい判決だ。私はまったくの無実だ。うそつきどもにはめられただけだ」

五月一二日、死を遅らせようとする最後のあがきとして、キッドはトーリー党のロバート・ハーレーに請願を行い、取引を申し出た。彼は一〇万ポンド相当の財宝が今もヒスパニオラ島にあるアドベンチャー・プライズ号に残されており、回収されるのを待っていると主張した。どうやら、キッドは船が燃やされ、そこにあったであろう財宝もなくなっていることを聞かされていなかったようだ。さらにキッドは、当初彼がベロモントに提供すると言った三万ポンドを大幅に上回るその財宝を英国政

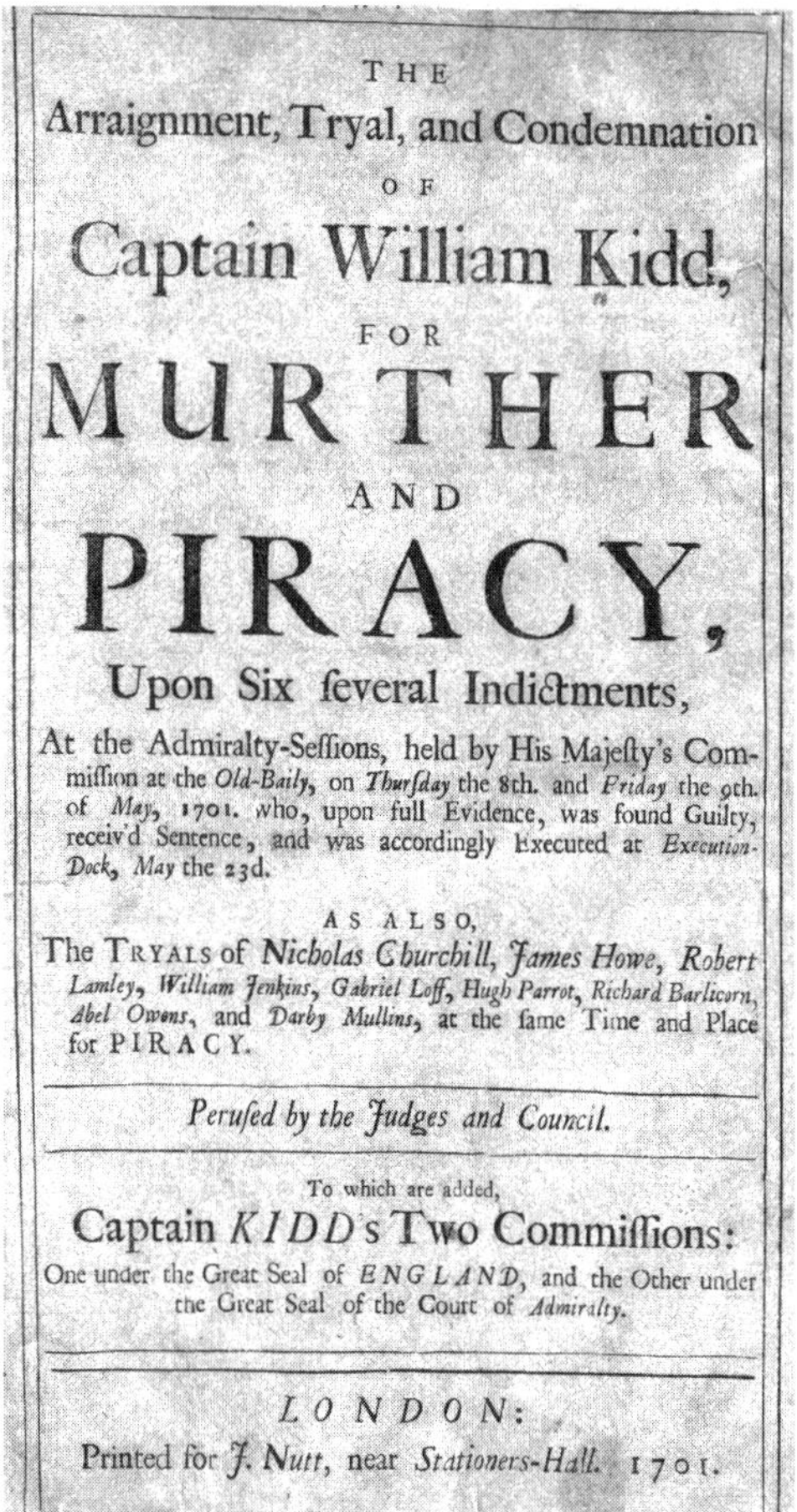

THE
Arraignment, Tryal, and Condemnation
OF
Captain William Kidd,
FOR
MURTHER
AND
PIRACY,
Upon Six ſeveral Indictments,
At the Admiralty-Seſſions, held by His Majeſty's Commiſſion at the *Old-Baily*, on *Thurſday* the 8th. and *Friday* the 9th. of *May*, 1701. who, upon full Evidence, was found Guilty, receiv'd Sentence, and was accordingly Executed at *Execution-Dock*, *May* the 23d.

AS ALSO,
The TRYALS of *Nicholas Churchill*, *James Howe*, *Robert Lamley*, *William Jenkins*, *Gabriel Loff*, *Hugh Parrot*, *Richard Barlicorn*, *Abel Owens*, and *Darby Mullins*, at the ſame Time and Place for PIRACY.

Peruſed by the Judges and Council.

To which are added,
Captain *KIDD*'s Two Commiſſions:
One under the Great Seal of *ENGLAND*, and the Other under the Great Seal of the Court of *Admiralty*.

LONDON:
Printed for *J. Nutt*, near *Stationers-Hall.* 1701.

「ザ・トライアル・オブ・キャプテン・ウィリアム・キッド」（キャプテン・ウィリアム・キッドの裁判）の表紙。キッドの話に魅了された大衆が好んで読んだ小冊子。

府に〝提供する〟と申し出た。しかし、政府が必要としていたのは、船を派遣してキッドを〝犯罪者〟としてロンドンに連れてきて、他の海賊に対するみせしめとすることだった。財宝を提供することができない以上、〝判決にしたがってただちに刑を執行する以外に、彼には何の価値もなかった〟。

キッドの願いは無視され、五月二三日、彼は馬車で刑務所から海賊処刑場《エクスキューション・ドック》に連れて行かれた。大勢の民衆が通りに繰り出し、キッドを一目見ようと三マイル（約四・八キロメートル）にわたって列を作った。絞首台は、海賊を絞首刑に処す際の伝統的なやり方として、満潮時には死体が波にさらされるよう、満潮線と干潮線の間にくるように設置されていた。そうすることで、海事裁判所の管轄において行われた犯罪であることが強調されたからだった。

キッドはその日は早くからラム酒を飲み、午後遅くに絞首台に着くころにはすっかり酔っぱらっていた。最後に彼は、自分以外のすべての者に非難を浴びせた。彼に不利な証言をした元のクルーはうそつきで、その証言の多くは伝聞証拠だと言い放った。冒険の支援者や主唱者は彼を裏切り、〝彼の破滅に手を貸した〟と言い、ムーアの死は故意によるものではなかったと主張した。散々八つ当たりをした後、キッドも思い直し、〝別れを告げる機会も与えられずに残される妻と子どもたちへの悲しみを思って顔を曇らせ、自分の恥ずべき死についての便りを聞くことになる妻のことを考えて、自らの不運を嘆くよりも深い悲しみを感じた〟という。

夕方の六時、キッドの首に輪なわが巻かれ、刑が執行されたが、ロープが切れてキッドは地面に落ちてしまった。ニューゲート監獄の司祭であるポール・ロレインによると、この予想していなかった刑の執行延期に動揺し、キッドはわれに返ったという。執行人におさえられ、もう一度輪なわが首に

ティルバリー・ポイントで鉄のケージに入れられてつるされたキャプテン・ウィリアム・キッド（一八三七年に描かれたもの）。

巻かれると、キッドは最後の最後に改心の意を示し、「心から後悔しており、キリストの愛と慈悲に包まれて死ぬ」と語ったという。

今度は、ロープは切れなかった。力なくぶら下がったキッドの死体は、まるで彼の罪を洗い流すかのように、三度の潮の満ち引きが繰り返されるまでずっとつり下げられていた。その後死体は、テームズ川を二五マイル下った河口近くのティルバリー・ポイントに運ばれた。長くさらすために、死体にはタールが塗られ、ばらばらにならないように鉄のケージに入れられて、さらし台（死刑を執行された犯罪者の死体を市民が見られるように、つり下げるための木製の柱や絞首台に似せた構造物）につるされた。残酷にも彼はそこで、この場所を通る船乗りに対する無言の警告として、ゆっくりと腐敗していくまで何年にもわたってさらされた。

キッドが海賊行為をしていたことは明らかだった。多くの事例において、海賊か否かを判断することとは視点や判断において創造力を駆使することになる。複数の見方がある中で、それぞれの者が同じ出来事に対して異なる方法で解釈を加えている。海賊に関していえば、異なる証言や、何が起き、あるいは起きなかったかを主張する目撃者、またはどちらの解釈がより正しいかと言った〝事実〟の認識が議論となることが多いことから、特に多くの問題を抱えている。これはキッドの場合にも間違いなくあてはまる。キッドは決して海賊ではなく、もし海賊行為をしていたとしても、部下に強制されたからであり、それどころかいくつかの事例では部下に抵抗し、これ以上海賊行為をさせないようにしたと主張する歴史家もいる。私はこの分析には同意しておらず、私が本書で提示した考えを信じており、他の歴史家も同じ考えを持っている。

ガーディナーの子孫の言い伝えでは、キャプテン・ウィリアム・キッドが財宝をガーディナーズ島に埋めたとされているが、彼がそうしたという証拠はない。当時の文書は、キッドは後に取り戻すつもりで、ジョン・ガーディナーに単に財宝を預けたことだけが記されている。それにもかかわらず、言い伝えは根強く残り、ハワード・パイルにも影響を与え、パイルは一九二一年に財宝を島に埋めるところを監視しているキッドの絵を描いた。

しかし、もしキッドが無罪だったとし、判決が正義の裁きをゆがめた結果だったとしても、本書の話の流れに変化はなかっただろう。本書はキッドの事件がどのように演じられ、キッドの行為が当時の関係者——特に英国政府——にどう受け止められたかを描きたかったのだ。キッドの事件に関する優れた分析であり、キッドが海賊ではなく、公正を欠いた一方的な証言に頼った裁判所によって不当に扱われたとする説については、リチャード・ザックの『Pirate Hunter : The True Story of Captain Kidd』（New York : Hyperion, 2002）を参照いただきたい。本来なら違った結果になっていたかもしれないと考え、キッドのことを気の毒に思う者もいた。フランスの通行許可証が出てくれば、もっとも深刻な罪であったケダー・マーチャント号とルパレル号に関する海賊行為について十分な弁護ができていた可能性があり、それ以外の海賊行為は全体のなかでは比較的軽微な罪だった。殺人罪についても、彼がムーアを怒りにまかせて殺したという主張を裁判所が認め、過失致死で有罪となっていたなら、刑はもっと軽くなっていただろう。さらに彼が政党間の政争に巻き込まれていなければ、そしてアウラングゼーブ国王や強大な東インド会社、英国政府の怒りを買っていなければ、彼がこの物語の〝ヨナ（災難をもたらす人）〟になることはなかったかもしれない。

キッドのインド洋における略奪行為と彼の裁判は、英国やアメリカの植民地においても広く伝えられて議論され、彼は悪名高き有名人となった。しかし、彼を海賊の歴史においてもっとも神格化された登場人物にしたのは、彼が莫大な財宝を隠したとされるうわさだった。いくつかのうわさ——もちろん極めて信ぴょう性に乏しいが——によると、キッドは四〇万ポンド相当の財宝を奪っており、その一部しか発見されていないことから、その多くは、誰も知らないところに隠されているのではないかとされている。このうわさは、キッドがロンドンで絞首刑にされる前から存在した、人々の宝探しに対する夢を刺激し、これが現在まで続くことで、キッドを伝説の海賊へと変えたのだった。

キッドの事件は、いくつかの点でアメリカにおける海賊の方向性にも影響を与えた。彼のケダー・マーチャント号とルパレル号襲撃は、東インド会社の存在を危うくし、キッドは、インドにおける東インド会社の不安定な地位を的確にあらわす象徴とされた。東インド会社は、キッドのこの象徴的な力を利用して、英国政府にインド洋で海賊を取り締まり、会社の地位を守るよう働きかけた。

しかし、東インド会社の取り組みをうながしたのはキッドの行動だけではなかった。エイヴリー事件や他の〝紅海の男たち《レッド・シー・メン》〟による海賊行為が東インド会社の海賊討伐の願いを後押ししたのだ。

東インド会社の大きな懸念の一つは、マダガスカル島が海賊の支援や襲撃の拠点として重要な役割を果たしていることだった。彼らは海賊がマダガスカル島、特にサント・マリー島をたまり場にし、主にアメリカ植民地の奴隷商人から支援を受けていることを知っていた。その取引を取り締まり、削減させれば、海賊も損害をこうむり、その数も減る可能性が高かった。これを受けて、東インド会社はその時点で失効していた喜望峰以東の貿易の独占を復活させるために、一六九八年東インド法の採択に尽力した。東インド会社や英国政府がマダガスカル島の奴隷貿易にほとんど注意を払っていなかった一六九〇年代の初めと違い、このときはマダガスカルへの注目が非常に高まっていた。すぐにマダガスカルと植民地との間のルートが遮断され、海賊と植民地のもっとも貴重な関係が絶たれることになった。アメリカの商人はこの独占を破ろうとしたが、度重なる商売上の失敗によって帳消しにされた。一六九八年四隻の船がマダガスカル島に向けてニューヨークを出港したものの、戻って来たのは一隻だけだったのだ。二隻は海賊によって襲撃され、もう一隻は武装した東インド会社の船に押収された。大きな損失を受けたニューヨークの商人たちは他の、危険の少ない貿易に機会を求めた。その結果、一七〇〇年後半には、ベロモントが「マダガスカルとの違法な貿易は現時点では下火となったようだ」と記すまでに至った。

東インド会社のもう一つの優先課題は、彼らの船やムガル船を海賊から守るために、海軍の戦艦を政府に派遣させることだった。東インド会社は、最初はエイヴリーの襲撃があった後に戦艦の派遣を要請していたものの、その願いは聞き入れられなかった。しかしキッドの略奪行為が政府を説得する結果となり、一六九九年の春になってやっと、戦艦の一団が派遣された。彼らは降伏した海賊には寛大な措置を、降伏しない海賊に攻撃する旨の命令を受けていた。

その年の終わりに、東インド会社の幹部はためらいながらも、「インド洋における海賊行為は終わりを告げたと信ずる大きな理由がある」とする楽観的な考えを述べた。しかし、この幹部の考えは時期尚早であった。マダガスカル島にたむろする海賊は少しずつ減ってはいたものの、インド洋における海賊行為自体は一七〇〇年代に入っても最初の数十年間は続いていたのである。しかし、そうは言っても、インド洋における海賊行為に対するアメリカの植民地の果たす役割は、一七〇〇年までにはほとんど失われていた。

結局、キッドの略奪行為はアメリカの植民地における海賊取り締まりの必要性を証明し、その結果「より効果的な海賊取り締まりのための法律」の採択へとつながった。キッドの部下の多くは、ニュ

18世紀初頭に描かれたジェームズ・ソーンヒルによるウィリアム・キッドの肖像。

ーヨークで海賊の仲間となり、さらにその多くは最終的に植民地に戻って、そこで地元の住民に温かく迎えられ、保護された。

英国政府と議会によるアメリカの海賊に対する多面的な対策は、英国経済の変化と同時に起き、これによって拍車がかけられた。一八世紀への変わり目に向けて、英国は、植民地の拡大によって経済力を蓄えていくことで、世界の大国としての真価を発揮しつつあった。海賊が英国の発展と支配に対する脅威となっていたことから、ことあるごとに有力な商人からの要請を受けていた政府は、自らの地位を守るために次第に反撃を行い、海賊を取り締まるための方策を講じていった。アメリカの植民地が海賊の供給源となっていたことから、植民地がその取り締まりの主要なターゲットとされたことは理にかなったことだった。

政府の海賊に対する戦いのうちの何か一つの要素が決定的なインパクトを与えたわけではなく、それらが組み合わさったことで大きな成功がもたらされた。商務庁による海賊への積極的な対決姿勢、海賊と戦う総督の指名、アメリカ沿岸およびインド洋における海軍の駐留強化、海賊を取り締まるための法令の採択、恩赦の実施、裁判を受けさせるための海賊のロンドンへの大量の送還、マダガスカル島の奴隷貿易の排除、これらすべてが一八世紀の幕開け後すぐに、アメリカの海賊を減少させることに貢献したといえよう。

この減少は、一七〇〇年にバージニアの政府職員が商務庁に対し報告を行ったときにはまだ顕著ではなかった。この報告では、〝アメリカでは海賊は、その沿岸だけではなく、西インド諸島全域に出没しており、貿易取引は戦時中の一〇倍の被害をこうむった〟と状況が記されていた。またときを同じくして、サウスカロライナの総督ジョセフ・ブレイクは、〝今この海域は海賊であふれかえっており、船は身動きできない状況にある〟と記している。しかし、その年の終わりには状況は一変していた。一七〇〇年の終わりには、ベロモントは、海賊は〝衰退しつつある〟と述べている。またジョージ・ラーキン——商務庁が新しい法律のもとでいかに海賊の裁判を行うかを指導するために植民地に派遣した人物——は、一七〇一年一〇月に、「最近、この地域の海岸に上陸した海賊については何も聞き及んでいない」と記している。

政府によるトップダウンの方策が海賊の撲滅に効果を上げる一方で、草の根レベルの対応は適応性を欠いていた。これまでずっと海賊を地域の尊敬される一員として受け入れてきた多くの政治家や商人、入植者たちは、海賊のもたらす利益を奪われることから、英国政府による海賊に対するあからさまな拒絶を受け入れる準備ができていなかった。その結果、海賊——特に裕福な海賊——は、依然と

キャプテン・ウィリアム・キッドが、ニューヨーク港でアドベンチャー・ギャレイ号に乗船する女性を歓待する様子。ジャン・レオン・ジェローム・フェリスによる1920年の絵画を印刷したもの。

してアメリカに安全な隠れ場所を見つけることができた。ある記録によると、一七〇〇年にサウスカロライナで六名の海賊が、〝貧しいという理由で〟処刑された一方で、同じ時期にこの植民地にいた他の海賊は、裕福だ――それぞれが大量の金貨や銀貨、宝石を持っていた――という理由で、街中を自由に歩き回り、〝何ら制限を受けることはなかった〟という。ラーキンも同様のことを記している。キッドの部下だった二人がペンシルベニアで自由の身となって暮らしているのを見たラーキンは、一七〇一年一二月に商務庁に対し、「これらの者は、非常に奇妙なことに、この地域の信仰心の厚い人々から熱烈な歓迎を受けており、その理由はアラビアの金以外には考えられない」と報告している。また、多くの植民地で〝海賊が正直な人物とみなされていた〟証拠として、ラーキンはニューハンプシャーの議会議長や地方長官、下級裁判所の事務官が自分の娘をこれらの悪党と結婚させようとしている〟ことを挙げている。

ラーキンがこれらの報告を行ったのとときを同じくして、九年戦争を終わらせたレイスウェイク条約によってもたらされた平和も終わりを告げようとしていた。一七〇二年、英国は、別の戦争に巻き込まれていった。そしてその戦争は、これまでと同様、アメリカの海賊の行く末に大きな影響を与えることとなった。

第五章　戦争による刑の猶予

5 . WAR'S REPRIEVE

Naval Battle of Vigo Bay, 23 October 1702. Episode from the War of Spanish Succession（一七〇二年一〇月二三日のビゴ湾海戦。スペイン後継戦争のエピソードより）と題するオランダの絵画（一七〇五年ごろ）。この戦いで英国とオランダの艦隊は、三〇隻以上のフランスとスペインの船を破壊または拿捕した。

スペイン継承戦争——植民地においてはアン女王戦争と呼ばれた——には多くの国が参戦したが、主に英国（後にスコットランドを併合し、グレート・ブリテン王国となった）、オランダ共和国および神聖ローマ帝国と、フランスおよびスペインとの間での戦争であった。一七〇二年から戦争の終わった一七一三年までの間、海賊は、決して重大な問題ではなかった。植民地と母国との間の公式の書簡は、これまでは海賊に関する警告であふれていたのが、突然ほとんど話題にのぼらなくなっていた。この主な理由は、戦争そのものにあったのと、戦争が潜在的な海賊に対し、彼らの航海スキルを活用した、合法的かつ正当で給料のいい雇用機会を与えたからだった。こうして多くの元海賊や海賊予備軍は、英国海軍に吸収されていった。これによって英国海軍は、一七〇一年にはおよそ二万名だったのが、戦争が終結したときには五万名にまで膨れ上がっていた。また下士官の平均給与は、平時のおよそ二倍になっていた。その他の船乗りたちは私掠船に活路を見いだし、一獲千金を夢見る一六〇〇隻以上の船が私掠免許状を授かった。

戦争中も、植民地から出航した海賊に関する報告や、アメリカ沿岸での略奪行為に関する報告は時折あったものの、注目に値し、十分な記録が残された報告は一つしかなかった。それはマサチューセッツの漁村マーブルヘッドからもたらされたものだった。

一七〇三年八月一日の水曜日の午後、ジョン・コールマンとウィリアム・クラークの二人の商人は、不吉な書状を読んでいた。その書状はチャールズ号の船長ダニエル・プラウマンが記し、ブリガンティン船チャールズ号の副船長であるジョン・ケルチが、マーブルヘッドからボストンに馬を走らせてもたらしたものだった。その書状のなかで、プラウマンは自身の健康状態が〝悪化しており〟、任務を続けることができないと記していた。彼はコールマンとクラーク――二人はチャールズ号の船主だった――に、〝早急な善後策を講じるために〟、翌朝早くにマーブルヘッドに来てほしいと要請していた。コールマンとクラークは、なぜそんなにひどい状況になってしまったのかといぶかった。

この計画が数カ月前に始まったときは、いい投資になりそうだった。戦争が素晴らしいビジネスチャンスになると見ていた二人は、これを十分に活用し、他の三名のボストンの商人とともに資金を共同出資して、チャールズ号を私掠船として提供することを決めたのだった。そのため彼らは、マサチューセッツとニューハンプシャーの総督であるジョセフ・ダドリーに、アカディアおよびニューファンドランド沖で敵船を襲うことを認める私掠免許状をプラウマンに授けるよう要請した。

ダドリー総督は一七〇三年七月一三日、この要請を受け入れた。これによってプラウマンは、〝あらゆる海賊、私掠船その他フランスまたはスペインの臣下および臣民と戦い、これを奪い、殺し、制圧し、破壊する〟自由裁量権を手に入れた。プラウマンが成功した場合でも、敵から奪った船や金《かね》、積み荷は、海事裁判所が敵船であることと積み荷が合法的な戦利品であることを認めるまで、彼らの部下や出資者には配分されないことになっていた。プラウマンはまた、免許状にしたがって行動したかを裁判所が決定するうえで役立てるために、活動を詳細に記した日誌をつけなければならなかった。

チャールズ号に関しては、八〇トンの新造ブリガンティン船であること以外、ほとんどわかっていない。ダドリー総督はこの船を、〝任務に最適な船〟だと言っており、恐らくは七〇フィートから八〇フィート（約二一～二四メートル）の大きさで、一〇門かそこらの大砲とさまざまな小火器を備えていたと考えられる。

免許状を手に、プラウマン船長は、航海の準備と四五名のクルー募集のため、チャールズ号をボストンからマーブルヘッドに向け出港させた。まもなくして、プラウマンの体調が悪化した。この急激な体調の悪化によって、八月一日、ただちにケルチがこの悩ましい知らせを持ってボストンに派遣されることになり、翌日、今度はコールマンとクラークがケルチとともにマーブルヘッドに馬を走らせることとなった。

アメリカを代表する漁村の一つであるマーブルヘッドは、粗野で独立心の強い不信心な大酒飲みであふれた荒っぽい地域だった。一二〇〇名の住民のほとんどは、マサチューセッツ沖の海域やグランドバンクスでタラ漁を行ってつつましく生計をたてていた。取れたタラは、内臓を抜かれ、切り身にされたうえで塩処理され、海岸沿いに置かれた魚干し棚と呼ばれる木製の台に並べられた。そこで固くなるまで日干しにされた後、大西洋を越えて出荷され、ヨーロッパ中の市場で売られた。

チャールズ号は大きすぎたため、埠頭《ふとう》には係留できず、沖合に停泊して小舟を使ってクルーや物資を運んでいた。マーブルヘッドに到着すると、コールマンとクラークはプラウマンにすぐに会いたいと伝えたが、病に伏せていた船長はクルーを通じて、〝体が非常に弱っている〟ため会うこともままならないと答えてきた。またプラウマン船長は、チャールズ号をただちにボストンに帰還させ、〝あらゆる方法の横領行為を防ぐためにはすべての積み荷を降ろさなければならず、それも早ければ早いほうがいい〟と言った。さらに彼は二人に新しい司令官を雇って出港しないよう懇願し、出港してもクルーを養うことはできないだろうと不吉な警告を伝えた。遠征を中止すれば商人たちは投資した金

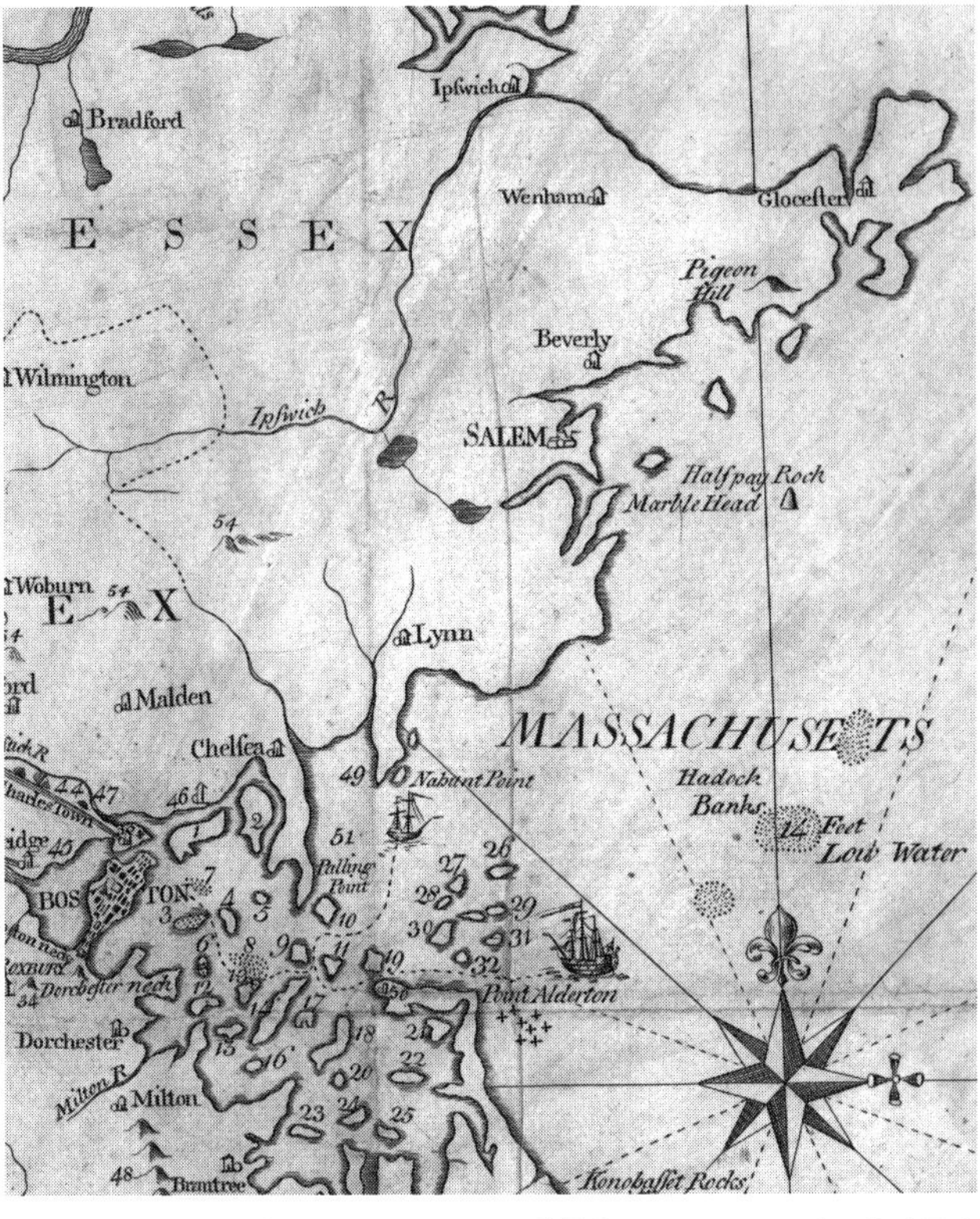

南西のボストンと北東のグロスターの間に位置するマーブルヘッドの街を示す一七七五年の地図の一部。深くくぼんでいるマーブルヘッドの海岸線がセーレムのちょうど南に位置している。

を失うことになるが、プラウマン船長は、遠征を続けるよりはそのほうがマシであり、出港した場合には〝三カ月もすれば間違いなくすべてを失うことになる〟と訴えた。

残念ながら、コールマンとクラークがプラウマンの苦悩とこの謎めいたやりとりに対し、どう反応したかについての記録はなく、彼らがプラウマンのことばを伝えた使者にどう答えたか、あるいはプラウマンにさらに指示を送ったのかどうかも定かではない。さらに、プラウマンの病状が何とか話せる状態だったにもかかわらず、なぜコールマンとクラークはチャールズ号に乗船して彼と直接話さなかったのかという点についても疑問が残るが、いずれにしろ、二人の商人はすぐにボストンに戻り、他の出資者らと話し合ったようだ。しかしその間、船上では、クルーの大半が反乱を起こし、海賊となることを決意していた。

プラウマンは船室に閉じこめられ、マーリンスパイク（訳注：ロープのよりなどをほぐすために使う先のとがった道具）で扉が開かないようにされたうえで、剣を持ったクルーによって船室を見張られていた。ケルチは反乱が起きたときには乗船していなかったが、ブリガンティン船に戻っても企てに反対せず、それどころか喜んで指揮をとることを引き受けた。

八月四日、チャールズ号はマーブルヘッドを出港した。二日後、プラウマンは殺されたか、病気により死亡し――記録にはどちらとも記されていない――、遺体はあっさりと船から捨てられた。クルーのうち、マシュー・パイマーとジョン・クリフォードは、違法な航海に加わることを望まず、船から下りることを懇願したが、その願いは聞き入れられなかった。

チャールズ号が出港したことで、船主たちは不安におちいり、やがてその不安は警戒へと変わっていった。船主たちは、チャールズ号が西インド諸島に向かったと推測し、一七〇三年八月一八日、その地域の総督らに公開書簡を送った。その書簡のなかで彼らは、プラウマン船長は死亡したと思われること、チャールズ号のクルーが反乱を起こし、〝これによって、クルーらが船主らの意図していない行動を取る恐れがあること〟を伝えていた。彼らはダドリー総督の書簡も同封し、それぞれの地域の政府関係者に、チャールズ号が入港してきた場合、チャールズ号と彼らが持ち込むだろう戦利品を差し押さえるよう要請した。しかし船主らの推測ははずれた。チャールズ号はさらに南のブラジルを目指していたのだ。

その富とお粗末な沿岸警備の状況を考えて、当時ポルトガルの植民地だったブラジルが目的地に選ばれた。一六〇〇年代、ブラジル南部のミナスジェライス州で広大な金鉱床が発見され、壮大な規模のゴールドラッシュが起こっていた。金鉱床発見の知らせはアメリカの植民地や、チャールズ号のクルーのもとにも届き、彼らは金《きん》を港から港へさらにはポルトガルへと運ぶ船を襲うことで、ほとんど抵抗にあうこともなく富の分け前を得ることができると確信していた。

チャールズ号は一七〇三年一一月初めにブラジル沖に到着した。一一月一五日から一七〇四年二月一七日までの間に、ケルチは小さな漁船から二〇〇トンの船まであらゆる大きさのポルトガル船を襲った。奪った積み荷は砂糖や米、ラム酒、陶器の皿、魚、塩、衣類、貨幣、大砲、火薬、そして一一二ポンド（約五〇キログラム）の砂金などで、合計で一万ポンド相当の価値があった。

この航海中、チャールズ号は補給のためにいくつかのブラジルの港に立ち寄っていたが、ケルチはそこで、自らの意図を隠し、フランスとスペインの船を襲撃するつもりであると地元の住人に語っていた。しかし、チャールズ号がポルトガル船を襲うつもりであることは明らかだった。彼らはブラジルで英語とポルトガル語の話せる通訳を乗せていただけでなく、船内には彼らが奪ったポルトガルの国旗や文書、金貨などがあったのだ。

いくつかの例外を除いて、襲撃はほとんど問題なく成功した。あるとき、チャールズ号は巨大な船を二日間追跡した。その船は大砲を三発放った後、降伏し、海賊を乗船させた。口論の末、バスティアンという名の船長が、チャールズ号のクルーの一人に撃たれて殺され、バスティアンの船の黒人奴隷が多くの財宝とともにチャールズ号に移された。ささやかな戦利品の一つとして、ユトランド（今のデンマーク）出身の白人がその船からチャールズ号に加わることになったが、彼がケルチに他のクルーと同じ分け前を求めたため、他のクルーの反対にあい、投票の結果、銃と弾薬を与えて船を降ろされた。

ブラジル沖でポルトガル船を襲ったことで、チャールズ号は正式に海賊船となった。チャールズ号がマーブルヘッドを出港するおよそ三カ月前、ポルトガルと英国は条約を締結し、フランスとスペインに対抗して同盟国となっていた。したがって、チャールズ号のポルトガル船襲撃は、事実上、英国の同盟国に対する襲撃であり、ヨーロッパ列強の微妙な関係やその君主たちが講じる制裁措置を考えると極めて危険な行為だった。

二月中旬に最後の略奪を行った後、チャールズ号は帰路についた。ケルチは自身の苦境と自らの行為の違法性をよくわかっていたので、自らの行為の隠ぺいを謀ることを決意していた。バミューダ諸島の近くで、彼はクルーをメインデッキに集めた。ケルチは、ニューイングランドに着いた後に、どこで財宝――特に金――を手に入れたかと尋ねられたときは、カリブ海で〝難破船から莫大な財宝を手に入れた原住民に遭遇し〟これを奪ったと答えるようクルーに指示した。またケルチはチャールズ号の日誌から、ブラジル沖にいたときの六ページ分を破り去り、ポルトガル語で書かれた文書を船外に捨てるよう命じた。

チャールズ号の帰還の知らせは、初めは特に問題なく楽観的に迎えられた。一七〇四年五月半ば、ボストン・ニュースレターは、「マーブルヘッドに着いたケルチ――プラウマン船長亡き後、このブリガンティン船の船長となった――は、スペイン領植民地から帰還し、大きな成果を上げたと言われている」と記している。上陸すると、ケルチはすぐにコールマンとクラークに会うためにボストンに向かった。袋いっぱいの銀貨と砂金を持って到着したケルチは、巧みな作り話を披露した。ケルチは、クルーに話したのと同じ話を繰り返したうえで、銀貨や砂金は戦利品のうちの船主の取り分であると言った。船主らに投資資金を払い戻せば、彼らがあまり詳しいことを聞かず、十分な利益に満足すると考えていたことは明らかだった。コールマンとクラークは財宝を受け取ったが、ケルチの話には非常に懐疑的だった。ケルチが去ると、彼の説明はすぐにほころびを見せ始めた。

もちろん船主らには、ケルチが九カ月前に彼らに何も告げずにマーブルヘッドを去っていたことや、当初の私掠船としての計画に反し、北ではなく南に向かったことなどから、ケルチの発言を最初から信用できないという下地があった。さらに彼らが不信感を抱いた理由は、ケルチが戦利品の多くをクルーに分配し、クルーがそれぞれ別の道を進むことをすでに認めてしまっていたことであった。これは、船を含む戦利品をいったん取り上げ、これらの適切な分配を決定するために海事裁判所で裁定を受けるという、私掠船における通常の手順に反していた。

コールマンとクラークがケルチの怪しげな話の調査を開始すると、彼らがケルチに対し持っていたかもしれない信用さえも完全に消え去った。その理由は主に、ケルチとその仲間たちが、自らの行為を隠ぺいするのに滑稽といってよいほど不注意だったことによる。ケルチがクルーにポルトガルの文書を廃棄するように命じていたにもかかわらず、コールマンとクラークがチャールズ号の船内を探すと、多くのポルトガルの文書が見つかった。それだけでなく、少なくともポルトガル国旗とリスボンの商人に届けられる旨がポルトガル語で記載された袋に入った砂糖も見つかったのだ。またケルチがコールマンとクラークに渡した貨幣もほとんどがポルトガルの貨幣だった。さらにケルチが最初にボストンを訪れたとき、銀細工師のジョン・ノイズを訪ね、かなりの量の銀貨を渡し、溶かして銀の塊に変えさせていたことも判明した。海賊が金《かね》を隠すのにこれほどいい方法があるだろうか。

ケルチとその仲間が海賊行為をしていたことを確信したコールマンとクラークは、この事実を申し出なければ、自らも共犯として裁かれることになると恐れ、五月二三日にマサチューセッツ・ベイ植民地の司法長官アイザック・アディントンを訪れ、宣誓供述書を提出した。そのなかで彼らは〝現在の指揮官とその部下による支配の状況を観察し、さらにこの船を捜索することで、彼らが女王陛下の宣戦布告や私掠免許状に反して友好国と同盟国を襲撃したと疑うに至った〟と記していた。

このときダドリー総督はニューハンプシャーにいた。しかし、総督の不在中、副総督のトーマス・

ポヴェイがただちに行動を起こした。ポヴェイは、その日のうちにケルチと六名のクルーを逮捕し、翌日、ボストン・ニュースレターに声明を載せ、残りの三四名のクルーの名前を挙げ、彼らも海賊の疑いがあるとして、あらゆる手段を用いて捕らえると発表した。

五月二六日、ポヴェイはロードアイランドからケルチのクルーのうちの六名が、四日前にロングアイランドに向かうために小舟を購入したという報告を受けた。ポヴェイはロードアイランドの総督サミュエル・クランストンに彼らの逮捕を要請した。クランストンは逮捕令状を発行したが、一名しか捕らえることができなかった。その男は、その後〝警官から警官へ〟と引き渡され、ボストンに送還された。同じころ、他のクルーもマサチューセッツで捕らえられていた。

五月二九日、ニューハンプシャーから戻ったダドリー総督は、自ら声明を発表した。その多くはポヴェイが語ったことの繰り返しだったが、ダドリーは容疑者の告白からポルトガルの臣民に対する海賊行為と殺人が明らかになったことをつけ加えた。またダドリーは、手配された者をかくまったり、何らかの形で支援したりした者や財宝を隠したりした者も共犯とみなし、法の許す限りにおいて罰すると警告を発した。

六月七日、ダドリーはチャールズ号の他のクルーとその財宝を追跡することを目的として、三名の委員を派遣し、マーブルヘッドで調査委員会を開いた。委員会のもっとも高名なメンバーはハーバード大学卒、上位裁判所の首席判事を務めていた五二歳のサミュエル・シューワルで、彼はこの植民地でもっとも裕福な人物の一人だった。また、彼は一六九二年から一六九三年に行われたセーレム魔女裁判の裁判官の一人でもあった。この裁判では、三〇名以上が魔術を使ったとして有罪を宣告され、そのうち一九名は、その後絞首刑にされた。他にもジャイルズ・コーリーという男が魔女裁判の興奮状態のなかで命を失っていた。コーリーは、妻のマーサが魔術を使ったとして有罪となり、絞首刑を宣告された後、魔術との関係の有無に関する判事の質問に答えることを拒み、神との契約を貫くために沈黙を選んだ。罪を認めて有罪となることで、神との契約が無効となることを恐れたのだった。罪を告白させるために裁判官は――容疑者が証言を拒んだ場合における法律の条文にしたがって――、コーリーを〝石責め〟にするよう命じた。これを受けて、コーリーは野外で浅い穴のなかに寝かされ、木製のドアを胸の上に置かれてさらにその上に石を積み重ねられた。その重みに、ゆっくりと押しつぶされても、コーリーは証言をしなかった。結局、ほぼ二日間続いたこの拷問の末にコーリーは息を引き取った（多くの記録によると、ジャイルズ・コーリーは、法執行官が罪を認めるか、無罪を主張するか尋ねると、「もっと重くしてくれ」と言ったとされているが、彼が拷問の際にそのようなことを言った証拠は存在しない。実際にはこの話は、根拠のない作り話や言い伝えであることは明らかなようだ）。

時間とともに、シューワルは魔女裁判で自らが中心的な役割を果たしたことに重い罪悪感を抱くようになっていた。後に彼は勇敢にも、無実の者を死に追いやったことを〝責められるべきであり、恥ずべきこと〟であるとして謝罪した。さらにもう一つの歴史的な偉業として、シューワルは一七〇〇年に、〝北アメリカのアフリカ人奴隷と奴隷貿易を批判した最初の書籍である〟『The Selling of Joseph：A Memorial』を出版していた。

マーブルヘッドに向かう途中、シューワルたちはセーレムに一晩泊まった。そこで彼らはケルチの

サミュエル・シューワル判事（一七二八年ごろ）。

仲間数人がアン岬で有名な私掠船《プライベーター》であるラリモア・ギャレイ号のトーマス・ラリモア船長のクルーに加わることで逃亡を謀ろうとしているとのうわさを聞きつけた。この情報に反応して、深夜過ぎに、委員たちはケルチに対する逮捕令状を発行した。

六月八日の未明、三人の委員は激しい雨のなか、マーブルヘッドまで残り数マイルに迫っていた。その日彼らはジョン・ブラウン大佐邸の炉ばたで調査委員会を開き、地元民から証言を集めた。翌朝の六時、委員たちは、アン岬から息せき切って到着した使いに起こされる。使いの者は、前日の夜の九時から一一時までの間に〝武装した海賊が人里離れた一軒家にいる〟ところを発見したと伝えた。

この知らせにより地域の市民兵が招集され、委員たちは海賊を捕らえるために市民兵に対しグロスターのアン岬に向かうよう命令を発した。これを受けて、シューワル判事の弟、スティーブン・シューワル少佐が、シャロップ船（浅瀬を航行することを意図した作業船）トライアル号で、さらに小さなピンネース船やおよそ二〇名の市民兵とともにセーレムを出発した。他の市民兵は、総督の息子で植民地の検察官ポール・ダドリーとともにマーブルヘッドを出港した。

一方でシューワル判事ともう一人の委員は、セーレムへ向かい、ラリモア・ギャレイ号の元船医フランシス・ガートマンから宣誓供述書を取っていた。ガートマン医師はラリモア船長に対し、ケルチらをかくまわないよう強く警告したと証言した。彼は、ケルチらをかくまえば、総督の声明に逆らうことになり、彼がかくまっている男たちと同様〝海賊の罪〟に問われることになるとラリモアに忠告したとも証言した。しかし、ラリモアは聞き入れず、ガートマンによると、「いらぬ口出しをするなら、出て行け」と言ったという。また、ガートマンがケルチらを地元の当局に引き渡すために助けを呼ぼうとすると、ラリモアの部下に〝五回も殴られ〟、おとなしくしているように言われたという。しかしその後ガートマンは何とか逃げ出して上陸し、セーレムで地元の当局に通報したのだった。

証言録取《しょうげんろくしゅ》を終えると、シューワルはエセックスの保安官や市民兵とともに、セーレムからグロスターまでの一七マイル（約二七キロメートル）の道を急いだ。ベバリーとマンチェスター（現在のマンチェスター・バイ・ザ・シー）でさらに市民兵が加わり、その人数は膨らんでいった。この堂々たる軍勢がグロスターに近づきつつあるとき、メッセンジャーが不穏なニュースを伝えた。ラリモア・ギャレイ号がその日の朝に出港し、多くの海賊が乗船していたという知らせだった。

落胆したシューワル判事たちは、そのままグロスターに向かい、次の行動を話し合うために、デイヴィス大佐邸で弟のシューワル少佐が到着するのを待った。最終的に彼らは、ラリモア・ギャレイ号を追うことを決定した。しかしその計画には大きな問題があった。明らかに危険な遠征の指揮を誰もとろうとしなかったのだ。リーダーがいなければ従う者はいなかった。最終的に、シューワル少佐がシャロップ船トライアル号の船長を務めることを申し出、その後四二名がすぐにクルーに加わった。

六月九日の日没後すぐに、トライアル号のクルーは、岸にいる委員らに〝気前よく万歳三唱を送った〟後、ピンナース船を従えてグロスター港を出港した。地元筋の情報では、ラリモア・ギャレイ号は、グロスターの北およそ二五マイル（約四〇キロメートル）にあるショールズ諸島に向けて出航したと見られており、トライアル号もそこへ向かった。

シューワル判事はその晩はグロスターにとどまり、翌朝ボストンへ帰る前にセーレムにいる義理の妹であり、シューワル少佐の妻であるマーガレットを訪ねた。彼女は夫の任務に非常に動揺していた。判事によると、彼女は〝少佐らが追っている海賊の邪悪さと海賊が自暴自棄になっていること、さらには多くの銃やまるで戦争のような装備を見て、恐怖を感じたのだ〟という。また彼女はこれらの憎むべき海賊について、〝血を見ることなしに捕らえることはできないだろう〟と言ったという。

シューワル判事が義理の妹を訪れる数時間前、弟のシューワル少佐は、ショールズ諸島の沖合でわなをしかけていた。ラリモア・ギャレイ号を遠くにとらえる前から、シューワルは部下にマスケット銃と剣を持って主甲板に伏せて隠れるように指示していた。そのため、ラリモア・ギャレイ号が至近距離に近づいても、シャロップ船の船上には作業をしている四名の漁師の姿しか見えなかった。シューワルの計画は、ラリモアに気づかれる前にラリモア・ギャレイ号に近づくというものだった。

しかし、不意を突くことはできなかった。トライアル号が近づくと、ラリモアが異変に気づいたのだ。すぐに部下に戦いの準備を命じ、大砲の火門《かもん》の火ぶたを開けるや、銃口から木栓《もくせん》（ほこりや湿気を防ぐために大砲や迫撃砲の銃口に詰めた木製の栓）をはずした。

これを見て、シューワルは部下に銃を構えて立ち上がるように命じ、同時にラリモアにトライアル号に乗船するよう叫んだ。ラリモアがこれを拒んだため、シューワルはピンネース船に乗り込み、数名の部下とともに交渉のためにラリモア・ギャレイ号に向かった。その後何が起きたかは定かではないが、シューワルは説得に成功したようで、ラリモアとその部下、そしてかくまわれていたケルチたちは、〝攻撃を受けることなく〟降伏した。シューワルはケルチらから四五オンス（約一・二キログラム）の砂金を取り戻した。翌日、シューワルはラリモア号をセーレムへ連れ戻し、ラリモア船長や彼の副官とともに、ケルチとその仲間七名を投獄した。

セーレムへ帰還する途中で、シューワルはグロスターの市民兵部隊を降ろした。彼らは地元の住民に、海賊のうちの二名が近隣にひそんでいるため、捜索して逮捕すると告げた。住民らが警戒態勢を敷いたため、六月一二日、ボストン・ニュースレターによると〝支援が得られず、孤立した海賊たちが降伏し〟、彼らもセーレムに送られて投獄された。五日後、シューワル少佐は、〝重警備のもと〟、九名の海賊をボストンの拘置所に送った。感謝の気持ちを示すため、マサチューセッツの植民地政府関係者は、シューワルとその部下の勇気ある行動に対し一三二ポンドを与えたという。

しかし、結果的にはチャールズ号のクルーのうち、約半数しか捕らえられず、残りのクルーの行方は、その戦利品の分け前とともにわかっていない。シュ－ワルが海賊たちを連行してまもなく、ケルチとその部下に対する裁判が始まった。

ダドリー総督は、六月一三日、一九名の委員からなる高等海事裁判所をボストンのタウン・ハウス――ボストンのシティホールと植民地政府が置かれていた――に招集した。これは、新たに採択された「より効果的な海賊取り締まりのための法律」のもとで行われる最初の裁判であったため、非常に重要な機会であると考えられていた。罪状認否手続きで、チャールズ号に乗っていた三名――マシュー・パイマー、ジョン・クリフォード、ジェイムズ・パロット――は〝海賊、略奪および殺人〟の罪を認め、証言と引き換えに〝女王陛下の慈悲を受けることを認められた〟。ケルチと彼の二〇名の部下も、同じ罪状で告発されたが、彼らは無罪を主張した。

裁判は六月一九日に始まり、二一日まで続いた。ポール・ダドリーが検察官を務め、同じくらい著名な法律家

想像で描かれたボストンの最初のタウン・ハウス。一六五七年から一七一一年まで植民地政府が置かれたが、火災で焼失した。ケルチとその部下はここで裁判にかけられた。

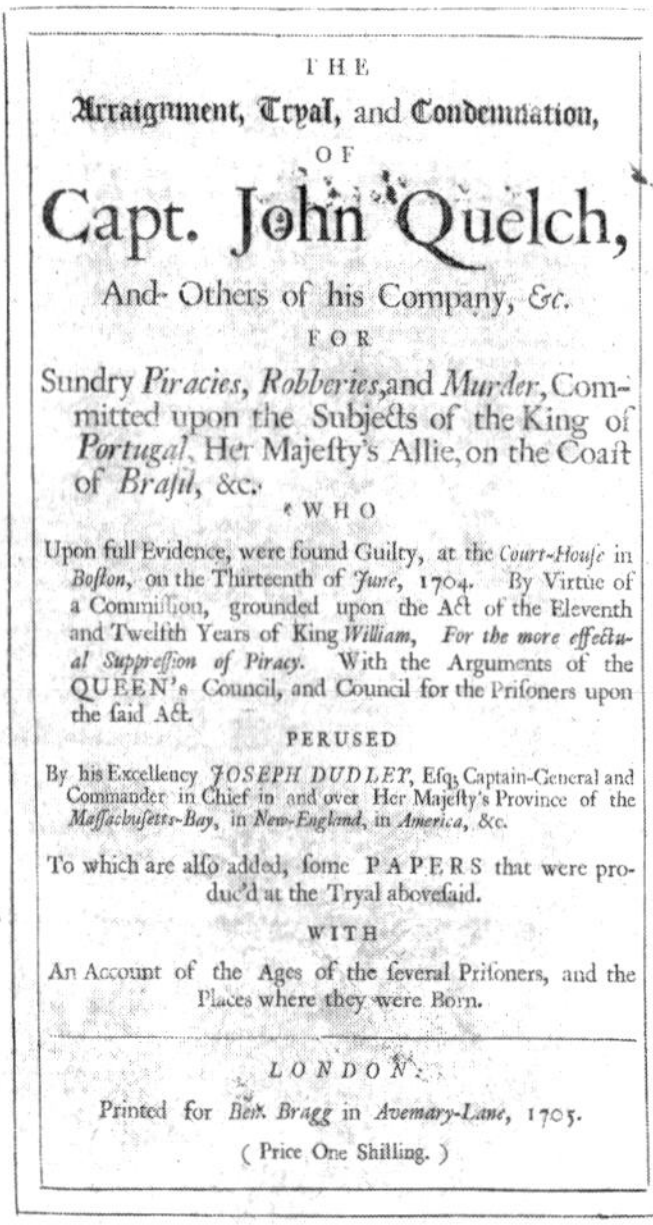
THE

Arraignment, Tryal, and Condemnation,

OF

Capt. John Quelch,

And Others of his Company, &c.

FOR

Sundry *Piracies, Robberies*, and *Murder*, Committed upon the Subjects of the King of *Portugal*, Her Majesty's Allie, on the Coast of *Brasil*, &c.

WHO

Upon full Evidence, were found Guilty, at the *Court-House* in *Boston*, on the Thirteenth of *June*, 1704. By Virtue of a Commission, grounded upon the Act of the Eleventh and Twelfth Years of King *William*, *For the more effectual Suppression of Piracy*. With the Arguments of the QUEEN's Council, and Council for the Prisoners upon the said Act.

PERUSED

By his Excellency *JOSEPH DUDLEY*, Esq; Captain-General and Commander in Chief in and over Her Majesty's Province of the *Massachusetts-Bay*, in *New-England*, in *America*, &c.

To which are also added, some PAPERS that were produc'd at the Tryal abovesaid.

WITH

An Account of the Ages of the several Prisoners, and the Places where they were Born.

LONDON:

Printed for *Benj.* Bragg in *Avemary-Lane*, 1705.

(Price One Shilling.)

ジョン・ケルチとその部下の罪状認否、裁判および有罪宣告を伝える冊子の表紙（一七〇五年にロンドンで刊行）。

であるジェイムズ・メンジーズが被告の弁護人を務めた。チャールズ号の航海のいまわしい内容が詳しく語られ、ケルチと一八名の部下が有罪となり、絞首刑を宣告された。若い給仕係と航海中ほとんど重病にかかっていたプラウマンの部下は無罪となった。ラリモアとその副官はこの裁判の対象ではなく、後に海賊行為の共犯で英国に送還されたが、彼らのその後についてはわかっていない。

裁判の間、弁護人であるメンジーズはこの訴訟が多くの潜在的な問題を抱えていることを指摘した。特に彼は、パイマー、クリフォード、パロットたちがまだ正式に女王陛下の赦免を得ておらず、したがって彼らは共犯者であり、証人として適格ではないことから、その証言を認めるべきではないと主張した。また、メンジーズは、殺人を犯したのは一人であるにもかかわらず、被告人全員が殺人で有罪となるのは、法に反していると主張した（クルーの間で証言が食い違っているため一〇〇パーセント特定できているわけではないが、証拠はブリガンティン船の船大工クリストファー・スクーダモアを犯人として示していた）。裁判には異例な点があったものの——海事裁判所の判事の一部もこの点

一九世紀半ばに描かれたコットン・マザーの肖像。ピーター・ペルハムによる絵画（一七二八年）に基づいている。

は認めていた――、それでもケルチとその仲間が海賊行為に関し有罪であることは明らかだった。

　処刑は六月三〇日に行われると決定された。その間、有罪を宣告された男たちはボストンの暗く、じめじめした刑務所に閉じこめられていたが、一人物思いにふけるというわけにはいかなかった。コットン・マザー牧師や他の聖職者が毎日訪れたことで、単調な毎日とはならなかったのだ。牧師たちは、海賊たちとともに祈りをささげずにはいられないという熱い信念のもとに行動し、彼らの信仰心に訴え、おだて、なだめすかしては、天国へ行くために罪をざんげするよう繰り返し説得した。

　マザーは高度な教育を受けていたが、常に名声を求め、このような注目を浴びる劇的なイベントを利用する機会を逃さない尊大な一面も併せ持っていた。彼は同僚の神学者ジョージ・ブルが語った「聖職者の舌は職業上もっとも重要な道具である」ということばを心から信じていた。そこでマザーは、自らの改悛《かいしゅん》を求める説教を、有罪を宣告された海賊だけでなく、ニューイングランド最大を誇る彼の信徒一五〇〇名にも伝えることにした。裁判が終わった後の日曜日、彼は地獄の責め苦に関する次のような説教――〝処刑日の説教〟として知られることとなる演説の一つで、処刑される者に対する説教を通じて、人々に悪行を改めるよう説得するもの――を行った。「わが慈悲深き神は、最後にはこの海賊の処刑を正当と認めるでしょう。この処刑によって、これを見聞きした人々の多くが、この後、不法な行為によって富を得ようとはしなくなるはずです。これを聞き、恐れを抱き、決してこのような悪行を行ってはなりません！」彼はその説教のなかで、私掠船についても激しく糾弾し、ケルチとその仲間が悪行に手を染めた理由が私掠免許状にあるという解釈まで披露した。マザーは、多くの場合、〝私掠行為は反キリスト教的な考えに基づいて行われ、多くの放蕩《ほうとう》や不道徳、そして混乱をもたらすことを示している〟ことから、〝私掠船による活動は容易に海賊行為へと変わってしまう〟と主張した。メッセージをより幅広い聴衆に届けるため、マザーはこの説教を出版し販売した。この販売によって彼は富を得ただけでなく、自らのことばを不朽のものとした。マザーはこのことについて〝ことばによる説教は一時的に水を与えるにわか雨のようなものであるが、印刷された説教はより長く地面に積もる雪のようなものである〟と簡潔に述べている。マザーは、その人生において、三八八冊の書物――その多くは説教を書き起こしたものだった――を記しており、その意味では、彼は文字通り猛吹雪を起こしたといえる。

ダドリー総督は、最終的に七名のみの刑を執行することとした。残りの者は〝若く、無知であった〟

として女王の寛大な措置に委ねられ、その後赦免された。ダドリーはこの寛大な措置の理由を明らかにしていないが、この決定が政治的な動機に基づいていたことは明らかである。植民地の住民のなかには、ケルチとその仲間たちは実際には私掠船《プライベーター》なのだから、処刑されるべきではないと信じる者や、彼らが海賊行為を働いていたとしても、彼らが当時通貨危機におちいっていた植民地にもたらした財宝のことを考えれば、その罪は見逃されるべきだと信じる者も多く、その怒りを和らげることを狙ったものであった。ダドリーが商務庁に宛てた書簡のなかで語っていたように、〝植民地に富をもたらした者を処刑することに驚き、海賊に対する処分について声高に批判し、海賊をかくまおうとする無礼な者〟が多く存在したのだった。

ダドリーのいう〝無礼な者〟の態度は、植民地のニーズと本国の命令や法令とのバランスを取る時期が来ていることを示していた。というのも、これまでは、多くの場合植民地のニーズが優先されていたからである。このエピソードは、本書で描かれている他のエピソードと同様、植民地の将来を決定するにあたって植民地の意向を聞こうとしない政府や君主の抽象的な考えよりも、アメリカ大陸における生活という直接的な現実が、入植者にとっては大きな意味を持っていたことを示している。入植者がこのように海賊行為を支援したことは、彼らが自ら声を上げ、経済的な要因をめぐって連帯するという、これまでとは違ったアメリカ共同社会の萌芽《ほうが》を示すものであったということもできる。

六月三〇日の金曜日、うしろ手に縛られた七名の囚人が刑務所から約一・二キロメートルの距離を引き回され、ボストン港の突端《とったん》にあるスカーレッツ・ワーフに連れて行かれた。彼らはマザー牧師と同僚の聖職者ベンジャミン・コールマンに伴われ、さらに四〇名のマスケット銃を手にした兵に加え、警察官と海軍の法務将校に守られていた。この非常に目を引く護衛体制は、裁判での熱狂を考えて、ダドリー総督自らが必要と判断したものだった。行進の先頭には、海事裁判所の事務官が銀でできたオールの形をした約六〇センチの職杖《しょくじょう》――裁判所と英国海軍の威厳ある象徴――を誇らしげに高く掲げていた。見物人は通りに列をなし、行進を追いかけては、やじを飛ばしたり喝采を送ったりして、ややもすれば残忍な手続きになる刑の執行をサーカスのような雰囲気に変えていた。

埠頭《ふとう》では、多くの職員に伴われた囚人らがボートに乗せられ、ハドソンズ・ポイント――チャールズ川が港に流れ込む地点近くで、ブロートンズ・ヒル（現在コップス・ヒル墓地のあるコップス・ヒルにあたる）のちょうど下に位置している――にある絞首台へと連れて行かれた。シューワル判事は、乗客であふれた一五〇ものボートやカヌーが河口に浮かび、丘の上にも多くの人々が並んでいるのを見て〝仰天した〟と述べている。

ニューイングランドでは一六二三年から死刑の執行が行われていたが、常に大衆の強い関心を集めてきた。処刑は、しばしば地域の住民が集まる機会として、そしてあちこちからやって来た友人や親せきが、この見せ物を見物しながら旧交を温め、話題を共有する機会としてとらえられていた。処刑が行われる際にはいつも多くの群衆が集まったが、この暖かい六月の日に集まった群衆は記録的な数となった。それにはある理由があった。一七〇四年四月二四日、チャールズ号が戻ってくるおよそ一カ月前、ボストンの郵便局長ジョン・キャンベルが、〝アメリカで最初の継続的に発行された新聞〟（アメリカの植民地における最初の新聞であり、ボストン・ニュースレター以前に発行されたのは、同じくボストンで発行されたパブリック・オカレンシズであると言われている。しかし、この新聞は一六九〇年の九月二五日の一回しか発行されていない）であるボストン・ニュースレターの発行を開始していた。一枚の紙の両面に印刷されたこの新聞は週一回発行され、口コミよりも効果的かつ迅速に情報を広めたことから、従来よりも幅広く共同体意識を共有することが可能になっていた。しかし新聞が成功するためには、人々が読みたくなる記事が必要であり、それには海賊に関する記事ほど最適なものはなかった。チャールズ号の帰還の発表から処刑の日まで、ボストン・ニュースレターはあらゆる出来事を記事にした。総督の声明やケルチの部下の追跡、そして裁判の結果などのすべてが掲載され、劇的な物語を提供して民衆の興奮と期待を集めたのだった。見物人のほとんどはボストンの住民だったが、メインのヨークからはるばるやって来たシューワルのいとこのムーディーなど、街の住民以外にも多くの者が訪れていた。

囚人を乗せたボートが絞首台に到着したときは干潮時だった。毎日、埠頭《ふとう》から廃棄される人ぷん——遠回しな言い方をすると下肥——と獲物を陸揚げした漁師が残していった腐った魚の入り交じった刺激的な臭いが周囲に漂っていた。七名の囚人ははしごを登って絞首台の狭い木製の台に立った。頭上の横桁から輪なわがそれぞれの頭の横にぶら下がっていた。絞首台に上がる前に、ケルチはコールマンに「私は、死は怖くない。絞首台も怖くない。だが、その後来るものが怖い。偉大なる神と来るべき裁きが怖い」と言ったという。絞首台に上がるとケルトは気取った一面を見せ、帽子を脱ぎ、群衆に向かっておじぎをした。

静粛にするよう告げられると、沖合のボートの上でマザー牧師が立ち上がり、体勢を整えると説教——海賊の魂の救済を訴える最後のことば——を始めた。「私たち聖職者は、何度も話しました。あなたを破滅させた罪を悔いるようにと。そしていかにして神の救いと癒やしの手に自らを委ね、改《かい》悛《しゅん》の情を示すかをあなたたちに示してきました。神の慈悲深い手に委ねる以外に、われわれにできることはもうありません！」マザーは観衆にもメッセージを伝えた。処刑の日の説教は、死刑囚だけを対象としているのではなく、マザーの目には罪人と同じくらい罪深いと映る民衆にもメッセージを伝えることのほうが重要だったのだ。「偉大なる神は、今、目の前で起きる恐るべき光景を目にすることですべての観衆にも悔い改める機会を与えているのです！」とマザーは民衆に語りかけた。さらに特に〝船乗り〟に向け、この処刑が〝彼らを脅かし、破滅させる誘惑から逃れる〟ための一助となることを願うと呼びかけた。

マザーの説教に続いて、総督が、劇的な効果を狙うかのように処刑寸前に赦免を与える旨を発表した。そしてもっとも神への感謝と悔悟の念を示していた死刑囚の一人フランシス・キングが絞首台から降ろされ、刑務所へと戻された。ダドリーが、有罪を宣告された海賊の多くに女王陛下の寛大な措置を求めたときと同じ効果を狙って、この方法を採ったことは間違いない。これまでと同じように、キングも、女王陛下の寛大な措置により赦免された。

残りの六名には群衆に向けて最後のことばを述べる機会が与えられた。何人かは悔い改め、赦《ゆる》しを求めた。ある者は、「神よ、救われるためには何をすればよいのですか」と訴え、またある者は苦々しげに、「わずかな金《きん》のために多くの男たちの命が奪われるのは受け入れがたい」と言った。ケルチは、正義はなされたのかと疑問を呈し、「紳士諸君、私がなぜここにいるのか教えてくれ。私は状況証拠だけで有罪を宣告された」と言った。そして死刑囚の一人が「悪い仲間に気をつけろ」と群衆に警告すると、ケルチは、「ニューイングランドに金《かね》をもたらしたのに、そのせいで絞首刑になったということを決して忘れるな」と叫んだという。

囚人たちのスピーチが終わると、輪なわが首にかけられた。シューワルは、「処刑台の足場が開くと、彼の妻がいた果樹園の入り口にまで女性の甲高い叫び声が聞こえ、ひどく驚いた」と日記に記している。その声はよほど大きかったに違いない。というのも、シューワルの家は一マイル（約一・六キロメートル）も離れた場所にあったのだ。

ロープでつるされた後に、囚人たちがどうなったかについての記録はない。首の骨が折れて比較的速やかな死がもたらされるほど、十分かつ勢いよく落下したとは考えにくい。むしろ、多くの首つりと同じように、首のまわりのロープが気道と頸《けい》動脈の血流を遮断して、脳と体に酸素が送られなくなって窒息して死んだものと考えられる。この場合、しばらくは意識があり、脚がけいれんして〝マーシャルズ・ダンス〟、〝四方八方に向かって踊る〟あるいは〝タイバーン・ジグを踊る（タイバーンはロンドン郊外の村で何世紀にもわたって地元の罪人が絞首刑にされた場所）〟と呼ばれる特徴的な動きをすると言われている。そのような動きを見ることは、死刑囚の家族や友人にとっては非常につらく、なかには駆け寄って〝死刑囚の脚を引っ張り、胸をたたき、できるだけ早く死なせてやろうとする者もいた〟。そういった助けがなければ、息が果てるまでに拷問のような時間が数分間も続いたという。

絞首刑の後、セーレム出身のある詩人の卵がこの出来事を軽妙な詩にした。

神の法に逆らって戦った海賊は
みなその報いを受けた。
ある者は年老い、ある者は若く
みなボストンの絞首台に散った。

マサチューセッツの植民地関係者は、裁判とその結果に大いに喜んだ。というのも、特にこの結果によって、海賊の取り締まりに対する植民地の取り組みについて、本国が抱いていた疑念を払しょくすることができたからだった。マサチューセッツの植民地議会の議員はアン女王に向けて次のような書簡をしたためた。「願わくは、最近ケルチとその仲間によって行われた海賊行為や略奪行為に対するわれわれの恨みと憎悪について述べることをお許しいただきたい。迅速な裁きがいまわしき罪人に下されることで、われわれがそのようないまわしい行為に支援を与え、そこから利益を得ていたという悪評が払しょくされ、植民地政府の正当性が認められることを願っています」

財宝に関しては、捕らえた海賊からかなりの量が押収され、一部の住民も不当に受け取った金を自主的に差し出した。またチャールズ号の船主はその取り分を放棄させられた。しかし、結局、財宝の多くは発見されなかった。その多くは、裁きを免れたクルーによって持ち去られたか、裁きを免れることができなかったクルーが、捕まる前に売りさばいていた可能性が高かった。

返還された財宝のうち、七五〇ポンドは海賊の拘置や裁判、処刑費用、ラリモア・ギャレイ号を追跡したシューワル少佐らの報酬に充てられた。ダドリー総督は残りの財宝、およそ七八八オンス（約二二キログラム）の金《きん》をロンドンに送った。ロンドンでこの金は、著名な数学者にして物理学者、天文学者でもあったアイザック・ニュートン――当時彼は、長く卓越した科学者としてのキャリアの後にかねてから熱望していた王立鋳貨局の局長の地位にあった――のもとに送られた。ニュートンは金を分析し、鉄分が多く含まれているものの、それでも三一六四ポンド相当の価値があると結論づけた。この金の大部分は、最終的に戦争による負債の返済に充てられた。

ケルチの裁判は、海賊との戦いにおいて重要な変化のきざしとなった。新たに制定された「より効果的な海賊取り締まりのための法律」により力を得て、さらには海賊を裁判にかける英国政府の新たな取り組みに支えられ、マサチューセッツは海賊との戦いにおける一斉攻撃を開始した。しかし、戦いの道のりはまだまだ長かった。一七一三年四月一一日にユトレヒト条約が締結され、長きにわたって多くの血が流されたスペイン継承戦争が終結した数年後、海賊が再び息を吹き返してアメリカ沿岸にパニックの波をもたらしたのだ。植民地政府と英国政府は、さまざまな最前線での戦いを余儀なくされることとなった。このとき襲撃を繰り返した海賊は、彼らが選ぶ標的と植民地に対する影響の両方において、これまでの〝紅海の男たち《レッド・シー・メン》〟とはまったく異なっていた。

第六章　幕あいまたは海賊の分類

6 . INTERLUDE, OR A PIRATE CLASSIFICATION

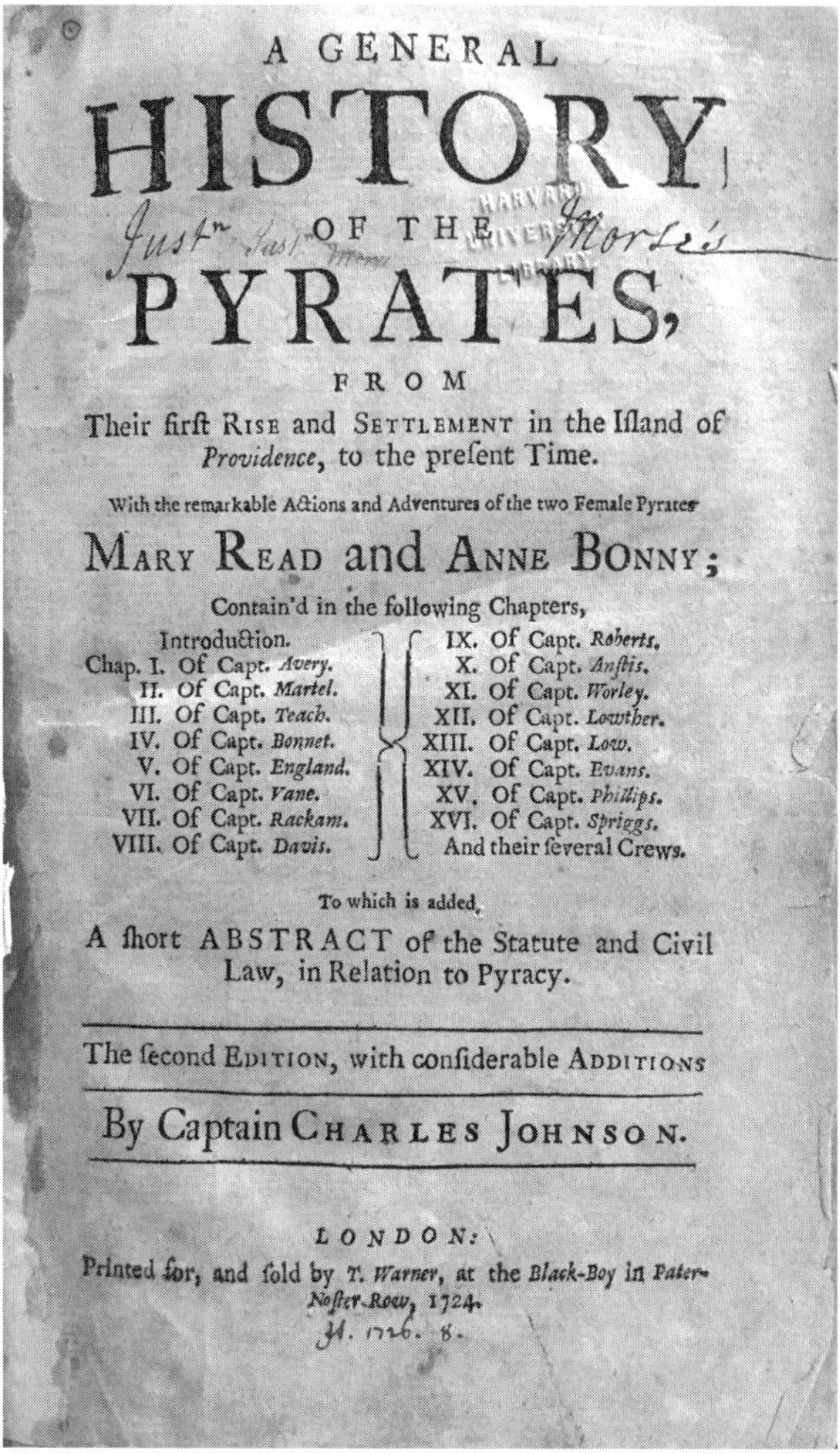

A GENERAL
HISTORY
OF THE
PYRATES,
FROM
Their first RISE and SETTLEMENT in the Island of *Providence*, to the present Time.

With the remarkable Actions and Adventures of the two Female Pyrates

MARY READ and ANNE BONNY;

Contain'd in the following Chapters,

Introduction.
Chap. I. Of Capt. *Avery*.
II. Of Capt. *Martel*.
III. Of Capt. *Teach*.
IV. Of Capt. *Bonnet*.
V. Of Capt. *England*.
VI. Of Capt. *Vane*.
VII. Of Capt. *Rackam*.
VIII. Of Capt. *Davis*.
IX. Of Capt. *Roberts*.
X. Of Capt. *Anstis*.
XI. Of Capt. *Worley*.
XII. Of Capt. *Lowther*.
XIII. Of Capt. *Low*.
XIV. Of Capt. *Evans*.
XV. Of Capt. *Phillips*.
XVI. Of Capt. *Spriggs*.
And their several Crews.

To which is added,

A short ABSTRACT of the Statute and Civil Law, in Relation to Pyracy.

The second EDITION, with considerable ADDITIONS

By Captain CHARLES JOHNSON.

LONDON:
Printed for, and sold by *T. Warner*, at the *Black-Boy* in *Pater-Noster-Row*, 1724.

ジョンソンの『A General History of the Pyrates』（『海賊史』）第二版（一七二四年）の表紙（同じ年に出版された初版のタイトルは、『A General History of the Robberies and Murders of the Most Notorious Pyrates』（悪名高き海賊たちの略奪と殺人の歴史）だった）。何よりもこの書籍が大衆に人気のある海賊のイメージを作り出した。

誰もがその到来を予想していた。スペイン継承戦争終結のかなり前から、英国政府関係者や商人、市民は、その後に起きる平和が海賊行為の発生を招き、私掠船がその悪の根源となることを恐れていた。私掠船は、戦時には英国に大きな軍事力を与える一方で、戦争の終結時には海賊行為の増加を招いていた。突然職を失った多くの私掠船《プライベーター》が、比較的自由な生活や大きなもうけを得ていた機会を失うことを嫌い、海賊になることが予想されたのだ。このいまわしい事態によって過去にも多くの混乱が生じていたことから、戦争の終結と海賊の増加は不変の法則となっていた。ジャマイカの副郵便局長ウィリアム・ビグノールは一七〇八年一月、「私掠船というこのいまわしい取引が、平和がもたらされたときに多くの海賊を生み出し、われわれにとって今日の前で戦っている敵国から受ける脅威よりも大きな脅威となることは衆目の一致するところである」と記している。

この脅威は、私掠船《プライベーター》になることによって得られるより大きな利益の取り分を与えることで私掠船を増加させることを意図した「捕獲に関する法律」の制定によって、さらに高まった。戦争が始まった当初、英国政府は、私掠船が得た財宝のうち一〇パーセントを留保していた。「捕獲に関する法律」は、この英国政府の取り分をなくし、すべての利益を船長、クルー、そして私掠船の出資者に分配することで、私掠船をより魅力的にすることを意図していた。追加の報酬として、私掠船が敵の戦艦を捕獲した場合、敵船のクルー一人あたり五ポンドの報奨金が支払われた。

この法律は素晴らしい効果を発揮し、その結果私掠船の数が増加したが、同時に将来の懸念も高まっていった。一七〇九年、英国海軍の測量技官エドマンド・ダマーが警告を発している。彼は商務庁に対し、カリブ海の植民地政府関係者や商人から「捕獲に関する法律」に関して〝多くの苦情〟が寄せられていることを報告した。政府関係者や商人たちは、この法律によって、商船や戦艦のクルーが大もうけを夢見てこぞって私掠船のクルーとなったことで、スペイン領西インド諸島とのあらゆる取引が壊滅的な状況になっていると訴えた。さらに不吉なことに、苦情を訴えた者は、この法律が、平和が訪れたときに〝この世界を海賊のはびこる世界に変える〟ことをうながすだけであると懸念していた。

もう一つの懸念は、平和によって職を失った海軍の兵士がどうなるかということだった。戦時中、英国海軍は五万人まで膨れ上がり、強力な兵力を誇っていた。しかし、ユトレヒト条約が締結された二年後には、三万六〇〇〇人以上を削減したため、職を失い、代わりの仕事を見つけることができない兵士が海賊に戻ることが懸念されていた。

このような職を失った私掠船のクルーや海軍の兵士に関する懸念には、十分な根拠があった。戦後、多くの私掠船のクルーや海軍の兵士が実際に海賊になっていたが、それはすぐにではなかった。最初の数年間は、海賊の増加はわずかなものでしかなかった。これは交易——特にカリブ海における交易が、戦争が終わったことで増加したことによるもので、これにより職を失った海軍の兵士が、増加しつつあった商船のクルーに吸収されることで、雇用機会が創設されていたからだった。

しかし、この平和で順調な状況はすぐに変化を迎えた。平和条約が締結されていたにもかかわらず、スペインの沿岸警備隊やスペインの私掠船が、ジャマイカから出港する英国商船を、多くの場合禁制品を輸送しているという言いがかりをつけて攻撃するという行動を積極的に繰り広げたのである。

多くの英国人船員が職を失い、スペインの監獄に捕らえられてひどい扱いを受ける者も少なくなかった。英国政府はこれに介入することができず、また介入することを望んでいなかったため、将来に不安を抱えてよりどころを失い困窮した兵士らの怒りが高まっていった。別の商船に仕事を見つける機会はわずかながらあったものの、ポートロイヤルの港に多くの職を失った兵士がたむろする状況では、買い手市場であることは明らかだった。したがって、彼らを雇う数少ない商人も、彼らが海軍時代に受け取っていた給料の半分の微々たる金額しか提示せず、兵士らの怒りの火に火を注ぎ、将来の海賊を生む温床を作っていた。

小規模な反乱も、条約が締結された後の数年間で海賊が増加した理由の一つだった。著名なエッセイストにして、伝記作家、文芸評論家でもあったサミュエル・ジョンソンは、次のように述べている。「あえて監獄に入る覚悟をもって船乗りになる者はいない。なぜなら船に乗ることは、海で溺れ死ぬチャンスがあることを除けば、監獄に入ることと同じだからである。監獄のほうが広く、食べ物もよく、そして通常は良き仲間がいる」ジョンソンはふざけているわけではなかった。事実、船乗りの生活が、厳しいが公平な船長のもとで最良の状況にある場合でも、かなり悲惨な状況だったという証拠は数多く存在している。恐怖や脅し、日常的な体罰で支配する暴君のような船長だった場合、そのような船のクルーになることはまさに生き地獄だった。このような状況にあった船乗りの多くは耐えることを選ばずに反乱を起こした。ある試算によると、一七一〇年代と一七二〇年代において〝少なくとも三一件の商船で反乱が起きており〟、その半分でクルーが海賊になっているという。一八世紀初めに海賊取り締まりの動きが広がりを見せるなかで、クルーが反乱を起こし、海賊になっていった大きな理由の一つは、〝指揮官が彼らのあらゆる面に関し、極めて厳しかった〟ことによるとされている。

この場合の負の原動力こそが、本書でも紹介したウィリアム・フライが彼と彼の部下を反乱へと走らせた直接原因であると主張する、船長による〝野蛮な扱い〟なのである。そしてコットン・マザー牧師がフライの処刑前夜に自らの信徒に説教した際に、特に船長らに対し、クルーを扱う際に〝悪魔のように振る舞わない〟ようにし、〝クルーに自暴自棄な行為をさせる誘惑へと追い込まないよう〟呼びかけた理由もそこにあった。一七一〇年代後半に、ある海賊の船長が、仲間の船長らに語ったように、〝クルーが海賊になる理由は、自分勝手な商人や無慈悲な船長に復讐《ふくしゅう》するためだった〟のである。

ある破滅的な大惨事も、海賊の増加をうながした。戦争の最後の数年間、従来のスペインの財宝船が大西洋を越えた定期的な航海を行うことができず、その結果アメリカのスペイン領植民地の港に大量の金品の在庫が蓄積されることになった。このことはスペイン本国の経済危機につながり、スペインを破産寸前に追い込んでいた。戦争の後も遅延が続き、待ち望んでいたドン・ファン・エステバン・デ・ウビラ艦隊長率いる一一隻の船団がカディスへ向けてハバナを出港したのは一七一五年五月になってのことだった。これらの船には、宝石や貨幣、金塊、東洋の魅惑的な商品など、およそ七〇〇万スペイン銀貨《ピース・オブ・エイト》相当の品が積まれていた。またこの船団には、ハバナの総督のために荷を運ぶフランス船ル・グリフォン号も同行していた。

七月三〇日未明、船団はフロリダの東岸沖――現在のベロビーチ近く――を航行していた。太陽が大きな黒雲の陰に隠れ、風がうなりをあげて吹き始め、船はコルクのように荒波にもまれた。ハリケーンが威力を増すなか、この嵐を生き延びた一人の船員によると、〝水が矢のように降り注ぎ、当たったものすべてを傷つけ、これまで多くの冒険をしてきた海の男たちでさえも、かつて見たことのないほどのものだと語った〟という。翌朝には、すべての船が損傷し、船底も岩礁にぶつかったか、座礁したかのように破壊されていた。外洋を航行していたル・グリフォン号のみが、この嵐を生き延びた。全体の約半分にあたる一〇〇〇名が命を失い、傷ついた生存者は、何とか海岸まで泳いで浜辺にたどり着いたものの、船団からの漂流物は、三〇マイルにわたって散乱した。

この災害の知らせは、すぐに大西洋を越えてかつてないほどの範囲にまで広まった。金銀・宝石が海底に敷きつめられているイメージは幾千もの夢物語を生み出し、財宝の一部を手に入れようとする船乗りたちをフロリダ沖へと急がせた。バージニアの副総督アレクサンダー・スポッツウッドは、一七一五年一〇月、興奮気味に国王に向けて書簡をしたため、この機会について注意を喚起し、臣下に対し、〝莫大な財宝を回収しようとするよう〟うながした。この状況は、特にジャマイカでは熱狂的なほどで、英国海軍の艦長が、クルーの多くは〝スペインがこれを放棄していなくとも、自分たちにも難破船を捜索する権利がある〟と考え、〝夢中になって難破船の捜索に向かい〟、一日に五名が船から去って行ったと嘆くほどだった。クルーの流出は甚大だったため、人手が不足して本国に向けて出航できなくなるのではないかと船長が心配するほどだった。スペインが苦労して難破船を引き揚げようとしていたにもかかわらず、横取りして海底から財宝を引き揚げた者や、スペインの探索船から暴力を用いて財宝を奪う者もいた。成功したか否かは問わず、トレジャーハンターだった者の多くは、海賊になることによって引き続き財宝を追い求める決意を固めていた。

それほど明白ではないものの、戦後の海賊の増加に寄与したもう一つの要因は、スペインが行った材木伐採業者に対する攻撃だった。何十年にもわたり、英国人や、少数のフランス人とオランダ人がユカタン半島のカンペチェ湾やホンジュラス湾沿いに住み、ブラッドウッド（ヘマトキシラム・カンペキアナム）として知られる材木を伐採していた。海岸沿いの森林に生息するふぞろいな豆科の木であるこのブラッドウッドの心材は、織物を濃い黒や紫に染めることができる染料の原料となった。これらの豊かな色合いに対する需要はヨーロッパの貴族の間で高く、一七〇〇年代初頭には一トンあたり一〇〇ポンドの値がついていた。

この伐採業者はベイメンと呼ばれ、もともとは船乗りで、海賊やバッカニアだった者も少なくなかった。ベイメンは、この地域の領有権を主張するスペインにとっては、長年の頭痛の種だった。スペインの沿岸警備隊は、定期的にこの侵入者を追い払おうとしていたが、あまりその成果は上がっていなかった。しかし、多くのベイメンがフロリダ沖の難破船の捜索に飛びついたことに怒ったスペインの植民地政府は、その報復に伐採業者に対し総攻撃をしかけ、彼らをジャングルの隠れ家から追い出した。食いぶちを失った伐採業者の多くは、もともとの仕事である海賊――なかには初めて海賊になる者もいた――に戻った。驚くべきことに、当時の試算によると職を失ったベイメンのおよそ九〇パーセントが海賊になったという。

また海賊は、招待と強制の組み合わせによって仲間の数を増やしていった。海賊は、通常、戦利品となる船の乗員に対し仲間になるよう求めた。船を維持する人員が足りないときや、より脅威を与えるための効果的な戦力が必要なときは、特にその傾向が強かった。船大工と医者は、航海において必要とされる技術に長《た》けたいわゆる〝技術者〟として、その独自のスキルから特に需要が高かった。これらの採用候補者の多くは、以前いた船での待遇が悪かったことに嫌気が差し、大もうけを夢見て自主的に海賊になっていた。その一方で海賊になるという考えに乗り気でないか、怖がる者もいた。彼らの多くは、断ったら厳しい罰を与えると言って脅され、無理やり仲間にさせられた。もちろん、海賊は、無理やり仲間になった者よりも自主的に仲間になった者を好んだ。後者は、より忠実である可能性が高く、トラブルを起こす可能性も少なかったからである。同様に海賊の多くは、家族との強いつながりが、規則を破ったり、逃亡したりするリスクを高めることを恐れて、既婚者を無理やり仲間に加えることは好まなかった。

無理やり海賊にさせられた例のなかでも、特にひどい事例が一七二五年にあった。このとき、海賊船の船長フィリップ・ラインは、ボストンを拠点とするファンシー号の船大工だったエベネザー・モウワーを、自らの海賊船シーニンフ号の仲間に加えようとした。モウワーが誘いを断ると、ラインの部下の一人がモウワーの頭を斧の柄で殴った。血まみれになり、放心状態のモウワーはそれでも仲間になることに同意しなかったため、その男はモウワーの頭をハッチの縁に押しつけ、斧を振り上げて、「今すぐ仲間になると誓わなければ首を切り落とす」と言って脅した。その脅しを最後までやり遂げることなく、海賊はまだ渋るモウワー――今や激しく命乞いをしていた――を船長室まで引きずり、内容は定かではないが、さらに恐ろしい脅迫を加えた（もっとも首を切り落とすよりも恐ろしい脅迫の内容を想像することは難しかったが）。その後すぐにモウワーは船長室から出てきて、「契約書にサインするよう強制され、とうとうあきらめた」と語った。

多くの場合、強制されて海賊になった者は、そのことを記した広告を元の仲間に頼んで地元の新聞に掲載させていた。これは、海賊として裁判にかけられた場合の抗弁に役立つと期待したものだった。

一七二一年一月、ロードアイランドのニューポート出身の船乗り、ジョン・ダウがまさに同じことをした。彼はカリブ海のセントルシア島の沖合に停泊していたブリガンティン船の船員だったが、海賊に捕らえられ、仲間になるよう求められた。ダウが拒絶すると、海賊は彼の頭皮を剣で何度も切りつけ、船の装備に縛りつけて、頭に銃を突きつけながら〝死ぬほどむちで打った〟。仲間になる気になったか尋ねられると、ダウは再び拒んだ。だが、さらに拷問を加えられ、結局渋々折れた。海賊は、三日間にわたって積み荷をあさった後、ブリガンティン船を解放した。船がその夏遅くにニューポートに戻ると、ダウの要請により解放された船長とクルーのうちの二人が、彼が受けた試練の詳しい内容をボストン・ニュースレターに広告として掲載した。

海賊になる前に何をしていようと、無理やり海賊にさせられた者を除いたすべての海賊は、この〝キャリア〟に進むという意図的な決断をしなければならなかった。海賊になることを選んだ者にとって、その魅力にあらがうことはできなかったようだ。ある海賊は次のように語ったと伝えられている。「地道な仕事では、利が薄く、賃金も安く、重労働だが、海賊になれば、大もうけして満腹になるまで食べられ、喜びと居心地の良さ、自由と権力を手にすることができる。唯一の障害が、最悪でも首をつられるときに渋い顔をされるくらいだとすれば、海賊になることを選ばない者がいるだろうか。いや、太く短い人生こそがおれのモットーだ」この見方は少し楽観的に過ぎるものの、海賊生活の厳しい側面を考えても、現実であれ、想像上であれ、海賊となることの利点は非常に魅力的だったといえる。

平均的な海賊船には、およそ八〇人のクルーが乗っていたが、するべき仕事ははるかに少なく、人手の足りない商船のクルーよりもリラックスできる時間を十分持つことができた。また豊富な酒を頻繁に飲むことができ、船上でのばか騒ぎも日常的だった。一部の海賊にとっては、この二つが〝海賊になる《ゴー・オン・ジ・アカウント》〟――海賊の間でよく使われる言い回しだった――ことの十分過ぎる理由だった。一七二二年に海賊行為で裁判にかけられたジョセフ・マンスフィールドを例に取ると、彼は海賊になったのは、「金よりも酒と怠惰な生活を送れることこそが大きな動機だった」と語っている。

しかし、もっとも魅力的で、多くの海賊を引きつける要因は富を得られることだった。古《いにしえ》の英国の船乗り《シー・ドッグ》フランシス・ドレイクの財宝にまつわる話は言うまでもなく、モーガンやエイヴリーの成功、そして他の海賊の戦利品にまつわる話は、船乗りの間ではよく知られており、彼らの想像力をかきたて、海賊になろうという選択を後押しした。しかし、ギャンブラーが期待を胸にカジノに入っていき、厳しい現実に打ちのめされるのと同様、大きな期待を胸に海賊になった者の多くは、怠惰と富の生活が、容易に手の届かないところにあることをすぐに思い知らされるのだった。

以上のような理由から、大西洋における海賊の数は、一七一三年の戦争終結の数年後には爆発的に増加し、一七一〇年代後半から、急激にその数が減少した一七二〇年代初めまでの間、比較的高い水準で推移した。しかし、海賊の黄金時代の終わりとされる、一七二六年までにはほとんど海賊は見られなくなった。歴史家のマーカス・レディカーによると、〝一七一六年から一七一八年の間には、一五〇〇から二〇〇〇、一七一九年から一七二二年の間には一八〇〇から二四〇〇の海賊が横行していたが、その数は一七二三年には一〇〇〇、一七二四年には五〇〇へと急激に減り、一七二五年と一七二六年には二〇〇未満になった〟という。この間、レディカーの試算によると、およそ四〇〇〇の海賊が活動していた。そして、このような屈辱的な衰退をたどることで、彼らはアメリカにおける海賊の歴史のなかでももっとも劇的で、力強い最後の時代を迎えることになる。

この時代の海賊は、大きな影響力を持っていた。一八世紀初めのある歴史家によると、英国の商人は、スペイン継承戦争の間、フランスとスペインからこうむったよりも、大きな被害を一七一六年から一七二六年の間の海賊の〝略奪行為によってこうむった〟という。数字がこのことを裏づけている。歴史家のラルフ・デイヴィスによると、戦争中に英国の商船が受けた総被害件数は二〇〇〇件だったのに対し、戦後の海賊による被害はこれを〝はるかに上回っていた〟という。この期間において、海賊から被害を受けた船の数を調べることはやや困難であるが、レディカーは合理的な試算を導き出している。彼は歴史上の記録を調べ、データが不足している部分に関しては知識と経験に基づく推測を加えた結果、この期間中に海賊の被害にあった商船の数を二四〇〇以上と試算している。もちろん、デイヴィスの挙げた数字とレディカーの試算を直接比較することはできない。というのも、戦争中に被害を受けた船の数は、英国が実際に被害を受けた数であるのに対し、海賊に襲われた商船の数は、襲われて解放された船の数であるからである。しかし、仮にそうだとしても、海賊がかなりの数の船を焼き払い、沈没させ、または奪い取っていたことや、商船が襲われることのほうが、より損害に注目されやすいことを考慮すると、海賊による被害が、戦争中の敵国船による被害よりも大きいとする主張には合理性があり、少なくとももっともらしくは聞こえる。ある情報源が示すように、たとえ、戦争中の英国の商船の被害件数が七〇〇〇件近くあったとしても、それでも海賊が捕獲、略奪、破壊した船の数は、これと比較しても非常に印象的な数字であったといえよう。

残念ながら、一七一六年から一七二六年までの間に活動していた海賊の若い頃についてはほとんどわかっていない。これは決して驚くことではなかった。裕福であったり、良家の出身であったり、あるいは有名な海賊については、当時の記録に残されているものの、その場合であっても、その記録は驚くほど素っ気ないものだった。小売り商人や小規模の商人、職人、さらにはもっと貧困な者は、その出身については、かすかにほのめかされる程度であった。そして海賊の大多数がこういった貧困層の出身であることから、罪を犯して海賊として登場するまでの彼らの人生については、ほとんどわかっていない。

それでも、いくつか参考になる記録がある。多くの海賊は、私掠船や商船、海軍の戦艦のクルーから海賊になっており、元は船乗りだった。船上での厳しい生活や、あらゆる種類の船を操るための幅広い特殊なスキルの必要性を考えると、海賊のクルーが、フライングジブやミズン・トガンセイル、あるいは錨鎖孔《びょうさこう》や吊錨架《ちょうびょうか》といったものについて知らない門外漢の新米船乗りであるよりは、主に海の男たちで構成されていたであろうことは想像に難くない。海賊の国籍に関しては、その半数以上が英国本国やアメリカの植民地出身だったものの、ヨーロッパやアフリカの出身者とカリブ海のさまざまな国の出身者も見られた。

若いころについては詳しくわかっていないものの、彼らは、いったん海賊になると多くのことが語られるようになり、その冒険によってその名を歴史に深く刻むこととなる。この時代の海賊はほとんど自身について記した記録や、その人生、自らが海賊となった理由、同僚の海賊について回顧する記録を残しておらず、その記録は予想されるほど豊富ではないものの、それでも海賊について書かれたものは多く存在する。海賊に捕まった者の残した記録や裁判の記録、アメリカ植民地と英国政府との間の書簡その他新聞記事、刑務所での取り調べ、さらにはいくつかの冊子や書籍などの当時の情報源から、多くのことを知ることができる。書籍のなかでは、チャールズ・ジョンソンが記した『悪名高き海賊たちの略奪と殺人の歴史（『海賊列伝　歴史を駆け抜けた海の冒険者たち』中央公論刊）』（『海賊史』）と題する圧倒的な学術書がもっとも有名である。本書は当初一七二四年に発行され、翌年にさらに書き加えられたが、主に一七一〇年から一七二〇年代半ばまでの間に活躍した海賊に焦点を当てながらも、一六〇〇年代後半のトーマス・テューやヘンリー・エイヴリーの活躍にも言及している。

長い間、チャールズ・ジョンソンはペンネームで、ロビンソン・クルーソーの著者として有名なダニエル・デフォーが『海賊史』の実際の著者であると考えられていた。しかしその後、この謎めいた作者の正体についてさまざまな研究がなされた。残念ながら、名前以外にわかっていることはないものの、海事用語を巧みに使っていることや、海賊の習慣や行動についての詳しい知識から考えると、船乗りだったか、海賊について詳しく研究した者である可能性が高いと見られている。しかし、ジョンソンは多くのことについて、文学的装飾を加えて作り上げ、自らが抱いた想像を勝手に述べており、特にあまりにも飾り立てられ、説得力に欠けたまとまりのない政治的な主張などは、教育を受けていない海賊の言いそうなことというよりは、ある種の論説のような印象を与えていることも否定できない。さらに、いくつかの事例に関しては、彼の記述以外に情報源がなく、その信ぴょう性に疑問があるものもあった。それでもなお、彼が有名な海賊の半生を描いた伝記を記すうえで、当時の文書を裏付資料として利用していたことは明らかである。ジョンソンは、何世紀にもわたって、海賊に関する多くの歴史家に信頼され、彼の『海賊史』は欠くことのできない情報源として利用されてきた。歴史家のデビッド・コルディングリーは、「ジョンソンこそが、一六〇〇年代の終わりから一七二六年までの間に活躍した海賊たちの生涯を詳細かつ生き生きと描くことによって、海賊の黄金時代という考えを作り出したといえる」と語っている。

この時代（一七一六年－一七二六年）の海賊について知られている情報源を評価する上で明らかになったことは、これらの〝あらゆる国の海賊〟に関する分析はデータが限られていたということである。つまり、当時の海賊の数を数千とすると、そのほとんどは歴史の亡霊であり、実質的には彼らについて何もわかっていないのである。このことは彼らの横顔について何も描写できないということを意味しているわけではない。しかし、その横顔の描写については限定的であるということを理解してもらう必要がある。さらに重要なことは、このように限定的であるにもかかわらず、われわれは、この時代に活躍した海賊について、それ以前の海賊よりも、概して多くのことを知っているのである。実際には、海賊に関するその後の文学作品の多くに影響を与えたのはまさにこの時代の海賊であり、現在の海賊の一般的なイメージのもととなったのも彼らなのである。

これらを踏まえたうえで、では、一七一六年から一七二六年に大西洋をのさばった海賊についてはどのような特徴が見られるのだろうか。知られている海賊のほとんどは二〇代で、商船や英国海軍で見られるのとよく似た年齢的傾向を示している。事実上、海賊はすべて男性であった。唯一の例外として知られているのが、〝キャラコ〟・ジャック・ラカム海賊団の一員だったアン・ボニーとメアリー・

ジョンソンの『海賊史』一七二四年の第二版において描かれたアン・ボニー（左）とメアリー・リード（右）。

リードだった。この二人に関する記録は非常に少ないため、多くを語ることはできない。わずかに入手できた情報によると、二人は通常——特に戦闘時——は男性の格好をしていたという。ただし二人の性的指向は伝統的なもので、ボニーはラカムの愛人で、リードは同じ船に恋人がいたと言われている。ラカムに捕らえられた男の一人が、戦闘中の二人の様子を記している。彼女たちは、〝男の上着に、長ズボン姿で、頭にはハンカチーフを巻いていた。また二人はそれぞれ山刀《マチェーテ》と拳銃を両手に持って悪態をついていた〟という。この目撃者が、二人が女性だと気づいた唯一の理由は、〝二人の胸の大きさ〟だった。

　ラカムとそのクルーは、一七二〇年に、短くあまり成功とはいえない略奪行為を繰り返した後、捕らえられ、その年の終わりに裁判にかけられた。ジャマイカで行われた裁判は、ラカムを含め、多くのクルーが絞首刑になったことだけでなく、むしろボニーとリードが取った法律上の作戦――海賊の間でも比類のない――によって有名となった。裁判において、二人は積極的に略奪行為に参加し、しばしば男性の海賊よりも楽しみながら、自らの意思で戦っていたとみなされた。裁判所は二人を海賊行為により有罪とし、絞首刑を宣告した。刑が宣告された直後に、二人の女性は、〝ふくらんだおなかを示して〟妊娠していることを主張した。確認したところ、事実であることがわかり、裁判所は二人に一時的な刑の延期を与えた。

ラカムが絞首台に向かったその日、ボニーはかつての愛人に対し、深い落胆の意をあらわしている。ジョンソンの記述によれば、〝彼女は彼を見るのが心苦しいとしながらも、もし彼が男らしく戦ったなら、犬のように首をつられて死ぬことはなかった〟と言ったという。この二人の女性について、リードは、その後すぐ詳細が不明の病気によって獄中で死去し、ボニーは歴史上の記録から消えてしまい、その運命についてはわかっていない。この事件がいかに注目に値する事件であったとしても、ラカムの海賊行為が主にカリブ海を舞台として行われたことや、アメリカの植民地に与えた影響がほとんどなかったことから、本書で詳しく述べる対象ではない。知られている限りでは、海賊の黄金時代にアメリカの植民地の沿岸で活躍したか、これらの地域から出港した海賊船に乗っていた女性の海賊は確認できていない。

それでも記録が不完全であることは、逆に船上の海賊の社会生活について、いろいろと思いをめぐらす余地も生まれ、この期間について実際に知られているよりも、かなり広範囲にわたってさまざまな推測がなされた。たとえば、全員が男という環境と、長期間にわたって狭い空間を共有していたことから、同性愛が海賊の間で流行していたとする説がある。事実、海賊のなかに同性愛者がいると考

ジョンソンの『海賊史』一七二五年オランダ語版の表紙。上半身裸で剣を振り回している女性は、本書でも紹介しているアン・ボニーかメアリー・リードを描いたと思われる。彼女の足元には財宝、難破船、鎖、金や銀を計る秤、商業の神マーキュリーが描かれている。彼女のうしろには海賊旗と絞首台につるされる海賊の姿が見える。

えることは理にかなっている。というのも、当時〝男色《ソドミー》〟や〝肛門性交《バーガリー》〟と呼ばれる行為は、海軍では絞首刑に相当する罪だったにもかかわらず、そういった例は少なくなかったからである。それもそういった行為で捕らえられ、報告された例からわかった者のみである。同様の性的指向は、もちろん船上以外の社会においても珍しいものではなかった。にもかかわらず、歴史家のハンス・ターリーは、「海賊の同性愛行為に関する証拠は、ほとんどないと言っていいほどに少ない」と主張している。もし海賊の性生活についての記録があったとしてもそれらは極めて限定的であり、しかもそのほとんどは上陸時に女性の娼婦を盛大に買って、男性ホルモンをまきちらす女好きとして海賊をとらえている。このことは、海賊が同性愛行為をしていなかったことを意味するものではなく、むしろ歴史的な現実がどうであったかではなく、彼らが同性愛行為をしていたとする明白な証拠

——歴史的な記録となるような考察——がないことを示しているにすぎない。コルディングリーは、「積極的に同性愛行為をしていた海賊の割合は、海軍における割合と同様だった可能性が高く、せいぜい全人口に対する同性愛者の割合と同じだったのではないかと思われる」と語っている。

海上での海賊のセックス・ライフよりは、間違いなく多くの記録があってしかるべきなのだが、海賊船における人種構成についても、歴史上の記録は気まぐれである。すべてではないにしろ、ほとんどの海賊船には、かなりの数の黒人が乗っていた。しかし、彼らの正確な役割や、白人の海賊が黒人の海賊のことをどう考えていたのかについて知ることは非常に難しい。というのも、海賊船が捕らえられた場合に、黒人のクルーがいたとしても、通常、彼らは白人のクルーのように海賊として裁判にかけられることはなかったからである。その代わり、政府関係者や一般大衆は、彼ら黒人のクルーを資産として見て奴隷として売り払っていた。そのため黒人のクルーの活動については、裁判記録やメディアの記事にもほとんど記録が残っていないのである。

入手可能な証拠からは、海賊船に乗っていた黒人の多くが、捕らえられたアフリカ人奴隷で、人的財産としてしか見られず、引き続き奴隷として扱われ、料理などの雑用をして新たな船長に仕えるか、売り払われるかのいずれかであったことがわかっている。このような扱いは、当然のことながら、白人の海賊の大部分が、一般社会と同じ偏見を抱き、同様の観点で人種の違いをとらえていたことを示唆している。歴史家のジェフリー・ボルスターは、「多くの白人の海賊にとって、黒人の大部分はチェスの歩兵《ポーン》であり、労働力や性の対象（女性の奴隷の場合）あるいは資金源でしかなかった」と語っている。

チャールズ・エルムズによる書籍『The Pirates Own Book, or Authentic Narratives of The Lives, Exploits, and Executions of the Most Celebrated Sea Robbers』（Boston：S. N. Dickinson, 1837）に描かれた黒人の海賊の横顔。

しかし、これは物語の一部でしかない。資料によると、多くの黒人の海賊——元奴隷や、逃亡した奴隷、解放された奴隷など——が重要なクルーとなって白人の海賊とともに戦い、戦利品を分け与えられたとされている。一七一五年から一七二六年までの間に活躍した海賊を分析したある資料によると、〝全体の二五パーセントから三〇パーセントが黒人だった〟のではないかとされているが、船上での具体的な地位や白人からどう扱われていたかについては、ほとんどわかっていない。黒人をクルーとして受け入れていた白人の海賊がより見識のある、公平な視点を持って仲間として見ていたのか、あるいは単にすぐに利用可能な有能な戦力として歓迎していたのかは定かではない。どちらにしても、歴史家ケネス・キンカーが述べているように、〝一八世紀の白人の世界において、海賊船の船上は〟——常にではなく、すべての黒人にではないにしろ——〝黒人にとってもっとも権利を与えられた場所だった〟といえよう。

当然のことながら、われわれは海賊がどのような外観をしていたかについても、あまりわかっていない。そういった詳細は、多くの場合、海賊自身やその被害者によって記録から除外されてしまっているからである。それでも知られている限りでは、平均的な海賊は当時の他の船乗りと同じ服装をしていたことは間違いないようだ。歴史家のジェームズ・L・ネルソンによると、〝当時の船乗りの服装は、ゆったりとした長ズボンか、ひざまでのズボン、麻布やキャラコ地のワークシャツ、ナイフを下げられるようにベルトをして、ネッカチーフかバンダナを首や頭に巻き、ベストや短めのブルージャケットにウールのストッキングとウールで編んだモンマス帽や三角帽子（両脇とうしろが折り返してあって三角に見える帽子）を合わせるというのが一般的だった〟という。戦いのときには、ピストルと剣をこれらに加えて装備し、ベルトから下げるか、肩へたすきがけにするかをしていた。靴に関しては、暖かい地方でははだしのことが多かったが、革靴を履くときも、簡単に履けるタイプのもので、ひもで結ぶタイプのものは引っかかりやすく、維持や安全性の観点から不必要な手間がかかるため好まれなかった。特に防水上の観点から、上着類にタールを塗る者も多かった。海賊が何を着ていたにしろ、海賊は、船乗りと同様に、通常は一着か二着の衣類しか持ちあわせず、手荒く扱い、一日中着っぱなしで、ごくたまに海水で――真水は貴重だった――洗うだけだったので、彼らの衣服や靴は、次第にぼろぼろになっていたことは想像に難くない。

もちろん、このような典型的な海賊の制服に対する例外もあった。クルーであれ、船長であれ、すべての海賊は、状況が許す限りおしゃれであろうとしていたようだ。襲撃した船がたまたま上流社会

ブリガンティン船（一七四二年ごろ）

ウィリアム・バージスによる一七二九年のメゾチント版画の一九世紀後半における複製。ボストン灯台の前に武装した英国のスループ船が描かれている。この八門の大砲を備えたスループ船は、当時の海賊が使っていたものと類似している。

の乗客を乗せていた場合や、単にそういった上流社会の貨物を運んでいた場合、海賊は高級な衣類や宝石を積み荷から奪うか、文字通り裕福な犠牲者から引きはがして自分自身で使っていた。ニューヨークの通りを豪華な衣装と金のネックレスをして見せびらかすように歩いたトーマス・テューのように、この時代の海賊は、自らの成功を見せびらかすように、そしてもはや自分たちが属していない階級社会を見下すための道具として、好んで着飾った。

海賊の身体的な特徴に関しても、多くは当時の船乗りと非常に似ていたと思われる。白人の海賊の場合、長く日光にさらされることによって真っ黒に日焼けし、もともと色黒の者は、より深い色合いになっていた。海賊が色白であるか、褐色または黒人であるかを問わず、風や日光、そして海水が彼らの肌をガサガサの風化したような状態にした。ひげを生やすのが一般的で、髪の毛は短い場合も、長い場合もあり、後者の場合はうしろで結んでいることが多かった。海賊は痩せて筋肉質の傾向があり、これは食料が限られていたことと、労働環境によるものだった。他の船乗りと同様、海賊も多くの危険に遭遇し、けがをすることが多かった。なかには木製の義足を装着している者や眼帯をしている者、その他体に損傷がある者などがいるのはそのせいである（木製の義足は非常にまれだった。というのも船上では健康な二本の脚でも歩くことが困難な場合もあったからである）。

口腔《こうくう》衛生についての概念がこの時代にはまだなかったので、海賊は他の西洋社会の大衆と同様、歯が曲がっていたり、変色していたり、ときには欠けていたりしており、なかには実際に金《きん》で歯を作っていた者もいた。身体的な特徴以外には、海賊の体臭がひどかったことは言うまでもなく、これも当時の人々に共通した特徴だった。

海上での大砲の使用法について記したジョン・セラーによる書籍Sea Gunner（一六九一年ロンドンのH・クラークにより刊行）の挿画より。

一七一六年から一七二六年までの間に大西洋を舞台に活動していた海賊は、当時主流となっていた、社会の基礎をなす何世紀も前の柔軟性に欠ける法律から逃れ、その比較的短いキャリアのほとんどを海上で過ごしていた。彼らは一七世紀の海賊やバッカニアと同様、自らの行動の指針となる多くの民主的な手続きを採用していた。もっとも重要な点は、海賊全員で評議会と呼ばれる非公式の集まりを作り、多数決によって船長を決めていたことである。いつ、どこに獲物の船を探しに行くのか、どの船を襲撃するのか、海賊の掟《おきて》（以下参照）に定められていない問題を解決する場合も同様の方法で決めていた。

船長は、追跡や戦闘時には全体を取り仕切っていたが、その権限は無条件というわけではなかった。クルーは望めば船長を投票で更迭することもできたので、船長は、何事もクルーが喜ぶように努めていた。船長にはさまざまなタイプがいたものの、多くには共通した特徴があり、なかでも戦闘時に勇敢であるか、または卓越した技術を持った船乗りであるなどの理由からクルーから尊敬されている者が多かった。船長には、通常は、船上でもっとも広く、居心地のいい部屋が船長室としてあてがわれていたが、他のクルーと同じものを食べ、クルーの誰かが船長室に入ることや、船長に文句を言うこと、船長と同じテーブルで食事をすることを望む場合には、誰でもそうすることができた。なぜならクルーはみな、自らがリーダーとして選んだ男よりも自分自身が劣っているとは考えていなかったからである。

操舵《そうだ》長もクルーによって選ばれた。操舵長は、副船長として、クルーの〝財産管理人〟とある種の

〝裁判官〟の両方の役割を果たしていた。また、船長ではなく、操舵長が戦利品に関して責任を負い、どれだけの財宝を奪い、仮に奪わずに残すような場合にはどれだけを残すかを決めていた。操舵長は、戦利品の保管と分配についても管理し、食料や酒の公平な分配やクルーの間のささいな紛争も解決していた。クルーからの尊敬も厚かったことから、船長が殺されるか、投票によって排斥された場合には、操舵長が船長に昇格することが多かった。船長と操舵長以外には、他の幹部や掌砲長、大工、甲板長などもクルーによって選ばれていた。

海賊は、〝海賊の掟〟と呼ばれる契約に従うことに同意していた。これは海賊の行動や財宝の分配、負傷したときの補償について定めた契約書だった。このなかに定められていた補償について、ある歴史家は、一種の〝社会保障制度〟であると言っている。掟への忠誠を示すために、海賊はこの文書に署名をした。有名な海賊エドワード・ロウ――本書においても後に詳しく述べる――が採用していた掟の内容は次の通りである。

一　船長はクルーの二人分の分け前を得る。操舵長は一・五人分、船医、航海士、掌砲長、大工および甲板長は一・二五人分の分け前を得る（他のクルーは一人分の分け前を得る）。

二　他の船員に対する暴力を行った者や不適切な武器を、拿捕した船や私掠船（彼らは自らを私掠船《プライベーター》とみなしていた）に持ち込んだ者は、船長およびクルーの過半数が適切とみなした罰を受ける。

三　戦闘時に臆病な行為をした者は、船長およびクルーの過半数が適切とみなした罰を受ける。

四　拿捕した船に一スペイン銀貨《ピース・オブ・エイト》相当の宝石および金銀を発見し、これを二四時間以内に操舵長に渡さなかった者は、船長およびクルーの過半数が適切とみなした罰を受ける。
五　カードなどの賭博や一レアル銀貨に相当する詐欺を働いた者は、船長およびクルーの過半数が適切とみなした罰を受ける。
六　戦闘時に酩酊《めいてい》していた者は、船長およびクルーの過半数が適切とみなした罰を受ける。
七　戦闘時または作業中に四肢を失った者には、六〇〇スペイン銀貨《ピース・オブ・エイト》が与えられ、望む限り船に残る権利が与えられる。
八　必要に応じて、適切な持ち場が与えられる。
九　最初に標的となる船を発見した者には、もっとも優れた拳銃または小火器が与えられる。
一〇　船倉で銃を撃ってはならない。

海賊の掟はどれも同様の内容を含んでいたが、まったく同じというわけではなかった。さまざまなテーマや独自の条項が定められることもあった。たとえばある掟には、〝いかなる場合であれ、淑女と出会い、同意なしにその女性をもてあそんだ者は、死刑に処す〟といったような海賊としての道義心や騎士道精神を求める条項があった。別の掟では、〝音楽家は安息日には休むものとし、特別な許可がない限り、他の六日間については、昼夜を問わず休みはない〟とするなど、船上生活の明るい面を描いているものもあった。また、〝明かりやろうそくは夜八時には消さなければならない。その時間以降も酒を飲む者は甲板で行うこと〟とする消灯に関する規則もあった。掟をいくら詳細に作っても、すべての出来事をカバーできるわけではない。新たな状況が発生した場合、掟には定められていない罰などの適切な措置の決定は、操舵長に委ねられるのが一般的だった。

海賊が民主的な意思決定を行っていたことについては、さまざまなことが語られている。特にこの時代は社会全般において、民主主義がほとんど見られず、アメリカ独立戦争やフランス革命によって、民主主義政府が、完全にというわけではないが広く浸透するのは何十年も後のことだった。一七〇〇年代初頭のヨーロッパ各国は、絶対君主と議会によって支配され、民主主義とはほど遠い状況だったのだ。商船や海軍の船は、本質的に専制的な体制で、船長や一部の幹部が船全体を統括し、クルーに投票させて何かを決定するような機会は与えられておらず、むしろ〝投票〟は反乱を意味していた。私掠船に関しても、同様の内容の掟があり、分配の割合や四肢や身体の傷害に対する補償などが定められていたが、私掠船の船長は、明らかに船全体を統括し、投票によって選ばれることはなく、また他の幹部についても投票によって選ばれることはなかった。

いうまでもないが、海賊は民主主義的な理想に価値を見いだす政治理論学者だったわけではなく、単に民主主義的な支配がもっとも適切な形だと考えていたにすぎなかった。彼らがこの民主主義的な方法を用いていたのにはもう一つの理由があった。多くの海賊は、以前は商船や海軍の戦艦に乗っていて、独裁的で横暴な船長から逃れるために海賊になった者が非常に多かった。したがって、海賊になったときに自分が逃れてきたのとまったく同じ権力構造を作り上げることは考えられなかった。海賊は横暴な船長に対し激しい怒りを持っていたことから、商船を拿捕した場合、最初に行うのは、〝正義の分配〟と呼ばれる行為だった。それは、まず商船のクルーに彼らの船長がクルーを正しく扱っていたかどうかを尋ねることから始まった。クルーが彼らの船長を賛辞した場合は、船長に罰は与えられず、略奪が行われた後に、船とともに、あるいは船なしで解放された。しかし、船長が残忍なリーダーであると判明した場合は、船長は殴られ、極端な場合は殺された。このようにして、海賊は、彼らの多くが船員としての以前の生活で受けた悲惨な扱いに対する復讐《ふくしゅう》を果たしていたのである。

この力学を考慮すると、海賊の船長がクルーの機嫌を取るのも、クルーが自分たちの利益に気を配る操舵長を選ぶのも不思議ではない。ある英国の海賊は、一七二一年に〝海賊の多くはかつて不当な取り扱いを受けていたことから、そのような不正に注意深く備え、自身が選択肢を持つようになった〟と記している。また彼は、操舵長の選任は海賊が〝一人の人物に多くの権力を集中させることを避けたい〟という意図もあったと述べている。

海賊の掟自体については、罰を与える前に投票をすることや、戦利品を公平に分配することを定めるのが一般的であったが、このことは抽象的な民主主義の理想や政治的な理念を実現するために行われたものではなく、むしろ物事を進めるうえで、行動に対する支援を得ることで紛争を避け、クルーの間の団結を図るもっとも効率的な方法だからであった。言いかえると、海賊船は、実際には海上に浮かぶ社会であったといってよく、海賊は、ただ実用的で分別があり、簡単に実施できる規則を作ることで、彼らの社会ができる限りスムーズに機能することを確保しようとしていただけなのである。また戦利品を比較的公正かつ公平に分け合うことは、決してこの時代の海賊の専売特許というわけではなかった。バッカニアも同様の方法を採用していただけでなく、一般的な漁師も収穫した魚をおおむね平等に分配し、船長と一部の船員が残りを受け取るという方法をはるか昔から採用していた。さらに、多くの海賊が人員や特殊なスキルを必要とするときに、拿捕した船のクルーを無理やり仲間に加えることをいとわなかったことや、少なからぬ海賊が黒人を奴隷として扱い、売り払っていたという事実は、真の民主主義が海賊の指針であったわけではないことを示唆している。

海賊にとって、もっとも重要な財産は、彼らの意志と決意を除くと、彼らがあらゆる方法によって手に入れた船であった。反乱によって海賊になった者は、暴力的な強奪によって船を手に入れた。その他の海賊は、小さな舟から始め、海賊行為によって拿捕することでより大きく立派な船を手に入れていった。また、自身の海賊としての野望をかなえるために、自ら船を建造する者――本書においても後に紹介する――もいた。

海賊がどういった方法で船を手に入れるにせよ、彼らは常により良い船を手に入れようと目を光らせていた。この場合、〝より良い〟ということばの定義にはさまざまな要素が含まれた。海賊船は、当然ながらまず耐航性がなければならなかった。というのも海賊は、大西洋を好天のときも悪天候のときも航行しなければならず、穏やかな海からハリケーンが荒れ狂い大きな波にもまれる状況まで、考えられるあらゆる状況に対応する必要があったからだ。また海賊船は、奇襲攻撃ができるよう、速く、操作性が高くなければならなかった。海賊が獲物を捕まえることができず、危険な状況から素早く撤退することができなければ、海賊としてのキャリアはことの外短いものとなってしまうだろう。さらに、海賊は威嚇と戦力によって商船を制圧するので、海賊船は比較的大きく、自由に使える大量の銃や大砲を備えている必要があった。いずれにしろ、獲物となる船を襲撃するためには、海賊船は大きく威圧的で、十分な力を備えていなければならなかったのである。しかし海賊が大きく強力な船を手に入れたいと願ったとしても、その欲望には限界があった。なぜなら、大きさを求めて、耐航性や操作性を犠牲にするわけにはいかなかったからである。

海賊船には、スループ船やスクーナー船からスノー船、ブリガンティン船、さらにはまれではあるがフリゲート船までさまざまな種類があった。しかし、もっとも一般的なのは、一〇門から一二門ほどの砲を備えるスループ船で、優に七五名程度の人員を乗船させることができた。スループ船は〝一七世紀と一八世紀における主力小型船〟だった。この船は喫水が浅く、シャープな船体を持ち、非常に速く、操作が容易で、外洋も海岸沿いの狭い海域も航行することができるといった、海賊に好まれる特徴をすべて備えていた。

海賊船にとってもっとも重要な兵器が大砲で、六ポンドや九ポンド、あるいは一二ポンド以上の鉄球を発射して、敵船の船殻を粉々にし、マストを倒し、立ちはだかる不運な船員の命を奪った。また大砲は、鉄の小さな粒を詰めた小型の缶――パートリッジまたはスワンショットとも呼ばれた――を発射した。この缶は、発射されると爆発し、致命的な鉄のシャワーを降らした。バーショット――両端を太くした、現代のダンベルのような形の鉄棒――は、回転して飛び、あたった装備やマストをすべて破壊する強力な発射物だった。

それぞれの大砲は、複数のクルーで操作する必要があった。海賊船が多くのクルーを抱えていた大きな理由はここにあった。数千ポンドもの重さがあり、移動可能な木製の台車にすえつけられた大砲を撃つことは、バレエを踊るような特殊で高度に振りつけされた動きが求められた。これには砲口と砲身を拭いて汚れや火薬の残りを取り去り、その後、火薬や紙の塊か干し草と発射物を入れて深く詰め込み、雷管を取りつけたうえで、大砲をガンポートにすえつけて発射することまでが含まれていた。もちろん、大砲を発射することと、目標にあたるかどうかは別物だった。海が完全に穏やかな状況でなければ、波の間から発射物の軌道を正確に目標に合わせるためには、うまくタイミングを計る必要があった。

その他の火器として、海賊は拳銃やマスケット銃、船首や船尾にすえつけた追尾砲《チェイスガン》と呼ばれる小型の大砲もよく利用した。鉄球に火薬を詰め、木製の栓をして布の導火線をつけた手榴弾もよく使われていた。接近戦で好まれた剣の種類がカトラスだった。カトラスは、通常は五〇から七五センチメートルほどの長さで持ち運びやすく、混み合った甲板の狭い空間でも使いやすかった。また、わずかに反った厚い刃は、敵に斬りつけたり、突き刺したりするときや索具やマストを切るときにも非常に効果的だった。

海賊は、きわめてありきたりな方法で獲物となる船を追っていた。基本的に彼らは、海の広大さを考え、昔から船が多く航行する海域や交易ルートにしばしば出没し、にぎわった港の近くをうろついて将来的に獲物となる船と出会う機会を増やしていた。チャールズ・ジョンソンは『海賊史』のなかで、このことを〝獲物のあるところ、害獣あり〟と簡潔に記している。多くの場合、海賊の長い航海は、天候に左右されることが多いため、〝獲物〟を追うことは、季節的な要因に大きく左右された。冬場、凍えるような気温と荒れた海によって、北の海が人を寄せつけない状態になると、海賊は南のカリブ海か、東へ向かってアフリカの赤道近くの沿岸に移動した。そして、春になって気温が上がってくると、獲物を求めて北へと戻るのだった。

獲物となる船を逃がさないようにするため、さらには相手の不意を突くために、海賊はしばしば策略を用いた。これは公海上では一般的に行われ、概して非常に効果的だった。通常は、それぞれの船は国旗を掲げており、これを見て相手が敵か味方かを判断していた。しかし、海賊に限らず、商船や海軍の戦艦も、多くの国旗を持っており、実際の船籍とは違うように見せかけたいときには、そのなかから選んで使っていた。つまり、遠くにフランスの商船を見つけた海賊は、商船の船長を安心させて逃がさないようにするためにフランスの国旗を掲げるのだった。計画通りにいけば、フランスの商船は、油断して海賊船が近づくのを許してしまう。いったん、至近距離まで近づくと、海賊は船首から狙いすました砲弾を放つか、船上に乗り込むか、海賊のシンボルである黒い旗を掲げて、自らの真の正体を明かすのである。

しかし獲物となる船に偽りの安心感を与えるこういった策略を用いず、追跡を始めるとすぐに海賊旗を掲げる海賊も多かった。海賊旗は、即座に降伏しなければ攻撃するという明白なメッセージを伝えたので、それが海賊船のマストの上にはためいているのを見た船員を心底おびえさせるという効果があった。リスクを避けるため、常に海賊は、獲物となる船が降伏してくれることを願っていた。戦うことには何のメリットもなかったので、避けられる限りは、決して戦いたくはなかったのだ。戦うことは、海賊や海賊船を危険にさらすだけでなく、拿捕しようとしている相手の船や高価な貨物にも深刻な損傷を与える可能性があった。海賊にとって幸運なことに、海賊旗による脅迫が非常に功を奏し、武力行使に訴えなければならないケースというのはほとんどなかった。

当時の海賊のすべてが海賊旗を用いていたわけではないが、多くの船はこれを用いていた。海賊旗には、それぞれ独自性があったが、事実上すべての海賊旗は、それ自体が死を意味する伝統的な色である黒をバックに、死を象徴する絵柄が、多くの場合は白で描かれていた。もっとも一般的な絵柄は、骸骨の全体像や、〝デス・ヘッド〟と呼ばれる、頭蓋骨と交差した二本の骨を組み合わせたもの――墓石を飾るモチーフとして長く使われていた――だった。カトラスが使われることや、決断する時間がすぐになくなることを強調するために、砂時計が使われることもあった。

いくつかの海賊旗については、現代の文書のなかに、読者にそれがどういったものだったかを理解させるために説明されているものがあるが、黄金時代の海賊旗で現存するものはなく、当時描かれた絵も、チャールズ・ジョンソンの『海賊史』で見られるものを除くとほとんど残っていない。海賊に関する書籍やペンダントにしばしば見られる海賊旗は、黄金時代が終わったずっと後になって創作され、二〇世紀になって登場したものなのである。つまり、それらは、海賊旗が実際にはどんなであったかについて、現代の画家が限られた歴史上の記録に基づいて創作した、もっとも妥当であると思われる推測でしかない。したがって、いくつかのケースでは、現代における海賊旗の描写と歴史上の海賊旗の描写との間に、ほとんど共通点はないはずである。

黒い海賊旗が最初に使われたと確認できるのは一七〇〇年のことで、現在のカーボベルデ共和国のサンチャゴ島沖合でフランスの海賊が〝頭蓋骨と砂時計が描かれた黒い旗〟を掲げて戦ったとされている。一七一〇年代と一七二〇年代、黒い海賊旗は、海賊によって日常的に使われるようになり、理由はまったく定かではないものの、ジョリー・ロジャーと呼ばれることもあった。これはフランス語のジョリー・ルージュ、すなわち〝真っ赤〟から来ており、海賊などが容赦をしないことを示すために用いた赤い旗を説明したことばに由来しているとする者もいる。またその当時、悪魔の俗称として一般的に使われていた〝オールド・ロジャー〟が変化したものだという説や、頭蓋骨をじっと見たときに、笑った顔《ジョリー》に見えることから来るという説もある。ジョリー・ロジャーの語源が何であれ、それが劇的な結果をもたらす、極めて効果的な名刺がわりに使われていたことは間違いない。

商船は、黒い海賊旗を見ると、自らの旗を降ろして停泊し、海賊が乗り込んでくるのを待つのが一般的だった。比較的少ないながらも、抵抗した商船を海賊が情け容赦なく襲撃したとする例もあり、海賊は、怒らせると非情な殺人者になるという評判が確立されていた。ボストン・ニュースレターが一七一八年に報じたところによると、〝海賊に抵抗した商船のクルーは、情け容赦なく、極めて残酷に殺されたことから、海賊に襲われると、船員はおじけづいて戦いを拒んだ〟という。商船のクルーが、抵抗すれば復讐《ふくしゅう》するに違いない恐ろしい敵を前にして、船を守って命を危険にさらすよりも、降伏することを選ぶのはもっともなことだった。特に、彼らはただ雇われて賃金をもらっているだけで、船や貨物に個人的に投資しているわけではないことも理由の一つだった。

降伏した後は、略奪、仕分けおよび意思決定が迅速に行われた。まず海賊は、操舵長の主導のもとに拿捕した船に乗り込んで、財宝を探し始め、必要な場合は隠し場所を見つけるために、クルーや乗客を拷問にかけた。この時間はまさに何が発見できるか期待のときであると言えた。というのも海賊は拿捕した船に何が積まれているかは事前にわからず、これを捕らえるために費やした時間や砲弾、

ハワード・パイルによる挿画（一九二一年）。海賊が一人の男を厚板の上を歩かせて殺そうとしている。黄金時代の海賊が実際にこのようなことをしたかどうかは定かではない。想像上の海賊の話を生き生きとしたものにするために加えられた文学上の脚色である。海賊が誰かを殺そうとする場合は、もっと直接的であり、銃や剣を使うか、単純に海に投げ落とした。しかし、一九世紀の海賊では厚板の上を歩かせた例がいくつか見られている。

そして血に値する財宝が得られるかはわかっていないからだった。

高価な貨物や財宝に加え、海賊は、生き抜くために必須の、より日常的な実用品も奪った。何カ月も続けて航海し、大西洋の港ではほとんど例外なく歓迎されなかったことから、海賊は船舶関連の装備や食料を海上で調達しなければならなかった。つまり、海賊は、しばしば索具や帆、道具といったものから、樽詰めの干し魚や小麦粉、水までも戦利品として奪っていた。それどころか、一七一六年から一七二六年までに活躍した多くの海賊を見ると、こういった必需品の略奪がごく普通のことだったことに驚かされる。また、いくつかの注目に値する例外はあるものの、この時代の海賊のなかで、財宝を蓄えたり、それなりの貯蓄をしたりしている者は比較的まれだった。

最終的に、海賊は拿捕した船をどう処分するかを決めなければならなかった。よい船だった場合は、海賊はこれを僚船として迎え、クルーを分けて新たに得た船に配置した。こういった場合、その後、複数の船を襲ううちに、海賊船の船長は、小さな船団を指揮するようになった。このことは大きな野望を抱くリーダーにとっては究極のゴールであったと言えよう。あるいは、拿捕した船が非常に優れた船だった場合、海賊は古い船を捨てて、新しい船に完全に乗り換えることもあった。船を捨てる場合、海賊の仲間に加わらなかったクルーの一部は、通常はその捨てられた船と、ともに去ることが許された。しかし、拿捕した船を海賊船にするか、これを燃やすか沈める――しばしば行われていた――場合、拿捕した船のクルーは、陸地に置き去りにされるか、捕虜として、別の船を襲撃し、その船に移して解放するまで捕らえておくことが一般的だった。

この時点で行わなければならないもう一つの意思決定は、船の構造上の改良が必要かどうかの判断だった。このことは拿捕した船を海賊船にする場合に特に重要だった。船を戦いに適した仕様にするために、彼らは、移動がしやすいように主甲板の装備を取り除いたり、大砲を配備する余地を作るために船倉の隔壁を取り除いたり、船の戦闘能力を高めるために新たなガンポート用に船殻に穴を開けたり、スピードを上げて操作性を高めるために艤装《ぎそう》を変えたりした。

一七一六年から一七二六年までの間に大西洋に出没し、アメリカの植民地を悩ませた何千もの海賊のうちのほとんどは、特に記憶に残ることも関心をひくこともない、取るに足らない登場人物だった。彼らは歴史の舞台を流れ星のように駆け抜け、ほとんど足跡を残すことなく、あっというまに消えていった。しかし、この時代の海賊の何人かは、その個性や功績から、他の海賊よりも明るい輝きを発し、人々の注目を集めた。

第七章　財宝と騒動

7 . TREASURE AND THE TEMPEST

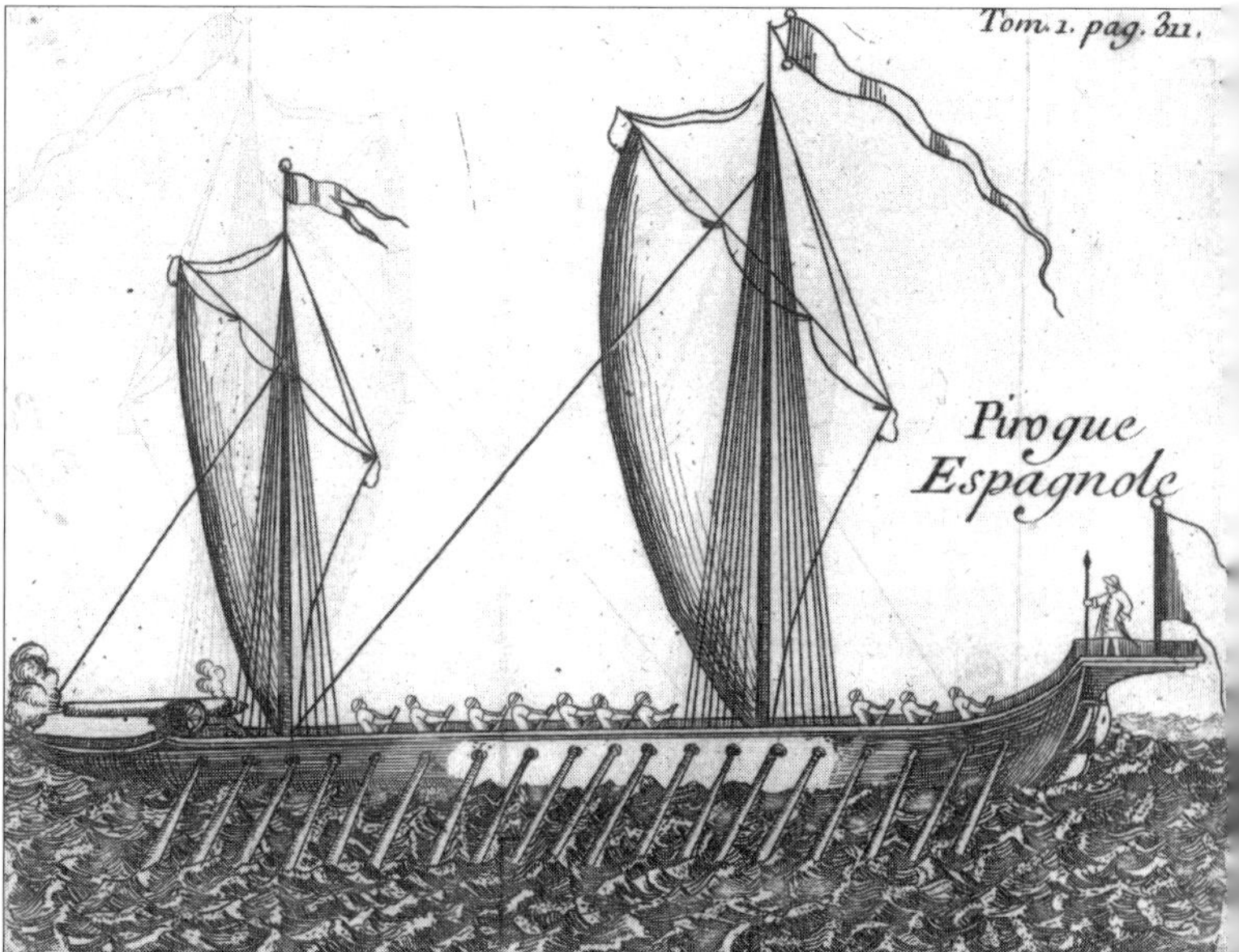

スペインのペリアグア船（一七四四年ごろ）。サミュエル・ベラミーやポールスグレイブ・ウィリアムズが海賊としてのキャリアをスタートさせるときに使った船である。

一七一五年秋、サミュエル・ベラミーとポールスグレイブ・ウィリアムズは、わずかなクルーととともにニューイングランドを出港してフロリダに向かった。彼らは、数カ月前にフロリダ沖でハリケーンに襲われて沈没したスペイン船隊の残骸から財宝を引き揚げようとしていた。二人の組み合わせは奇妙なものだった。ベラミーのそれまでの過去ははっきりとしていないが、もともとは英国西部のデボン州ヒティスリーの農家の出身で、スペイン継承戦争の間、商船か海軍の戦艦の船員だったようだ。ベラミーは、戦後の動揺の余波で職を失い、伝えられるところによるとケープコッドにある小さな農漁村イーストハム――大西洋に突き出た腕のような形の岬の肘の部分にあたる――にたどり着いたという。そこで彼はマリー――あるいはマリア――・ハレットという地元の娘に求婚し、彼女もこれを受け入れた。しかし裕福な農家だった彼女の両親が、身分の低い船乗りに娘を嫁がせるつもりはないと言って、二人の結婚に反対した。これに怒ったベラミーは、マリーを花嫁にするのにふさわしい男となって戻ってくると誓い、財宝を求めて出港した。

実際に、当時のイーストハムには、裕福な一家出身のマリー・ハレットという若い女性がいたが、ベラミーがその女性に求婚したという証拠も、彼がケープコッドのどこかに住んでいたという証拠も存在しない。それでも、ケープコッドの住民によって今日まで語られてきた話が真実であるか否かはともかく、ベラミーが戦争の後、ニューイングランドにたどり着き、一七一五年に財宝を求めて出港することを決意したことは間違いないようだ。そして彼が自分の夢をかなえるために手を組んだ男は、彼とはまったく異なる背景を持ったウィリアムズだった。

ロードアイランドのニューポート出身で、銀細工師として成功し、結婚して二人の子どもを持つ三

アレン・アンド・ジンター社が一八八八年ごろに作り、煙草のケースに入れた“Pirates of the Spanish Main（スパニッシュ・メインの海賊）”カードシリーズの一つ。これはサミュエル・ベラミーとウィダー号の難破を描いているが、いずれもイラストレーターの想像によるものである。

九歳のポールスグレイブ・ウィリアムズは、高名な一家の出身だった。彼の祖父、ナサニエル・ウィリアムズは、植民地の市民軍の大尉で、ボストンでは警察官と議員も務め、後にビーコンヒル（訳注：ボストンの高級住宅地）となる地域を含め、ボストンにかなりの土地を保有していた。彼の父のジョン・ウィリアムズは成功を収めた商人で、ボストンとブロック島で暮らし、マサチューセッツの議員やロードアイランドの検察官も務めていた。ポールスグレイブの母アンは、マサチューセッツのチャールズタウンやブロック島の主要な創設者と関係が深かったという。

ウィリアムズとベラミーがいつ、どのように知り合ったのかは定かではないが、一七一五年秋、彼らは船を購入し、ベラミーが新たな冒険の船長を務め、フロリダへと出発した。これは彼らが少なからぬ財宝を持ってニューイングランドに戻って来る二年前のことだったが、その後彼らに起きたことはアメリカの海賊の歴史のなかでも最悪の厄災であると言われている。

一七一六年一月、ベラミーとウィリアムズがフロリダ沖の遭難場所で目にしたものは、財宝を求めて殺到する大量の船だった。多くの英国船が金や銀を探して、あわただしく海底を探索していたが、どの船もまだ幸運に恵まれてはいなかった。スペイン船と他国からの侵入者がすでに財宝の多くを引き揚げており、残されたものを見つけるのは非常に困難だったのだ。ベラミーとウィリアムズも同様で、スペインの戦艦にこの海域から追い払われるまでに、ほとんど成果を得ることはできなかった。

落胆しながらも、財宝を見つけることにまだ執着していたベラミーとウィリアムズは、海賊になることを決意する（近年においてベラミーの海賊としてのキャリアについて記した多くの書籍は、彼を〝ブラック・サム・ベラミー〟と呼んでいる。この呼び名は彼が真っ黒な髪をしていたことか、浅黒い肌をしていたことから来ていると思われる。しかし著者は、当時の記録で彼を〝ブラック・サム〟と呼んでいるものを見つけることも、彼の髪の色や肌の色に言及しているものを発見することもできなかった。したがって、好奇心をそそるあだ名ではあるものの、本書では〝ブラック・サム〟という呼び名は使わないこととする）。彼らはホンジュラス湾に向かい、三月にはクルーを雇って、元の船をペリアグアと呼ばれる二隻の大型の操船性に優れた高速の帆走カヌーと交換した。その後の数週間で、彼らは小さな船をいくつか襲い、さらに四月の初めには、別の海賊ヘンリー・ジェニングスを裏切って大きな戦果を収めた。

当初、ベラミーとウィリアムズは、ジェニングスの小さな海賊艦隊に加わって、キューバの北西沖バイーヤ・ホンダに停泊しているフランスの商船セント・メアリー号を襲った。襲撃の際、ベラミーとウィリアムズは、独自の戦術を用いて自ら攻撃の先頭に立った。彼らとその仲間は、服をすべて脱ぎ、拳銃と剣、そして銃弾の入った箱だけを持ってペリアグア船でセント・メアリー号に近づいた。この重装備をした、裸の恐ろしい顔つきの男たちを見ても、セント・メアリー号の船長は降伏しようとしなかったため、ベラミーは、ジェニングスの船から数発、銃を放ち、さらに抵抗するなら容赦はしないと脅して、目的を遂げた。

ジェニングスはフランス人船員を拷問し、彼らが三万スペイン銀貨《ピース・オブ・エイト》を陸揚げして隠している場所を白状させ、これをただちにセント・メアリー号に積み込んだ。海賊は、その戦果を吟味しているときに、フランスの商船マリアンヌ号が沖合二〇マイル（約三二キロメートル）を航行していることを知った。さらなる戦利品を獲ようと、ジェニングスは仲間の船を送ったものの、ときすでに遅かった。スループ船ベンジャミン号の海賊ベンジャミン・ホーニゴールドがマリアンヌ号を襲い、すでにこの海域から去っていたのだ。

争いに敗れたことに激怒したジェニングスは、残りの船団を置いたまま、バルシェバ号とマリー号を率いてホーニゴールドを追いかけた。ジェニングスが出発するやいなや、ベラミーとウィリアムズはチャンスと見て、信じられないほどの素早さでセント・メアリー号を襲ってこれを制圧した。彼らが求めていたのは船ではなく、積み込まれていた金《かね》だった。そこで、彼らは銀貨を彼らのペリアグア船の一つに移して逃走した。ジェニングスは、ホーニゴールドの追跡に失敗して戻り、二人の裏切りを知らされると、その怒りの矛先をベラミーとウィリアムズが残していったもう一隻のペリアグア船に向け、これを〝バラバラに破壊した〟。

バイーヤ・ホンダを出港してまもなく、ベラミーとウィリアムズは、ジェニングスが追い求めていた男、ベンジャミン・ホーニゴールド――彼はすでにカリブ海の海賊の間では伝説的な存在だった――と遭遇した。スペイン継承戦争中は、英国の私掠船《プライベーター》の船長だったホーニゴールドは、戦争の終結と同時に海賊となり、それ以来、〝フライング・ギャング〟と称する海賊の船団を率いて、カリブ海沿岸で商船を襲っていた。彼らは、バハマ諸島を構成する七〇〇もの島の一つである英国領ニュープロビデンス島の小さな街ナッソーを本拠地としていた。ニュープロビデンス島は、戦争中、何度もフランス軍やスペイン軍に襲われていた。この島に置き去りにされ、恐怖に震え、打ちひしがれたおよそ一〇〇人の英国人入植者は、頼るべき政府もなく、ただ生き残ることに奮闘していた。

ホーニゴールドとその仲間の海賊は、一七一三年にナッソーに上陸してこの街を実質的に支配し、歴史家コリン・ウッダードが〝海賊共和国〟と呼んだ本拠地としていた。この街は、カリブ海とアメリカの植民地、さらにはヨーロッパへとつながる主要な航路にまたがった最適の場所にあった。またナッソーを本拠地とすることにはもう一つの利点があった。水や木材、食料をニュープロビデンス島や周囲の島々から調達することが可能だったのだ。またバハマ諸島には多くの入り江や港湾があり、襲撃に出発する前や、追跡された場合に避難する隠れ場所を海賊に提供してくれるだけではなく、傾船して整備するうえでも最適の場所を提供してくれた。

海賊共和国に関するうわさが広まると、他の海賊たちもナッソーに集まって来て、同じように活動

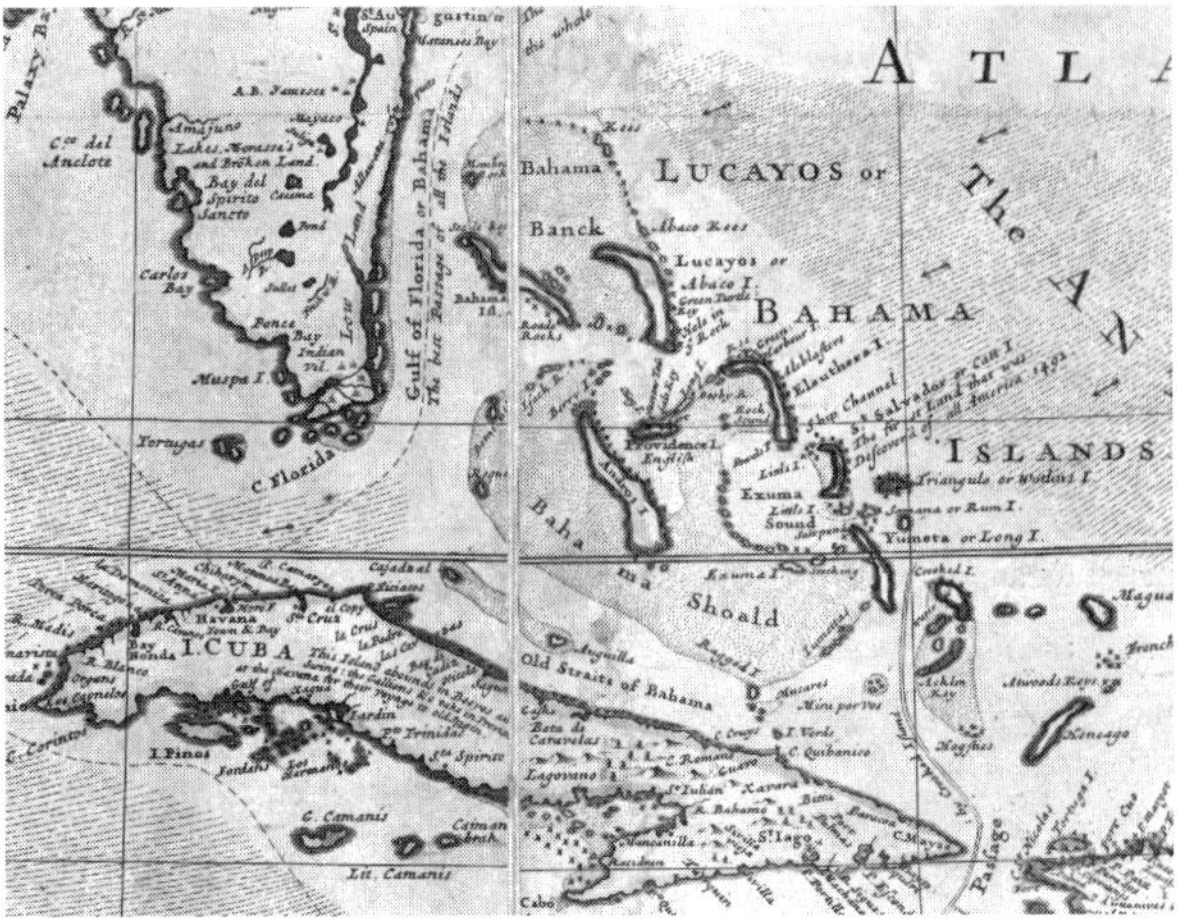

キューバの北、フロリダ半島の突端の南に位置しているバハマ諸島を示した西インド諸島の一七一五年地図の一部。ニュープロビデンス島は非常に小さい島で、地図のほぼ真ん中に位置している。

拠点とするようになった。なかにはニュープロビデンス島を〝第二のマダガスカル〟にしたと豪語する者もいた。マダガスカルと同様、ニュープロビデンス島も、海賊に喜んで生活必需品を売り、襲撃した船から盗んだ品を安価な価格で買おうとする商人らを磁石のように引き寄せた。これらの商人はアメリカの植民地から来ており、海賊が生き残り、強さを求めていくうえでは極めて重要な存在だった。ある植民地の商人は、〝海賊自身がしばしば語っていたとして〟、ロードアイランドやニューヨーク、ペンシルベニアなどの〝植民地の商人が、海賊の指示通りに銃弾や食料などの支援をしていなければ、彼ら海賊がそこまで恐れられる存在になることはなかった〟と記している。

　海賊の大規模な流入は、一七一五年に英国の政府関係者に、バハマが〝海賊の巣窟になりはてた〟と言わせるほどだった。被害を受けたのは海賊が襲撃する商船だけではなかった。当時ニュープロビデンス島から逃げてきた者によると、海賊は、〝住民を襲って家を燃やし、女たちを強姦するなど島を大混乱におとしいれた〟という。その結果、ナッソーの住民の多くは、〝殺されることを恐れて〟島を去って行った。

ベラミーとウィリアムズは喜んでホーニゴールドのフライング・ギャングに加わり、ホーニゴールドは、その後すぐにベラミーを八門の大砲を有するマリアンヌ号の船長にした。数週間後、ホーニゴールドたちは、オリヴィエ・レヴァスール――元私掠船の船長でハゲタカやタカを意味するラ・ビューズのあだ名で呼ばれていた――が船長を務めるフランスの海賊船ポスティリオン号と遭遇し、行動をともにすることにする。その後の数カ月間で、この海賊船団は多くの襲撃を繰り返したが、そのいくつかについては、ホーニゴールド抜きで行われた。彼はナッソーでベンジャミン号を売却してアドベンチャー号という新たな船を買うのに忙しかったのだった。彼らは、一七一六年の夏までヒスパニオラ島の沖合で行動をともにしたが、それも長くは続かなかった。

ホーニゴールドは平時であっても戦争のことを忘れることができず、母国に対する忠誠心があつかったので、フランス船とスペイン船しか襲わず、英国船は襲撃しないと誓っていた。一度だけ、その誓いを破ったことはあったものの、ほとんどにおいて彼はその決意を曲げることはなかった。問題は、ベラミーもラ・ビューズもホーニゴールドの考えに賛成していなかったということで、事実、彼らはホーニゴールドの不在中に何隻かの英国船を襲っていた。彼らは、商船であれば、その船籍にかかわらず襲撃の対象だと言い張った。八月に別の英国船を襲撃することをホーニゴールドがためらったとき、彼の指揮下にあったクルーの過半数が、彼から海賊船団の司令官の地位をはく奪し、代わりにベラミーを司令官とすることを投票で決めた。海賊たちは、それでも以前の船長に対する敬意を持っていた証しとして、ホーニゴールドと彼の側についた二六名のクルーに戦利品の取り分とスループ船アドベンチャー号を与えた。ホーニゴールドの追放に投票したアドベンチャー号の残りのクルーは、ベラミーとラ・ビューズの船に移された。ホーニゴールドは、意気消沈しながらも誇りを持ったままナッソーに向かい、一方でベラミーとラ・ビューズはおよそ二〇〇名のクルーとともに新たな航海に出発した。

ベラミーとラ・ビューズは、キューバからリーワード諸島、さらに南下してベネズエラ沖まで航海し、その後の五カ月間でさまざまな種類の船を襲った。ベラミーは、自ら海賊になろうという者を歓迎し、抵抗する者はその意思に反して無理やりクルーに加えた。ベラミーが採用したクルーでもっとも異例だったのは、ジャマイカからアンティグア島へ向かう英国のスループ船ボネッタ号に母親とともに乗っていた一〇歳の少年ジョン・キングだった。ベラミーがボネッタ号のクルーに海賊になりたい者がいるかと尋ねたところ、キング少年が強く希望した。キングの母親は息子に行かないように懇願し、ベラミーにも息子を連れて行かないように頼んだが、少年の意志は固かった。ボネッタ号の船長は後に、少年が「反対するなら自殺する」と言い、さらに邪魔をするなら危害を加えると〝母親を脅し〟さえしたと語っている。こうして少年は海賊になった。

ベラミーとラ・ビューズの最大の戦果は、一一月、セントクリストファー島近くのオランダ領サバ島で訪れた。そこで彼らは二六門の大砲を有する英国の商船スルタナ号を拿捕した。スルタナ号はマリアンヌ号よりもはるかに大きく、かつ、強力だったので、ベラミーはクルーの投票のもと、スルタナ号に乗り移って指揮をとることを決め、一方で同じく投票によってウィリアムズをマリアンヌ号の船長にした。数週間にわたって略奪を繰り返した後、ラ・ビューズとその仲間は戦利品の分け前を受け取り、自らの航海を進めるべく去って行った。

ベラミーとウィリアムズは、海賊として大きな成功を収めた。ある見積もりによると、彼らはパートナーとなってから、このときまでに五二隻の船を襲っていたという。しかし、彼らがもっとも素晴らしい戦果を得るのはこれからだった。

一七一七年四月初め、ベラミーとウィリアムズがカリブ海と大西洋をつなぐウィンドワード海峡近くを航行していると、水平線に巨大な船を発見した。獲物になりうると考え、海賊たちは積み重なるように帆に乗り、英国旗を掲げて追跡したものの、このときは追いつくことができなかった。

このとき逃げ去った船はローレンス・プリンスが船長を務めるウィダー号だった。ウィダー号は一八門の大砲を備えた三〇〇トンの奴隷船で、建造されてからまだ二年しかたっていなかった。そして数日前、ウィダー号は五〇〇名の奴隷を届けた後、ジャマイカのポートロイヤルを出港していた。この船の名前は、その恐ろしい奴隷取引の性格を暗示したものだった。ウィダー王国は、アフリカ西岸のギニア湾に面して位置し、年間二万人の奴隷が輸出されるなど、奴隷貿易の盛んな国だった。地域最大の奴隷貿易港であり、英国の奴隷商人はその上得意客だった。

プリンス船長は奴隷貿易の経験が豊富でアフリカとカリブ海の間を何度も航行していたことから、

海賊の脅威についてもよく理解し、常に用心を怠らなかった。彼は追って来た二隻の船が、その英国旗にもかかわらず、海賊ではないかと疑い、その疑いが正しいことを確かめるよりも逃げることを選んだ。

ベラミーとウィリアムズがウィダー号を大砲の射程にとらえるまでには、三日の日数と三〇〇マイルの距離を要した。そのときには、プリンスも彼らが海賊であることに疑いを持っていなかった。ベラミーとウィリアムズは英国旗を降ろし、〝頭蓋骨と交差した骨〟を示す海賊旗を掲げていたからだった。船が近づいてくると、プリンスは船尾に取りつけた二門の大砲を放つよう命じ、砲弾を海賊船のすぐ近くに向けて放った。この威嚇行為にもかかわらず、プリンスには戦いを挑むつもりはなかった。一方的な戦いになりかねないとわかっていたのだ。ウィダー号は火力では勝っていたが、彼が見たところ、海賊は彼の五〇名のクルーをはるかに上回る兵力を有していた。さまざまな可能性を考えたうえで、彼はウィダー号を止めるよう命令し、降伏した。

海賊たちはウィダー号に乗り込み、すぐに自分たちの幸運を悟った。ウィダー号はスルタナ号やマリアンヌ号よりも新しい優れた船で、追加の武器を備える十分な余地があるだけでなく、財宝をぎっしりと積んでいたのだ。プリンスは、ポートロイヤルで奴隷と引き換えに、砂糖やインディゴ染料、ジェズイット・バーク（〝セイクレッド・バーク〟とも呼ばれ、キナの木からとられ、マラリアの薬であるキニーネを作るために用いられる）、さらには大量の金銀を積み込んでいた。戦利品を詳しく調べるために、海賊はウィダー号をバハマ諸島にあるロング島の近くまで運び、奥まった入り江にスルタナ号やマリアンヌ号とともに停泊させた。

十分に調べた後、ベラミーたちはウィダー号を旗艦とすることに決め、スルタナ号をプリンスに与えることとした。その後、数日をかけて、一〇門の大砲がスルタナ号からウィダー号に移され、ウィダー号は二八門の大砲を備えることとなった。さらにスルタナ号の残りの大砲がマリアンヌ号に移された。二万ポンドから三万ポンド相当の金銀は、それぞれ五〇ポンド（約二二キログラム）ずつ袋に詰めて、ウィダー号の主船室に収容された。これらの大量の金銀に比べて残りの積み荷はそれほど魅力的なものはなかったが、海賊たちはできるだけ〝多くの高級品〟をスルタナ号に移し替えた。また、クルーの補充も行われ、プリンスのクルーのうち三名が無理やり海賊にさせられ、五名から七名が自主的に海賊に加わった。最終的にベラミーは、〝手数料がわりに〟二〇ポンド相当の金銀をプリンスに与えて解放した。

春が近づいてくると、ベラミーとウィリアムズは船団を北へ向けた。計画ではチェサピーク湾の湾口にあるバージニア岬へ向かい、一〇日ほど費やして獲物を探した後、ゆっくりと北上し、メイン中部にある沿岸諸島で傾船して船の整備をすることになっていた。また、ウィリアムズはブロック島で親戚を訪れ、富の一部を分け与えるつもりでいた。

四月の初め、サウスカロライナの沖合一二〇マイルのあたりで、ベラミーとウィリアムズはニューポートからチャールストンへ向かう商船を拿捕する。船長のビーアは、海賊のクルーが彼のスループ船の財宝をあさっている間、捕らえられてウィダー号に連れて来られた。ウィリアムズ——おそらくベラミーも——が、ビーアと彼のスループ船をそのまま逃がしてやろうとしたが、他のクルーは、スループ船を沈没させることを投票で決めた。ジョンソンの『海賊史』によると、ベラミーはこのことを次のようにビーアに伝えたという。

おれの手下が貴様の船を返さなくて悪かったな。おれは自分の得にもならない悪さをするやつは好かねえ。貴様のスループ船はまだ役に立っただろうが、沈めなきゃなんねえ。貴様は卑劣な犬畜生だが、金持ち連中が自分たちを守るために作った法律に従う連中も同じだ。臆病な犬どもは、そうでもしなきゃ自分たちがかすめ取ったものさえ守る度胸もねえのさ。みんな、くそくらえだ。悪賢い悪党どもに、そいつらのために働く貴様のような腰抜けのあほうども。やつらはおれたちのことをならず者と呼ぶが、違いがあるとすりゃ、やつらは法に守られて貧乏人からかすめ取るが、おれたちは度胸一つを頼りに金持ち連中から奪い取るってことだけさ。そんな悪党に雇われて、そいつらのケツを追いかけてコソコソしてるより、おれたちの仲間にならねえか？

ビーアがベラミーに「良心にかけて神と人の法を破ることはできない」と答えると、ベラミーはさらに長広舌を続けた。

悪党に良心とは笑わせるぜ！　おれは自由な君主だ。海に一〇〇隻の船を擁し、陸に一〇万の兵を擁する男と同じように全世界に戦いを挑むことができる。それがおれの良心の命ずるところだ。だが力のあるやつになすがままにさせて、泣き言を言ってる弱虫野郎と議論したところで始まらねえ。

この印象的なスピーチは、海賊に関する多くの物語に引用されているが、実際には行われていないことはほぼ確実である。まず、同時代の記録にこの事実は残っていない（ジョンソンが記したのは何年も後のことだった）。ビーアが略奪されて、港に着いた後に、彼がこのスピーチを書きとどめていたという証拠はなく、地元の新聞に話したという証拠もない。また、その言い回しは、やたらと飾り立てられ、以前はどこにでもいる船員だった比較的無教養の海賊の船長であるベラミーの口から出たにしては政治的な哲学にあふれている。さらに、後半部分のベラミーの罵倒は、マケドニアの国王であるアレキサンダー大王が紀元前四世紀に捕らえた海賊に対して言ったとされたことばである疑いがある。アレキサンダー大王が海賊に対し、なぜ海を力で支配しようとするのか尋ねたところ、その海賊は、〝小さな船でそれをやれば海賊と呼ばれ、国王のように大艦隊でそれをやれば人は世界を支配すると言う〟と答えたという。ジョンソンの『海賊史』に書かれている多くの話と同様、ベラミーのスピーチについても作られたものだったようだ。

ジョンソンは、このスピーチについて、カリブ海でベラミーに捕らえられた船員の一人が、後に〝海賊はロビンフッドを気取っていた〟と語った事実からアイデアを得たと思われる。ジョンソンの『海賊史』によると、ベラミーは自らと彼の仲間を、ロビンフッド同様、金持ちや権力者と戦うことを好む反抗的な性格を持っていると見ていたようだ。しかし、〝ロビンフッド気取り〟と言われたという事実は、それがふざけて言われたか、皮肉をこめて言われた可能性がある。さらに、ロビンフッドとの類似性を主張することは、海賊の歴史においては他には見られないようで、他に同様の主張をしている海賊は知られていない。しかし、たとえベラミーや他の海賊の船長が自分たちをロビンフッドにたとえていたとしても、彼ら自身の目標は、金持ち――はっきり言えば誰でもよく――から金を奪い、彼らがもっとも気にかけている貧乏人――つまり自分たちに！――分け与えることだったのである。海賊に利他的な政治目標などなく、金もうけのためのライフスタイルに魅力を感じているだけで、彼らは社会を変えようとしているわけではなかった。

ビーアのスループ船を沈めた後、ベラミーとウィリアムズはバージニアに向かった。数日後、濃い霧が海上を覆い、二隻の船は互いが視認できない状況になっていた。霧が晴れ、気づくとベラミーとウィリアムズは離れ離れになっていた。彼らは、苦境を悔やんで感傷にひたるよりも、いずれメイン沖で再び合流できることを期待して、海賊行為を続けることにした。

その後の数週間で、ウィリアムズは二隻の船を襲い、わずかな戦果を上げたのみだった。獲物を求めて航海を続けながら、彼はブロック島へ向かい、そこでビーアを解放した後、親戚を訪れ、食料などを調達した。彼は三名をクルーに加えたが、自主的に加わったのか実質的に誘拐してきたのかは定かではない。

ベラミーのほうもほぼ同じような状況だった。ウィリアムズと別々に行動するようになってからの数日間で、彼はバージニア沖で三隻の小さな商船を立て続けに襲った。そのうちの一隻は沈め、もう一隻は解放したが、三隻目――アン・ギャレイ号という名の一〇〇トンのスノー船――については僚船に加え、ウィダー号を傾船整備するためのクルーを追加することとした。ベラミーは信頼していた一八名の部下をアン・ギャレイ号に乗船させ、新たに海賊の仲間に加わったアン・ギャレイ号のクルーと合わせて二八名とした。ウィダー号の操舵長だったリチャード・ノーランドがアン・ギャレイ号の新しい船長に選ばれた。

ウィリアムズとベラミーが五隻の船を襲ったというニュースは、この地域の商人たちをパニックにおとしいれた。バージニアの商人は、四月一五日に〝われわれの沿岸に海賊が出没している〟と商務庁に報告し、〝彼らが交易にどの程度の損害を与えるかは神のみぞ知る状況であり、船は日々、拿捕されることを恐れながら出港し、入港している〟と記した。チェサピーク湾からの航海は実質的に停止状態になっていた。この商人は、海軍の戦艦を追加で配備するように英国政府に懇願し、配備されなければ〝これらの海賊について、より壊滅的な被害の知らせを聞くことになるのもそう遠くはなく、英国政府は、このような状況を放置せずに、この地の交易を守るべきだ〟と記した。

この書簡が書かれてまもなく、ウィリアムズとベラミーがこの地域を離れたため、地域の商人たちは被害を免れた。ベラミーはメインに向かい、四月二六日の早朝の時点で、彼らの小さな船団はナンタケットショールズとジョージバンクの間、ケープコッドの肘の部分の東を航行していた。同じころ、ウィリアムズは、一五〇マイル（約二四〇キロメートル）離れたロングアイランドの近くを航行していた。この日が彼らの運命に悲劇をもたらすことになることを、二人ともまだ知らなかった。

四月二六日、マリー・アン号のクルーの一人が遠くから二隻の船が近づいてくるのを発見した。アンドリュー・クランプスリーが船長を務めるマリー・アン号はアイルランド船籍の商船で、数日前にナンタスケットを出発し、ニューヨークに向かっていた。英国国旗を掲げたベラミーのウィダー号は、マリー・アン号に近寄るやいなや、降伏するよう命じた。ウィダー号はボートを降ろし、七名の海賊がマリー・アン号に乗船した。彼らは二名を除いて全員が〝マスケット銃や拳銃、カトラスで武装していた〟。この実行部隊のリーダーであるトーマス・ベイカーは、クランプスリー船長に近寄ると剣を抜き、この船の書類を集めて、五名のクルーとともにウィダー号へ移るよう命じた。七名の海賊とマリー・アン号の残り三名のクルーはそのままマリー・アン号に残った。

ベラミーはマリー・アン号の積み荷目録を詳細に調べ、そのなかに七〇〇〇ガロンのマデイラ・ワイン――アフリカの北西沖にある緑に覆われたポルトガル領のマデイラ諸島から輸出される非常に人気のある酒――があるのを発見して喜んだ。彼はすぐに四名のクルーを向かわせて、いくつかを持ってくるように命じたものの障害に阻まれた。マリー・アン号のアンカーケーブルの輪がワインの樽を保管していた貨物室のハッチをふさいでいたのだ。重いケーブルを動かすよりも、海賊たちは主船室から五本の〝グリーンワイン（訳注：ポルトガル産のワイン、ヴィーニョ・ヴェルデの別名）〟と衣類を持ってウィダー号へ戻った。

ウィダー号が先導し、船団は北北西に向かった。マリー・アン号がその後に続き、さらにそのうしろにアン・ギャレイ号が続いた。次第に視界が悪化してきて、午後四時には霧が非常に濃くなったため、ベラミーは停泊することを決めたか、あるいは風のために停泊を余儀なくされ、今後どう行動すべきかを考えた。するとアン・ギャレイ号がウィダー号の船尾に近づき、船長のノーランドが、クルーらが数時間前に陸地を発見していたことを告げた。この知らせにベラミーは大いに悩んだ。というのも彼はこの海域についてあまり詳しくなく、さらに霧が非常に濃かったので、座礁する危険性が非常に高かったからだった。ベラミーは、マリー・アン号の船長だったクランプスリーに案内をさせようとしたが、彼もこの海域についての知識に自信がなかった。三〇分ほどして、霧が晴れ、ベラミーの悩みも解決したかに見えた。

スループ船フィッシャー号が岬の東、およそ七マイルのところを航行しているのが視界に入ると、ベラミーはこの船を止め、どこから来たのかを尋ねた。フィッシャー号の船長ロバート・インゴルズは、彼らがタバコと皮革を積んでバージニアを出港し、ボストンに向かっていると答えた。ベラミーはこのとき獲物よりも、助けが必要だった。そこで彼はインゴルズがこの沿岸に詳しいかを尋ねた。インゴルズが詳しいと答えると、ベラミーは彼にボートを降ろして航海士とともにウィダー号へ乗船するように命じた。インゴルズの新たな任務は、海賊を岬の外まで案内し、おそらくはメイン沿岸まで同行することだった。ベラミーは、フィッシャー号がちゃんとついてくるように、四名の武装したクルーをフィッシャー号に乗船させた。

日が暮れ、闇が海域を覆うと、ベラミーはランタンをウィダー号の船尾に取りつけた。彼は深い闇のなかを一緒に航行できるよう、他の船にも同じように明かりをつけるように命じた。ある地点で、ベラミーはマリー・アン号のクルーに〝もっと急ぐように〟命じた。しかしマリー・アン号の船上で、海賊のジョン・ブラウンは〝マストを持って行かれるほど帆を張っている〟と言い返したという。

ベラミーがマリー・アン号に乗っていたら、なぜ遅れているのかがわかっただろう。一つには、水漏れがひどく、クルーが常に水をかき出さなければならず、何人かの海賊はこの船を呪い、〝二度と見たくもない〟とまで言っていたのだ。もう一つの深刻な問題は、アルコールだった。その日早く、ベラミーのクルーの一人サイモン・ヴァン・フォーストが船倉から〝酒を見つけなければ〟、首の骨を折ると言って、マリー・アン号のコック、アレクサンダー・マッコナキーを脅した。身の危険を感じたマッコナキーは、数人のクルーとともにハッチから苦労してケーブルをどけ、何樽かのワインを取り出した。それ以降、海賊はずっと飲みっぱなしで、夜にはかなり酔っぱらっていたのだ。特に問題だったのは、酔っぱらった海賊はかじを取るのをやめてしまい、酔っていない囚人が交代でかじを取っていたことだった。

海賊は酔っぱらった状態でも、囚人たちの操船技術に文句を言うことをやめず、またもやマッコナキーが標的となった。トーマス・ベイカーは、マッコナキーが〝風上にかじを切ったと言って、彼の頭に銃を突きつけて〟脅し、さらに言い聞かせるように、この男には犬を撃つよりも撃つ価値がないと言い放った。またベイカーは上陸しても自分が海賊であることを住民に話さないようにマッコナキーに言い聞かせた。酒の力を借りて、海賊はさらに冗舌になった。ベイカーは囚人の一人に〝国王から富を得るための私掠免許を授けられている〟とうそをつき、また別の海賊は、その私掠免許状が〝世界の果てでも通用する〟と言ったという。

しかし、〝世界の果て〟にたどり着く前に、彼らはケープコッドの長く伸びた腕をかいくぐって出て行かなければならなかった。そしてそれは次第に危険度を増していた。夕方には風が強くなり、波も高くなりはじめ、一〇時にはハリケーン並みの本格的な強風となっていたのだ。稲光が舞を踊るように空を切り裂くなか、激しい雨がほとんど水平に降り注ぎ、波は怪物のような高さとなって襲いかかってきた。マリー・アン号のかじを取っていた航海士トーマス・フィッツジェラルドは、他の船の明かりを見失ってしまった。一一時過ぎ、彼は船底をこする恐ろしい破壊音を聞き、マリー・アン号が東からの強風にあおられて陸地へと流されていることを悟った。クルーは急いで帆を調節して船の方向を変え、陸地から離れようとした。だがそのかいなく、マリー・アン号は、激しい勢いでイーストハムの南、オーリアンズのポチェット島へと流されていった。

マリー・アン号は座礁してしまい、その衝撃でクルーが倒されたものの、それでもまだその形をとどめていた。船体にかかる力を和らげるため、ベイカーは斧でフォアマストとミズンマストを切り倒した。フィッツジェラルドは後に、何人かの海賊が「お願いだから船倉へ降ろしてそこで死なせてくれ」と叫んだと語っている。フィッツジェラルドはクルーの頼みを聞き、船倉でろうそくの炎が揺らめき、波が激しく船体をたたき、風が甲高い音を上げているなか、一時間にわたって祈祷書を読み上げ、自らの運命を悟ったクルーたちに慰めを与えた。

一方で、アン・ギャレイ号とフィッシャー号は、海岸からは離れた位置にあり、他の二隻の船を見失っていたものの、互いに確認できる状況にあった。遠くで破壊音を聞いたアン・ギャレイ号の船長のノーランドは、アン・ギャレイ号とフィッシャー号に停泊するよう命じた。鉄のいかりが海底の砂地に埋まると、荒れ狂う海にもかかわらず、二隻の船は安定した状態を確保した。しかし、ウィダー号は幸運には恵まれなかった。

他の三隻の船のクルーが、難破しないように戦っているのと同じころ、ベラミーとそのクルーも、現在のウェルフリート（ウェルフリートは、一七六三年まで隣接するイーストハムの一部だったが、請願によって四〇年たって街に昇格した）の沖合で同じように奮闘していた。ベラミーは五〇〇キログラムのいかりを下ろすよう命じたが、嵐があまりにも激しかったため、停泊することさえできなかった。ウィダー号は、いかりを引きずりながら、海岸から約三〇〇メートルにある砂州――マリー・アン号が座礁した場所からおよそ一〇マイル（約一六キロメートル）北の地点――へと激しい勢いで流されていった。ウィダー号も座礁してしまい、その衝撃でクルーは吹き飛ばされた。大砲や貨物がミサイルのようにデッキを飛び交い、立ちはだかる者を押しつぶすか、ひどいけがを負わせた。その衝撃とその後の激しい波によってウィダー号は粉々に破壊され、その積み荷とともにバラバラになった破片が海岸沿い四マイルにわたって散乱した。最初の座礁の衝撃とデッキを襲った波で船外に投げ出されなかった者も、バラバラになった船の残骸が浮かぶ、骨まで凍りつくような大西洋の海に投げ出された（ウィダー号がイーストハムの沖合で座礁したという事実から、ベラミーが実際には生涯の恋人のマリー・ハレットのもとを訪れるためにイーストハムに向かったとする者もいる。しかし、ベラミーがそのような密会を心に抱いていたという証拠はなく、先に記したように、ベラミーとハレットが互いに知り合いだったという証拠もない。代わりに、後に当局に尋問されたウィリアムズのクルーの証言など、入手可能なあらゆる証拠は、ベラミーとウィリアムズがケープコッドではなく、メインに向かっていたことを示している。ベラミーとハレットのロマンスをめぐる憶測がこのようなよくできた物語を作り上げたのである）。

このときに何名のクルーがウィダー号に乗っていたかは定かではなく、報告されている数も一三〇名から一六三名と幅があった。しかし何名が乗船していたにしろ、岸まで泳ぎ着いて生き残ったのは、ジョン・ジュリアンとトーマス・デイヴィスのわずか二人で、この海賊物語の主役の一人であるベラミーは、荒れ狂う海の波間で惨めな最期を迎えていた。

ジュリアンは、ケープコッド出身のインディアンであるか、中央アメリカ出身のミスキート族の出身であったと言われ、一方でデイヴィスは、二二歳の独身のウェールズ人で、ベラミーとラ・ビューズが一七一六年一二月に拿捕した商船、セント・マイケル号の船大工だった。デイヴィスは自ら進んで海賊になったわけではなく、ベラミーが彼を無理やりウィダー号の一員にしたとき、次に別の船を拿捕したときには解放するようベラミーと約束していた。しかし、別の船を拿捕したときには、ベラミーは約束を忘れてしまい、代わりにデイヴィスの運命をクルーの投票に委ねた。その結果、彼は激しく糾弾され、自由にする代わりに〝撃ち殺すか、マストに縛りつけて死ぬまでむち打ちにしろ〟と言われたという。

岸まで泳ぎついたことも、デイヴィスとジュリアンにとっては苦行の始まりでしかなかった。嵐が荒れ狂うなか、彼らがはいあがることのできるなだらかな傾斜の海岸はなかったのだ。代わりに、激しい波に打たれ、彼らの体温が急激に下がる二人の前に、八〇フィート（約二四メートル）近い高さもある急こう配の崖が立ちはだかった。急速に衰えていく体力をどうにか振り絞って、二人は崖の壁面にしがみつき、手や足をかけるたびに崩れ落ちる砂の壁を必死でよじのぼった。四月二七日の早朝、ほとんど体力を使い果たして、何とか崖の上にたどり着くと、二人は別行動を取ることにした。ジュリアンが翌日以降何をしていたかはわかっていないが、デイヴィスは内陸部に向かって歩き始め、午前五時には海岸線から二マイル（約三・二キロメートル）離れた地点で、地元の農家のサミュエル・ハーディングの家のドアをノックしていた。

当初は、早朝に見知らぬ男の訪問を受けて迷惑に思ったハーディングも、デイヴィスが、自分が何者で、どうやってここにたどり着いたかを話すのを聞くと、興奮のあまりほとんど有頂天となった。ケープコッドの住民は、難破船は財宝を得る大きなチャンスと考えていたのだ。世界中の海岸沿いのコミュニティーでは、船が沿岸を航行している限り、住民は難破船の特典を利用する権利があると信じ、難破船から価値のある財宝をあさって奪い、難破船やその積み荷に対する権利を主張する船主や政府などを無視していた。海岸や水辺で漂流した貨物を引き揚げることは、いわゆる難破船荒らしにとっては天からの贈り物だった。難破船荒らしは、しばしばアメリカのスラングで〝ムーンカッサー（月を呪う者）〟と呼ばれている。これは彼らが、難破が起きやすい暗闇や曇った夜となることを祈り、月の明るく輝く夜は船乗りが航路に迷うことがないことから、これを呪ったとされていることに由来している。一八世紀の後半、英国のシリー諸島出身のジョン・トラウトベック牧師は、難破船荒らしの夢について、あらゆる場所で口にしていた。彼は、「神よ、われらはあなたに祈る。難破が起きないことを。しかし難破が起きるなら、貧しい住人のためにシリー島へと導きたまえ」と語った。これと同じ哲学がハーディングや仲間のケープコッドの住民たちを突き動かしていた。唯一の違いは、シリー島を自分たちの街に置き換えただけだった。

ハーディングにはよくわかっていた。これはただの難破ではなく、海賊船の難破であり、途方もない大もうけがもたらされることを意味していた。疲れたデイヴィスを暖炉のそばで休ませる代わりに、ハーディングは彼に体を温めるための毛布を与え、馬車を用意してこれにデイヴィスを乗せ、難破した場所に案内するよう言った。ハーディングはうわさが広まるまでに海岸を二往復した。やがて朝の一〇時には、一〇人を超える人々が海岸を探索するようになり、その日の終わりには、その数は、海岸だけではなく沖合に浮かぶ漂流物も求めてさらに大きく膨れ上がっていった。人々は死体もあさった。時間がたつにつれ、多くの死体が海岸に打ち上げられ、人々が遺体から貴重品――宝石や金銀貨、銀のバックルなど――を奪おうとするおぞましい光景が繰り広げられた。ある記録によると、イーストハムとその周辺の町の善良な住民たちは、その日の難破船探索によって〝莫大な富を得た〟という。

一方でマリー・アン号は、荒れ狂う嵐に何とか耐えた。翌日の夜明けごろ、一〇名の生存者がポチェット島にたどり着き、船から持ち出した砂糖菓子とワインを食べて時間を過ごした。ベラミーの部下はあわてて口裏を合わせ、ブラウンが船長で、残りの海賊も含め、全員が彼のクルーだと地元の住民に話すようにマリー・アン号の三名のクルーに言い含めた。

一〇時ごろ、地元の住民であるジョン・コールとウィリアム・スミスがマリー・アン号を発見し、近隣の住民とともに調査のためにカヌーで島に向かった。彼らは特におかしいところはないと判断し、一〇名のクルーを本土のコールの家に連れ帰った。コールは彼らに休息するよう提案し、彼らが〝ひどく落胆しており〟、ロードアイランド（おそらく彼らはベラミーのパートナーであるウィリアムズを見つけたいと考えていたか、あるいはウィリアムズの親戚にかくまってもらおうと考えたと思われる）に向かうもっとも早い方法をしきりに知りたがっていたと記している。しかし、一人意気盛んな

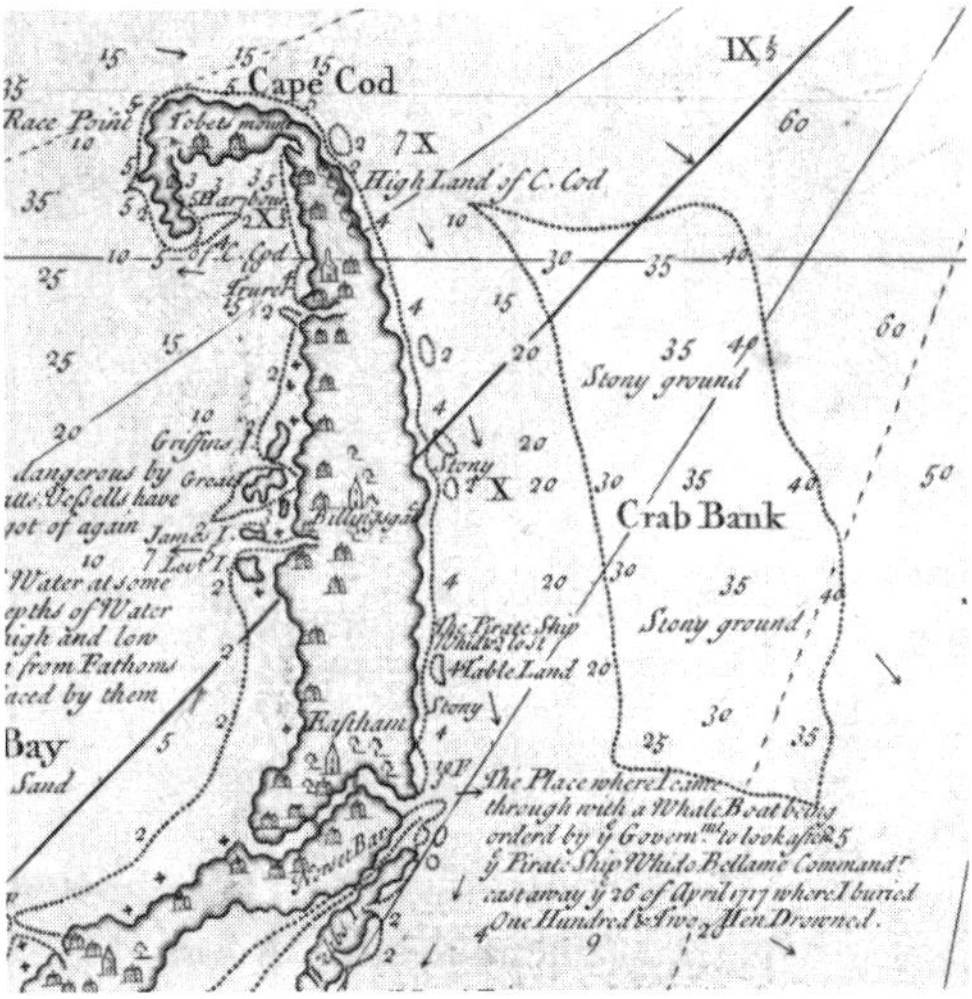

シプリアン・サウザックのマサチューセッツの一七三四年ごろの地図の一部。太い矢印（実際には地図には描かれていない）の先には、サウザックが〝ウィダー号の遭難場所〟と記している。さらにサウザックは、その下の右に、彼が遭難者一〇二名を埋葬したことを読者に対し記している。

マッコナキーが突然口を開き、暖炉のまわりに座る七人の男は海賊で、残りの三人は前日に彼らに捕らえられたのだと暴露した。正体がばれた海賊たちは、あわてて家から逃げ出し、無理やり捕らえた捕虜たちも一緒に連れ去った。

海賊が去ると、コールは治安判事であり議員でもあったジョセフ・ドーンにこのことを報告した。これを受けてドーンは仲間を集めて捜索を開始した。ドーンは海賊たちがイーストハムの宿屋の近くを通って最短距離を進むために、逃走用の馬を奪う可能性が高いと考え、その思惑通りに海賊を捕らえた。ドーンは、海賊とマリー・アン号のクルーをバーンスタブルの留置場に入れ、すぐに彼らから自白を引き出した。その後まもなく、ドーンは、デイヴィスとジュリアンを保護した。数日後、四人全員が、馬に乗せられてボストンの留置場に移され、重い鉄の鎖につながれて運命の裁きを待った。

海賊がバーンスタブルの留置場に連れていかれたのと同じころ、アン・ギャレイ号とフィッシャー号はすでに出航していた。彼らは沖合に停泊することで嵐を生き延び、風向きが変わって沖に向かって吹き始めると、他の船に何が起きたかを知らないまま、いかり綱を切ってケープコッドから東へと向かっていた。一〇マイル（約一六キロメートル）ほど航行すると、ノーランド船長は、フィッシャー号のクルーに、貴重な貨物を持ってアン・ギャレイ号に移るよう命じた。フィッシャー号のマストは折れて船外に投げ出され、ハッチも開いたままだったため、今も荒れている海上では、すぐに沈んでしまいそうだったのだ。アン・ギャレイ号はメイン沿岸を北に向かって航行した。ノーランドはそのときもまだベラミーやウィリアムズと再会できると信じていた。

地元の治安判事であるドーンが、ウィダー号が難破した場所にやってきたのは四月二八日になってのことだった。海岸は漂流物をあさる住民たちであふれかえっていた。まるで死体に群がるハゲタカのように、二〇マイル（約三二キロメートル）も離れた地域から集まってきた二〇〇人を超えるケープコッドの住民が、海中や海岸、散乱する一〇二もの死体から高価な品々を奪っていた。ドーンは強欲な難破船荒らしに対し、引き揚げられた品は国王に帰属するので、見つけたものを返還するよう命じた。しかし、わずかな品々しか提供されなかったことは言うまでもなかった。

マサチューセッツのサミュエル・シュート総督は、難破の起きた数日後には事態を警戒し、難破した場所にシプリアン・サウザック司令官を派遣してできる限り財宝を回収するよう命じていた。ボストン在住の著名な地図製作者であり、かつては私掠船の船長だったサウザックは、五月三日に難破場所に到着したが、住民たちの強硬な抵抗にあった。地元民の行動について知ると、サウザックは、住民らにあさった財宝を差し出すよう、総督の名において命じ、必要であれば住民が隠しているものを見つけるために、家屋や仕事場を捜索すると言って脅した。しかし、彼は後に「住民たちは非常に手ごわく、難破船からあさった財宝を決して手放そうとしなかった」と語った。数日後に総督の声明が届き、すべての市民に対し、難破船から奪ったあらゆる〝金《かね》、金塊、宝石、貨物および商品〟を引き渡すよう命じ、申し出ない場合は処罰すると脅した。寡黙な住民たちはそれでも態度を変えようとしなかった。彼らは心に決めていたに違いない。砂をふるいにかけ、浅瀬から引き揚げ、海岸に打ち上げられた死体からはぎ取った財宝は、彼らやその子孫を豊かにするものであって、植民地や英国本国を豊かにするためのものではないのだと。

サウザック自身の財宝を回収する試みも大した成果は得られなかった。彼は海岸を徹底的に調べ、ホエールボートで難破船の周辺の海域を捜索させたが、作業は連日の悪天候に阻まれた。最終的にサウザックは、切断されたケーブルや帆、大砲二門、二つのいかり、そして家具といったものしか回収できなかった。これらの品は、その後ボストンで数カ月かけて競売にかけられ、合計二六五ポンドとなった。この代金はサウザックのもとに送られ、期待はずれに終わったケープコッドの探索費用に充てられた。

ウィリアムズとベラミーのクルーによると、彼らはカリブ海を離れる前に、メイン植民地のケープ・エリザベス沖合にあるリッチモンド島で落ち合うことにしていたという。しかし、理由は明らかではないものの、アン・ギャレイ号は、ケープコッドを出た後、リッチモンド島から五〇マイル（約八〇キロメートル）離れたモンヒガン島に向かい、そこで一週間以上ウィダー号の到着を待った。その間彼らは、周辺の海域にロングボートを送って何度か海賊行為をした。五月九日、仲間と落ち合えないことに落胆したアン・ギャレイ号のクルーは、待つことを止め、カリブ海へと戻って行った。

一方ウィリアムズは、ロングアイランドの沖合で嵐を切り抜けた後、マリアンヌ号を北に向け、メインを目指していた。彼らは途中で四隻の小さな商船を襲い、そのうちの一隻は、マリアンヌ号を傾船整備する際に役立てようと僚船に加えた。五月一八日、彼はリッチモンド島に着いたが、一日か二日しか滞在せず、さらに三〇マイル（約四八キロメートル）北東のダマリスコーブ島へ向かい、そこで船の整備をすることにした。ウィリアムズはウィダー号とその僚船に何が起きたのかと不思議に思ったまま、五月二三日にダマリスコーブ島を出港して南に向かった。二日後、彼らはプロビンスタウン近くで、マサチューセッツのセーレムから来たスクーナー船スワロー号を止め、船長から恐ろしいニュースを伝えられた。ウィリアムズは、ウィダー号が難破し、ベラミーのクルーの生き残りもボストンの留置場に入れられていることを船長から告げられた。財宝を失っただけでなく、仲間をも失ったことから、ウィリアムズたちは悲嘆にくれた。多くの友人やパートナーが命を落とし、牢獄につながれているだけでなく、カリブ海で多くの船から奪った大量の財宝もすべて失ってしまったのだ。明らかに落胆し、悪運を呪いながら、ウィリアムズとその仲間は、アン・ギャレイ号と同様、カリブ海へと向かった。

ウィダー号が沈没した後、マサチューセッツのシュート総督の感情は、歓喜から怒り、そして恐怖へと大きく振れていた。彼は、海賊が沿岸で沈没し、生き残った者も投獄され、裁判を待っていることを大いに喜んだ。ひところは、〝沿岸を守ってくれ、略奪を企てようとこの沿岸にやってきた多くの海賊を自らの手に捕らえさせてくれたこと〟を神に感謝さえした。しかし、彼は、ケープコッドの住民たちが彼らの見つけた財宝を返還しようとせず、隠してため込んだことに怒りを覚えた。さらに彼は、逃げ去った海賊が次に何をするのかを恐れてもいた。

シュートの恐れは、ベラミーの部下がボストンに投獄された数日後、マリアンヌ号がマーサズ・ビニヤード島の沖合で二隻の商船を襲い、クルーの一人を海賊に加えたという知らせが届いたことで、現実となった。このとき、シュートは総督としての公務でニューハンプシャーにいたが、彼の不在中、副総督のウィリアム・ダマーがただちに行動を開始した。彼はフリゲート艦のHMSローズ号と植民地のスループ船に九〇名の人員を配備して、マリアンヌ号と――同じく海賊行為を続けていた――アン・ギャレイ号の追跡に派遣した。同時に、ダマーは、植民地から出て行こうとする船に一週間の出港禁止を命じることで、海賊がこれ以上商船を襲う機会を減らそうとした。

地域全体が厳戒態勢となった。ロードアイランドのサミュエル・クラントン総督も、マリアンヌ号の襲撃に警戒心を強め、〝十分に戦備を整え、人員を配備した二隻のスループ船〟に〝海賊を追わせた〟。彼は、同僚であるシュート総督に書簡を送り、〝冷酷な怪物を驚かせ、捕らえようというシュートの取り組みに神の加護があり、航海がより安全になること〟を強く願っていると記した。

しかし、捜索は失敗に終わった。HMSローズ号が五月に捜索を断念したときには、アン・ギャレイ号とマリアンヌ号はすでにニューイングランドの海域を離れていた。沿岸を南下して行く途中で、ウィリアムズとマリアンヌ号は、ニュージャージーやデラウェア、バージニア、カロライナ沖で船を襲い、これらの植民地をパニックにおとしいれた。あるときウィリアムズは、追跡した船に追いついた際に、その船の船長を反抗的だといって〝冷酷に打ちすえた〟という。ウィリアムズと仲間たちがこれらの不運な犠牲者から奪ったものは、衣類や帆、艤装《ぎそう》、小麦粉、ワイン、大砲に加え、船のバラストに隠してあった三五〇オンス（約一〇キログラム）の銀——ウィリアムズが積んである金《かね》を出さない限り、船を燃やすと脅したことで船長が渋々差し出した——などだった。

ウィリアムズが南下していく途中で直面した問題は、このような反抗的な船長だけではなかった。ニュージャージーのサンデイフックの沖合では、マリアンヌ号に無理やり乗せられたクルーたちが反乱を試みようとしたものの、ウィリアムズとその忠実な部下らによって手痛い反撃にあった。混乱のなか、五名から六名の反逆者が負傷した。負傷がもとで死んだ者はいなかったが、反逆者のうちの三名は、ウィリアムズがけた端（船の帆げた——帆がとりつけられるマストの上の水平なけた——の外側の端）からつるしたことで命を落とした。結局、数週間にわたって北アメリカ沿岸を恐怖におとしいれた後、マリアンヌ号は植民地沿岸を離れ、南に向かった。

これ以降、ウィリアムズは歴史上の記録からはほとんど消えてしまい、一七二〇年にアフリカ沖で目撃されたのが最後と言われている。このとき、彼は一七一六年に彼とベラミーが行動をともにしていた海賊ラ・ビューズが船長を務めるブリガンティン船で操舵長を務めていた。ウィリアムズは船長から操舵長へのこの降格を快く思っていなかったようだ。というのも、ウィリアムズは〝船長〟と呼ばれることを好み、ラ・ビューズに捕らわれていた囚人の間では、そういったお世辞を言うことが、わずかに残されていた彼の機嫌をよくする最良の方法だと言われていたのだ。

ベラミーの仲間たちは、裁判が始まる一七一七年一〇月まで牢獄で惨めな暮らしを送っていた。とはいえ、彼らはまったく放っておかれたわけではなかった。彼らの投獄期間の最後のころには、コットン・マザー牧師が何度も訪れ、彼らに悔い改めるようにと熱心にすすめていた。マザーはさらに植民地中を飛び交っていた話を繰り返し語った。マザーは、ウィダー号が難破した後、海賊が、〝囚人が海賊に不利な証言をしないように、残酷にも囚人をすべて殺したと言い、船が沈む直前には悲しげな叫び声が海岸まで聞こえたことや浜に打ち寄せられた死体に血だらけの傷があったことがその証拠である〟と主張した。これは驚くべき内容ではあったが、まったくの作り話だった。海賊は、自分の命を守るのに必死で――結局はうまくいかなかったが――他人を殺している余裕などなかったのだ。また無理やり海賊にさせられた者を除くと、そのときウィダー号に乗っていた〝囚人〟はクランプスリー船長と五名のクルーのみであり、彼らが――あるいは海岸に打ち寄せられた他の者が――殺されたとする証拠はない。住民が〝悲しげな叫び声〟やその他難破船からの声を聞いたという点についても、激しい嵐のせいで、風の吹きすさぶ音と波のくだける音以外は何も聞こえるはずはなかった。

九名の海賊のうち、八名がボストンの海事裁判所に連れて行かれた。インディアンのジュリアンは奴隷として売られたようだった。その後、二つの裁判が行われた。最初の裁判は、一〇月一八日に始まり、マリー・アン号の難破を生き延びた七名の海賊に対するもので、二番目の裁判は、ジュリアンとともにウィダー号の難破を生き延びたトーマス・デイヴィスに対するものだった。国王の代理人として検察官を務めたジェイムズ・スミスは、それぞれの裁判の冒頭で、海賊たちを、あやまった行為によって卑しくも恥ずべき状態におちいった〝人類の敵〟として描いてみせた。スミスは、〝海賊はいかなる王の保護を受けることも、いかなる国の特権も、いかなる法の利益も享受することはできない〟と言い、さらに〝彼らは、信仰や約束、宣誓も守らないことから、共通の人間性や人間としての生得の権利も否定されるべきで、むしろ人々が法によって駆除すべき野生の獣として扱われるべきだ〟と主張した。

最初の裁判において、七名の海賊に対する訴えはマリー・アン号の拿捕と略奪に関するものであり、それ以前の海賊行為は含まれていなかった。全員が無罪を申し立て、ベラミーによって無理やり海賊の仲間にさせられたのだと主張した。検察官のスミスは、彼らは無理やり海賊に加えられたのではないと反論した。そしてスミスは、もしそうだとしても、必要に迫られたからといって神聖な法や道徳律に違反することを正当化することはできず、罪を犯す言いわけにもならず、罪から逃れることはできないと言って、彼らの主張を退けた。さらにスミスは、彼らが海賊行為に関わっていたことは明らかであり、マリー・アン号で逃げて海賊行為をやめるチャンスはあったにもかかわらず、盲目的にベラミーにしたがって運命をともにしたとして、彼らの有罪を主張した。

裁判所は六名を有罪とし、絞首刑を宣告した。七番目の男トーマス・サウスは無罪とされた。その際、裁判所は、複数の目撃者の証言から、サウスが実際には無理やり海賊にさせられ、海賊行為には関わっていなかったと指摘した。彼は海賊船になる前のマリー・アン号にクルーとして加わり、他の

ハワード・パイルによる"Then the Real Fight Began（このとき真の戦いが始まった）"と題する挿画（1921年）。

クルーに対しても〝礼儀正しく、親切で〟、クルーの一人にはできるだけ早く逃げ出すつもりだと明かしていたという。

二件目の裁判では、デイヴィスが、ベラミーのクルーの一員であり、ウィダー号の拿捕とバージニア沖で別の船を襲った罪で訴えられた。デイヴィスの仲間の一人だったサウスの証言から、デイヴィスも無理やり仲間にされ、海賊行為に積極的には関わっていなかったことが証明され、彼も無罪となった。判決を聞いたデイヴィスはひざまずき、厄介ごとを避けるようにとさとす判事に、あり余るほどの感謝の意をあらわした。

一一月一五日の金曜日、六名の罪人は、留置場からハドソンズ・ポイントの処刑場まで引き回された。マザーは、彼が言うところの〝長く悲しい行進〟につき添い、〝死の木〟のある場所に到着した。そこでマザーは、〝罪人や集まった大勢の見物人とともにできる限りふさわしく、役に立つように祈りをささげる〟と語った。マザーは後に海賊との会話を記録した冊子を出版し、そのなかで、海賊は心から罪を認め、救いを求めたと記した。マザーは、海賊が絞首刑となるおぞましい光景を描いた後、最後に驚くほど力強いことばでこの冊子をしめくくっている。「読者よ、見るがいい、これが海賊の終わりだ」しかし、彼は間違っていた。

第八章　海賊紳士と黒ひげ

8 . THE GENTLEMAN PIRATE AND BLACKBEARD

ジョンソンの『海賊史』一七二六年版に描かれた黒ひげ。

一七一七年四月終わりのウィダー号の難破と、その後の一一月のベラミーの部下の処刑の間も、アメリカの植民地は依然として海賊に悩まされていた。ウィリアムズの略奪行為に加え、ラ・ビューズもいくつかの厄介な襲撃を繰り返し、そのなかには、ノースカロライナ沖で拿捕したニューハンプシャーの商船の船長をラ・ビューズの部下が激しく切りつけた上に打ちすえ、その後、皮を剥いで燃やしてから解放すると言って脅した件も含まれていた。襲撃が繰り返されたことを受け、フィラデルフィアでもっとも成功した商人であり、後に市長となったジェームズ・ローガンがその年の年末近くに、友人に手紙を書き、「われわれは、アメリカ沿岸に群がり、船を襲うたびにその数を増していく海賊にひどく悩まされている」と訴えた。これらの海賊のなかで、悪名が高く、魅力的な存在として、歴史にその名を刻んだ海賊が二人いた。彼らは、一七一七年に行った海賊行為よりも、翌年派手に捕まったことや、互いに絡み合う海賊としての劇的なキャリア、そして暴力的な最期を迎えたことによって多くの人々を魅了した。彼らこそ〝海賊紳士〟スティード・ボネットと、黒ひげとして広く知られたエドワード・サッチだった。

一六八八年にバルバドス島で家族の経営する裕福なサトウキビ農場に生まれたボネットの若年期は、富と特権に満ちあふれた日々だった。彼は、召し使いや奴隷に世話をされ、惜しみない教育を受け、人生の機微をたのしむことを教えられていた。そして農場経営にも精通してきた一七〇八年には、両親の死後、後見人によって管理されていた一家の財産を受け継ぐことにもなった。一年後、二一歳のとき、彼は、別の農場主の娘であるメアリー・アランビーと結婚し、バルバドスの首都であり、主要

バルバドス島ブリッジタウンの風景（一六九五年ごろ）。

な港のあるブリッジタウンに新居を構えた。彼は、一七一七年までに四人の子ども――そのうちの一人は一歳になる前に死んでいた――をもうけ、地元では〝少佐〟と呼ばれていた。このことは、彼が周囲から尊敬される地位にあったことを示しており、〝広く尊敬を集める〟評判の高い紳士だったものと思われる。

このとき、あるいはおそらくはそれ以前から、ボネットの友人たちは、彼が、無視できないほど〝明らかな精神的な病〟に侵されていることに気づき始めていた。彼はその社会的地位にふさわしくないような行動をとるようになっていた。ボネットの行動の急激な変化は、うつ病か心神喪失によるものだとする者がいる一方で、結婚生活における〝不和〟にその原因があると見る者もいた。

一七一六年の終わりか一七一七年の初めごろ、彼は一〇門の大砲を備えた六〇トンのスループ船を建造し、これをリベンジ号と名づけた。どういうわけか、ボネットは農場と家族を捨て、海賊になることを決意したのだった。もちろん彼は、その意向を造船工や友人の農場主、地元の政治家に話すことはできなかった。以前から、海賊は、バルバドス島を行き来する商船を襲い、島の経済に大きな打撃を与えていた。島の正直な住民が彼の計画を知れば、身勝手な行動を快く思うはずはなく、止められることは間違いなかった。代わりにボネットは、ジャマイカや他のカリブ海の英国領の総督から私掠免許状を授かって、私掠船の船長になるつもりだと言っていた。このことは、おそらくボネットがまだ妻のメアリーと話をする仲だったころに、妻に語った話であるという可能性が非常に高い。

航海のためのクルーを集めるとき、ボネットはブリッジタウンの酒場や波止場にたむろする男たちに近づき、穏やかな口調で、海賊として――私掠船のクルーではなく――仲間に加わってほしいと説得していたようだ。彼は、略奪品をクルーの間で分配する――海賊船と私掠船のどちらでもこの方法が一般的だった――のではなく、給料を支払うことを提案した。このことはひかえめに言っても普通ではなく、クルー候補者らを当惑させたことは間違いない。しかし、この奇妙な金銭的な取り決めにもかかわらず、そしてボネットに航海の経験がまったくないという事実にもかかわらず、彼のことばには説得力があったようだ。一七一七年リベンジ号は、一二六名のクルーを乗せて出港した。

人々が考える典型的な生活必需品――食料や水、ラム酒、銃弾、火薬、艤装《ぎそう》、帆など――に加え、リベンジ号は少なくとも海賊船としては非常に珍しいものを積んでいた。後《あと》に残してきた生活と完全には別れがたかったのか、ボネットは、船長室に彼自身の個人蔵書のなかから本を持ち込んでいたのだ。ただし、彼が以前の生活との結びつきを残したいと考えたのはこれだけだった。彼は、家名を汚したくないと考え、自分の正体を隠すことにし、航海中はキャプテン・エドワードと呼ぶようにクル

ジョンソンの『海賊史』一七二五年版に描かれたスティード・ボネット。

ーたちに命じていた。

　海上では初心者だったボネットは、航海についてはクルーに完全に頼らなければならなかった。まず彼はクルーにバージニア岬へ向かうように命じた。ボネットの海賊のリーダーとしての経験不足にもかかわらず、リベンジ号は春の終わりから夏の初めにかけて、バージニア岬近くからロングアイランドの東端までの間を航行し、五隻の商船を襲い、そのうちの一隻を喫水線まで燃やすなどして、かなりの成功を収めた。

　八月の終わり、彼らはサウスカロライナのチャールストン（当時は、英国王チャールズ二世にちなんで、チャールズタウンと呼ばれており、一七八三年にチャールストンに名前を変えた）の沖合にいた。

　チャールストンは、サウスカロライナ植民地の首都で、人口およそ三〇〇〇人を擁する植民地最大の都市でもあった。住民のほとんどは、アシュリー川とクーパー川が合流し、沼が点在する半島の突端部近くに位置する六二エーカー（約二五万平方メートル）の比較的地面の乾いた高台に住んでいた。この街の広くまっすぐな未舗装の通りは、いつも裕福な農場主や農民、商人、貿易業者、船乗り、インディアン、娼婦、年季奉公人、そして増え続ける一方の奴隷など、さまざまな人々であふれかえっていた。この街の年代記の編者によると、〝この街はあらゆる国籍や人種の寄せ集まった場所であり、その言語や騒がしさは、古代都市バベルをほうふつとさせるほどだった〟という。

アメリカの植民地のなかでは唯一要塞化《ようさい》された都市であるチャールストンは、外敵の襲撃から守るために、土やれんがでできた壁に囲まれていた。サウスカロライナのプランテーション経済は、稲作とダイオウショウから作られる海軍の軍需品（タールや松やに、テレビン油など）の製造に支えられており、そのほとんどを奴隷労働に頼っていた。サウスカロライナはアメリカの植民地最大の奴隷の輸入拠点であり、奴隷は皆、チャールストンに連れて来られて競売にかけられ、もっとも高い値段で落札した者に引き取られていった。奴隷の大量の流入を考えると、この植民地の黒人の数が白人の二倍近くあったことも驚くことではなかった。

チャールストンのにぎわった港を行き来する船は、危険なチャールストン・バー——街の南東八マイル（約一三キロメートル）に広がる水没した砂州——を通らなければならなかった。リベンジ号は、この砂州の外に停泊し、獲物がやってくるのを待っていた。そして八月二六日、二隻の船がわなにかかった。最初の船はトーマス・ポーターが船長を務めるブリガンティン船で、ボストンからやって来た船だった。もう一隻は、バルバドスから来た、ジョセフ・パーマーが船長を務めるスループ船だった。チャールストンの近くで船を襲うと、街に対し警告を発することになる可能性が高いため、ボネットは二隻の船をノースカロライナ沿岸の辺ぴな入り江に運んで行った。パーマーの船からラム酒と砂糖を運び出した後、ボネットの部下はこのスループ船を使ってリベンジ号の傾船整備を行い、その後この船に火をつけた。次に彼らはブリガンティン船のほうに注意を向け、その積み荷やいかり、太綱、そしてほとんどすべての艤装《ぎそう》と帆を奪った。リベンジ号は、スループ船の船長だったパーマーや彼のクルー、そして彼らが運んでいた奴隷をブリガンティン船に移して置き去りにして去って行った。

ボネットは、このブリガンティン船を帆も艤装《ぎそう》もほとんどない、危険な状態のまま置き去りにした。ブリガンティン船の船長ポーターは、沿岸をゆっくりと進み、すぐに奴隷を含むクルーのほとんどを、〝無理やりボートで海岸に向かわせた。そうしなければ、食料不足で全員が飢えてしまうからだった〟。ブリガンティン船は、最終的に九月の半ばにチャールストンにたどり着いたが、その時点でボネットと仲間たちはすでにナッソーに戻っていた。パーマーがリベンジ号との遭遇を地元の政府関係者に報告した際、彼は興味深い情報を伝えていた。リベンジ号のクルーは彼らの船長のことをミスター・エドワードと呼んでいたが、パーマーはそれが本名ではないことを知っていた。バルバドス出身だったパーマーはボネット少佐のことを知っており、海賊の正体を地元の政府関係者に話したのだった。

ババハマに向かう途中、リベンジ号はスペインの戦艦に遭遇していた。分別のある海賊なら――特に一〇門の大砲しか持っていないスループ船の船長なら――、このような手ごわい敵とあえて戦おうとはせず、慎重にゆっくりとかじを切って逃げただろう。しかし、ボネットはそういった海賊ではなかった。アメリカ沿岸での成功の余勢を駆って、彼は戦艦に戦いを挑むことを選ぶが、すぐにこの無謀な決定を悔やむことになる。スペイン船は集中砲火を浴びせ、ボネットの部下のうち三〇名から四〇名が死傷し、ボネット自身も重傷を負った。驚いたことに、リベンジ号自身は、ひどいダメージを受けたものの、完全に航行不能になるまでには至らず、残ったクルーによってとどめの一撃を避けて逃げ去ることができた。しばらくして、リベンジ号のクルーはナッソー港に着き、ボネットは初めてエドワード・サッチと直接会うことになる。

サッチ、すなわち伝説の海賊黒ひげについては、黄金時代の他の海賊の誰よりも、多くの記録が残されているものの、まともな記録は少なく、書かれていることの多くは単なる想像の産物であるか、知り得た情報に基づいた推測であった。当時の人々は、彼の名字のつづりを主にThatch《サッチ》としていたが、Teach《ティーチ》の他、Tach、Tack、Thatche、Thacheなども使われていた。出生地についても、英国のブリストルからジャマイカ、ノースカロライナ、バージニア、フィラデルフィアまで諸説あるが、ブリストルかジャマイカが有力ではないかと言われている。出生地が定かではないので、当然、出生年についてもわかっていない。また、スペイン継承戦争のときに私掠船の一員だったと言われているが、明確な証拠はない。

黒ひげの個人的な経歴のなかでも特に議論の的となったのは、彼の風貌であった。彼の風貌に対する唯一の目撃談は、腹立たしいほど簡潔である。一七一七年に黒ひげに捕らえられた船のクルーは、彼のことを〝とても長い真っ黒なひげを蓄えた背が高く痩せた男〟と言っている。一年後に黒ひげと

ジョンソンの『海賊史』一七三六年版に描かれた黒ひげ。編んだ髪の端に火をつけ、煙が細くたなびいている。

戦った海軍の将校は後に、サッチが〝ひげを長く伸ばし、黒いリボンでまとめていたことから黒ひげの名で〟通っているとコメントしている。

チャールズ・ジョンソンほど熱狂的に黒ひげの神話を作り上げた人物はいない。彼は、これらの短い目撃談から海賊の歴史においてもっとも有名な一文を作り上げた。ジョンソンはサッチについて、〝黒ひげというあだ名は、恐ろしげな流星のように顔全体を覆う豊かな毛からきたものと推測され、その形相《ぎょうそう》はこれまでにあらわれたどんな彗星《すいせい》よりもアメリカを恐怖におとしいれた〟と記している。さらにジョンソンは、黒ひげは、ひげを〝恐ろしく長く伸ばし、上の端は目の部分にまで達していた〟とし、さらに〝ラミリーズ・ウィッグ（三つ編みにするか、そのまま束ねた髪を後ろにたらし、リボンや蝶ネクタイで上下を結んだ髪型――ピッグテールの一種――のかつら）にならって小さなおさげにしてリボンで束ね、耳のあたりで丸めていた〟と記している。戦いの間、彼は〝肩がけにしたつり帯に三丁の拳銃をセットした弾帯のようなホルスターをぶら下げ、点火した導火線を帽子の下につけて顔の両脇にぶら下げていた〟。またジョンソンは、〝生まれつきどう猛で荒々しいまなざしとあいまって、地獄の女神もかくやというような格好をしていた〟と記している。

もちろん、ジョンソンは、黒ひげの死の数年後にこれらを書いており、海賊と遭遇した船乗りから詳しい話を聞いていた可能性はある。しかし、この劇的な人物像を描くうえで、彼が文学的な創造力を駆使したと信じる理由がある。これは特に〝点火した導火線〟についての描写にいえることで、黒ひげの存命中に記された当時の記録には、このことに言及したものはない。相手に恐怖心を染み込ませようとしていた海賊にとってさえ、戦いの最中にこのようなことをすることは非常に危険な行為だったということはさておき、これが事実だとすれば、黒ひげが捕らえた船乗りや彼が戦った相手が、彼が帽子の下に導火線をぶら下げていたことを記録に残していてもよかったのではなかろうか。

他にも作り話によって事実が曲げられたと考えられる部分として、黒ひげの意図的な残虐行為がある。彼は冷酷で、敵から恐れられる残忍な人物として描かれることが多い。しかし、彼が命を落とすことになった戦いと、財宝のありかを白状しなかった船長を彼の部下が激しくむちで打ちすえた例を除くと、黒ひげが自分の望むものを手に入れるために誰かに危害を加えたという証拠はない。「それどころか、黒ひげが恐ろしく、冷酷な悪党だったというイメージは当時のメディアが作り上げたものである」と、歴史家のアルネ・ビアルシュフスキは語っている。実際には、黒ひげの成功は、世界中の海賊が好んだ方法──圧倒的な戦力で脅すこと──によりなし得たものだったのである。

かなりの信頼性をもって語られていたことは、黒ひげが、実際に黒いひげを誇示していたということと、彼が、比較的短い海賊としての活動の間、彼の部下らに大きな自信を抱かせた強力なリーダーだったということである。しかしその名声に満ちたキャリアは、リベンジ号が一七一七年にナッソーに着いたときから、わずか一年しか続かなかった。

ボネットとそのクルーは、ナッソーに入港すると、ここが大西洋で──そしておそらくは世界で──もっとも恐ろしい海賊の要塞《ようさい》であることを知り、目の前に居並ぶ海賊の集団を見て畏敬の念さえ覚えた。三二門の大砲を有する船が港を守るように陣取り、ホーニゴールドの一〇門の大砲を有するスループ船や黒ひげの六門の大砲を有するスループ船を含め、他にも多くの海賊船が並んで停泊していた。さらに、街には何百、あるいはひょっとすると千を超える海賊たちが仕事の準備をし、くつろぎ、酒を飲み、戦利品を分け、次の航海の計画を練っていた。

ナッソーの海賊たちはリベンジ号のクルーからその成功談と、もう少しで全滅するところだったスペインの戦艦との遭遇についての話を聞き、感心するとともに面白がった。上流階級の紳士の血筋をひいた経験の乏しいリベンジ号の船長は、その試練と悲惨な深手を負ったことからも、大いに関心――共感ではなかったとしても――を集めたに違いなかった。

当時ホーニゴールドのフライング・ギャングの一員として海賊としてのスキルを学んでいた黒ひげは、リベンジ号の存在をチャンスととらえた。リベンジ号がスペインの戦艦によって受けた損傷は、修復可能であり、黒ひげがそのとき乗っていたスループ船より性能が高く、強力な戦力を備えていた。そこで黒ひげは、おそらくはホーニゴールドの助けを借り、まだ負傷の癒えないボネットに対し、リベンジ号の船長を下り、黒ひげにその座を譲るよう説得した。ボネットはその後もリベンジ号に残り、健康を取り戻すまでの間、引き続き船長室を使うことを許されていたが、もはや自分の船の主《あるじ》ではなくなった。

リベンジ号は修理されて元の状態に戻り、さらに二門の大砲を追加して合計一二門の大砲を擁することとなった。生き延びたボネットの部下に黒ひげのクルーを加えて一五〇名の陣容を誇るまでになり、事実、船上は人であふれかえっていた。九月の終わりごろ、黒ひげは、獲物を求めてアメリカ沿岸へ向かった。そして翌月にかけて彼らは、四八時間以上は同じ場所にとどまることなく、ノースカロライナとニューヨークの間で、少なくとも一〇隻の船を襲い、そのうちの一隻を沈め、その他数隻のマストを折り、六門の砲を持つスループ船一隻を仲間に加えた。海賊たちは、自らが望んだ貨物――特にラム酒――は奪ったものの、ふざけてか、あるいは腹いせのどちらかから、必要としない多くの貨物を平然と海に捨てた。一〇〇〇ポンド（約四五〇キログラム）もの貨物を積んでいたある船の乗客の一人は、海賊にせめて服一着を残してほしいと懇願したが、海賊はこの願いを無視し、彼の持っていたものをすべて海に投げ込んだという。

黒ひげの被害者らが解放されて陸地に戻り、その試練について報告する際に、何人かはボネットの奇妙な状況にも言及していた。ある新聞は、〝海賊のスループ船の一つはボネットの船だったが、彼は船長ではなく、バスローブ姿で歩き回り、船に積んだ彼自身の蔵書のなかの本を読んでいた〟と記している。またこの記事は、ボネットがまだ傷が癒えず、苦しんでいたとも伝えている。

この海賊行為の間、黒ひげは、特にニューイングランドの住民に対する強い憎しみをあらわにしていた。ナッソーに戻ったときに、あるいは捕らえた船のクルーから聞いたのか、黒ひげはベラミーの末路と、ベラミーの部下がボストンで裁判を待っていることを知っていた。黒ひげはベラミーのことを、彼がホーニゴールドのフライング・ギャングの一員だったころから知っており、多くの海賊と同様、海賊同士の強い仲間意識を感じていた。仲間の海賊が投獄されたことに対する怒りをあらわすため、そして望むらくはボストンの住民の心に恐怖を植えつけることによって、囚人となったベラミーの部下の扱いに注意させるため、黒ひげは、ニューイングランドの住民に出会うたびに、もしベラミーのクルーが苦しむ結果になった場合は〝彼らに復讐《ふくしゅう》する〟と言って脅していた。

数週間後、リベンジ号とその僚船はカリブ海に戻った。一一月二八日、マルティニーク島の東およそ一〇〇マイル（約一六〇キロメートル）の海域を航行していると、巨大な船が視界に入って来た。フランスのフリゲート船ラ・コンコルド号で、二五〇トンの威容を誇り、一六門の大砲（砲門は四〇あった）を擁する巨大な奴隷船だった。この船は五一六名の奴隷を船倉に詰め込んでウィダー王国を一〇月の初めに出港していた。ラ・コンコルド号は、その規模から見て、通常の状況であれば黒ひげの指揮する二隻の海賊船に十分に対抗できるはずだった。十分な武器を備えているだけでなく、三月にフランスのナントを出港したときに、七五名のクルー――その多くは他の奴隷船での航海経験があり、海賊の脅威に対しても準備ができていた――が乗船していた。しかし、船の状況は、通常の状況とはほど遠いものだった。

フランスからウィダー島へ向かう航海の間、ラ・コンコルド号は激しい嵐にあい、船首像がはぎ取られ、何人かのクルーは船外に放り出され溺れ死んでいた。大西洋横断の航海時に、状況はさらに悪化する。ラ・コンコルドの船長、ピエール・ドセットによると、〝壊血病と赤痢によって一六人が死亡し、三六名が船倉に横たわっている状態だった〟という。わずかなクルーしか動けない状況で、ドセットは反撃したくてもできない状況だった。そのため、黒ひげがマストに海賊旗を掲げて近寄ってくると、フランス人の船長はすぐに降伏した。

黒ひげはラ・コンコルド号をベキア島に連れて行き、そこで財宝の選別を始めた。彼はラ・コンコルド号を新たな旗艦とし、アン女王の復讐号と名づけた。船をさらに強力にするため、大砲六門がその一カ月前にアメリカ沖で拿捕した小さなスループ船から移された。海賊のほとんどは、アン女王の復讐号に移って黒ひげの指揮下に入り、残りはボネット――負傷も癒え、リベンジ号の指揮権を再び握ることとなった――と行動をともにした。

黒ひげはラ・コンコルド号のクルー一〇名を無理やり仲間に加えて人員を増強した。一人は普通の船員だったが、他の九名は特殊なスキルを持った者――三名の医師、二名の船大工、そしてコーキング職人、コック、航海士、鉄砲工をそれぞれ一名ずつ――を戦略的に選んだ。他に四名が自発的に仲間に加わり、そのうちの一人は情報提供者となることですぐにその価値を証明してみせた。一五歳の給仕係ルイ・アロは、ドセットと幹部たちが砂金の入った袋を隠していることを黒ひげに告げた。これを受けてすぐに海賊が、砂金を出さなければ〝のどを切り裂く〟と言って脅すと、クルーはすぐにこれを引き渡した。

六一名の奴隷は、アン女王の復讐号に移されたが、その多くは、後に黒ひげの僚船がグレナダ島で座礁したときに積み荷を軽くするために解放された。これらの奴隷の一部は、肌にラ・コンコルド号の〝所有物〟であることを示す独自の焼き印――奴隷の所有を主張するためにこのような残酷な方法がしばしば用いられていた――が施されていたことが確認された後、最終的にドセットに返された。ドセットに関しては、残りのクルーや奴隷と、ベキア島に残されたが、置き去りにはされなかった。黒ひげは、彼らに大砲を取り払ったスループ船を与え、飢えないように何トンかの豆も与えた。ドセットは、二回の航海を経て、一〇〇マイル（約一六〇キロメートル）以上も離れたマルティニーク島にたどり着いた。

間違いなくその苦難に満ちた経験にちなんで、そしてある種のブラックユーモアをこめて、ドセットはそのスループ船をモーヴェーズ・ランコントル号、すなわち〝悪しき遭遇《バッド・エンカウンター》〟と名づけた。

その後の数カ月間、黒ひげとボネットは小アンティル諸島まで航海をともにし、数多くの船を襲った。アン女王の復讐号は、さらに火力を増強した結果、四〇門の大砲を備えるまでになり、クルーの数にいたっては三〇〇名にまで膨れ上がっていた。その後、一七一八年三月の終わりに、二人は別行動をとることとなった。その理由は定かではないものの、黒ひげが経験の浅い相棒を見限ったという可能性が高い。その後すぐ、五月二八日の夕方早く、ボネットはホンジュラス湾にあるロアタン島近くで、遠くに商船を見つけた。この四〇〇トンの商船はリベンジ号よりもはるかに大きく、二六門の大砲を積んでいたという事実にもかかわらず、ボネットはスペインの戦艦を襲おうとしたときと同じ無謀さを発揮し、この船を襲うことを決めた。

ボストンから来たこのプロテスタント・シーザー号の船長ウィリアム・ワイアーはリベンジ号が向かってくるのを発見し、海賊だと確信して戦いの準備をした。九時ごろには、リベンジ号はプロテスタント・シーザー号の船尾に追いつき、何発か砲を発射した。これを受けてワイアーの部下も応戦し、船尾から追尾砲《チェイスガン》や小火器の一斉射撃を浴びせた。ボネットは、プロテスタント・シーザー号に向かい、拡声器を使って自らが海賊であることを名乗り、攻撃を続けるなら、一切の容赦はしないと告げた。

ワイアーはこの取るに足らない海賊を恐れることなく、銃にその答えを代弁させた。リベンジ号とプロテスタント・シーザー号は、至近距離で三時間戦い、双方の船とクルーが大きな損傷を受けた。深夜近く、リベンジ号は襲撃を断念し去って行った。一方、プロテスタント・シーザー号は航行を続け、材木を積み込むためにホンジュラスへ向かった。

数日後、リベンジ号は、現在のベリーズシティの沖合二五マイル（約四〇キロメートル）にあるターネフェアトールを航行していた。ボネットとその部下は、礁湖《ラグーン》の一つに、黒ひげのアン女王の復讐号が、新たに僚艦に加えた小さなスループ船とともに停泊しているのを見て驚いた。再会は、ボネットにとっては苦いものとなった。部下が、すでに二度もクルーを危険な状況におとしいれたボネットのスキルとリーダーシップ不足に怒り、これ以上行動をともにしたくないと言いだしたのだった。ボネットのクルーの同意を得て、黒ひげはリベンジ号の指揮を受け継ぎ、部下の一人であるリチャーズという男を船長にした。『海賊史』の著者チャールズ・ジョンソンによると、黒ひげはボネットをなぐさめようと、〝彼は海賊船を指揮することの苦労や心配に慣れていないので、いったん身を引いて航海のための雑事にわずらわされることなく〟、アン女王の復讐号で、〝気楽に楽しんで暮らす〟ほうが彼のためにいいと話したと言う。黒ひげに容易に説得されたか、部下に見捨てられたかのいずれにせよ、結果は同じだった。ボネットは、単なる海賊船の乗客となり、そのことにかなり落ち込んでいたであろうことは間違いなかった。

海賊が停泊を続けていると、デヴィッド・ハリオットが船長を務める商船アドベンチャー号が礁湖に向かってやってきた。アン女王の復讐号をプロテスタント・シーザー号だと勘違いしていたハリオットは、近づくにつれ、その間違いに気づいたが、さらにその奇妙な船をスペイン船だと勘違いし、ただちに針路を変えて逃げ出した。アドベンチャー号が針路を変えるのを見て、海賊は砲を放ち、リベンジ号がいかり綱を解いて海賊旗を掲げ、逃げるこの船を追いかけた。アドベンチャー号に追いつくと、リチャーズ船長は、ハリオットにボートを降ろしてリベンジ号に乗船するよう命じた。ハリオットはこれに従い、リチャーズはアドベンチャー号に五名のクルーを送り、近くにいかりを下ろさせた。黒ひげはアドベンチャー号を非常に気に入り、これを僚艦に加えることを決め、そのクルーも強大になりつつある艦隊に加えた。ハリオットはアン女王の復讐号に移され、黒ひげの操舵長を務めていたイスラエル・ハンズがアドベンチャー号の船長になった。

ターナフェアトールはその後も海賊にとって実りの多い猟場となり、彼らは、短期間に、不運にも礁湖に入り込んできたスループ船を何隻か拿捕した。そのなかにはトーマス・ニュートンが船長を務めるランド・オブ・プロミス号もあった。海賊はこの船を三隻目の僚船に加えた。四月六日、黒ひげとその仲間は、ある具体的な目的を胸に抱いてターナフェアトールを出港した。ボネットの部下の一人が、リベンジ号が残念な結果に終わったプロテスタント・シーザー号との遭遇について黒ひげに話したことから、黒ひげが、ワイアー船長にわからせてやる必要があると決めたのだった。黒ひげは計画をニュートンに明かし、〝ワイアーがニューイングランドに戻ったときに、海賊を撃退したと自慢しないように〟プロテスタント・シーザー号を燃やすつもりだと話した。

四月八日の朝、黒ひげはホンジュラス沖でターゲットを発見する。プロテスタント・シーザー号のワイアー船長は、五〇トンの木材をすでに積み込み、その日もさらに木材を積もうとしているとき、恐ろしい光景を目にする。アン女王の復讐号とリベンジ号が、海賊旗を風にはためかせて、プロテスタント・シーザー号に迫って来たのだ。その横には三隻のスループ船が赤い旗を掲げていた。ワイアーは幹部とクルーを主甲板に集め、「おれの力となって、船を守ってくれるか」と尋ねた。クルーは「相手がスペイン船なら、命のある限り彼に従うが、海賊なら戦うつもりはない」と答えたという。旗を見る限り、海賊であることは明らかだったが、ワイアーは念のために確かめることにし、二等航海士をボートで派遣した。船団の指揮官が有名な黒ひげであり、さらに数週間前に彼と彼のクルーが恥をかかせた海賊船であることが伝えられると、ワイアーのクルーはパニックにおちいった。彼らは、抵抗すれば〝海賊たちに殺される〟ことを恐れ、ただちに上陸して逃げ去った。しかしワイアーは、賢明にも船に残った。

それから三日間、黒ひげの船団は、プロテスタント・シーザー号の近くに停泊し、その財宝を奪いつくした。四月一一日、最後には寛大な気持ちになった黒ひげは、アン女王の復讐号に乗船するなら、傷つけないとワイアーに告げた。ワイアーがアン女王の復讐号に乗船すると、黒ひげはワイアーと彼の部下がプロテスタント・シーザー号を明け渡したことを〝喜んだ〟という。彼は、そうしていなければリベンジ号のクルーが仕返しに〝彼らを傷つけていただろう〟とワイアーに語ったという。さらに黒ひげはワイアーに船を返すつもりはないと告げた。なぜなら、プロテスタント・シーザー号は、〝ボストンの船であり〟、ボストンはベラミーの六名の部下が処刑された街だったからだった。黒ひげは仲間の海賊の仇を討つために、プロテスタント・シーザー号は燃やさなければならないと語った。翌日、黒ひげの部下たちは、プロテスタント・シーザー号を喫水線まで燃やした。ワイアーと彼の部下は、ニュートン船長やそのクルーとランド・オブ・プロミス号に移されたが、その後解放された。

一カ月以上かけて、黒ひげと三隻の僚艦は、キューバのケイマン諸島や、一七一五年の夏にスペイン船が難破した場所を通って、ゆっくりと北に向かった。その途中で彼らは少なくとも二〇隻の船を襲ってクルーを増やし、ハバナの近くで拿捕した八門の大砲を有するスペイン船を僚艦に加えた。一七一八年五月二二日、黒ひげは、チャールストン沖に停泊して彼のもっとも大胆な企て――チャールストン封鎖――のための準備をしていた。

合計で四〇〇名のクルーを擁する黒ひげの四隻の船――アン女王の復讐号、アドベンチャー号、リベンジ号、そしてスペインのスループ船――は、チャールストン・バーの描く弧の外側に広がって停泊し、たちまち水先案内船と五隻の船――二隻はロンドンに出航する船、二隻は逆にロンドンから入港してくる船、もう一隻は沿岸を航行していた船だった――を拿捕した。強力な海賊艦隊が近くにあらわれたといううわさは、あっという間に街中に広まり、住民はパニックにおちいり、港に停泊している船もあえて出港しようとはしなかった。

黒ひげは、捕虜をアン女王の復讐号に連れてきて、彼らの書類を調べ、財宝を見つけるために尋問した後で、財宝をあさった。特に素晴らしい戦果というわけではなかったが、一五〇〇ポンド相当の金とスペイン銀貨《ピース・オブ・エイト》、さらにはさまざまな生活必需品や貨物を手に入れた。捕虜から金品を巻き上げた後、黒ひげが彼らを大急ぎでそれぞれの船に戻したことから、〝捕虜たちは次には自分たちが殺されると思って恐怖に打ち震えた。彼らにとって唯一確かだったことは〟、すべての捕虜――老いも若きも、地位の高い者も低い者も――が船倉に閉じこめられ、そのまわりには一人として海賊がいなかったという事実だった。

暗闇のなかに群がっていた捕虜たちは、いつ船に火をつけられるか、あるいはいつ船を沈められるかわからない恐怖におびえ、死ぬかもしれないと思いわずらっているうちに、突然、陽光のもとに連れ出され、アン女王の復讐号に再び乗せられた。彼らが主甲板で恐怖に打ち震えているかたわらで、黒ひげはクルーを集め、次にどうするかについて話し合っていた。非常に多くの捕虜を抱えていたため、海賊たちは、捕虜たちを取引材料に街から金や銀といった身代金を得ることも可能だった。捕虜の一人、サミュエル・ラッグは特に貴重な人質だった。彼はサウスカロライナの評議会議員で、四歳の息子とともにロンドンに向かっていた。しかし、結局海賊たちは、より現実的な成果を求めることにした。カリブ海やアメリカ沿岸の航行中、海賊たちの多くが病気――多くは梅毒や熱帯病など――に侵されていた。彼らはどうしても治療が必要な状況にあったことから、必要な薬品のリストを船医が作成していた。海賊たちは、十分な薬品を補充することを唯一の交渉条件とすることで合意したのだった。

黒ひげは計画を捕虜たちにも話し、植民地政府に最後通告――薬品を渡さなければ、捕虜を殺し、その首を送り届けたうえで船に火をつける――を伝えるため、部下二名をチャールストンに送ると告げた。チャールストンの住民によると、海賊は、もしそれで十分でないのなら、港の中までやってきて、〝停泊している船を目の前で燃やし、破壊するといって脅した〟という。一方で海賊は、要求が聞き入れられた場合は、捕虜を解放すると約束した。

捕虜のラッグは黒ひげに対し、海賊の使者に捕虜を同行させ、〝彼らが置かれている状況の危険性を心から説明し〟、政府の関係者に〝すぐに従うように説得すれば〟、成功のチャンスも高まると主張した。黒ひげは、もう一度部下を集めて話し合い、ラッグの提案を受け入れた。黒ひげが、誰を部下に同行させるのか尋ねたところ、ラッグが自ら同行することを申し出た。黒ひげは、ラッグは貴重な人質なので行かせるのはふさわしくないと考え、代わりにマークスという男を捕虜の代表に選んだ。

マークスとリベンジ号の船長リチャーズ、さらに何名かの海賊が任務を受け、二四時間以内に交渉をまとめることを命じられてボートで出発した。チャールストンに到着すると、マークスはロバート・ジョンソン総督に海賊の要求を伝えた。ジョンソンは評議会を招集して、すぐに必要な薬品を与えることを決定した。実際のところ、彼らに取りうる選択肢はなかった。植民地は、何年にもわたって多くの原住民部族との厳しい戦いを経験して疲弊した状態にあったことから、政府関係者は、海賊が脅した通りに攻撃してきた場合、植民地には十分な防衛能力がないと懸念していたのである。薬を与えることは、海賊をなだめ、捕虜を解放させて立ち去らせるもっとも安全で簡単な方法に思われた。

薬が集められる間、チャールストンの住民が〝略奪者であり、殺人者である〟海賊を見て恐怖に震える目の前で、黒ひげの部下たちは、〝人々の前を行ったり来たり行進する〟などして騒ぎを繰り広げた。決められた期間内に薬が黒ひげに届けられると、彼は約束を守った。拿捕された船は、海賊が衣服や貴重品をはぎ取って裸同然になった捕虜とともに解放された。

依然として報復に飢えていた黒ひげは、捕虜を解放する前に、彼らに不吉な情報を伝えていた。彼は、〝さらに北へ向かい、ニューイングランドの住民と船に復讐をするつもりだ〟と言った。優に一週間チャールストンを封鎖し、街を緊張状態におとしいれた後、翌日、黒ひげの艦隊は出港した。この大胆な攻撃と復讐計画についてのニュースは、あっという間にチャールストンから広まり、黒ひげの海賊としての評判はさらに高まった。そして最後にはチャールズ・ジョンソンをして、アメリカは今、〝長年にわたって空を流れてきたいかなる彗星《すいせい》よりも黒ひげを恐れている〟と言わしめるに至った。

薬品は、現在の価格で三〇〇ポンドから四〇〇ポンドと大した価値はなかったが、人々はなぜ海賊が薬しか求めなかったのか、さらに言えば、なぜチャールストンを襲撃して、手あたり次第戦利品を奪っていかなかったのか不思議に思った。捕虜たちを利用すれば、間違いなくもっと多くのものを要求することができたはずなのに、彼らはそうしなかった。街に対する総攻撃に関し、黒ひげとその部下が危険な試みだと見ていたことには十分な理由があった。海賊が十分な火力と脅威となる兵を擁していた一方で、チャールストンの街も――政府の関係者は侵入者を撃退する能力に関し疑いを持っていたものの――決して無防備な状態ではなかった。要塞に並べられた一〇〇門の大砲は、海上からの攻撃にとっては深刻な障害となり、すぐ目の前の港に停泊している小型の武装した船も効果的な戦闘力を持っているように見えたのだ。海賊が比較的無傷で上陸できたとしても――まず考えられないことだったが――地元の民兵と、おびえながらも怒りに燃える数千人の市民が彼らの前に立ちはだかっただろう。海賊がそういった襲撃について熟考していたとしたら、現実のリスク――多くのクルーを失うことに加え、船の一部あるいは全部を失うかもしれないことなど――が、得られる収穫を上回ると結論づけたとしても不思議はない。黒ひげが何とか街を制圧し、略奪に成功したとしても、植民地の都市のなかでももっとも重要な港に対する極めて重大な襲撃行為は、英国海軍の怒りを買い、その結果黒ひげがいかなる代償を払っても避けたい大規模な海賊狩りを招くことになっただろう。

その後の六日間、黒ひげの海賊艦隊は、最終的にはトップセイル（現在のビューフォート）海峡――

ルックアウト岬の西およそ一〇マイル（約一六キロメートル）にあるアウターバンクスを通る狭い水路――を目指して、ノースカロライナ沿岸を航海した。チャールストンを出港した後、彼らは八六名のアフリカ人奴隷を積んだブリガンティン船、プリンセス号を襲った。黒ひげは、奴隷のうち一四名を乗船させ、なにげなく〝パン屋の一ダース《ベイカーズ・ダズン》（パン屋の一ダースは一三を意味し、まれに一四を意味することもある。黒ひげは、後者の意味で使ったと思われる）を手に入れた〟とプリンセス号の船長に語ったと言う。このことばは、黒ひげがこれらの男たちをクルーとしてではなく、奴隷として見ていたことを示している。数日後、リベンジ号と船長のリチャーズは他の僚艦を見失ってしまう。リチャーズは、ボストンから来た商船を単独で襲って略奪を行った後、これを解放した。彼がアン女王の復讐号に追いつき、黒ひげにこの襲撃のことを報告すると、黒ひげは、部下をほめる代わりに、リチャーズがニューイングランドの船を燃やさなかったことを激しく叱責《しっせき》したという。

六月三日、海賊はトップセイル海峡に向かった。三隻の小型船は、難なく海峡の水路を通過したが、黒ひげの乗ったアン女王の復讐号は水面下にひそんでいた砂州に突っ込み、大きく震えて止まってしまった。黒ひげは近づいて助けるようアドベンチャー号に命じたが、アドベンチャー号も黒ひげの船のすぐ近くで座礁してしまった。二隻とも座礁して、船殻に穴が開き、海水が船内に流れ込んでいた。身動きが取れなくなった二隻の船のクルー全員は、財宝とともにリベンジ号とスペインのスループ船に移された。

アン女王の復讐号のクルーの一人は、このことについて「サッチが仲間を減らして、これまでに得た戦利品を、彼と彼が信頼する一部の部下で分け合うために座礁させた」と語っている。また、アド

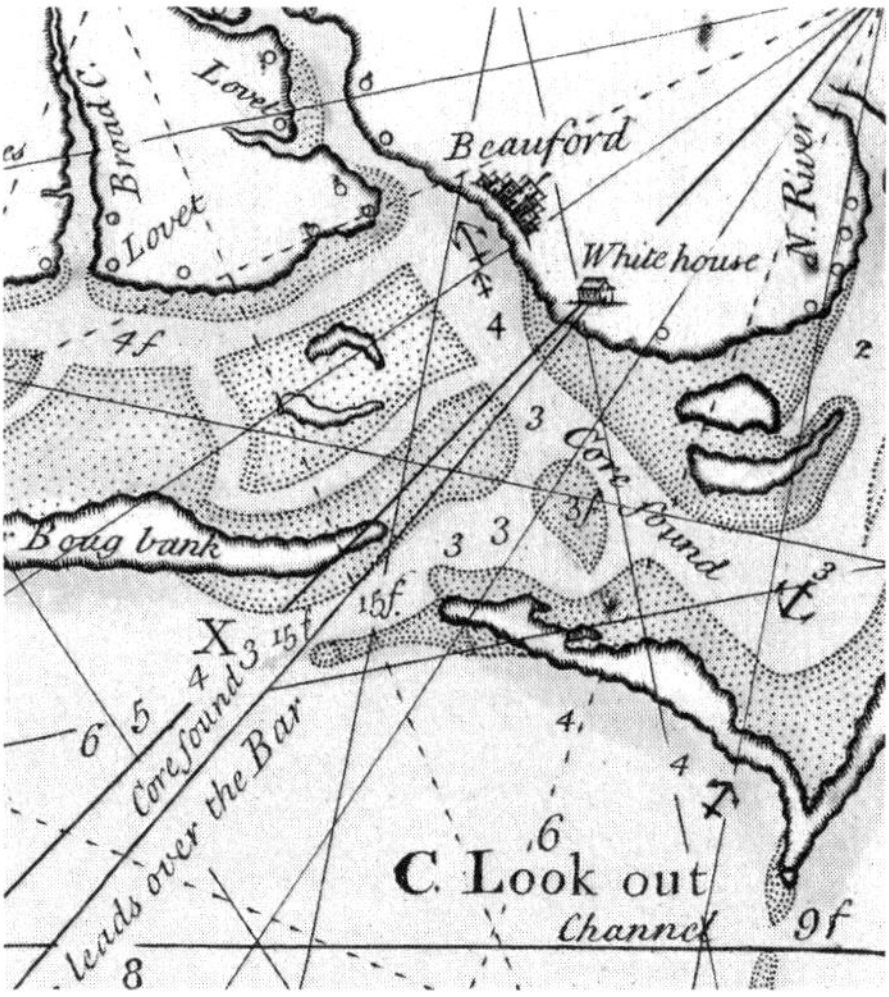

トップセイル（ビューフォート）海峡を示している一七三八年のノースカロライナの地図の一部。船乗りを数世紀にわたって悩ませた浅瀬と多くの砂州がはっきりとわかる。

ベンチャー号についても、このたくらみの一部として意図的に座礁させたと主張する者もいた。また、一方で他の者が主張するように、この座礁は意図したものではなかった可能性も高い。無数の入り江や湾が点在するこのノースカロライナのアウターバンクス周辺の海域は、刻一刻と変化する浅瀬や荒れ狂う海のせいで数えきれない海難事故が発生していたことから、大西洋の墓場と呼ばれていた。もっとも有名な例がアメリカ合衆国の装甲艦モニター号で、一八六二年一二月三一日にハッテラス岬の南東一六マイル（約二六キロメートル）の地点で嵐にあって沈没している。今日《こんにち》においても、優れた航行機器や現代の海図を備えた船が、ビューフォート海峡を通過しようとしてときおり座礁している。黒ひげやその部下がこの海域の海底の地形に詳しかったという証拠はなく、座礁は意図したものではなかったということがもっともらしい。黒ひげが、強力な海賊艦隊を作るのに役立ってきた彼の旗艦や、ひょっとするともう一隻の船まで意図的に破壊する理由がどこにあるのだろうか。しかし、座礁が意図的であったか否かはともかく、黒ひげが、仲間の海賊たちを裏切ることのできる有利な立場にあったということは確かだった。

黒ひげは、二隻の船を失った直後、リベンジ号の指揮権をボネットに返した。ボネットは、数名の部下とともに小さなボートでバス――パムリコ川に注ぐ支流のバス・クリークの上流およそ一〇〇マイルに位置する街――へ向かった。一七〇五年に建設されたバスは、植民地の首都ではあったが、首都と呼ぶにはあまりにも小さな街だった。一七〇八年、バスには一二戸の家しかなく、人口も五〇名から六〇名にすぎなかったとされている。その一〇年後の一七一八年にボネットがこの街にやって来たときには、バスの街も大きくなってはいたものの、まだそれほどの規模ではなかった。街の自慢は、二〇〇冊近い蔵書を有する立派な図書館と小さな広場、裁判所、そして総督のチャールズ・エデンが執務を行っていた総督邸だった。

海賊の生活に飽き、名誉を回復したいと考えていたボネットは、海賊をやめようと考え、一七一七年にジョージ国王が発表した恩赦法に基づく恩赦を総督のエデンから受けようとした。本来この法律は、一七一八年九月五日までに降伏した海賊に対し、一七一八年一月五日までの略奪行為について罪を免ずるというものだった。一方で植民地の総督にはこの一月五日までの期限を延長してその後の海賊行為も対象とする裁量が与えられていると一般には考えられていた。事実、その後数カ月のうちにジョージ国王は正式にこの日付を一七一八年八月一八日まで延長することになっていた。ボネットはエデンがこの法律に従って、彼の海賊としての違法行為の数々を帳消しにする機会を与えてくれると固く信じていた。

　同じように黒ひげもエデン総督から恩赦を受けようと考えていた。しかし、彼はボネットには同行せず、彼が去るのを待った。黒ひげは、もっとも信頼する部下の手を借りて、すべての財宝と必需品のほとんどをスペインのスループ船――新たにアドベンチャー号と名づけた――に移し替えた。この行動を見ていたデヴィッド・ハリオット――黒ひげが数カ月前にターネフェアトールで拿捕した彼の船もアドベンチャー号と呼ばれていた――が、ノースカロライナかバージニアのどこかに向かうためのボートを与えてほしいと頼んだ。しかし、黒ひげは、これを拒み、ハリオットと彼の仲間一六名に銃を突きつけ、本土から三マイル（約四・八キロメートル）以上離れた無人島に水も食料も与えず置き去りにした。その後、黒ひげは、一〇〇名の部下――四〇名が白人、六〇名が黒人だった――とともにアドベンチャー号でバスに向かった。このとき、かつての部下だった者も含め多くの海賊が島に置き去りにされた。

　黒ひげが、置き去りにしたクルーらに戦利品を分け与えたのか、残りのクルーで独り占めしたのかは定かではない。しかし、二〇〇名以上の海賊に対し、事実上何の分け前も与えずにただ逃げ去るほど不当な扱いをしたとは考えづらい。分け前を与えられたか否かはともかく、残された海賊たちは散り散りになり、ノースカロライナやその他の植民地の街へ消えて行った。おそらくある者は恩赦を受け、またある者は地元の住民の中に溶け込んだと思われ、また再び海賊に戻った者もいたものと思われる。

　黒ひげとボネットはその後二度と出会うことはなかった。まったく異なる道をたどってきた二人の人生だったが、その最後は同じ運命をたどることになる。彼ら二人の話をする上で、黒ひげとその部下の話はいったん置いておき、まずはボネットがどうなったかに焦点を当てて話したい。

一七一八年六月の初め、エデン総督はボネットに恩赦を与えた。ボネットはデンマークの植民地セントトマスへ向かい、総督からスペイン船と戦うための私掠免許状を授かるつもりであるとエデンに語った。ボネットはリベンジ号を取り戻して、新しい人生を始めるためにトップセイル海峡に戻った。しかしそこで黒ひげの裏切りを知り激しく怒った。それでも出発しようとし、黒ひげが残していった海賊のなかからクルーを集め、また無人島に置き去りにされたクルーも救助した。水も食料もないまま一日と二晩を無人島で過ごし空腹だった彼らは、リベンジ号があらわれたのを見て狂喜し、すぐに仲間に加わることに同意した。その結果、クルーは三一名となった。海賊としての過去と私掠船の船長としての将来の間に距離を置こうとしたボネットは、リベンジ号をロイヤル・ジェームズ号と改名し、部下に対し、自らをトーマス・リチャード船長と呼ぶように命じた。

出発前に、サイダーやりんごを売っていた一艘《そう》の行商船（港や沖合に停泊した船に食料などを売る小さなボート）がロイヤル・ジェームズ号に近づき、行商人が、黒ひげがノースカロライナのオクラコーク島の沖合にいると聞いたとボネットに話した。怒りの治まっていなかったボネットは、ただちに裏切り者であるかつてのパートナーを追って出港した。しかし、四日間追跡を続けたものの、彼は黒ひげを見つけることはできなかった。備蓄していた食料も底をつき、黒ひげの所在に関する他の手がかりもなかったことから、不本意ながらボネットはバージニアに戻り、食料を補充してからセントトマスへ向かうことにした。

ボネットのロイヤル・ジェームズ号は、ヘンリー岬の沖合で一〇樽の豚肉とおよそ四〇〇ポンド（約一八五キログラム）のパンを積んだ船を襲撃した。恩赦に違反して海賊としてのレッテルを張られることを望まなかったボネットは、相手の船の船長に一〇樽分の米と古い太綱を与えることで、この商品の交換に見せかけの合法性を与え、世間に対し単なる物々交換であり、公正な取引であるかのように装おうとした。この船の船長は、身体的な危害を免れたことには安心したものの、この不愉快な取引に怒ったという。

ボネットはその後もヘンリー岬とデラウェア湾の間で船を襲い、奪ったものの代わりに自らの船内をくまなく探して価値のあるものを与えることで、自分たちが海賊ではないという体裁を保とうとした。しかし、七月中旬には、ボネットもその部下らもこの茶番に飽き、自らの欲望に屈した結果、本来の自分たちに戻ることにした。その後彼らは〝取引〟をする代わりに、単純に貨物を奪い、同時に自ら申し出た者を仲間に加えていった。

七月二九日、デラウェア湾口のヘンローペン岬からそう離れていない海域で、ロイヤル・ジェームズ号はトーマス・リードが船長を務めるスループ船フォーチュン号を襲い、この船を僚艦に加えた。この時点までボネットのクルーは暴力を避けるようにしていたものの、フォーチュン号に乗船したボネットの操舵長ロバート・タッカーが〝フォーチュン号のクルーを短剣《カトラス》で打ちすえ、切りつけた〟という。

二日後、ホアキル（現在のデラウェア州ルイス）の沖合で、夜の闇のなか、ロイヤル・ジェームズ号はアンティグアから来たスループ船フランシス号を襲った。ボネットの部下が短剣を手にスループ船に乗り込むと、ピーター・マンワリング船長はすぐに、〝自らを守るものは何もないといって慈悲〟を請うた。海賊はマンワリングらに〝従順にしている〟限りは、傷つけないと約束した。海賊たちは、主甲板で新鮮なパイナップルをガツガツと食べ、ラムパンチを飲み、歌を歌った。浮かれた海賊たちは、フランシス号の航海士にどんちゃん騒ぎに加わるよう誘ったが、彼は〝小食だから〟と言って断ったという。

翌朝、海賊が食料や金《かね》、そして大樽に入った大量のラム酒をフランシス号から奪うと、ボネットはフォーチュン号のリード船長の息子と女性の乗客らを解放するために、五名の武装した海賊を伴わせて、ボートでホアキルに運んだ。彼らを解放する前に、ボネットはリード船長の息子に地元の住民に対するメッセージを伝えるように言い、「住民が彼のクルーを少しでも傷つけたなら、捕らえている捕虜を処刑し、上陸して街を焼き尽くす」と語った。明らかにボネットは、再び海賊の船長に戻っていた。

トップセイル海峡を離れるまでに、ボネットたちは一三隻の船を襲った。その後彼らは、十分な食料とアルコールを積んだこともあり、そろそろ海賊行為はいったんやめ、ざるのように漏水《ろうすい》していたロイヤル・ジェームズ号を修理するころあいだと考えた。ボネットは、クルーの一部をフォーチュン号とフランシス号に振り分け、この二隻の船とクルーを伴って、南に四〇〇マイル（約六四〇キロメートル）行ったところにあるノースカロライナのケープ・フィア川に向かった。その途中でボネットは、奪った金をクルーに分配した。その金額は一人あたり一〇ポンドから一一ポンドとわずかで、当

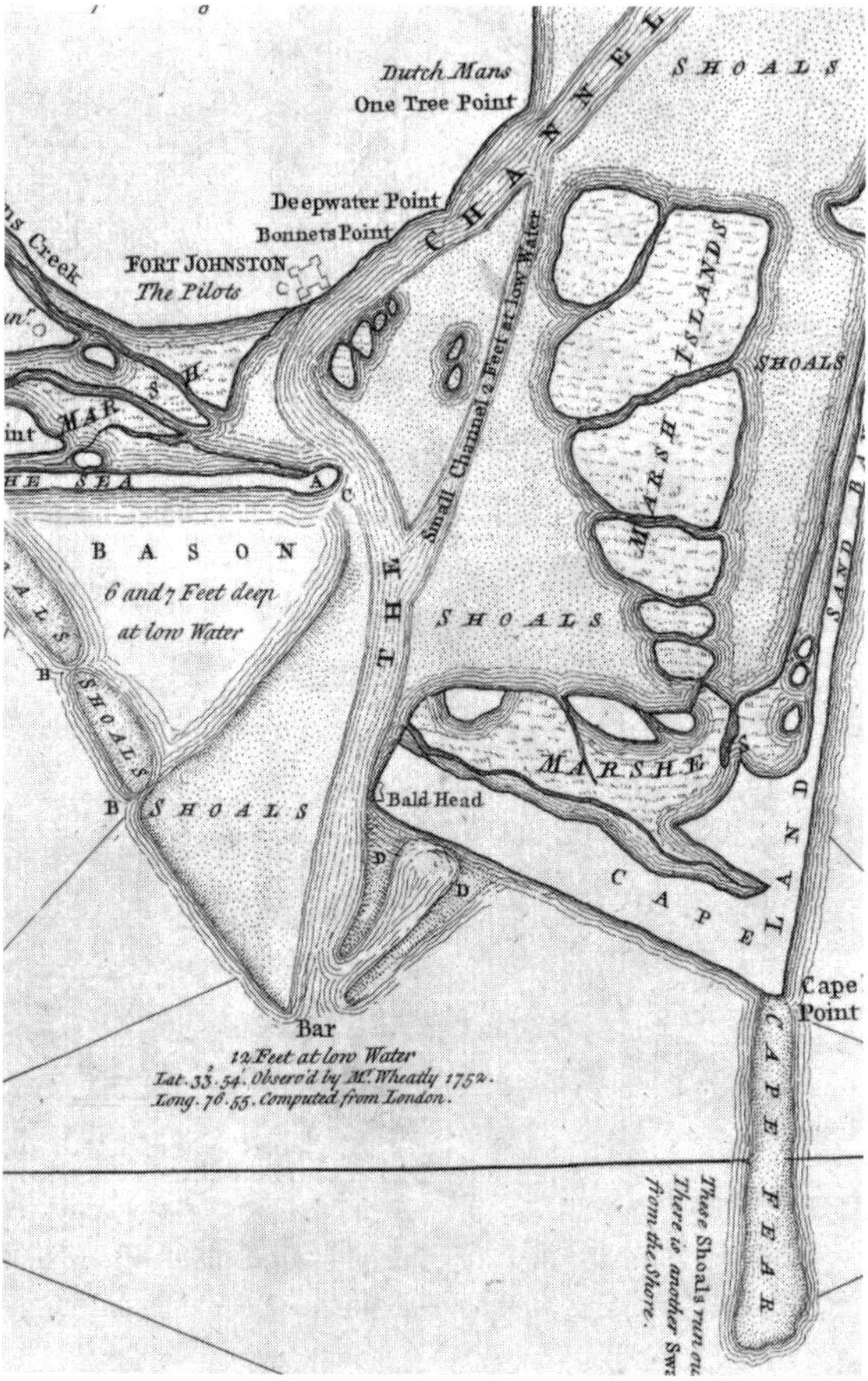

ケープ・フィアおよびケープ・フィア川を示す一七五三年の地図。“Channel”のCの文字の左に〝ボネット・ポイント〟と記されていることに注意されたい。

時の熟練した大工の賃金の二カ月分でしかなかった。
　八月一二日、ロイヤル・ジェームズ号とその僚艦は目的地に到着し、ケープ・フィア川下流にある支流の一つに停泊した。ボネットは、ハリケーンがもっともひどい時期を避けるため、一〇月半ばまでここで待機するつもりだった。海が穏やかになれば、セントトマスへの航海も容易になり、時間はかかってしまったものの、念願の私掠免許状を授かるという夢もかなうと考えていた。ボネットとそのクルーにとって幸いなことに、ケープ・フィア川に到着した日に小型船を拿捕することができたことから、彼らはその木材を使ってロイヤル・ジェームズ号の修理をしようとした。しかし、彼らの幸運も長続きはしなかった。数週間もしないうちに、海賊がケープ・フィア川で傾船して整備をしているといううわさが広まったのだ。海賊が潜伏しているという知らせがチャールストンにも届くと、五二歳のサウスカロライナの財務官ウィリアム・レット大佐がただちに行動を開始した。

　レットは、スペイン継承戦争の際に、チャールストンを襲って来たフランスの艦隊を撃退し、植民地の海軍を率いる認可を得ていた。勇敢な男として知られていたレットは、激しやすい性格で、愛する街が最近黒ひげから受けた苦難を目の当たりにしたことで、海賊を激しく憎んでいた。彼は同じ悲劇を繰り返さないために、自らの力でどんなことでもすると誓った。レットは、ケープ・フィア川にいる海賊がチャールストンに被害を及ぼす前に阻止しなければならないと主張し、ジョンソン総督に自ら先制攻撃を指揮すると申し出た。ジョンソンに説得は不要だった。黒ひげによるチャールストンの封鎖の直後、ジョンソンは商務庁に書簡を送り、街が〝絶えず海賊の脅威にさらされており、船が拿捕されることで交易が壊滅状態にある〟と訴えていた。ジョンソンは、何よりもサウスカロライナの海域を不快な盗賊から取り戻したいと願い、すぐさまレットに海賊討伐の認可を与えた。近年の原住民との戦いで植民地の財源は厳しい状態にあったものの、彼は遠征に必要な資金をレットに提供した。レットはすぐに二隻のスループ船、ジョン・マスターズ船長のヘンリー号とフェイラー・ホール船長のシーニンフ号――それぞれ八門の大砲を備えていた――を用意し、これらに総勢一三〇名の兵を乗船させた。

九月一〇日、レットは討伐の総司令官としてヘンリー号に乗船し、二隻の船は、最終準備のためにサリバンズアイランド近くへと航行した。同じ日、チャールストンに入港した商船が驚くべきニュースをもたらしていた。この商船の船長のクックは、海賊チャールズ・ヴェインが率いる、一二門の砲と九〇名のクルーを擁するブリガンティン船が沖合で待ち伏せをし、クックの船を含む三隻の商船を襲ったことを報告した。ヴェインは単独ではなく、チャールズ・イェーツが率いる、八門の砲と二〇名のクルーを擁するスループ船を率いていた。さらにクックは、ヴェインに捕らえられていたとき、彼らがもっとも近い入り江で傾船整備をするために、南に向かうつもりであると話しているのを耳にしたと語った。

ヴェインは冷酷な海賊であり、被害者を拷問することで植民地でもよく知られていた。その年早くに、バハマである商船を襲った後、ヴェインの部下が商船のクルーの手足を縛って、バウスプリット――船首から突き出ているポール――に無理やり立たせた。海賊は金《かね》の隠し場所を白状させるために、火縄をまぶたに押しつけ、さらに銃弾《たま》をこめた銃の銃口を口に押し込んだという。ヴェインの残忍なうわさを考えると、彼がチャールストンの近くにあらわれたという知らせが住民をパニックにおとしいれたことは想像に難くなかった。

この展開によってレットの遠征の目的は変更を余儀なくされた。彼は、ケープ・フィア川へ向かう代わりに、ヴェインとイェーツを追跡することになった。九月一五日に準備が整うと、ヘンリー号とシーニンフ号はサリバンズアイランドを出港して南へ向かった。ほぼ一週間、沿岸のあらゆる入り江や湾を捜索したものの、何も成果は得られなかった。レットの知らないうちにヴェインはすでにこの海域を去っていたのだ。一方ヴェインの部下のイェーツはまったく異なる方向に向かっていた。

仲間というよりも召し使いのようにヴェインから扱われていたことから、イェーツは、数カ月にもわたっていらだちを募らせていた。その結果、イェーツとそのクルーは、逃げ出して国王の恩赦を得ようと考えた。レットが遠征に出発する数日前にその機会が訪れた。夜中に、イェーツはいかりを解き、チャールストンの南およそ三〇マイル（約四八キロメートル）にあるノースエディスト川の河口に向けて出発した。イェーツは、そこから街に向けてボートを出し、総督にメッセージを伝えた。イェーツとその部下は恩赦と引き換えに降伏しようとしていたのだ。さらに取引を有利に進めるため、彼らはヴェインが拿捕した船から奪った九〇名あまりのアフリカ人奴隷を差し出し、イェーツのスループ船も担保として預けようとした。ジョンソン総督が好意的な回答を与えたことから、その後すぐに海賊は恩赦を受けるためにチャールストンへ向かった。一方で差し出されたアフリカ人奴隷たちはそれぞれの所有者に返されることになり、サウスカロライナの農場などに向けた悲劇的な旅を続けることとなった。

一方でヴェインとイェーツを発見できなかったレットは、九月二〇日に捜索を打ち切り、ケープ・フィア川に潜伏している海賊を急襲するという本来の目的へと向かった。ヘンリー号とシーニンフ号は、二六日の夕方早くにケープ・フィア川に到着すると、ゆっくりと川の上流へと向かった。すぐに彼らは陸地近くに停泊していたロイヤル・ジェームズ号とフォーチュン号、フランシス号のマストを遠方に発見した。しかし、十分に近づく前にレットのスループ船が砂州に座礁してしまった。上げ潮によって離礁したころにはすでに時間が遅く、暗くなってしまっていたため攻撃を開始することはできなかった。レットたちは、翌日の攻撃に備えて用心して夜を過ごすことにした。

しかし不意を突いて攻撃する機会は失われてしまった。海賊の見張りによってスループ船が発見されたのだ。ボネットは、新たにこの二隻を獲物のコレクションに加えることができると考え、すぐに三艘のカヌーを調査のために出した。しかし、海賊たちは、スループ船に武装した兵が乗り込んでいるのを見てあわてて船に戻り、その厄介な知らせをボネットに伝えた。海賊はすぐに行動を開始した。彼らは翌日が自分たちの命を懸けた戦いになると悟り、一晩中戦いの準備をした。

夜明けの数時間前、ボネットはフランシス号の船長マンワリングを呼んだ。ボネットは高揚し、傲《ごう》慢《まん》な態度で、これらのスループ船がロイヤル・ジェームズ号を捕らえるためにサウスカロライナから派遣されたのであれば、逃げ切ったときには、たった今書いた書簡――植民地を出入りするすべての船を徹底的に破壊するという内容――をジョンソン総督に送るつもりだとマンワリングに語った。

翌朝早く、夜が明けて周囲が明るくなり、敵の姿がはっきりと見えるようになると、ロイヤル・ジェームズ号は素早く川を下った。ボネットは、絶えず一斉砲火を浴びせながらスループ船の脇を抜けて、外洋に出ようと考えていた。そこまで行けば、追跡者を振り切る自信があったのだ。レットはこれを予測して、ヘンリー号とシーニンフ号にボネットの逃走経路をふさぐよう命じた。激しい銃撃の音が周囲に響きわたるなか、ボネットのロイヤル・ジェームズ号が襲撃者の側面を突こうとした。しかしこのことはロイヤル・ジェームズ号を陸地と浅瀬に近づける結果となってしまった。ロイヤル・ジェームズ号は突然座礁し、大きく震えて停止した。しかしレットのスループ船二隻も同じように座礁してしまった。ヘンリー号は海賊の船から銃の射程圏内にあり、シーニンフ号は少し離れた位置にあった。

位置関係はレットらに不利だった。ボネットのロイヤル・ジェームズ号は岸辺に近く、レットらの船の反対側に傾いていたが、レットらの二隻のスループ船はロイヤル・ジェームズ号に向かって傾いていた。その結果、海賊たちが船殻を盾にすることができたのに対し、レットの船はデッキをさらすように無防備な状態にあった。潮がゆっくりと満ちてくるなか、両者は、五時間にわたり、互いにマスケット銃や小火器の一斉砲火を浴びせかけた。戦いのなかで海賊は、レットの軍勢に対し〝ばかにしたように帽子を振り〟、乗り込んで来られるものなら来てみろと誘い、レットのクルーらも〝歓声をあげて〟〝すぐにお前らの船に乗り込んでやる〟と言ってこれに応えたという。

ボネットは甲板の上を歩き回り、〝戦いを拒む者は、銃で頭を吹き飛ばしてやる〟と言って脅した。しかし私掠船のクルーとして加わり、ボネットが海賊に転じたとき、これに反対したクルーの一人が〝戦うくらいなら死を選ぶ〟と言って抵抗した。ボネットがこのクルーの願いをかなえてやろうと引き金を引こうとした瞬間、ボネットが〝寵愛していた〟クルーが撃たれて殺されたため、彼はこれに

ボネットの降伏を描いたハワード・パイルによる“Colonel Rhett and the Pirate（レット大佐と海賊）”と題する挿画（一九二一年）。

気を取られた。

ボネットがクルーの死を嘆いている間に、満ち潮によってまずレットのヘンリー号が離礁した。レットはより深い海域へ移動し、〝戦いで粉々になっていた〟艤装《ぎそう》を修理した。ロイヤル・ジェームズ号がまだ座礁している間、有利な状況を得たレットは、再びヘンリー号を海賊船に向けて進め、〝とどめの一撃〟を加えようとした。

戦いを拒む者を喜んで殺そうとしたボネットだったが、自らの命が危険にさらされるとなると話は別だった。ボネットは、周囲を取り囲んだ敵を倒すことはできないと悟り、かといってあえて死を選ぶこともできず、結局白旗を掲げて降伏した。レットの兵はロイヤル・ジェームズ号に乗り込み、彼らの敵がスティード・ボネット少佐だったことを知って驚いた。

三隻の船すべてが血にまみれていた。レットの部下は一二人が死亡し、一八名が負傷した。一方で海賊は七人が死亡し、五名が負傷――そのうちの二名はこのときのけががもとでその後死亡した――していた。上流に停泊していたボネットの他の二隻の船を回収し、船の損傷を修理した後、勝者は敗者を連れ、一七一八年一〇月三日にチャールストンに到着した。


チャールストンには拘置所がなかったため、海賊たちのほとんどは警備所（疑わしい人物や港に入ってくる不審な船について住民に警告をする警備員が見張りをする建物）に収容され、そのまわりを民兵が取り囲んで監視した。ボネットは、彼の高い社会的地位と背景を考慮して優遇され、見張りをつけた状態で保安官の邸宅に拘置された。ここに、同じく捕らえられたデヴィッド・ハリオットとロイヤル・ジェームズ号の甲板長イグナティウス・ペル――二人とも海賊に不利な証言をすることに同意していた――がすぐに加わった。

代理海事裁判所の裁判は、一〇月の終わりまでは開廷しなかった。その間、チャールストンの街は不安な状態――残念なことにどんな状態だったかは歴史上の記録を手がかりに推測するしかないのだが――にあった。チャールストンの住民のほとんど――特に商人や政府関係者――は海賊が捕らえられたことを喜び、ほっとしていたが、一部には海賊を好意的に見る住民もいた。こういった人々は、過去に海賊の金品の恩恵を受けていた者や、最近恩赦を受けた海賊（街にはかなりの数が存在していた）、ボネットの友人や支持者らで、紳士としての彼の血筋が犯罪を帳消しにすると信じていた。この地の検事補だったトーマス・ヘップワースによると、こういった人々は海賊を解放しようとして暴力的な抵抗を試み、時には要求が通らなければ街を燃やすと言って脅したという。

一〇月二四日、こういった混乱のさなか、ボネットとハリオットは、脱獄を計画し（海賊に不利な証言をすることで起訴を免れることが約束されていたことを考えると、ハリオットが脱獄を決意したのは奇妙なことだった）、参加することを拒んだペルを置いて計画を実行に移した。この脱走は、保安官邸を護衛していた二人の警備員の無能が理由だとされているが、地元の政府関係者は、ボネットの支持者による賄賂が絡んでいると信じていた。この主張は、何者かがボネットとハリオットに自らの使っていた武器とカヌーを提供し、ノースカロライナを目指して海へと逃れさせようとした事実からも信ぴょう性の高いものだった。

二人の脱走を知ったジョンソン総督は、〝怒りをあらわにして、植民地中に使者を送り〟、住民に警戒を呼びかけるとともに、脱獄囚の逮捕に七〇〇ポンドの懸賞金をかけた。これによって多くの捜索隊が結成されたが、その捜索はすべて失敗に終わった。しかし、ジョンソン総督はボネットとハリオットがサリバンズアイランドにいるという情報を得て、再びレットを呼んで捜索に当たらせた。

一方、ボネットとハリオットは、悪天候によって計画の変更を余儀なくされたため、実際にサリバンズアイランドに逃げ込んでおり、一一月五日にレットに発見された。短い銃撃戦の後、ハリオットはレットの兵に殺され、逃亡を助けたと思われる黒人と原住民も負傷した。翌朝、捕らえられたボネットはチャールストンに引き戻され、より厳重な警護のもとに拘置された。

チャールストンが市民の不安やボネットとハリオットの脱獄に直面している一方で、もう一つの不安材料が街を襲っていた。ボネットらの脱獄の少し前に、ジョンソン総督は、五〇門の大砲と二〇〇名のクルーを擁する巨大な海賊船が出没し、すでに何隻かの船を襲っているという報告を受けていた。この船の船長は、クリストファー・ムーディーで、ヴェインと同様、悪評で名高かった。再び街が封鎖されることを恐れたジョンソンは、評議会を招集して戦略を協議し、攻撃に出ることを決定した。シーニンフ号、ボネットの乗っていたロイヤル・ジェームズ号、商船のメディテラニアン号、キング・ウィリアム号を含む四隻の船が攻撃のために選ばれ、すぐに行動に移すよう命じられた。その結果、七〇門の大砲と総督の呼びかけに応じて集まった三〇〇名のクルーを誇る強力な討伐部隊が編成された。しかし植民地に対する忠誠よりも経済的な懸念を優先する船主が、費用と損失を補償するよう求めたことから遠征の出発が遅れた。激しい議論の末、ジョンソンと評議会は渋々船主らの要求を飲んだ。

ジョンソン総督自らがメディテラニアン号に乗船して総司令官を務めた。艦隊は一一月四日の夜に港を出ると沖合の砂州の内側に停泊し、その翌朝早くに捜索を開始した。彼らは自らをただの商船に見せかけて海賊に襲撃させるために、警戒されないようそれぞれの船の大砲とクルーを隠していた。砂州を越えると、ジョンソンはムーディーのものと思われる船と、その僚艦と思われるスループ船を発見した。

海賊はこの策略にはまった。彼らは、海賊旗をひるがえし、港に戻らせないようにと、ジョンソン総督の船と港との間に回り込み、まず、海賊のスループ船がキング・ウィリアム号に近づいて降伏を命じた。これを聞いて、ジョンソンはあらかじめ決めておいた合図を送った。サウスカロライナの兵たちは、ユニオンジャックを掲げ、隠していた大砲をあらわにすると、耳をつんざくような砲撃を開始した。さらに船倉から突然あらわれた何百もの兵がマスケット銃や小火器による攻撃を浴びせかけた。

砲撃によって激しい損傷を受けた海賊船は、それでも何とか切り抜けて外洋に逃げ、これをメディテラニアン号とキング・ウィリアム号が激しく追跡した。海賊のスループ船は、六門の砲と四〇名のクルーしか擁しておらず、シーニンフ号とロイヤル・ジェームズ号の圧倒的な火力の前に、すぐに打ち負かされ降伏した。戦いは、街から見えるところで行われたため、住民たちは、この戦いを一目見ようと家の屋根や港に停泊した船のマストの上に登って熱狂的にこれを見物したという。

外洋では、メディテラニアン号とキング・ウィリアム号が何時間もかけて海賊船を追跡していた。

海賊船は、海賊旗を降ろしてその正体を隠そうとかすかな試みをしつつ、荷を軽くしてスピードを上げるために、ボートや積み荷を海に投げ捨てた。キング・ウィリアム号がついに追いつき、追尾砲を放って海賊船のクルーの何人かを殺した。もはや他の選択肢は残されていないと悟り、海賊船はすぐに降伏した。

二隻の海賊船は多くの驚きを隠し持っていた。まず、捕らえられたのはムーディーではなく、リチャード・ウォーリーという数カ月前に海賊になったばかりの無名の海賊だった。小さな船とわずかなクルーとともにニューヨークを出発したウォーリーは、海岸沿いにバハマまで南下し、船を襲ってより大きな船を手に入れながら仲間を増やしていた。ウォーリー自身はスループ船に乗っていて、仲間の多くとともに戦闘中に命を落としていた。

もう一隻の海賊船は、ロンドンからバージニアに向かっているところをバージニア岬沖でウォーリーに拿捕されたイーグル号であることが判明した。この船には三六名の女性を含む一〇六名の囚人が乗せられ、年季奉公の労働者として働かせるためにバージニアとメリーランドに送られるところだった。これは危険人物を海の向こうに送ることで、本国から取り除こうとして英国の議会が採用していた慣行で、後にベンジャミン・フランクリンは、アメリカの植民地がガラガラヘビを集めて英国に送るのと同等の行為だと言ってこの慣行を批判した。どうやら海賊は、肉欲にふける目的で女性たちをバハマの無人島に連れて行こうとしていたようだった。

ムーディーは、当初報告された通り、実際にチャールストンの沖合で船を襲っていた。しかし、彼と親しい地元の住民が総督の計画を知り、ボートを出して彼に攻撃が迫っていることを警告し、総督が兵を動員する前に逃げ去るための十分な時間を与えていた。その結果、ウォーリーが代わりにわなにかかったのだった。生き残った二四名の海賊は、一一月一九日に裁判にかけられた。裁判は一週間もしないうち結審し、五名は無罪とされたものの、一九名には有罪が宣告され、絞首刑となった。

その一方で、ボネットの部下らの裁判が一〇月二八日に始まり、ニコラス・トロットが裁判長を務めた。英国領のアメリカにおいてもっとも博識の高い法律家の一人として知られるトロットは、裁判官としての意見のなかに聖書からのことわざや引用をちりばめることを好んだヘブライ語学者でもあり、この裁判でもこれをふんだんに披露した。同じ名前のトロットのおじは、一六九六年四月に海賊ヘンリー・エイヴリーに金と引き換えに保護を与えたバハマの総督で、そのせいで最後には本国から厳しく批判され、その地位を追われていた。おじによって一族がこうむった恥のせいで、トロット判事が、非人道的な犯罪の〝凶悪さ〟と〝邪悪さ〟ゆえ、多くの罪人のなかでも海賊に対して特に厳しい目を持っていたようだった。

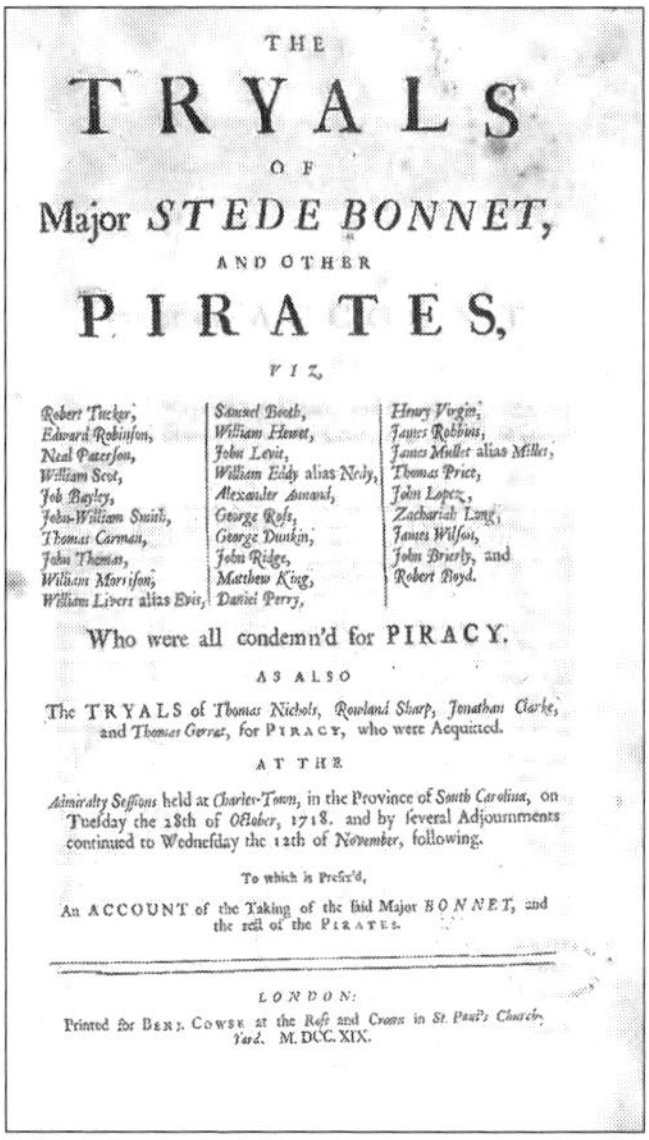
THE
TRYALS
OF
Major STEDE BONNET,
AND OTHER
PIRATES,
VIZ.

Robert Tucker, Edward Robinſon, Neal Paterſon, William Scot, Job Bayley, John-William Smith, Thomas Carman, John Thomas, William Morriſon, William Livers alias Evis, Samuel Booth, William Hewet, John Levit, William Eddy alias Nedy, Alexander Annand, George Roſs, George Dunkin, John Ridge, Matthew King, Daniel Perry, Henry Virgin, James Robbins, James Mullet alias Millet, Thomas Price, John Lopez, Zachariah Long, James Wilſon, John Brierly, and Robert Boyd.

Who were all condemn'd for PIRACY.
AS ALSO
The TRYALS of Thomas Nichols, Rowland Sharp, Jonathan Clarke, and Thomas Gerrat, for PIRACY, who were Acquitted.
AT THE
Admiralty Seſſions held at Charles-Town, in the Province of South Carolina, on Tueſday the 28th of October, 1718. and by ſeveral Adjournments continued to Wedneſday the 12th of November, following.
To which is Prefix'd,
An ACCOUNT of the Taking of the ſaid Major BONNET, and the reſt of the PIRATES.

LONDON:
Printed for BENJ. COWSE at the Roſe and Crown in St. Paul's Church-Yard. M.DCC.XIX.

“The Tryals of Major Stede Bonnet, and Other Pirates（スティード・ボネット少佐と他の海賊の裁判）”の表紙（一七一九年ロンドンで刊行）。

八日間にわたり、三三名の海賊がフォーチュン号とフランシス号の略奪に関する海賊行為を理由に裁判にかけられた。全員が無罪を主張し、そのほとんどは抗弁をしなかったものの、一部の者は、強制されて海賊になり、海賊行為にはいっさい関わっていないと主張した。結局四名が無罪となり、二九名は有罪となって絞首刑が宣告された。一一月五日の判決文のなかで、トロットは、コットン・マザー牧師がしばしば語ってきたように、罪人に悔い改めを、神の目に赦《ゆる》しを見いだすよう請い、イザヤ書一：一八から〝たといあなたがたの罪は緋のようであっても、雪のように白くなる〟ということばを引用した。三日後、海賊たちは港の突端にあるウエストポイントで刑を執行された。

ボネットは一一月一〇日に裁判にかけられた。検察官のリチャード・アレインは、ボネットを〝アーチピラタ（大海賊の意）〟と呼び、その変わったバックグラウンドに対する共感をほのめかしながらも、市民の一部が〝彼が紳士であり、名誉を重んじる男であり、財産家であり、そして自由教育を受けた人物であるとして〟ボネットに好意を示していることに心を痛めていると語った。アレインの目から見れば、そのような資質は単に彼の罪の重さを強調するものでしかなかった。彼は「あらゆる名誉と人間性を失い、人類の敵となって仲間から略奪を繰り返す男を、名誉を重んじる男と呼ぶことができるのでしょうか。ただの盗っ人であり、海賊ではないでしょうか」と語った。アレインにとって、ボネットは明らかに堕落した男だった。

ボネットは、フランシス号襲撃については、私掠船となる計画があったので海賊行為には同意も参加もしておらず、自分は解放するよう繰り返し求めたと言って無罪を主張した。しかし、彼に不利な証拠は決定的だった。ボネットは、自身の抗弁において、フランシス号の船長だったマンワリングに

一七一八年一二月一〇日のスティード・ボネットの絞首刑の様子。ジョンソンの『海賊史』の一七二五年オランダ語版に描かれている。

対し、実際にボネットがフランシス号から略奪するようにクルーに命じているのを聞いたのかと尋ねた。マンワリングは、「自分で命じておきながら、なぜそんな質問をするのか」と言った。激怒したマンワリングは、彼が身ぐるみを剝がれた結果、「おれの妻と子どもたちは今、ニューイングランドで飢えて死にかけている」と言ってボネットを激しく非難した。さらに彼は、独身だったなら、拉致されても問題はなかったかもしれないが、「哀れな家族がふびんでならない」と語ったという。

ボネットは、フランシス号の襲撃に関して有罪となることがわかった時点で、フォーチュン号の襲撃に関しては、無罪から有罪へと申し立てを変えた。二番目の裁判も最初の裁判と同じ結果になると悟ったうえでの哀れな行動だった。一一月一二日、トロットはボネットに絞首刑を宣告した。アレイン検事が裁判中に軽蔑をこめて言及していた、ボネットに同情的な市民たちは、国王が最終的に恩赦を実施するか否かを決定できるよう、総督に刑執行の一時延期を申し出た。ボネットはこれらの声に加えて総督に対し手紙を書き、〝キリスト教徒として〟、〝哀れみと慈悲の心で〟見てほしいと嘆願した。またボネットは、レットにも手紙を書き、自分のために総督に口添えをしてほしいと懇願した。しかし、すべては無駄だった。一二月一〇日、ボネットは縛られた両手に小さな花束を持ち、ホワイトポイントへと運ばれ、絞首刑に処された。

ボネットの処刑は、サウスカロライナの海賊の歴史におけるもっとも不穏で、重要な一節に一つの区切りを与えることになった。歴史家デイビット・ダンカン・ウォレスは、「一カ月に四九人もの海賊が処刑された事実は、犯罪におびえるコミュニティーに対する海賊の襲撃としては、アメリカの歴史上、類を見ないものであった」と力強く記している。しかし、この時期に最期を迎えた海賊の船長は、ボネットやウォーリーだけではなかった。あの黒ひげの隆盛もやがて劇的な終わりを告げようとしていた。

一七一八年六月中旬に黒ひげがバスに到着したとき、ボネットはすでにこの地を去り、トップセイル海峡で黒ひげの裏切りをまさに知ろうとしているところだった。ボネットと同様、黒ひげとその部下も国王の恩赦を受けていた。エデン総督は代理海事裁判を開き、アドベンチャー号を合法的な戦利品であると宣告し、黒ひげに無条件の所有権を与えた。この時点で黒ひげの部下の多くがバスを去っていたが、彼らがどこへ行ったのか、あるいはその後どうなったのかについて知る手がかりはほとんど残っていない。黒ひげに関する限り、彼は二〇名から三〇名の仲間とともにこの土地に住み着き、

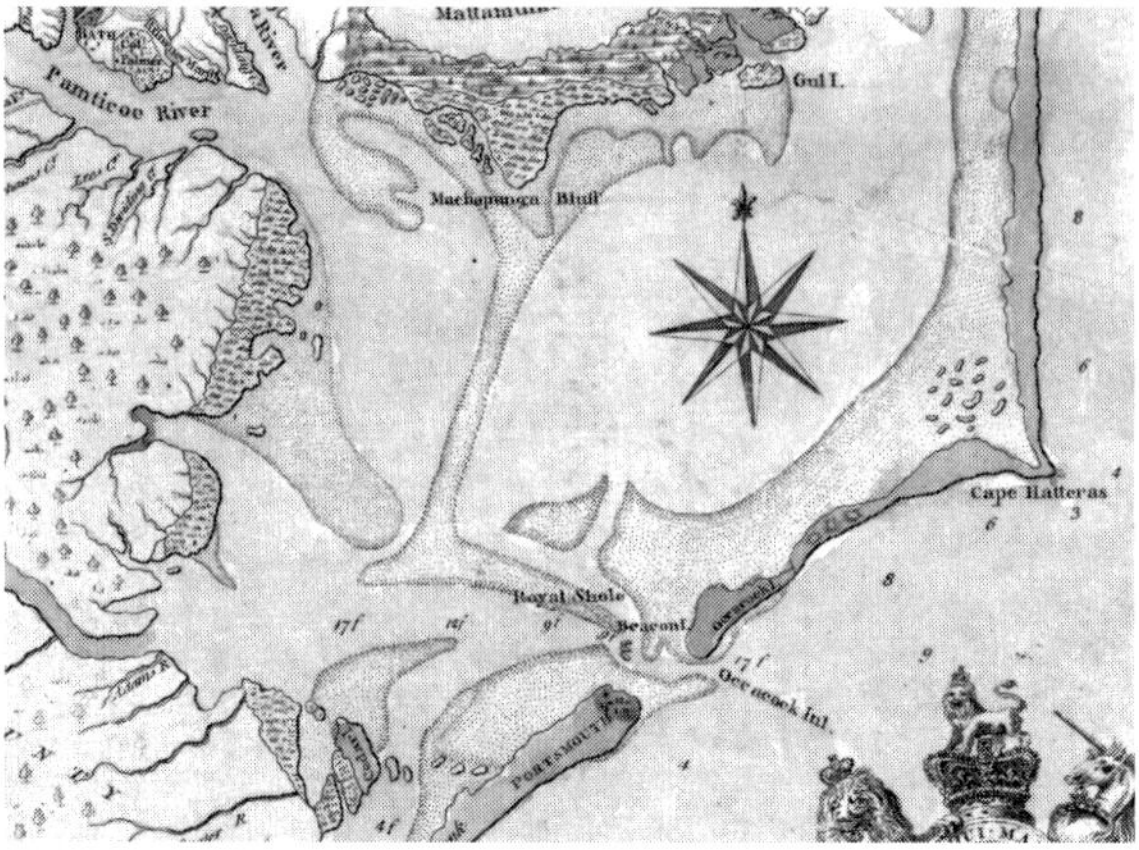

一七七〇年のノースカロライナの地図。オクラコーク（Occacock）の入り江、オクラコーク島およびパムリコ（Pamticoe）川を示している。パムリコ川の北側、地図の左端にはバスの街が見える。

世間に向けて海賊行為からは永遠に足を洗ったように見せていた。エデンは、もちろん彼らの悪名高い過去を知っていたが、恩赦を与えたことやスループ船を戦利品として与えたこと、あるいは元海賊を街に住まわせたことに不安を覚えていたとしても、それを表に出すことはなかった。たとえ黒ひげとその仲間が恩赦に値せず、逮捕すべきだとエデンが説得されていたとしても、彼にはそうするだけの兵力を集める術はなかったのだ。それどころか、海賊はこの小さな街をやすやすと乗っ取ったのも同然だった。

　バスでの黒ひげの生活は謎に包まれており、そこでの彼の活動の様子を描いた資料はほとんど存在していない。後に彼はここに家を持っていたと言われていたものの、その証拠はなく、ほとんどか、あるいはすべての時間をアドベンチャー号で過ごしていた可能性が非常に高い。その間、アドベンチャー号はパムリコ川か、バス・クリーク、あるいは彼のお気に入りの隠れ場所の一つだったオクラコーク島――バスからパムリコ湾を越えておよそ五〇マイルに位置していた――に停泊していたようだ。『海賊史』の著者チャールズ・ジョンソンは、黒ひげがバスの農民と〝夜となく昼となく、しばしばどんちゃん騒ぎを繰り広げ〟、農民に〝受け入れられていたものの、それが愛情からなのか、恐怖からなのかはわからない〟と記している。しかしどんちゃん騒ぎの最中に〝海賊が起こした騒動〟をしずめなければならなかったことにエデン総督が言及している以外には、そのような騒ぎや迷惑行為に言及したものはない。

ジョンソンは黒ひげが、〝一六歳の若い娘と結婚し〟、総督自身が結婚式を執り行ったとも記している。これは黒ひげの一四番目の妻のことを指していると思われ、彼は妻と〝夜をともにした後、五、六人の仲間をアドベンチャー号から呼び寄せ、目の前で、彼ら全員に身を委ねさせることを妻に強いた〟という。当時の非常に短い記録のいくつかに、黒ひげの結婚について書かれた伝聞に基づく説明があるものの、最近のより掘り下げた彼の家系に関する研究で、〝黒ひげに正妻がいたことを示す直接的な証拠はない〟ことがわかっている。彼の結婚が正式に認知されていなかった可能性はあるが、彼が一四人もの女性と結婚していたとは信じがたい（本書を執筆するにあたり、著者は、一族の伝承に基づき黒ひげの子孫であると主張している二人の人物に会っている）。黒ひげに妻がいたとしても、彼が妻に体を売らせたという悪行については、ジョンソンが、当時の報道などで広く行きわたっていた海賊の邪悪なイメージを強調するため、そして本の売り上げの増加を狙って華やかでわいせつな物語を加えるためにでっち上げたものと思われる。

ボネットや恩赦を受けた他の多くの海賊と同様、黒ひげとその部下も、楽をして大もうけをする魅

一八八〇年に描かれたバージニア副総督アレクサンダー・スポッツウッド。

力にはあらがえず、〝犬が吐いた物を食べるように〟、結局は昔の生活に戻っていった。八月の終わりに、黒ひげはアドベンチャー号を使って、財宝を求めて海賊行為を再開した。八月二四日の朝、バミューダ諸島の近くで黒ひげのクルーは獲物を発見し、三時間にわたって追跡した末に追いついた。この船は、ローズ・エメリ号とトワゾン・ドール（黄金の羊毛の意）号で、マルティニーク島からフランスのナントに戻る途中だった。二隻の船はアドベンチャー号よりも大きかったが、黒ひげはまず、武装していないトワゾン・ドール号を拿捕し、この船とアドベンチャー号を使って挟むようにしてローズ・エメリ号を降伏させ、二隻とも拿捕した。ローズ・エメリ号を捜索したところ、数百袋ものココアとおよそ二〇〇樽もの精糖が発見された。これらの大量の戦利品をアドベンチャー号に乗せることは難しかったので、黒ひげはローズ・エメリ号を輸送船として利用することに決め、これをオクラコーク島に連れて行った。彼は逆らえば船を燃やすと言ってローズ・エメリ号のクルーを脅し、彼らをトワゾン・ドール号に移して船長にフランスへの航海を続けさせた。もし二隻目の船がなければ、〝船員を海に放り込む〟つもりだったと黒ひげが語っていたことを考えると、フランス人のクルーにとっては、まだましな結果だったといえる。

九月中旬ごろ、黒ひげはアドベンチャー号とローズ・エメリ号をオクラコーク島南端近くに停泊させ、そこで砂糖とココアをローズ・エメリ号から荷下ろしして、陸地に設営したテントに保管した。その後すぐ、黒ひげと彼の部下の一部はバスに戻った。彼らはエデン総督と会談し、黒ひげの部下の四人が、彼らが海上に捨てられていたフランス船を発見したという宣誓供述書に署名した。エデンが開廷した代理海事裁判所は彼らの宣誓供述を受け入れ、船を接収したうえでこれを難破船と宣告し、事実上、黒ひげにローズ・エメリ号の貨物の引き揚げ権を与えた。その後すぐに、黒ひげは、ローズ・エメリ号が水漏れをしていて航海中に沈むと危険であるというその主張のもと、エデン総督からこの船を浅瀬に座礁させて燃やす許可を得た。彼はこれを実行し、これにより彼の海賊行為のもっとも重要な証拠は消えてなくなった。

エデンが黒ひげのローズ・エメリ号に関する話について何の疑いも抱かず、それを額面通りに受け入れた一方で、彼の北方の同僚たちはそこまでばか正直ではなかった。バージニアの副総督アレクサンダー・スポッツウッドは黒ひげが海賊に戻ったと確信し、これを限りに彼の悪行を終わりにさせることを誓っていた。

英国領のタンジェ生まれ、四二歳のスポッツウッドは、アメリカに来る前は海軍に所属し、一七一〇年にバージニアの副総督に任命されたときには中佐の地位にあった。彼の肩書は副総督であったものの、総督に任命されていたオークニー伯爵であるジョージ・ハミルトンは植民地を訪れたことがなく、その運営をほとんど副総督の手にゆだねていたことから、実質的には彼が植民地のトップだった。植民地の首都ウィリアムズバーグに住んでいたスポッツウッドは、海賊に対し深い憎しみを抱いていた。一七一六年七月、彼は海軍卿に対し、〝ニュープロビデンスがならず者たちの巣となってしまったことがもたらす危険な結果〟に注意をうながし、〝この勢力を拡大しつつある悪を制圧するための方策を取らなければ、この大陸の貿易全体が危機にひんする〟と警告していた。その二年後、スポッツウッドがもっとも心配している〝ならず者〟こそが、黒ひげとその仲間たちだった。

恩赦を受けてからまもなく、黒ひげの部下の一部がバージニアに向かったことから、スポッツウッドは警戒の念を抱いていた。スポッツウッドは彼らが更生したとは信じておらず、彼らに対し、武器を携行し、大勢で集まることを制限しなければ、〝金を使い果たすやいなや、すぐに船を襲い、以前の稼業に戻る〟に違いないと信じていた。このような事態を避けるため、スポッツウッドは一七一八年七月一〇日に布告を発し、バージニアに入る元海賊に対し、武器を治安判事か軍関係者に渡さなければならないと定め、三名を超える人数で移動したり、たむろしたりすることを禁じた。もし元海賊たちが従わず、何らかの〝違法な騒ぎを起こした場合は〟、強制的に武器を奪われ、投獄された。

布告も行動を伴わなければただのことばでしかなく、スポッツウッドは、周囲に行動しようという意思が欠けていることにすぐ気づいた。布告が発せられてまもなく、武器を持った黒ひげの部下が、大勢でバージニアからペンシルベニアに移動していた。彼らは、その途中で商船の船員を仲間に誘おうとするなど、海賊に戻ろうとしていることは明らかだった。植民地政府の関係者は住民に対し行動を起こすことを求めたが、誰も自らの命を懸けてまで、海賊から〝武器を取り上げ、捕らえよう〟とはしなかった。

その後数カ月間、黒ひげとその仲間たちが〝昔の稼業〟に戻ったという証拠が積み上がるにつれ、スポッツウッドの懸念は深まるばかりだった。スポッツウッドはノースカロライナの商人から、黒ひげとその仲間たちの乱暴な振る舞いに関する苦情の手紙を受け取っていた。また、このときバージニアに停泊していたHMSライム号のエリス・ブランド船長が黒ひげのたくらみを暴露するためにノースカロライナに使者を送っていた。その使者がもたらした情報は極めて厄介な状況を示していた。エリスの情報提供者は、複数の情報源から黒ひげがあらゆる商船の船長を〝愚弄《ぐろう》し、乱暴を働いて脅し、彼らから黒ひげの気に入る品や酒を出させている〟という情報を得ていた。海賊とみなされることを避けるため、黒ひげは彼が奪った品に自分が適当と考える〝代金〟を支払っていたという。

しかし、スポッツウッドを心から激怒させ、黒ひげが間違いなく海賊に戻ったと確信させた出来事は、ローズ・エメリ号の拿捕だった。エデンとは違い、スポッツウッドは、黒ひげの話を信じなかった。黒ひげのしわざとうわさされる犯罪に加え、このフランス船の拿捕が、最終的にスポッツウッドに行動を取らせるきっかけとなった。スポッツウッドの主張は、商務庁に宛てた書簡にしっかりと記されていた。このなかで彼は、黒ひげと彼の仲間が沿岸で再び海賊行為を働いており、最近も砂糖とココアを積んだ船が、海上で難破していたところを発見したと偽って拿捕し、その船の真の身元を隠

一七一八年一〇月の終わりごろ、オクラコーク島で大騒ぎをする黒ひげとチャールズ・ヴェインの仲間たち（一八三七年に描かれたもの）。描かれているように、実際に女性が参加していたかどうかは定かではない。

すために燃やしたと記している。スポッツウッドは、同時にノースカロライナの商人からも〝海賊たちの蛮行〟や植民地政府が海賊を取り締まることに弱腰であることへの苦情を多く受け取っていることから、今こそ〝悪のクルーら〟を壊滅させるときだと判断した。スポッツウッドがもっとも避けたかったのは、将来、黒ひげがオクラコーク島を要塞化するまでに勢いを増し、その島をバージニアの商船を襲撃しようともくろむ海賊の〝たまり場〟にすることであり、さらにはこれによって植民地に大きな収益をもたらしているタバコ貿易が危険にさらされることだった。スポッツウッドの不安は、チャールズ・ヴェインが一〇月にオクラコーク島を訪れ、旧友の黒ひげと数週間にわたって大騒ぎを繰り広げたことを知ったことで、さらに高まるばかりだった。

スポッツウッドは、HMSライム号のエリス・ブランド船長とバージニアに停泊していたもう一隻の海軍の戦艦HMSパール号の船長ジョージ・ゴードンの力を借りて、オクラコーク島が、バージニア沿岸を襲撃する海賊のための拠点となる前に、〝この海賊の巣を根こそぎにする〟計画を立てた。彼らは、黒ひげと仲間たちがバスとオクラコーク島のどちらにいるのかわからなかったため、陸と海の両方向から攻撃することで合意した。ブランドが二〇〇名の船員とバージニアの市民兵からなる陸上の攻撃部隊を率いる一方で、パール号の三四歳のロバート・メイナード大尉――当時アメリカにいる海軍士官のなかで最年長だった――が海上からの攻撃の指揮を執った。

しかし、この攻撃部隊を組織することは、戦備に関する深刻な問題を引き起こしていた。オクラコーク島の海域の水深が浅いことから、喫水の深いライム号とパール号を攻撃や輸送に使うことができなかったのだ。小型の船を雇うことはできたが、それは誰かがその費用を負担しなければならないことを意味していた。ブランドとゴードンは喜んで兵を提供したが、船の費用を負担することには二の足を踏んだ。そこで、スポッツウッドがこの費用を負担することを申し出た。

二隻の小型のスループ船――レンジャー号とこれよりもやや大きなジェーン号――が用意された。レンジャー号には二五名の兵が、メイナードが乗船したジェーン号には三五名の兵が配備された。二隻の船は、難なく浅瀬を航行し、オクラコーク島周辺の水路を縫うように進むことができたものの、大砲を備えていなかった。そのため、九門の大砲を擁する敵に立ち向かうのに、メイナードの兵たちはそれぞれ個人の武器に頼らなければならなかった。四〇門の砲を有するパール号と二四門の砲を有するライム号で海賊に対峙《たいじ》することができたなら、戦いの結果も見えていただろうが、砲を持たないスループ船を使わなければならないことで戦いの行方は予想できなくなっていた。

しっかりとした情報を得ることで海上からの侵攻を確実にしようと、スポッツウッドはバスの商人の一人——黒ひげの違法行為について最初にスポッツウッドに警告してきた商人だった——に使者を送り、アドベンチャー号の状態やクルーの人数、普段停泊している場所などの情報を集めた。また、スポッツウッドは、自らが費用を負担することを条件に、オクラコーク島からウィリアムズバーグまでの海域に詳しい水先案内人二名を派遣するようこの商人に要請した。

計画は極秘に進められた。スポッツウッドは植民地の議会や評議会にもこの計画を話していなかった。バージニアには海賊に好意的な住民が多くいることから、情報を共有した場合、攻撃のうわさが黒ひげのもとに届くことを恐れたのだった。またスポッツウッドはノースカロライナのエデン総督にも彼の植民地に対する侵攻計画を知らせていなかった。これは当然ながら完全な違法行為だった。しかしスポッツウッドは、ノースカロライナを寛容な目では見ていなかった。彼はノースカロライナを自身の植民地を守ることさえできない無能なリーダーに率いられた、洗練されていない田舎町と見ていた。スポッツウッドは、この植民地が海賊の脅威に対処することに対し信頼がおけないと断じるだけでなく、エデンと植民地の法務長官であり、税務官でもあるトビアス・ナイトが、略奪品や金を賄賂として受け取って、黒ひげと結託しているといううわさを信じていた。

ノースカロライナに派遣する兵に経済的なインセンティブを与えるため、一一月中旬にスポッツウッドはバージニアの植民地議会を動かして、海賊を捕らえた者に報奨金を提供する法案を採択させようとした。スポッツウッドは秘密の計画を明かしたくなかったので、別の議論を持ち出して議員らを動かそうとした。そのころ、スポッツウッドは、黒ひげの操舵長を務めていたウィリアム・ハワードが植民地に入って来たところを捕らえ、海賊行為を理由に裁判にかけていた。その際、黒ひげとその仲間が、ハワードが捕らえられたことに怒り、バージニアの船を襲って損害を与えてやると脅していたという情報が明らかになった。そこでスポッツウッドは〝この海賊の集団をせん滅するために速やかかつ効果的な方策を講じることが不可欠である〟と主張したのだった。この情報が真実だったのかどうかはともかく、彼の主張は功を奏し、一一月二四日、議会は「海賊の逮捕とせん滅を進める法律」を採択した。この法律には、バージニアもしくはノースカロライナあるいはこれらと隣接する海域で、一七一八年一一月一四日から翌年の同日までの間に海賊を捕らえた者――抵抗にあった場合はその生死は問わなかった――に対する報酬額が定められた。この法律が具体的に名前を挙げていたのは黒ひげだけで、彼に対する報奨金は一〇〇ポンドだった。他の海賊の船長に対しては四〇ポンド、甲板長や船大工に対しては二〇ポンド、他のクルーに対しては二〇ポンドの報奨金が提供された。この法律が採択されたころ、スポッツウッドのノースカロライナへの侵攻はすでに始まっていた（どうやらスポッツウッドはこの侵攻が始まった直後に、ブランドとゴードンにこの法律を提案し、採択される可能性が高いことを伝えていたようだった。したがって、船長たちは、勝利して帰還したあかつきには、期待通りスポッツウッドが約束した経済的なインセンティブが待っていると信じて侵攻を進めていた）。

一一月一七日午後三時、レンジャー号とジェーン号がジェームズ川を下り始め、ブランドの率いる陸上部隊もその日の夜遅く出発した。一一月二一日の午後、ブランドの兵はまだバスから五〇マイル（約八〇キロメートル）の地点にいたが、メイナードの率いる二隻のスループ船は、オクラコーク島

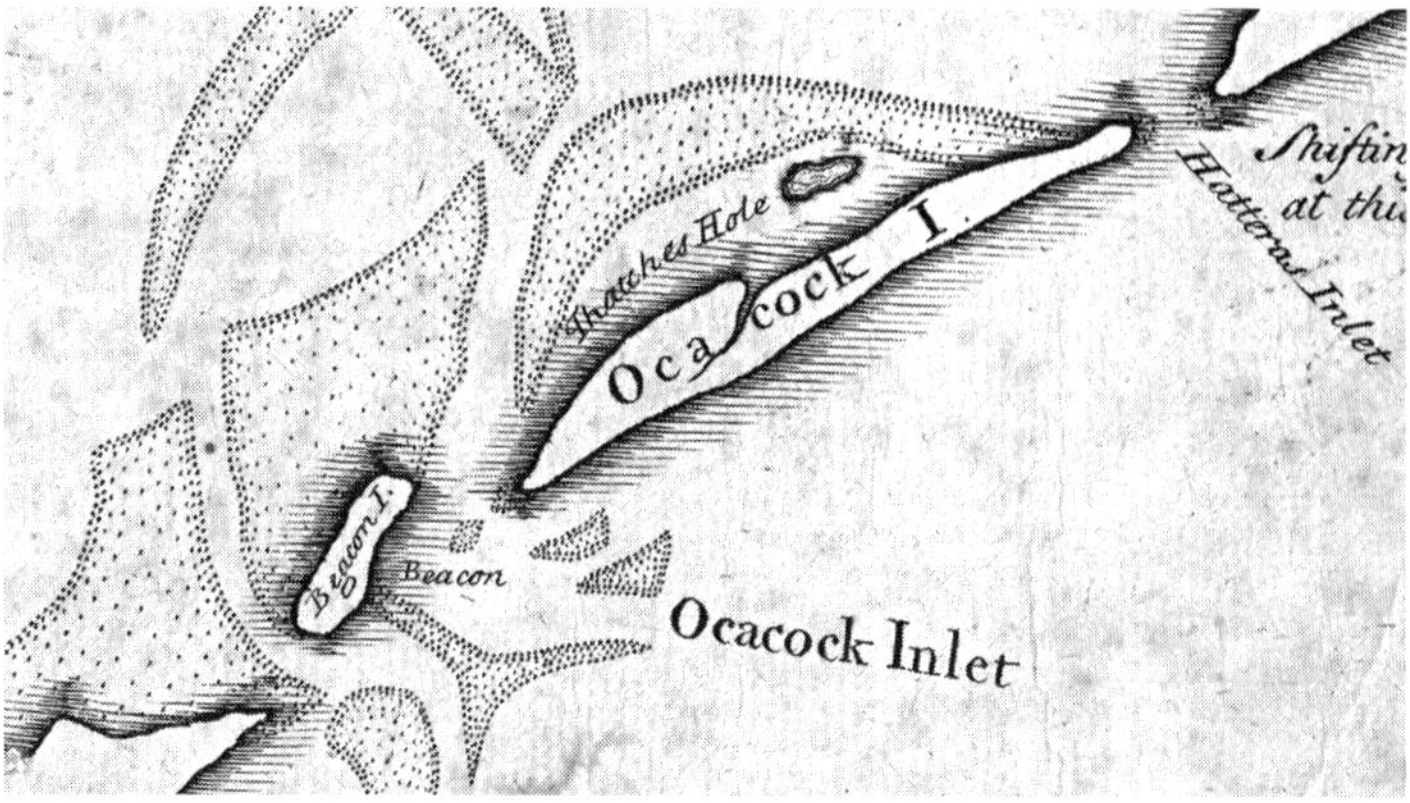

一七三三年のノースカロライナの地図の一部。オクラコーク（ここではOcacockと記されている）島とその上に"Thatches Hole"が示されている。

の南端に到着していた。彼らはすぐに、パミルコ湾に面した入り江――現在はティーチズ・ホールとして知られている――に停泊している二隻のスループ船を発見した。夜になったため、メイナードはジェーン号とレンジャー号をいったん停泊させた（本書ではこの後の部分で、黒ひげとメイナードの戦いについて説明している。この戦いに関する当時の記録――目撃者によって書かれた唯一の記録を含む――は、非常に短く、しかも内容がさまざまであり、時に互いに矛盾している。結果として、これらは想像によるところが大きいようだ。多くの著者は、これらの最小限の説明を頼りに、数多くの詳細をつけ加えて、この戦いに関する極めて劇的な、長い物語を作り上げている。私は、必要に応じ判断を加えながらも、できる限り当時の記録に忠実であるよう心がけた）。

周囲に軍勢が迫っていることに気づかず、黒ひげは、およそ二〇名の部下とともに、その日早くスループ船で到着していた地元の商人サミュエル・オデルと、飲めや歌えやの宴を繰り広げていた。翌朝、海は穏やかで風も非常に弱く、聞こえるのは夜明けを歓迎する鳥の鳴き声だけだった。九時、メイナードはレンジャー号に二隻のスループ船に向かって進むよう命じたが、まだその二隻のうちの一つが黒ひげの船であるという確信は持っていなかった。ジェーン号もその後に続いた。しかし、出発してまもなく、ジェーン号が座礁し、さらにレンジャー号も座礁してしまった。ジェーン号のクルーは必死で重い荷物を海に捨てて船を軽くしようとした。一方でレンジャー号のクルーも水樽を破壊して同じことをしようとした。二隻の船はすぐに離礁したが、相手の不意を突くという貴重なチャンスは失われてしまった。

黒ひげの仲間たちは酔っぱらって前後不覚の状態だったにもかかわらず、近くで起きた混乱に気づいた。襲撃されたことを悟った黒ひげは、部下にアドベンチャー号のいかり綱を切るよう命じ、戦いを開始した。海賊は、襲撃者をおびえさせるために、近づいてくるスループ船に砲撃を始めた。黒ひげは、攻撃を続けながら、スループ船が入って来た水路を通って出ようとした。黒ひげが水路の出口にさしかかったところで、レンジャー号が黒ひげのアドベンチャー号にまっすぐ向かってきた。さらにメイナードの乗ったジェーン号も、クルーがオールを使ってこぎ、そのすぐうしろに続いた。

ジェーン号が小火器の射程の半分の位置までアドベンチャー号に近づくと、メイナードと黒ひげとの間で短い会話があった。ボストン・ニュースレターが報じた伝聞情報によると、会話は次のようなものだったという。

ティーチ（サッチ）は、メイナード大尉に呼びかけ、自らもジョージ国王の臣下であるとして、メイナードにボートを出してアドベンチャー号に乗船するように言った。メイナードはスループ船をつけてすぐに乗り込むと答えたが、メイナードの意図を悟ったティーチは、このまま見逃すなら、こちらも手を出さないと言った。メイナードは、彼の目的はティーチで、生死にかかわらず彼を捕らえることであり、そのためには命をもささげるつもりだと答えた。するとティーチはワイングラスを掲げ、命乞いをすることも、情けをかけることもしないと言い放った。

メイナード自身によるこの会話の記録も同様の内容だったが、さらに短く、この海軍士官がそこまでぶっきらぼうでなくてもと思わせるほどだった。「われわれの最初のあいさつで黒ひげは私と私の部下を、鼻水をたらした子犬と呼び、情けをかけることも、自ら命乞いをすることもないと言った」とメイナードは記している。

会話が終わるや否や、黒ひげは圧倒的な火力を最大限利用し、舷側砲による一斉攻撃を行った。この攻撃によりレンジャー号の指揮官が命を落とし、さらにこの船のＮｏ・２とＮｏ・３を含む部下五名が負傷した。指揮官を失ったレンジャー号は、戦線を離脱し、戦いの最後になるまで戦力にはならなかった。

メイナードのジェーン号の舷側でも多くのクルーが負傷したが、彼らは戦いを続けた。ジェーン号のクルーの驚くべき射撃技術によって、あるいはどちらかといえばまぐれ当たりによって、黒ひげのアドベンチャー号のジブハリヤード――三角の帆を上げ下げするロープ――が切断されて帆が使い物にならなくなったため、船の速度が落ちた。これ以上黒ひげによる砲撃に部下をさらしたくないと考えたメイナードは、クルー全員を船倉に避難させ、自らも船尾の船室に隠れた。しかしメイナードは危険から逃れようとしただけではなく、わなもしかけていた。船室に向かう前に、操舵手と士官候補生を甲板に残し、黒ひげの動きを知らせるよう命じていたのだ。メイナードの思い通りに行けば、海賊はすぐにジェーン号に乗り込んでくるはずだった。

ジェーン号の甲板に誰もいないのを見て、黒ひげは砲撃が致命的な効果を発揮し、戦いにほぼ勝利したと考えた。とどめの一撃を与えるため、黒ひげはアドベンチャー号をジェーン号の舷側につけ、クルーに手すり越しにロープを使って船を引っ張って近づけさせた。黒ひげが乗船するや否や、操舵手がこれをメイナードに知らせ、メイナードは一二名の部下とともに主甲板に殺到して海賊の不意を突いた。その後の六分間の乱闘の間、兵士と海賊は互いに至近距離で斬りあい、銃を放った。船上ではうなり声や叫び声、うめき声が剣のぶつかる音や爆発音と混じり合っていた。

やがて煙が晴れると、そこには偉大なる海賊黒ひげが死んで横たわっていた。黒ひげとともにジェーン号に乗り込んできた残りの部下も殺されるか、深い傷を負っていた。これとほぼときを同じくしてレンジャー号も到着し、クルーがアドベンチャー号に乗り込んで残りの海賊を降伏させた。その際に海軍の兵士の一人が同士討ちによって死亡した。取り乱して、最後まで戦うよりも海に飛び込むことを選んだ海賊も、泳いで逃げようとするところを銃で撃たれた。そうして海に逃げた者のなかに生き延びた者はなく、数日後、ハゲタカが上空を旋回しているなか、アシの茂みで死体が発見された。

メイナードによると、〝英雄のごとく戦った〟ジェーン号のクルーには、戦闘中に命を落とした者はいなかったものの、その多くは〝深い傷を負った〟という。死傷者の数については、さまざまな記

メイナードと黒ひげの死闘（一八三七年に描かれたもの）。

録で異なっているものの、双方でおよそ一〇名の海軍兵士と一〇名の海賊が死亡し、二〇名以上の兵士が負傷した。メイナードは九名の海賊を捕らえたが、そのうちの三名が白人で残りは黒人だった。
アドベンチャー号の負傷者の一人は、黒ひげを祝福するために訪れていたところを戦いに巻き込まれた商人のオデルだった。オデルは海賊とともに戦ったが、メイナードとその部下は彼に恩義があるといってよかった。というのも、彼の機転がなければ、死者の数はもっと多くなっていたかもしれなかったからだ。戦いが始まる前、黒ひげはクルーの一人、シーザーという名の黒人に、海賊が敗れた場合は、船を爆破するように命じていた。シーザーがまさに弾薬庫に火を放とうとしていたときに、オデルと彼のクルーがシーザーの手から火を奪ったのだった。

黒ひげの死は、間違いなく海賊の歴史においてもっとも有名な、あるいは少なくとも象徴的な出来事だった。当然のごとく、彼が殺された正確な状況については、さまざまに議論された。ボストン・ニュースレターは、熱狂する民衆に黒ひげの最期について、受け売りでありながらも生き生きと描いてみせ、民衆を熱狂させた。

メイナードとティーチ（サッチ）は剣で戦いを始めた。メイナードが斬りつけ、彼の剣がティーチの弾薬箱をとらえ、これをすっかり曲げてしまうほどの打撃を与えた。ティーチはメイナードの剣のつばを壊してメイナードの指に傷を負わせたが、彼を戦闘不能にするには至らなかった。メイナードは、うしろに跳ぶと剣を捨てて銃を放ち、ティーチを負傷させた。デメルトが剣で二人の間

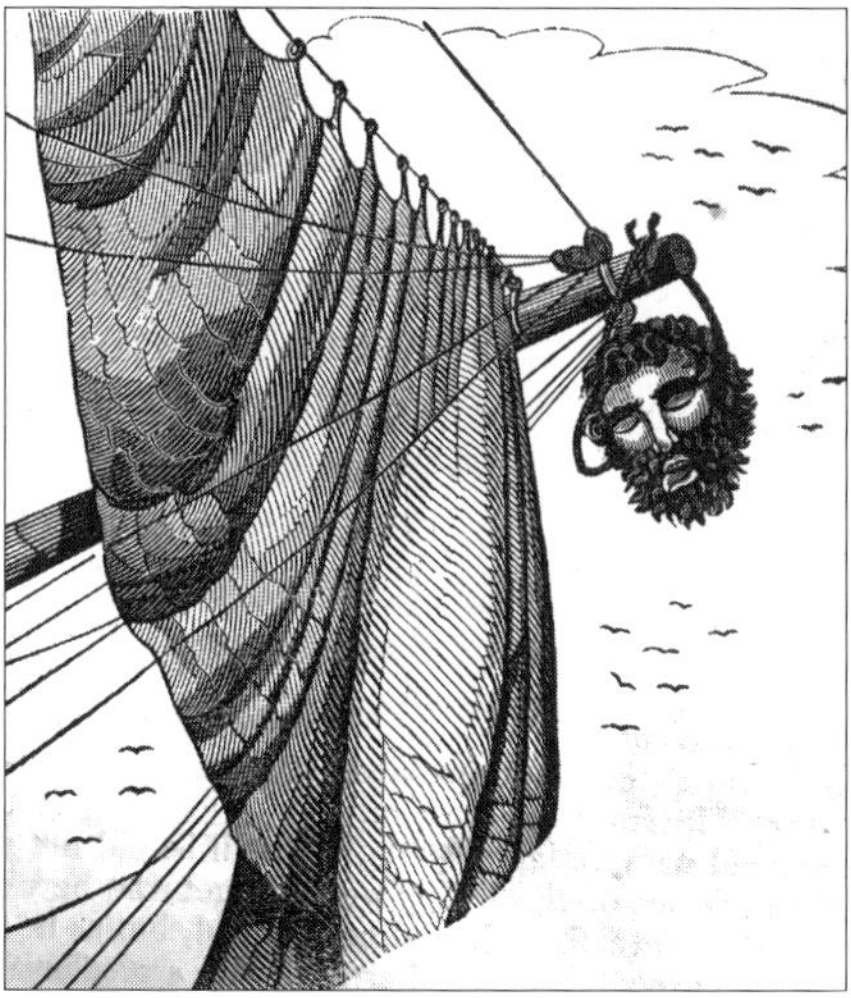

メイナードは、黒ひげの切り取った頭部をみんなに見えるようにジェーン号の船首斜檣につるした（一八三七年に描かれたもの）。

に割って入り、ティーチの顔に激しく斬りつけ……メイナードの部下の一人である（スコットランドの）ハイランド人のクルーが大きな剣を持ってティーチに戦いを挑み、ティーチの首に傷を負わせた。ティーチは彼に、「なかなかやるな、小僧」と言い、ハイランド人のクルーは、「ならばこれでもくらえ」と答えて、さらに斬りつけ、この一撃で黒ひげの首を斬り落とした。黒ひげの首は肩の上にかろうじて乗っている状態だった。

チャールズ・ジョンソンや後の多くの著述家は、この説明に装飾を加え、黒ひげの死をハリウッドの大作に匹敵するほどのシーンとして描いた。しかし、メイナードが黒ひげの死について、「黒ひげは五発の銃弾を受け、身体のあらゆる部分に二〇ものひどい切り傷があった」としか語っていないことを考えると、ボストン・ニュースレターの詳細な記述の正確性には大いに疑問が残る。メイナードは、「私が黒ひげの首を斬り落とし、バージニアに運ぶためにこれを船首斜檣《しゃしょう》につるした」と語っている。首のない黒ひげの死体は、パムリコ湾の暗い海に捨てられ、伝えられるところによると、ジェーン号のまわりを漂った後、海のなかに沈んでいったという。

黒ひげの死に関する知らせは、ゆっくりと植民地中に広まり、さらには大西洋を越えて英国本国にも伝えられた。人々は、この知らせを強い関心をもって迎えると同時に、この有名な海賊が死を迎えたことに大いに安堵《あんど》した。黒ひげの死にまつわる話は、当時一二歳だったベンジャミン・フランクリン――ボストンで印刷業を営んでいた兄ジェームズの徒弟だった――をも魅了した。ベンジャミンはこの当時、詩に強い関心を持っており、兄ジェームズのすすめで珍しい出来事について物語詩《バラッド》を書き、これを印刷して、通りで売ろうとしていた。黒ひげの死は、メイナードのきょうだいであるマーガレットが暮らすボストンでも特に関心が高く、ベンジャミンは、この題材が自分の試みにとっての好材料であると考え、〝船乗りの歌、海賊ティーチ（サッチ）の最期〟と題する詩を作った。

後に自伝を書いたフランクリンはその詩を〝三文文士街《グラブ・ストリート》風の愚にもつかない代物〟と評している。グラブ・ストリートは、サミュエル・ジョンソンが一七五五年に出版した著名な「英語辞典」によると、〝もともとはロンドンのムーアフィールズの通りの一つ。歴史や辞書、詩の書き手が多く住み、これらの低級な書物のことをグラブ・ストリートと呼んだ〟と定義されている。どうやら、この詩はあまり売れなかったようで、この詩そのものを示す資料は見つかっていない。それでも、この詩の一部あるいは全体であるとされるものがその後あらわれている。しばしば引用されるその一つとしては、最後の部分のみが残されている。

そしておのおの男は銃を手にする
なすべきことをなすために
短剣、剣あるいは銃を持って。
やがてもはやあらがえぬと知り
少年は火薬庫に火を放ち、人々は甲板を逃げ惑う。
海に飛び込むほうがましだ
首をつられ、カラスの餌になるよりは
ブリストルのネッド・ティーチは陽気に語った

もう一つありえそうな候補は、〝海賊の凋落《ちょうらく》〟と呼ばれる物語詩で、一七六五年に発行された詩集のなかで初めて出版されたと言われている。まったく同じものではないにしろ、フランクリンのもとの詩に直接由来するものである可能性が高い。最後の部分は、次の通りである。

血みどろの戦いが終わるとき、人々は新聞によってこれを知る
ティーチの首を船首のマストにつるし、船はバージニアへと向かう

彼らがいかに多くの海賊を殺したかを語るとき
老いも若きも彼らをたたえた

実際の詩がどうだったかはともかく、ベンジャミンの父ジョサイアはこの詩を気に入らなかったようで、後にベンジャミンは、「父は私の作品をあざけり、詩人などはしょせん物乞いと同じだと言って私を落胆させた。その結果、私は詩人にならなくてすんだのだが、なっていたらとんだへぼ詩人になっていただろう」と記している。こうしてアメリカは偉大な政治家を失わずにすんだ。

オクラコークの戦いの後、やるべきことが多く残されていた。メイナードは黒ひげが陸上に保管していた文書や一四〇袋のココア、一〇樽の砂糖をすべて没収し、バスへと運んだ。メイナードは、バスでブランドと彼の率いる陸上部隊――彼らは戦いの翌日にバスに到着していた――と合流した。ブランドも、そのときバスにいた黒ひげの部下六名を捕らえ、法務長官のトビアス・ナイトの納屋の干し草の下から大量の砂糖とココアを没収した。

一七一九年一月三日、晴天のもと、凱旋《がいせん》したメイナードはアドベンチャー号に乗ってジェームズ川を上った。船首のマストには腐敗して、間違いなく腐臭がしていたにちがいない黒ひげの首がつるされていた。メイナードは、ライム号とパール号のそばを通り過ぎるとき、九門の砲で礼砲を放ち、二隻の海軍の戦艦も同じように礼砲で応えた。海賊をもうかる商売だと考えている者への警告として、スポッツウッドは、黒ひげの首を河口の突端部にさらした。後にこの場所は、ブラックベアード・ポイントと呼ばれるようになった。伝えられるところによると、黒ひげの首は最後には降ろされ、頭蓋骨の上半分は〝銀で補強またはメッキされ〟、パンチ・ボウルにされて、ウィリアムズバーグにある居酒屋でいっとき使用されていたという。もしこれが真実だとしても、その後、あらわれることがなかったことから、この不気味な人工遺物はなくなってしまったようだ。

メイナードが多くの海賊を殺し、捕らえたという明確な証拠を持ち帰っていたにもかかわらず、バージニアの植民地から彼と彼の部下に支払われるはずの報奨金は、政治的かつ官僚的なごたごたのせいで四年間も支払われなかった。アドベンチャー号を含め、メイナードとブランドが没収した品は競売に付され、二二三八ポンドで売却されてライム号とパール号のクルーに分配された。この金額は、特に印象的というほどではないが、それなりの額であり、およそ一万一〇〇〇ガロン（約四万リットル）のマデイラ・ワイン、あるいはおよそ三〇〇樽の火薬に相当した。広く語られた海賊としての生涯の後、黒ひげとその一部の部下は、実際には財宝という形では、それほど多くのものを残していなかったのだった。

スポッツウッドが管轄外のノースカロライナに侵攻したことは、その後何年にもわたるドラマを生んだが、その複雑な詳細については、本書では述べないこととする。すでに不安定な状況にあったバージニアとノースカロライナの関係に、スポッツウッドの侵攻がさらに緊張をもたらし、彼の違法な、あるいは少なくとも議論の対象となる行為に関する互いの主張が飛び交ったとだけ述べておけば十分であろう。そのなかには、ノースカロライナの植民地政府関係者と黒ひげとの間の結託に関する告発も含まれ、トビアス・ナイトに対しては特に厳しい尋問が行われた。彼の納屋に隠されていた砂糖とココアに加え、これをブランドに渡そうとしなかったことが、ナイトが海賊に買収されている証拠だとされた。またナイトから黒ひげに送った密書がアドベンチャー号から発見され、メイナードがオクラコークに到着する数日前に書かれていたことから、ナイトが黒ひげに来るべき攻撃を警告しようとしたものと見られた。これらは重罪に値したことから、エデン総督と議会は、ナイトが実際に海賊の共犯であるかを審議するための審問を開いた。ナイトは自ら積極的に抗弁し、単に黒ひげのために砂糖とココアを保管していただけで、手紙も友人との間のやりとり以外の何物でもなく、メイナードの攻撃について伝えることも、暗に示すこともしていない――これは真実であった――と主張した。証拠を吟味した結果、議会はナイトを無罪と判断した。

エデンも同様に黒ひげとの結託を疑われたが、彼に対する告発は公式にはなされなかった。にもかかわらず、歴史は彼の評判に対して優しくはなかった。多くの歴史家は彼が黒ひげに恩赦を与えたことやローズ・エメリ号の引き揚げ権を与えたことを、エデンが黒ひげに何らかの賄賂と引き換えに海賊行為を続けることを認めていたことの状況証拠であると見ていた。『海賊史』の初版において、チャールズ・ジョンソンも両者の間にそういった合意があったと明確に記していたが、後の版では、エデン総督についての意見を修正し、〝率直に言って、エデンと黒ひげとの間に何らかの個人的または犯罪上のつながりがあったとは考えられず〟、さらに〝エデンは優秀な総督であり、正直な男だった〟と記している。またローズ・エメリ号の事件についても、ジョンソンは、エデンが船の没収と貨物の処分について正しい手続きを踏んでおり、船が遭難状態にあったことに関する四名の宣誓供述と反訴のなかったことから考えて、他の代理海事裁判所であっても同じ結論に至っていただろうと記してい

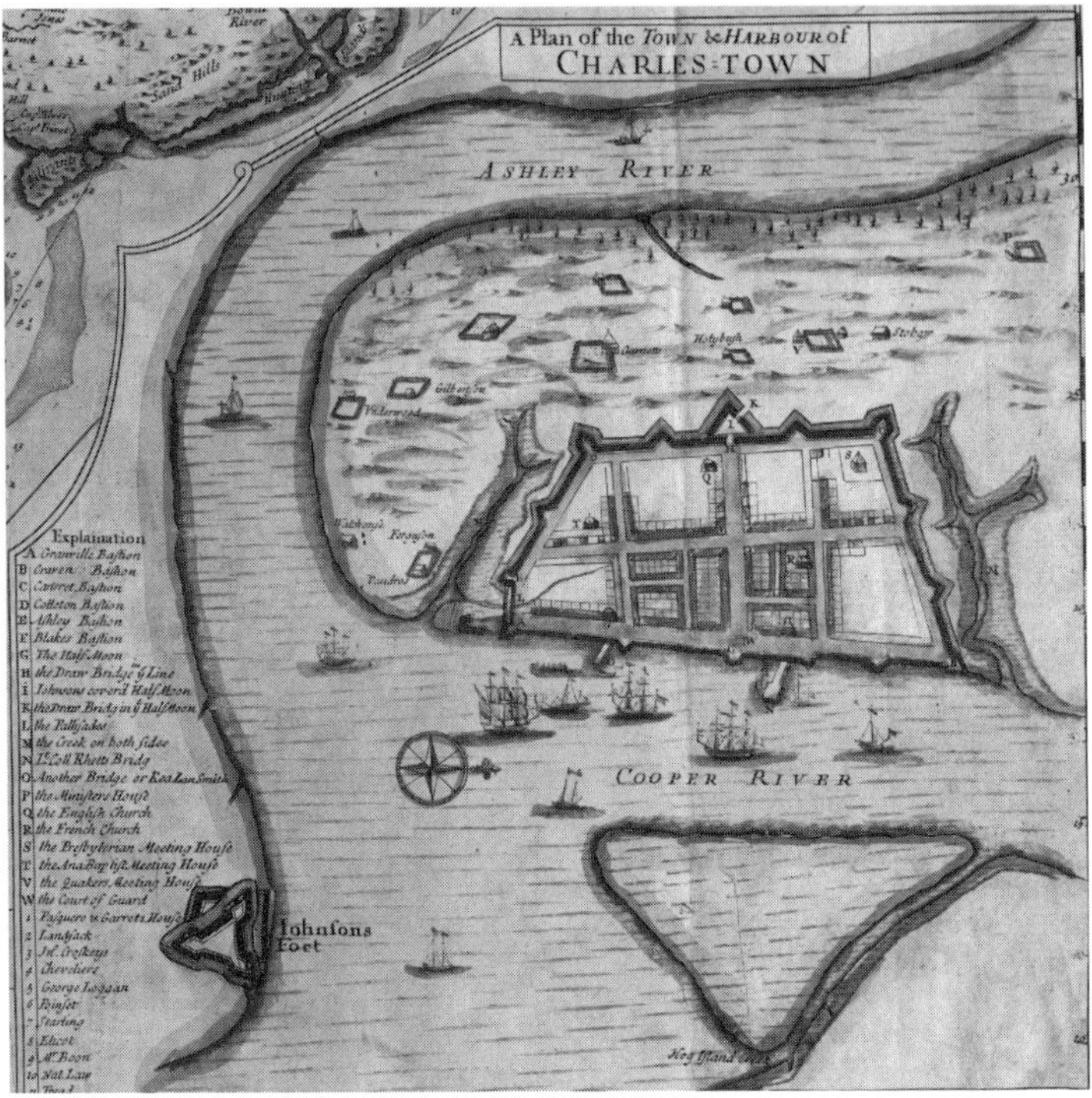

1711年のノースカロライナ地方の地図の一部。チャールスタウンの都市および港湾計画を示している。

る。ローズ・エメリ号がクルーも書類もない状態で海上を漂流していたという黒ひげの話は、常識的に見て、さらに海賊としての黒ひげの背景を考えれば、スポッツウッドの言う通りあまりにもばかげていたが、エデンや裁判所が何らかの違法な行為をしたか、海賊から賄賂を受け取っていたという明白な証拠はなかった。

海賊たちの裁判は一七一九年三月一二日にウィリアムズバーグで行われた。残念なことに、裁判の記録は存在していないが、結果についてはわかっている。一五名の被告のうち、一三名が有罪となり、絞首刑を宣告された。たまたま居合わせた商人のサミュエル・オデルは、黒ひげらとともに戦ったものの、実際には海賊行為に関与していないことを証明したことから、無罪となった。黒ひげの元操舵長で、一時アドベンチャー号の船長だったイスラエル・ハンズは有罪となったが、刑が執行される直前に、降伏した海賊に対する恩赦の有効期間を延長する布告がロンドンから伝えられ、このチャンスを利用して、自由の身となった。ジョンソンによると、ハンズは英国に戻ったが、数年後〝ロンドンで物乞いをしているところを目撃された〟という。

第九章　退場

9 . FADING AWAY

ジョンソンの『海賊史』一七三六年版に描かれた海賊船長エドワード・ロウ。風が吹いている様子は彼と彼の部下が一七二二年終わりごろにブラジルを訪れた際に遭遇したハリケーンを意味している。

一七一七年から一七一九年までの二年間は、アメリカにおける海賊の歴史において、もっともドラマチックな時代だった。ベラミーやウィリアムズ、ラ・ビューズ、ボネット、黒ひげ、ウォーリー、ヴェイン、ムーディーらに加え、彼らほどの結果を残していないが他の海賊たちが、メインからサウスカロライナにかけての沿岸を幾度となく荒らしまわり、植民地を恐怖におとしいれた。一部の植民地は果敢に海賊に抵抗し、大きな成功を収めた。植民地の勇敢な取り組みは、ボネットや黒ひげといった、歴史上もっとも悪名高い海賊の凋落に直接つながった。ベラミーとその部下は自然の力によって壊滅させられたものの、生き残った者らも正義を求めたマサチューセッツの植民地政府関係者によって一網打尽にされた。ボストンやウィリアムズバーグ、チャールストンの著名な裁判において、植民地政府関係者は、すでに執行した膨大な数の海賊の処刑者数に加えて、さらに六八名の海賊の処刑を執行し、植民地が海賊と戦う意思を持っているという明白なメッセージを送った。

この一七一七年から一七一九年までの二年間はアメリカの沿岸における海賊行為が頂点に達した時期だった。しかし、その後一七一九年から一七二六年までの間、植民地を襲った海賊の数は、ほとんど無視できるレベルまで減少する。もちろん、この減少に貢献した多くの要因のうちの一つは、植民地が海上と法廷の両方で海賊と戦うことを決意したことであった。もう一つの重要な決定要因は、英国が恩赦の実施や法の厳正化、海軍の強化、刑の執行、ニュープロビデンスにおける海賊の拠点の撲滅などの対策を組み合わせて行うことによって、大西洋から海賊を排除するための取り組みを強化したことだった。

ジョージ国王が一七一七年九月五日に発布した恩赦法に続き、一七一九年にも恩赦が実施された。

しかし、その結果は矛盾をはらみ、総じて残念なものとなった。恩赦を受けた海賊の多くは、ボネットや黒ひげのように、元の稼業に戻っていったのだ。しかし恩赦法は、一定の期日までに恩赦を受けなかった海賊を捕らえ、突き出すための報奨金制度と組み合わせて行われた。期日を過ぎた後、海賊を捕らえるか、逮捕につながる情報を提供した者には、政府から報奨金が与えられたのだ。その金額は、海賊の船長に対しては一〇〇ポンド、副船長、船主、甲板長、船大工、砲撃手には四〇ポンド、これら以外の航海士には三〇ポンド、そして他のクルーに対しては二〇ポンドだった。さらにずうずうしい海賊が船長を裏切って、この船長に正義をもたらすことを助けた場合は、二〇〇ポンドの報奨金が与えられた。このような報奨金の効果を測定することは難しいものの、いくつかのケースで逮捕と有罪判決に結びついたことが証明されている。

一七〇〇年の「より効果的な海賊取り締まりのための法律」は、一七二一年に同様の名称の法律によって補強され、海賊との戦いにおける本国の対応策を強化した。この法律は、有罪を宣告された海賊や海賊の共犯者を死刑に処すことを繰り返し強調し、海賊との戦いにおいて負傷した者に対し経済的な補償を引き続き提供するとともに、あらゆる戦艦の士官と兵士に、彼らの船が海賊の手に落ちることを防ぐために反撃することを求めた。義務を果たさなかった者は、給料をはく奪され、六カ月の禁錮刑が科せられた。

一七二一年の法律は英国の戦艦に乗船していた士官らの心づもりも変えることにもなった。長年にわたり、植民地政府関係者はある不満を抱いていた。海軍の士官の一部が軍の指示に反して、海賊を取り締まるよりも、自らの給料を補塡《ほてん》するために、海賊と商取引を行うことに時間を費やしているというものだった。新たな法律においては、海賊と商取引を行った士官は軍法会議にかけられ、有罪となった場合は、その地位と給料を失い、二度と海軍に仕えることができなくなった。この一七二一年法は、商人や商船の船長とクルー、そして海軍士官に周知され、海賊と共謀することや海賊との戦いを拒むことの対価が非常に大きいことを知らしめた。

利益を生む存在として海賊を見ている士官が多く存在していたとはいえ、海軍の戦艦は、総じて、海賊との戦いにおける効果的な手段だった。そのためアメリカやカリブ海の植民地の関係者は、本国に対しもっと多くの海軍の兵力を植民地の港に配備するようずっと懇願を続けており、一七一七年九月、国王もついにこれに同意した。九月一五日、国王は布告を発し、ジャマイカとアメリカの植民地周辺の海域に群がる海賊の数を減らすための〝何らかの効果的な方法が採られない限り〟、〝英国からこれらの地域へのあらゆる貿易に悪影響を及ぼすだけではなく、これを失ってしまう危険が迫っている〟とした。国王は、大西洋を越えて追加の戦艦を配備し、その力を海賊の撲滅に集中させるよう命じた。

その後の数年間で、アメリカの植民地沿岸を警護する海軍の戦艦の数は、一七一五年に配備されていた数を一隻上回る五隻となり、さらにジャマイカ、バルバドス、リーワード諸島に加え、ニューファンドランド島の漁船を保護するために、何隻かの戦艦が配備された。これらの船は海軍の最大級の船ではなく、分類上は、二〇門から四〇門までの砲を擁する第五級か六級の戦艦だったが、遭遇した海賊船と対決し、これを打ち負かすだけの十分な能力を有していた。ほんの一握りの戦艦と数百名のクルーでアメリカ沿岸全域を警備することは到底できなかったことから、アメリカの植民地はさらな

英国の第五級戦艦、HMSアラーム号（一七八一年）。一七一〇年代と二〇年代にアメリカ沿岸を航行していた第五級戦艦は、これとよく似ていた。

る兵力の強化を望んでいたものの、これらの五隻の船とそのクルーは、海賊に対する抑止力として機能し、黒ひげの討伐に役立ったライム号やパール号を含め、海賊と戦って勝利する例をいくつか残していた。カリブ海とニューファンドランド島に配備された戦艦も同様の戦果を上げていた。

海軍のもっとも印象的な勝利は、西大西洋ではなく、アフリカ沿岸であげたもので、ブラック・バートことバーソロミュー・ロバーツ――死後、海賊の黄金時代においてもっとも成功した海賊として知られるようになった――を打ち破ったものだった。彼の成功は、アメリカ沿岸で果たされたものではなかったが、それでも大西洋の海賊に大きな影響を与えた。

ロバーツは、ギニア湾と英国の間を航海していた奴隷船の二等航海士をしていた。一七二〇年、海賊ハウエル・デイヴィスによってこの船が拿捕されてしまう。しかしロバーツはすぐに海賊の生活になじんだ。やがて二カ月もしないうちにハウエルが殺されると、すでにクルーの間で人気のあったロバーツが船長に選ばれた。その後の二年間で、彼と小さいながらも強力な海賊艦隊は、アメリカ沿岸では一隻も海賊行為をしなかったものの、アフリカ、ブラジル、そしてニューファンドランド島に加え、カリブ海で四〇〇以上の船を襲ったと言われている。

サミュエル・ケイリーが船長を務めるサミュエル号が一七二〇年七月、ニューファンドランド島沖でロバーツに襲われたが、彼はこのときの海賊の襲撃について、興味深い一面を披露している。海賊は、乗船すると乗客とクルーに対し、金とそのとき着ている以外の衣服のありかをすぐに教え、渡さなければ撃つと言って脅し、これらを奪った。その後、〝怒り狂ったように〟ハッチを開けると、〝暴徒のように〟船倉に押し入り、トランクの鍵を壊し、剣で貨物の入った箱を打ち壊して必要なものを奪い、そうでないものは海に投げ捨てた。海賊は、その間もずっと、〝悪態をつき、ののしり、悪口雑言の限りを尽くした〟という。彼らは、たとえ海軍によって打ち負かされても、キャプテン・キッドのようにテームズ川沿いで首をつられるつもりはなく、「火薬庫に銃を放って、喜んで地獄へ行ってやる！」と叫んだという。海賊は国王の恩赦法をあざ笑うかのように、今はまだ十分な金は手にしていないが、これを手にしたら、国王の申し出に応じて、〝喜んで恩赦に応じてやる〟と言ったという。ロバーツとその部下は自身の船に二〇トンのブランデーを積んでいたにもかかわらず、ケイリーがボストンに運ぼうとしていた高級なワインを喜々として奪い、ボトルの首を短剣で切り落とし、中身をがぶ飲みした。海賊は、サミュエル号を燃やすかどうか話し合っていたとき、遠くに別の商船を見つ

ジョンソンの『海賊史』一七三六年版に描かれた海賊船長バーソロミュー・ロバーツ。

けた。彼らは、この新しい獲物を手に入れるため、ケイリーを自由の身にした。

ロバーツの略奪行為に、英国政府も危機感を募らせていた。一七二二年二月、五〇門の大砲を擁するHMSスワロー号が、ギニア沖でついにロバーツを発見した。二度にわたる激しい戦いの末、スワロー号のシャロナー・オグル船長は、ロバーツの旗艦のロイヤル・フォーチュン号を含め、彼が指揮していた三隻の船を拿捕した。『海賊史』の著者チャールズ・ジョンソンは、ロバーツが、戦いが始まるとロイヤル・フォーチュン号の主甲板に立ち、〝深紅のダマスク織のチョッキと半ズボン姿で、首にはダイヤモンドをあしらった十字架をぶら下げ、剣を手に、絹のたすきを肩にかけ、これに拳銃二丁を下げるという勇ましいいでたちで戦いにのぞんだ〟と記している。彼の勇ましくも、立派ないでたちにもかかわらず、ロバーツは、スワロー号が最初に発した舷側砲の攻撃の最中、ブドウ弾が首にあたって命を落とした。指揮官の死に意気消沈し、海賊はすぐに降伏した。だが、彼らは降伏する前に、ロバーツが生前ずっと希望していた通り、彼の遺体に愛用の武器を持たせ、美しい服で立派に飾って海に投じたという。

二〇〇名以上のロバーツの部下がこの戦いで殺されるか負傷した。オグル（オグルはロバーツ討伐における働きが評価され、後にナイト爵に叙された）は二六二名の虜囚をアフリカの英国領のゴールドコースト（現在のガーナ）の首都ケープ・コースト城に連れて行った。負傷した海賊のうち一九名は、そのときの傷がもとでその後すぐに死亡し、オグルが捕らえた七五名の黒人は奴隷として売られた。残りの海賊は裁判にかけられた。大部分は無罪となるか、投獄されたものの刑の執行を延期されるか、年季強制労働に送られたが、五二名が絞首刑となった。海賊黄金時代において最大の数の海賊が絞首

ジョンソンの『海賊史』一七二四年版に描かれた挿画の一部。手前に見えるギニア沖を航行するバーソロミュー・ロバーツの二隻の船が、遠方に見える多くの商船を襲おうとしている様子を描いている。ロバーツの旗艦ロイヤル・フォーチュン号は二つの海賊旗をマストに掲げている。

刑となるというこの特筆すべき事件は、大西洋の海賊に大きな衝撃を与えた。しかし、これは氷山の一角でしかなかった。一七一六年から一七二六年までの間に、四〇〇名以上の海賊が絞首刑になったと伝えられているが、実際の数はこれよりもかなり多いとも言われている。さらに絞首刑になる海賊一名に対し、一名あるいはひょっとしたら二名の海賊が戦闘中に殺されていた。これらのおぞましい絞首刑や戦闘による死者の数は、海賊が劣勢に追い込まれていることを示す証左であり、一つの時代が終わりを迎えようとしていることを示していた。

海賊の衰退をあらわすもう一つの重要な出来事が、バハマのニュープロビデンス島における海賊の根絶だった。長年にわたって植民地政府の関係者や商人は、この島が、ここを拠点として活動する〝ならず者の巣〟となり、貿易に深刻な脅威となっていることを繰り返し訴えていた。ニュープロビデンスの状況に関する当時の植民地政府の報告は、この島の苦境を克明に描き、「この島は今や海賊によって支配され、その数は聞くところによると四〇〇〇名にも及び、常に二〇から三〇の海賊船が停泊している。彼らはここを拠点に、カロライナやバージニアだけでなく、ニューイングランドにまで出没し、われわれ植民地の貿易に考えられないほどの損害を与え、住民を恐怖におとしいれている」と記している。不満が高まった結果、とうとう国王を動かすこととなった。投資家らの個人的なグループが、海賊を撲滅し、ニュープロビデンス島を取り戻すための計画を手に政府と交渉し、政府も強力な支援を提供したのだった。

この投資家たちは、二一年間にわたるバハマの統治権を政府から借り受け、この間、この島の交易

ロビンソン・クルーソー。ダニエル・デフォーの同名の小説の一七二〇年フランス語版より。

と農業から得られる収益を受け取る権利を与えられていた。投資家らは、これらの権利と引き換えに、多くの兵士と入植者を戦艦や食料とともにこの島に送り込み、ニュープロビデンスを植民地化し、その防備を固めることに同意していた。一七一七年九月五日の国王による恩赦の公布により、ナッソーの海賊（およびその他の地域の海賊）が海賊行為をやめることが期待できたことから、この恩赦は投資家の計画の重要な要素となり、これによってこの島の法を整備する作業が容易になった。

この計画の主要な推進者であり、投資家の一人でもあったウッズ・ロジャーズがバハマの新たな総督に選ばれた。彼はスペイン継承戦争中に世界を舞台に活躍した私掠船の船長だったことですでに有名で、財宝を積んだスペイン船を捕らえただけでなく、チリ沖三五〇マイル（約五六〇キロメートル）に位置するファン・フェルナンデス諸島のマス・ア・ティエラ島からスコットランド人のアレキサンダー・セルカークを救出したことでも知られていた。セルカークは英国の私掠船シンク・ポーツ号の航海長で、一七〇四年、船長のトーマス・ストラドリングに対する不信感に加え、船が水漏れをしていて航海に適さないとの懸念から、自らマス・ア・ティエラ島に残ることを願い出て、ストラドリング船長もこれに同意した。どうやらストラドリングはトラブルメーカーだったセルカークを厄介払いできることを喜んでいたようで、セルカークが翻意したときも船に戻ることを拒んだという。一七〇九年にロジャーズが彼を発見するまで、セルカークは四年四カ月の間、人と接することなく無人島で過ごし、彼がロンドンに戻ったときには、この孤独と忍耐の試練によってちょっとした有名人として扱われた。多くの人は、ロジャーズがその後、自著『世界巡行記』において詳しく記したセルカークの驚くべき生還の物語が、ダニエル・デフォーが一七一九年に発表した『ロビンソン・クルーソー』

の元となったと考えている。しかしその一方で、デフォーは複数の情報からインスピレーションを得ていたと主張する者もいる。一九六六年、チリ政府はマス・ア・ティエラ島を、もっとも有名な住人にちなんでロビンソン・クルーソー島と名前を改めた。シンク・ポーツ号に関しては、セルカークの予想していた通りだった。この船は後に沈没し、クルーの半数が溺死した一方で、残りの半数は救命ボートに乗ってかろうじて南アメリカの本土にたどり着いていた。

ロジャーズは一七一八年七月の終わりに四隻の船を率い、およそ三〇〇人の入植者と投資家らが提供した兵士とともにナッソーに到着した。彼らには、国王の命を受けた三隻の海軍の戦艦が同行し、航海中は彼らを守り、到着後の最初の数週間もロジャーズの任務をサポートした。この数カ月前に国王の恩赦についての知らせがバハマにも届いており、多くの海賊が恩赦法の恩恵を受けていた。なかでももっとも有名なのはかつてフライング・ギャング海賊団のリーダーだったベンジャミン・ホーニゴールドで、彼はロジャーズが到着したときにこれを歓迎する群衆のなかにいた。「私は上陸し、砦を占拠した。そこで私は士官や兵士、そしてそこにいたおよそ三〇〇名の人々の前で、国王の委任状を読み上げた。彼らは軍備を整えて私を迎え入れ、新たな植民地政府の誕生に喜んだ」とロジャーズは後に記している。

二〇〇名を超える海賊がすぐに恩赦を受けたが、数カ月後、ロジャーズは残念そうに、そのうちのおよそ一〇〇名は海賊に戻っていったと記している。それでも、多くは海賊に戻ることはなく、植民地政府の機能の確立や砦の強化なども含めると、ロジャーズがもたらした変化は、確実に効果を発揮しつつあった。しかし、この島を真に変えたのは、一七一八年の終わりに行われた裁判とその後の刑の執行だった。

その年の秋、ロジャーズはホーニゴールドともう一人の改心した海賊ジョン・コックラムに、海賊討伐の任務を与えた。彼らは、その後すぐにバハマのイクスーマ島沖で海賊のスループ船を拿捕した。海賊のうち三名は短い戦いの間に殺され、一〇名がナッソーに連れて来られた。その後の二日間の裁判を経て、九名が反逆行為と海賊行為により有罪とされたが、最終的に八名が一二月一二日に絞首刑にされた。九人目の海賊は、非常に幸運だった。刑が執行される直前に、ロジャーズが、その若者が〝ドーセットの忠誠心に富んだ高貴な人物の息子である〟とし、刑の執行を延期することを発表したのだ。ロジャーズの慈悲を受けたこの若者が絞首台から下ろされるとすぐに、絞首台を支えていた木製の樽がはずされて絞首台が落ち、八名の海賊は宙につるされて、それぞれのタイバーン・ジグを踊った（訳注：英国ミドルセックス州のタイバーンに刑場があったことから、絞首刑にされ苦しむさまをあらわす表現）。その間中、かつて彼らがそのもとに集まった海賊旗が、頭上で風にはためいていた。

絞首台に向かう途中、海賊のうちの一人が集まった群衆に〝うれしそうに目をやり〟、次のように叫んだ。「おれはこの島に勇敢な仲間が大勢いたころのことを知っている。彼らはおれを犬のように殺させたりはしないだろう」しかし、もはやそういった時代ではなく、彼を助けに来る者はいなかった。歴史家デビッド・コルディングリーは、この刑の執行は、「海賊の本拠地としてのナッソーとニュープロビデンス島の終わりを意味し、まだカリブ海で活動していた何百もの海賊に対し、バハマはもはや海賊の自由地帯ではないことを示す明白なメッセージとなった」と記している。事態の変化は、大西洋の海賊のコミュニティーを弱体化させ、最終的な崩壊へ向かう一歩となった。この後、海賊は避難する場所を失い、〝海賊共和国〟もなくなった結果、次第に孤立して逃げ惑うようになっていった。

海賊の衰退に貢献したもう一つの要因は、アメリカ植民地住民の海賊に対する考え方の変化だった。一六〇〇年代の後半、海賊は、植民地が望み、必要とする高価な品をもたらすという理由で、さらに言えば、それらの品をはるかかなたの海を航海する〝不信心者〟のムガル船から奪うか、あるいはカリブ海の憎きスペイン船から奪っていたという理由で、植民地からも歓迎されていた。このことは、植民地の目から見れば、海賊行為が、一般的には否定的側面がほとんどまたはまったくない有益な活動として見られていたことを意味していた。海賊が植民地の船を襲う場合は、植民地の住民も極めて否定的な目で海賊行為を見ていたことも事実であるが、この期間に関しては、植民地の船に対する襲撃はそれほど多くはなかったのである。

しかし、スペイン継承戦争終結後の数年間で、状況が一変した。一七一六年から一七二六年までの間には、はるかかなたの地から植民地に高価な金品をもたらす海賊はほとんどいなくなっていた。インド洋でムガル船を襲い、財宝を満載してアメリカに戻ってくる時代はもはやはるか昔のことだった。代わりに、大部分の海賊は、アメリカの沿岸や他国の海域でアメリカの船を襲い、植民地の商人や政府関係者、そして多くの市民をパニックにおとしいれていた。海賊はもはや、地元の経済を潤すのではなく、これを破壊する存在だった。海賊は植民地の住民にとって、コミュニティーを豊かにしてくれる愛すべき家族や友人のような存在ではなく、ほとんどの場合において対立しかもたらさない部外者となっていたのだ。かつて植民地に受け入れられていた海賊は、今や脅威としてしか見られていなかった。植民地が海賊を支援するのではなく排除したいと強く願った背景には、植民地が一六〇〇年代の後半よりも豊かになり、その結果守るべきものが多くなったという事実がある。

もちろん例外もあった。スティード・ボネットが裁判にかけられたときや、スポッツウッドが黒ひげと戦っていたときに、これらの海賊に同情的な市民が多くいたことが明らかになっている。しかし、広い目で見ると、植民地全体では、彼らが少数派であったことも確かだった。ほとんどのアメリカの植民地の住民にとって、海賊は、好ましからざる人物《ペルソナ・ノン・グラータ》になっていた。ニュープロビデンスから海賊が排除されたことが海賊にとって大きな打撃となったのと同様、これら海上のならず者に対する植民地の考え方の変化も、海賊に大きな打撃を与えたと言える。アメリカの植民地に海賊が訪れることのできる安全な港がなく、頼るべき地元の住民の数もますます減っていくことで、海賊は次第に孤立し、弱体化して自暴自棄になっていった。

一七一九年から一七二六年の間に見られた、アメリカ沿岸における海賊の劇的な衰退の結果、歴史上、意義のある足跡を残すまでに力強く、成功した海賊はほんのわずかになった。そのなかでももっとも興味を引く存在は、極めて卑劣で、間違いなく精神を病んでいたことで有名なエドワード・ロウだった。

ロンドンに生まれたロウは、若くして船乗りになり、一七一〇年ごろにボストンへと向かった。彼は地元の造船所で艤装《ぎそう》を担当し、船を航海に適した状態にするために必要なロープや鎖、滑車、テークルを装備する危険な高所での作業に従事していた。一七一四年、ロウはエリザ・マーブルと結婚し、

アレン・アンド・ジンター社の煙草に挿入されていたカード（一八八八年ごろ）。エドワード・ロウと彼が拷問している様子を描いている。いずれもイラストレーターの想像によるものである。ロウが小柄な男だったとする当時の記録を除いて、ロウの容貌については何もわかっていない。

教会に通う家庭的な男となる道を選んだ。しかし、すぐに悲劇が襲った。幼くして息子が死亡し、一七一九年に娘のエリザベスが生まれてまもなく、妻もこの世を去り、ロウを悲しみにおとしいれたのだった。憂鬱《ゆううつ》な精神状態は仕事にも影響を与え、彼は解雇されるか、自ら職を辞すこととなった。一七二一年、ロウは娘のエリザベスを残して、ホンジュラスへ木材を伐採に行く船のクルーとなった。

記録によると、あるときロウと一二名のクルーは、木材を運んで午後遅くに船に戻り、乗船して食事をとりたいと申し出たとされている。船長は、当時この周囲で常に獲物を探してうろつき回っているスペイン船グアルダ・コスタに襲われないように、できるだけ早く船倉を木材でいっぱいにして、危険な場所から去りたいと考え、この申し出を拒絶した。代わりに船長は、瓶に入ったラム酒を彼らに与え、陸地に戻って作業を続けるよう命じた。怒ったロウはマスケット銃を船長に放った。銃弾は船長には当たらなかったが、別のクルーに当たって致命的な傷を負わせてしまった。船長が反応する前に、ロウと仲間たちは陸地へと逃げ去った。

ロウを首謀者とするこの男たちは、いつか反乱を起こすか、逃げ出そうと準備していて、このときの船長の拒絶を、行動を起こすために利用した可能性が高かった。彼らの行動があらかじめ計画されたものなのか、自然に発生したのかはともかく、結果は同じことだった。彼らは海賊になり、逃亡した翌日、別の船を奪ってケイマン諸島に向かい、一七二一年の年末にこの地に到着した。

そこで彼らは最近海賊になったばかりのジョージ・ロウザーの仲間に加わった。ロウザーは、王立アフリカ会社の船のクルーだったが、ガンビア沖で反乱を首謀し、カリブ海にたどり着いていた。ロウザーとそのクルーは、そこでハッピー・デリバリー号を使って多くの船を襲っていた。彼らは新たに到着したロウのクルーをロウザーのスループ船に乗せ、ロウザーを船長にロウを副船長にした。その後の五カ月間、彼らは、ホンジュラス湾でボストンから来る多くの船を襲い、そのほとんどを木材とともに燃やし、クルーに残虐な仕打ちを行った。そして春になると、彼らは北へ向かった。

一七二二年五月二八日、海賊は、カリブ海のセントクリストファー島（現在のセントキッツ島）からマサチューセッツのチャールストンへ戻るブリガンティン船レベッカ号を拿捕した。この拿捕によって、海賊は二手に分かれることになった。ロウザーはスループ船に残り、ロウは、二門の大砲と四門の旋回砲を備えたレベッカ号の船長になった。およそ一〇〇名の海賊のクルーは半分ずつに分けられた。レベッカ号のもともとのクルーと乗客は、無理やり拘束された三名を除いて、別の船に移され、

グアテマラのアマティケ湾での海賊船長ジョージ・ロウザー。背景には傾船をしている船が見える。

最終的にチャールストンに帰された。こうしてロウザーとロウは、別々の道を進むこととなった。

六月三日、ロウとその仲間は、ブロック島近くで三隻の船を襲い、食料品や水、衣類、帆、マスト、火薬などを奪った。彼らはニューポート出身の船長ジェイムズ・カフーンを刺すなど、悪辣《あくらつ》の限りをつくし、彼の船と他の二隻に対し、これらの船が航行不能になるまで損傷を与えた。これは、明らかに、被害者らが地元当局に警告を伝える前にこの海域から去るため、ロウが時間を稼ごうとしたものだった。カフーンの船はその夜何とかブロック島の港にたどり着いた。翌朝、ブロック島から送られたホエールボートによって、襲撃についての情報がロードアイランド植民地のニューポートの政府関係者に伝えられ、ただちに〝海賊討伐の志願者を募るよう〟総督をうながした。その日のうちに、一三〇名の兵が二隻の重装備を整えたスループ船に配備され、ロウを捕らえるために出港した。このロードアイランドの捜索隊が出港した直後、襲撃に関するうわさはボストンにも届き、マサチューセッツの植民地政府も、ピーター・パピヨン船長に武装したスループ船を準備して、捜索に参加するよう命じた。

ベンジャミン・フランクリンの兄、ジェイムズ・フランクリンとニューイングランド・クーラント――アメリカ植民地における初期の新聞の一つで、しばしば風刺に満ちた記事を書く反体制的な新聞として知られていた――の発行者は、パピヨンの遠征準備について、〝天候が許せば、今月中には出港するだろう〟と報じた。これまでに、さまざまな話題でクーラントから無礼な批判を受けていた植民地政府は、フランクリンのこのことばは、よく解釈しても、政府が海賊を追跡することに消極的であり、悪く解釈すれば、政府が海賊と結託し、逃げるための時間を稼いでいるかのように聞こえると

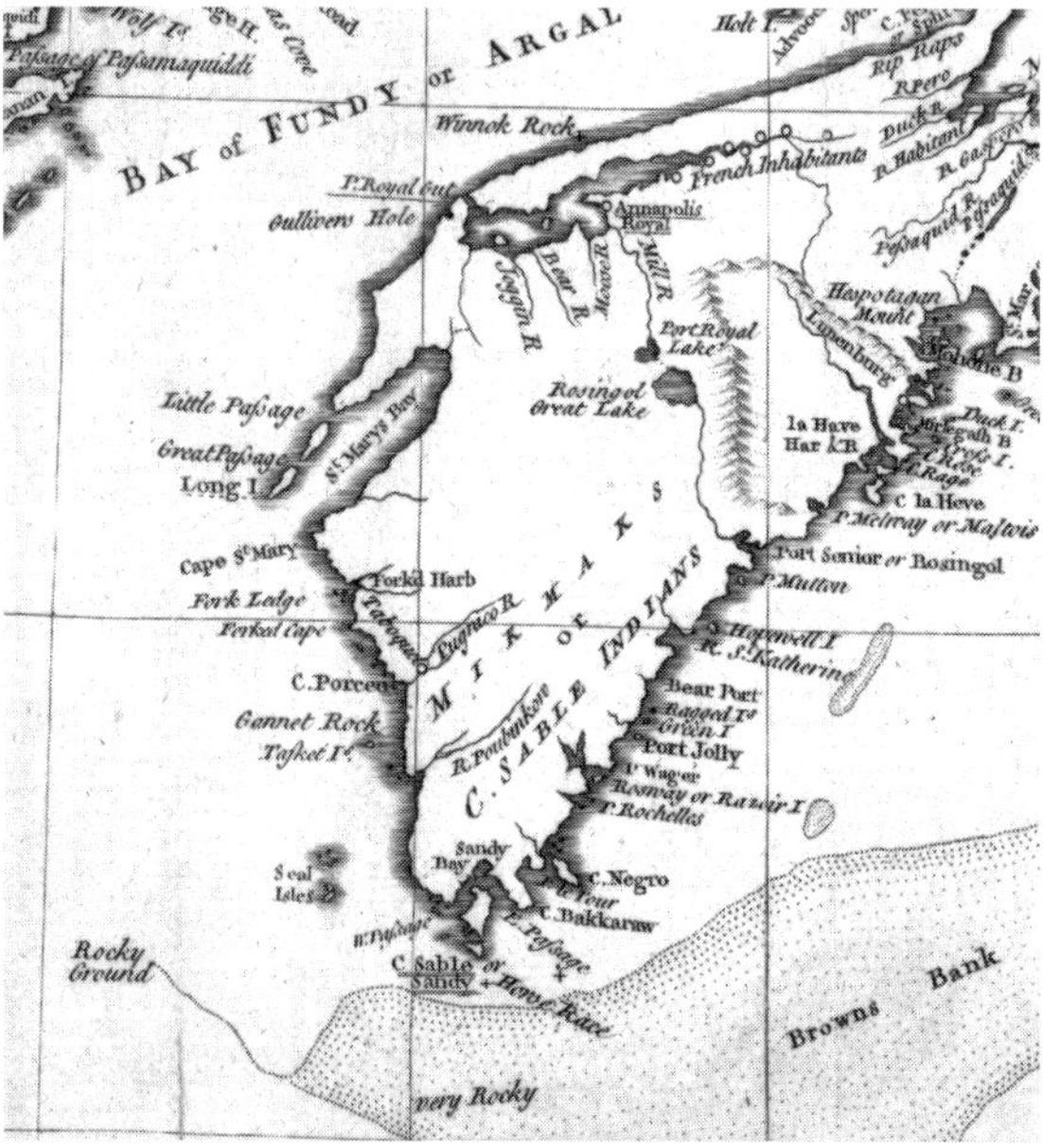

ノバスコシアの南端にあるケープセイブル島を示す一七五五年の地図。近づくと、ケープセイブル島のやや北東にポート・ローズウェイ（現在のシェルバーン）が見える。“C. Sable Indians”のbとlの文字の下にある深く入り組んだ二本指の形をした湾の北の端に位置している。

して激しく怒った。植民地議会は、ただちにフランクリンを連行して尋問し、彼の記事を〝植民地政府に対する由々しき侮辱〟であるとした。罰として、裁判所はフランクリンを約一カ月拘留し、彼の不在中、弟のベンジャミンが新聞の発行を引き継ぐこととなった（若きベンジャミン・フランクリンが兄ジェイムズの監督のもとで新聞の発行に関与したことは、彼が後に一八世紀中ごろから後半にかけて英国支配に抵抗する運動にアメリカの新聞をいかに利用しようとしたかを物語っている）。

フランクリンの辛辣《しんらつ》な記事に反して、マサチューセッツ植民地政府は、海賊の脅威を極めて深刻にとらえていた。六月一二日、総督サミュエル・シュートは一般的な精進日――多くの人々が神に祈りをささげる日――に関する布告を発し、そのなかで〝凶暴なる息子である海賊が植民地の沿岸でさらなる悪行をしないように神に懇願するよう〟人々に求めた。同じころ、パピヨンが一〇〇名以上の兵とともにマサチューセッツを出港していたが、彼もロードアイランドのスループ船も、ロウを捕らえることはできず、ほどなくして帰港した。

捜索が中止されたことを知り、ロウは再びこの海域に戻ってきた。彼はマーサズ・ビンヤード沖の小島ノーマンズ・ランド島で水を調達し、羊を盗むと、その周辺で二隻の漁船を襲った。そのうちの一隻はマーサズ・ビンヤードの捕鯨船で、ロウはこの船から六、七名のクルーを仲間に加えた。そのうちの二名は白人で、残りはワンパノアグ族のインディアンだった。数日後、ロウは、このインディアンのうちの二人を打ちすえ、絞首刑にしてその首を切った。なぜ彼がこのようなことをしたかは不明だが、彼のこの残忍な行為に関するおぞましい証拠はすぐに明らかになった。マーサズ・ビンヤードのウィリアム・ホームズ牧師は自身の日記に、「東のほうから航行してきた船の船長が、海上を漂う、

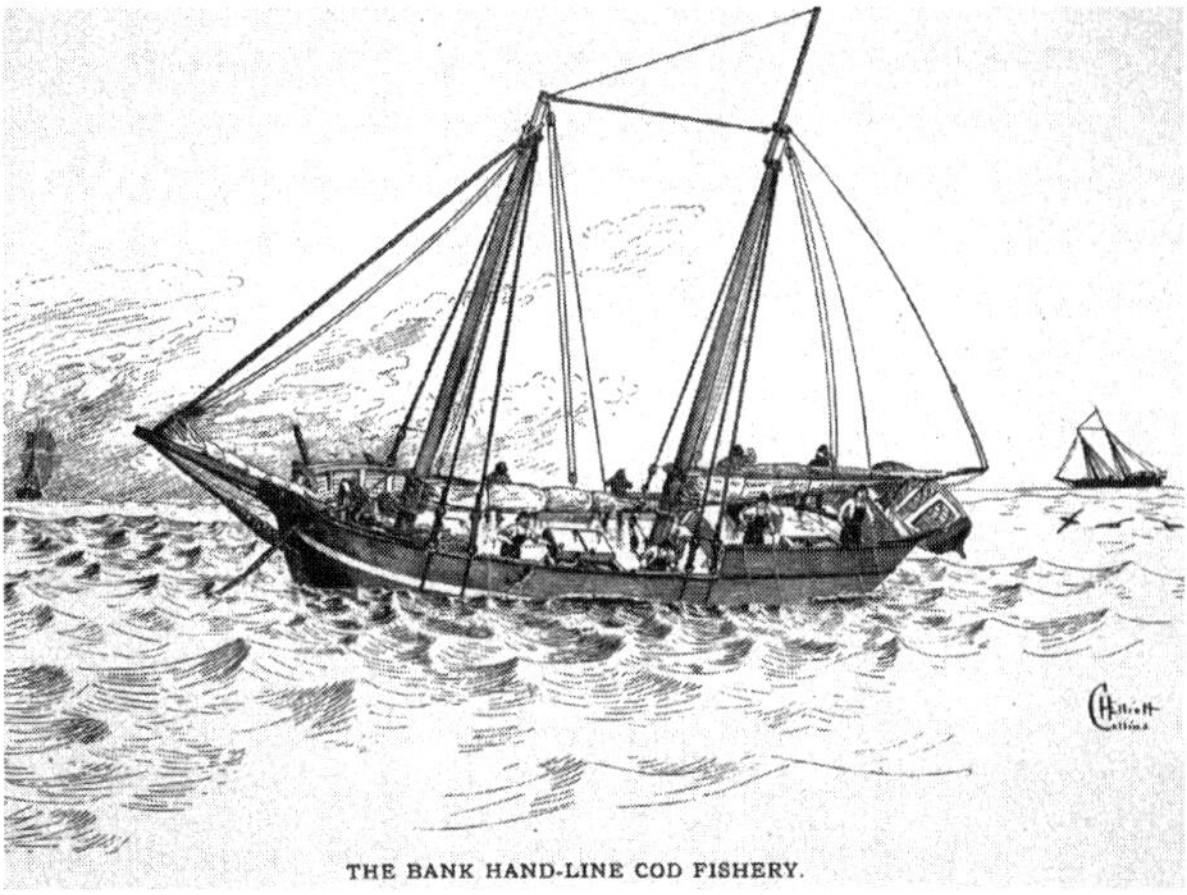

エドワード・ロウに拿捕されたときにフィリップ・アシュトンが乗っていたものと同じ種類の漁船。

手足を縛られた首のない死体を発見した」と記していた。

六月一五日金曜日、ロウは、ノバスコシアの南西に位置するポート・ローズウェイ（現在のシェルバーン）に到着した。ロウのレベッカ号がその日の午後遅くに港に入ったとき、港にはあらゆる種類の船が停泊していた。これらの船は、沖合の漁場からやって来た漁船で、安全で深さもあり、比較的大きなこの港を安息日が終わるまで休むための場所として利用していた。ロウもレベッカ号を停泊させていると、その後の数時間でさらに何隻もの漁船が港に入ってきた。警戒されないよう、目立たなくするためにロウはクルーを船倉に隠れさせ、レベッカ号が港を探す商船であるかのように見せた。漁船が集まってくるこの光景は、ロウにとって僥倖《ぎょうこう》以外の何物でもなかった。

その日の午後遅く、フィリップ・アシュトンが船長を務めるマーブルヘッドの漁船であるスクーナー船ミルトン号が入港した。彼とそのクルーはその週の大半をケープセイブル島の南の海域でタラ漁をしていた。アシュトンは遠くにレベッカ号を見つけ、西インド諸島から来た商船だと思った。六時ごろ、アシュトンは四名のクルーを乗せたレベッカ号のボートがミルトン号のほうに近づいてくるのに気づき、彼らが表敬訪問にやって来たと考えた。しかし、ボートが船べりに横づけすると、そのクルーたちはミルトン号のデッキに勢いよく飛び乗って来た。後にアシュトンが語ったところによると、海賊は、何が起きているかを漁師たちが理解する前に、拳銃や短剣を〝服の下から取り出し、ある者は撃鉄を起こし、またある者は短剣を振り回して悪態をつきながら、降伏して船を渡すように命じた〟という。

ロウの部下たちは略奪を続け、同じように一〇隻以上の漁船を襲い、それらの船のクルーの何人かをレベッカ号に連行して尋問し、その後、海上の監獄に変えた漁船の一つに監視をつけて監禁した。捕らえられた翌日、アシュトンと六名のマーブルヘッドの漁師は、引き金を起こした拳銃を手にしたロウの前に連行され、彼らのなかに結婚している者がいるか答えるよう命じられた。予想していなかった質問であった上、目の前の恐ろしい海賊に震え上がってしまい、彼らは黙り込んでしまった。これがさらにロウを激怒させ、ロウはアシュトンの頭に銃身を押しつけ、「吐け、この野郎、なぜ答えねえ」と叫んだという。答えなければアシュトンらを撃つとロウが脅したことで、漁師たちは、あわてて誰も結婚していないと答えた。奇妙なことに、これを聞いてロウは、すぐに落ち着きを取り戻したという。

この時代の多くの海賊と同様、ロウも既婚者を仲間にすることを好まなかった。既婚者は故郷や家

金貨を詰めていた袋をつり下げていたロープを切って、海に落とそうとしているポルトガル人船長。

族に対する愛着が強いと考えていたのだ。そこで彼は、どの漁師を仲間にするかを決めるために、彼らに結婚しているかどうかを質問したのだ。しかしアシュトンが後に知ったことによると、ロウがその質問をしたのには、より個人的な意味が含まれていた。レベッカ号に捕らえられていたアシュトンは、その後の数カ月間で、「ロウが感情的に不安定で、ボストンに残してきた子どもに対する愛着を感じていることに気づいた。彼は酔いからさめているときはいつも優しくなり、子どものことを話しながら泣きだしてしまうほどだった」と語っている。娘のエリザベスとおそらくは死んだ妻とのほろ苦い思い出から、ロウは、故郷への愛着がいかに強いものかを誰よりも知っていたのかもしれない。

　ロウは六名のマーブルヘッドの漁師に、目の前で海賊になる契約書にサインするよう求め、拒絶されると、今度は脅しにかかった。が、彼らは屈しなかった。アシュトンに対しては、別の形の説得も試みられた。ロウの勧誘を断ると、彼は船倉に連れて行かれた。そこで海賊は、彼を〝尊敬と思いやり〟をもって扱い、ラム酒を飲ませて説得しようとした。海賊は〝彼らがいかに強大な海賊になろうとしているか〟を話し、〝仲間になって、財宝を山分けしよう〟と誘った。この要請も、仲間にならなければ撃つという脅迫もアシュトンを契約書にサインさせることはできなかった。彼の仲間の漁師の意志も同様に固かった。しかし結局、それもロウには関係なかった。彼は漁師たちの名前を契約書に加え、望むと望まざるとにかかわらず、海賊とともに行動させることにしたのだった。

六月一九日、ロウは武器とクルーを漁船の一つであるスクーナー船――〝新しく清潔で、優れた帆船だった〟――に移し、これをファンシー号と名づけた。捕虜は全員レベッカ号に集められた。その後、ロウはレベッカ号にボストンに向かうよう命じ、残りの漁船とともに解放して、自らもポート・ローズウェイを後にした。

その後の八カ月間で、ロウは大西洋を東へ向かい、アゾレス諸島とカーポベルデ島を訪れた後、再び大西洋を横断してブラジルにたどり着いた。その後、北へ向かってカリブ海のセントクロイ島を訪れ、さらに南下してキュラソー島に向かった後、最終的には一七二三年の冬の終わりにホンジュラスに到着した。この間、ロウは、一〇隻以上の船を襲い、このうちの二隻を僚艦に加えた。また彼は、襲った船のクルーの何人かを無理やり仲間に加え、さらに自ら望んだ者を喜んで仲間に加え、今やおよそ一〇〇名の強大な海賊団の船長になっていた。

この旅を通じて、ロウのトレードマークである残忍さと手のつけられない怒りがしばしばあらわれるようになり、このことが、彼を黄金時代の他の海賊――基本的には最後の手段としてしか、あるいは暴力や極端な暴力を使わなかった――とは異なる存在にした。ロウがあるポルトガル船を襲ったとき、彼は財宝をどこに隠したかを白状させるために、クルーに拷問を加えた。そのなかのある不幸なクルーが、ロウに脅されて、船長が袋いっぱいに詰めた金貨を船の横にロープでつり下げていたことをしゃべってしまった。船長は、海賊が乗船して来ると、海賊の手に落ちるよりはましだとそのロープを切って海に落とした。激しく怒ったロウは、船長の唇を切り落としてその目の前で焼き、さらに船長とすべてのクルー三二名を虐殺した。

ロウはこの八カ月の航海で二隻の船を失っていた。一隻は捕らえた船のクルーが単純に逃げ出したケースで、もう一隻は傾船整備中に船を傾けすぎて、舷側から水が入って船が水浸しになり、最終的に転覆して沈んでしまったものだった。海賊自身が危機におちいったこともあった。英国の戦艦に捕らえられそうになり、わざと浅瀬に誘い込んで、岩礁に座礁させて逃れたのだった。またブラジルに向かう途中では、ハリケーンに見舞われた。船は荒波に打ち砕かれんばかりに翻弄《ほんろう》され、海賊たちはおびえて船倉に逃げ込み、絶望のあまり、「ああ、航海になど出なければよかった」と叫んだという。

その間、アシュトンは、なるべく海賊を避けるために、ほとんどの時間を船倉で過ごしていたが、しばしばことばや身体的な虐待を受け、特に契約書にサインすることを拒んだときは、必ず〝剣やつえで打ちすえられた〟という。海賊と間近に接し、ロウの残虐性を目の当たりにして、アシュトンの彼らに対する強い憎しみは増すばかりだった。「私は彼らのような、悪事を楽しむ不信心な悪党の仲間になるくらいなら死んだほうがましだとすぐに悟った。彼らは、信じられないほどの酒を飲んだり、神への恐るべき冒瀆《ぼうとく》を山のように口にしたり、天国に対しても地獄に対しても侮蔑するような態度を取ったりということを、眠っていて騒いでいないとき以外は常に繰り返していた」とアシュトンは後に語っている。虐げられ、惨めな気持ちになったアシュトンは、逃亡を夢見るようになった。そして一七二三年三月九日、チャンスが訪れた。

その年の冬の終わりのある日、ロウの海賊艦隊は、全長三〇マイル（約四八キロメートル）、幅も二、三マイル（三から五キロメートル）に及ぶ豊かなサンゴ礁群に囲まれたひし形の無人島、ロアタン島（現在はホンジュラスのバイア諸島の一つである）にいた。ロウの船の一つから大型のボートが樽に水を入れるために島に向かう準備をしているのを見たアシュトンは、同行を申し出た。海賊は、初めは乗り気ではなかったが、アシュトンは、他のクルーは何度も上陸しているのに、自分だけはポート・ローズウェイで捕らえられてから、一度も陸地に上がっていないと言って懇願した。その結果水くみを指揮していた樽職人も最後には折れ、アシュトンはボートに飛び乗った。

思わぬ機会に驚き、これを逃したくないと思ったアシュトンだったが、特に逃亡する準備はしていなかった。彼が身につけていたものは、ズボンと帽子だけで、靴もシャツも靴下も身につけていなければ、ナイフも持っていなかった。単なる水くみ作業であることを考えると、役に立つものを集めて他のクルーを待たせると、間違いなく疑われそうだった。逃亡の結果がどうなろうとも、アシュトンは二度とロウの船には戻らないつもりだった。

上陸した後、アシュトンは最初のうちは熱心に水くみを手伝っていたが、やがてゆっくりと浜辺に歩いて行き、貝や小石を拾って、なるべく何気ないふりを装った。他のクルーから五〇メートルほど離れると、アシュトンは緊張したまま少しずつ森のほうへ向かった。しかし、森に逃げ込もうとしたときに、アシュトンが他のクルーから離れていることに気づいた樽職人がどこに行こうとしているのかと尋ねた。アシュトンはココナツを集めてきたいと答えた。この言いわけに樽職人も納得したようで、仕事に戻っていった。逃亡のチャンスの窓が閉じられつつあると感じたアシュトンは、森のなかに駆け込み、裸足でできる限り速く走り、裸のまま鋭いやぶの間を通り抜け、最後には十分離れていて、しかも海岸で海賊の話していることが聞こえる距離にある、深い低木の茂みに身を隠した。

樽が水でいっぱいになると、樽職人はアシュトンにボートに戻るよう叫んだ。しかし返答がなかったことから、クルーらはアシュトンを探し始めた。アシュトンは茂みのなかにじっと身を潜めていた。彼は、クルーの一人が「あの野郎、森のなかで迷子になりやがったんだ。二度と出て来られないぞ」と言っているのを聞いていた。さらに呼びかけが続けられたが、そのうち「あいつは逃げて帰ってこないつもりだ」と話す声がアシュトンの耳に入ってきた。最後通告として、樽職人は、「今出てこなければ、この場を去って置き去りにするぞ」と大声で呼びかけた。それこそが望んでいたことだったので、アシュトンは何も答えなかった。結局ボートは去って行った。沖合にはロウの船が見えており、アシュトンは彼を探すための捜索隊が送られてくるのではないかと心配したが、それは杞憂《きゆう》に終わった。ロウにとって、アシュトンにはそこまでする価値はなかったのだ。上陸した翌日、アシュトンは海賊が去って行くのを見た。浜辺の端に立ち、彼は完全に一人になった。

こうしてアシュトンの無人島での厳しいサバイバル生活が始まった。その後九カ月間、彼は、誰とも話すことなく、おもに果実と、時に亀の卵を生で食べて過ごし、その結果、次第に痩せていくとともに、激しい孤独と鬱《うつ》状態におちいっていった。その後、まるで夢から覚めるかのように、一艘のカヌーがあらわれ、海岸に向かってやって来た。カヌーには白髪のスコットランド人が乗っていた。彼はホンジュラス本土で二〇年以上スペイン人と暮らしていたが、何らかの犯罪に巻き込まれて危険が迫ったため、ロアタン島で暮らそうと逃げてきたのだった。その男は非常に気さくな男だったので、アシュトンは友人を得たことを大いに喜んだ。

三日後、このスコットランド人は、野生の豚や鹿を狩りに近くの島へ出掛けた。彼が出発した直後にスコールが襲い、彼のカヌーは転覆したらしく、このスコットランド人は二度と戻ってくることはなかった。しかし、彼の短い滞在によって、アシュトンの生活は大いに改善された。スコットランド人は〝五ポンドの豚肉、ナイフ、火薬一瓶、水タバコ用のトング、火打ち石〟などを残していったのだ。これで島に住む動物を殺し、肉をさばいて調理することができるようになった。これによりアシュトンの健康と精神状態は大幅に改善されたが、依然として絶望的な状況が続いていた。

アシュトンはその後七カ月間、再び一人で過ごした。しかし、一七二四年六月に、木材伐採業者である一八名の英国《ブリティッシュ・ベイメン》からの入植者のグループが島にやって来た。アシュトンによると、彼らのうち最初に島に足を踏み入れ、アシュトンを見た男は、〝思わず後ずさりをした〟という。アシュトンは後にこう語った。「彼はぼろぼろの服を着てみすぼらしく、痩せて青白くわびしい、荒れ果てた惨めな男に恐れをなしたのだった。しかし、彼は気を取り直して近づいてくると私の手を取った。やがて彼は驚きから、一方の私はうれしさのあまり無我夢中になって互いに抱き合った」彼らはアシュトンに服を与え、食料を分けてくれた。アシュトンは、彼らとともに平穏に六カ月間を過ごしたが、一七二四年秋、英国の海賊がロアタン島にあらわれ、一人を殺し、残りの者を打ちすえて去って行った。アシュトンと数人の男たちは別の島に狩りに出掛けていたため、この襲撃を免れた。アシュトンらがロアタン島に戻って来たときには、仲間一人と奴隷を残して全員が本土に去ってしまった後だった。アシュトンは、ホンジュラスでスペイン人にどう扱われるか恐れ、また英国船が救助してくれる望みを捨てきれず、島に残ることにした。

その後数カ月間、アシュトンは二人の仲間とともに島で過ごした。一七二五年三月、近くの島で亀をつかまえていると、沖に二隻の船が停泊しているのを見つけた。そのうちの一隻からボートが海岸に向かってやって来た。茂みに隠れていたアシュトンは〝服装と雰囲気から〟ボートに乗っている男たちが英国人であると悟った。大喜びした彼は水際に駆け寄った。驚いた男たちはボートをこぐのをやめ、アシュトンに彼が何者なのかと尋ねた。アシュトンは答え、次に彼が同じ質問をした。男たちは、「自分たちは合法的な商売をしている誠実な人間だ」と答えた。それを聞いてアシュトンは彼らを海岸に招き入れ、

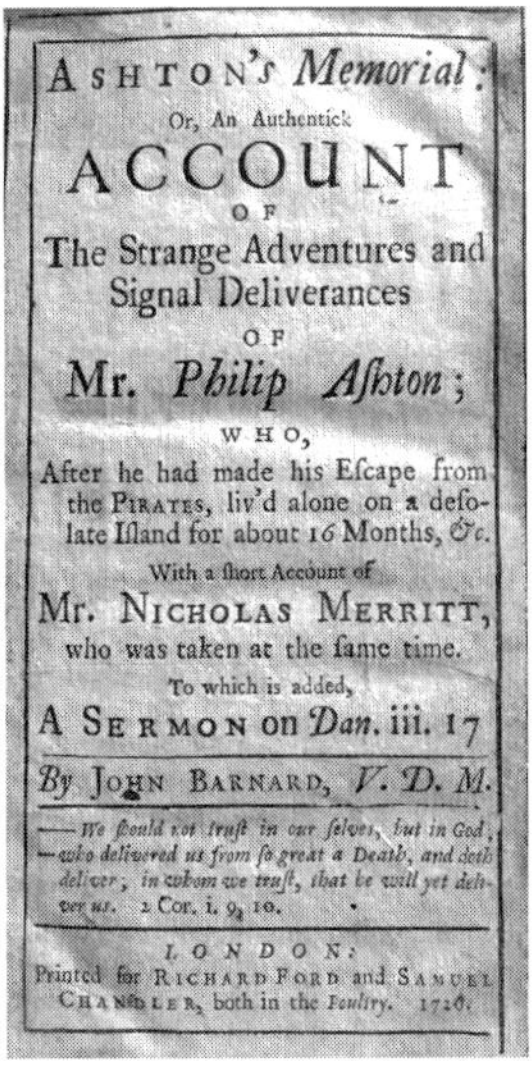
ASHTON's *Memorial*:
Or, An Authentick
ACCOUNT
OF
The Strange Adventures and
Signal Deliverances
OF
Mr. *Philip Ashton*;
WHO,
After he had made his Escape from
the PIRATES, liv'd alone on a deso-
late Island for about 16 Months, &c.
With a short Account of
Mr. NICHOLAS MERRITT,
who was taken at the same time.
To which is added,
A SERMON on *Dan.* iii. 17
By JOHN BARNARD, *V. D. M.*
——We should not trust in our selves, but in God, —who delivered us from so great a Death, and doth deliver; in whom we trust, that he will yet deliver us. 2 Cor. i. 9, 10.
LONDON:
Printed for RICHARD FORD and SAMUEL
CHANDLER, both in the *Poultry*. 1726.

ジョン・バーナードによる書籍『Ashton's Memorial（アシュトンの回想録）』の表紙。

島には彼らに害をなす者はいないと約束した。

大きいほうの船はHMSダイヤモンド号だった。しかしアシュトンが救出を確信したのは小さいほうのブリガンティン船の存在だった。彼らはアシュトンの故郷であるマーブルヘッドの隣町であるマサチューセッツのセーレムから来ていたのだ。しかも、アシュトンはその船のドーブ船長を知っていた。ドーブはアシュトンを喜んで船に迎え入れ、給料まで払ってくれた。三月の終わりに、ブリガンティン船はニューイングランドに向けて出航した。ロウに捕らえられてからおよそ三年、ロアタン島の森に逃げ込んでから二年以上たった一七二五年五月一日、アシュトンはセーレムに到着した。彼はドーブ船長に感謝のことばを述べると、その足ですぐに父親の家へ向かった。そこで彼は〝死んだと思っていた息子が帰って来たとして、考えられる限りの歓喜の驚きとともに歓迎された〟という。

アシュトンの苦難と忍耐の物語は、特に、マーブルヘッドのジョン・バーナード牧師が記した書籍『アシュトンの回想録――フィリップ・アシュトンの奇妙な冒険の記録と神のみこころ』が一七二五年一〇月に出版された後、ニューイングランド中のうわさとなった。バーナードがアシュトンの話を書いた目的は、神の偉大なる力を描き、その神聖なる善を通して、神がいかに〝その心をまっすぐに神に向ける者を〟守り、苦難から救うかを示すことにあった。バーナードの著書の多くの読者がこのメッセージを評価して受け入れたことは間違いないものの、この本が幅広い人気を得た理由は、信仰上の魅力よりは、ワクワクするような生還の物語にあったと言えよう。アシュトンの物語がこれほどの共感を得たもう一つの理由は、この事件が、一七一九年に出版され非常に人気が高かった『ロビンソン・クルーソー』の後を追うようにして起きたからだった。海難事故と探検家の失踪が頻繁に起きた時代に、この生還物語は一般の読者の関心を引き、アシュトンは、〝実在するロビンソン・クルーソー〟として植民地と母国の両方で歓迎されたのだった。

アシュトンが有名になる前、彼がまだロアタン島で生活を続けていた間も、ロウは暴虐の限りを尽くし、当時のある記録によると、〝アメリカでもっとも有名な海賊〟になっていた。ロウの恐怖による支配は、アシュトンが逃亡した後も続いていた。一七二三年三月一〇日、ニューイングランドの材木伐採業者の船四隻が現在のベリーズ沿岸の湾内に停泊していたとき、六〇名のクルーを乗せたスペイン船が近づいてきた。この船はグアルダ・コスタ号の船団のうちの一隻で、領土に侵入してくる材木伐採業者を追い払う任務を受けていた。このスペイン船によってニューイングランドの船のうち三隻がただちに拿捕されたが、四隻目はいかり綱を切って何とか逃亡した。

およそ四時間後、スペイン船がまだ戦果を祝っているときに、三隻の船が湾内に入って来た。そのうちの二隻はロウの艦隊で、三隻目はロウのかつてのパートナーであるロウザーが船長を務める船だった。合わせると一〇〇名を超えるクルーを擁する海賊は苦もなく、ニューイングランド船とスペイン船をともに拿捕し、その後、血に飢えた騒ぎを繰り広げた。

ロウとその仲間はスペイン船に乗ると、海に飛び込んで岸まで泳いで助かった七名を除き、〝スペイン人全員を斬り殺した〟。この大虐殺と、ロウが以前ポルトガルの船員を殺したことを聞いたリーワード諸島の総督ジョン・ハートは、ロウのことを〝これまでに出没した海賊のなかでももっとも恐ろしい怪物〟と評した。ニューイングランドの船がどうなったかについては定かではないが、スペイン船から逃げ出した船長が新聞に語ったことによると、ニューポート出身のクルー一名が殺されたものの、海賊は、〝残りの英国人に対しては、予想していたよりも礼儀正しかった〟という。

その後の三カ月間、ロウはバージニアに向けて北上し、およそ二〇隻の商船を襲った。その途中で、彼はロウザーと別れ、一〇門の大砲と七〇名のクルーを擁するスループ船フォーチュン号を手に入れ、これを新たな旗艦とした。八門の大砲とおよそ五〇名のクルーを擁する僚艦のスループ船レンジャー号は、元操舵長のチャールズ・ハリスが船長を務めることになった。

この間に、ロウが襲撃した船の一つがボストン出身のジョン・ウェランドが船長を務めるアムステルダム号だった。アムステルダム号は五月八日にキューバ西端の沖合でロウらに襲われた。ウェランドは一五〇ポンド相当の金銀を渡したものの、フォーチュン号の船上で、短剣で繰り返し斬りつけられたり、刺されたりしたあげく、右耳を切り落とされるなど、ひどい虐待を受けた。血まみれでぼうぜんとした状態のウェランドは船倉に投げ込まれ、そこで血を流しながら二、三時間放っておかれた。

彼の命は文字通り、風前のともしびだった。ウェランドはロウの部下の一人に助けを乞い、その男はすぐに水を持ってくるとともに、数カ月前に無理やり仲間に加えられた医者を連れてきた。その医者がウェランドの傷の手当てをした結果、どうやら彼の命は助かりそうだった。しかし、アムステルダム号は助からなかった。金《かね》と三樽の牛肉、黒人奴隷を奪った後、ロウはアムステルダム号を沈めたのだ。ウェランドについては、ロウが無理やり仲間にした一名を除き、他のクルーとともに別の船に乗せられて解放されたという。

六月七日、ロウに襲われたある商船が、その後解放されて帰港しようとしているところ、ニュージャージーの沖合でHMSグレイハウンド号に遭遇した。二〇門の大砲と一三〇名の兵士を擁する第六級のフリゲート船であるグレイハウンド号は、ニューヨークに配備され、植民地の商船の保護と海賊の捕獲をその任務としていた。この商船の船長が、ロウがブロック島に向かったことをグレイハウンド号の司令官ピーター・ソルガードに告げると、ソルガードはただちに追跡を開始した。ロウの最近の襲撃によって、沿岸のあちこちで危機感が高まっていたことから、ソルガードはこのアメリカにとっての不倶戴天《ふぐたいてん》の敵を捕らえ、殺す機会を得たことを喜んだ。

三日後の午前四時三〇分、ロングアイランド島東端の南五〇マイル（約八〇キロメートル）の沖合で、ソルガードは、およそ七マイル（約一一キロメートル）先に二隻の船を発見した。彼は、ロウとその僚艦に違いないと考え、わなをしかけることにした。午前五時、彼は針路を変えて南に向かい、ロウらが〝追跡するように誘った〟。同時に彼は部下に戦いの準備をするよう命じた。

海賊は餌に食いついた。しかし、この獲物に追いつくには少し問題があった。というのも、帆にはらませるほどの風がほとんど吹いていなかったのだ。そこで海賊はオールを使って追跡を続けた。二時間半の追跡の後、ソルガードはこのスローモーションの追いかけっこはもう十分だと判断し、グレイハウンド号を反転させて敵と対峙《たいじ》した。

八時になるころには、海賊はグレイハウンド号から四分の三マイル（約一・二キロメートル）に迫っていた。獲物を脅すために、フォーチュン号とレンジャー号はそれぞれ砲を放ち、黒い海賊旗――〝骸骨が片手に砂時計を持ち、もう一方の手に、心臓に刺さった矢を持ち、血が三滴したたっている絵が描かれていた〟――を掲げた。敵船が降伏せず、抵抗する姿勢を見せたことから、海賊はこの海賊旗を降ろし、代わりに赤い、すなわち血まみれの海賊旗を掲げ、情け容赦をしないことを示した。しかし、グレイハウンドが英国旗を掲げて攻撃をしかけてくると、海賊の自信はあっという間に揺らいだ。

一時間にわたり、大砲の音が鳴り響き、銃を撃ち合う音が空気を切り裂いた。砲弾やブドウ弾が双方向から飛び交った。ある記録によると、ロウはフォーチュン号の甲板で剣を手に部下を鼓舞したという。しかし、いかに士気を高めようとも、フォーチュン号とレンジャー号が戦力的に不利であるという事実を変えることはできず、ロウは部下に撤退を指示した。その後、長く骨の折れる追いかけっこが続いた。海賊は銃を捨て、全精力をオールに注いでこぎ続け、八六名のクルーを擁するグレイハウンド号も同様に追跡を続けた。

およそ六時間後の午後三時、グレイハウンド号はついに海賊に追いつき、再び戦闘が始まった。ソルガードはグレイハウンド号を二隻の海賊船の間に位置させ、攻撃の大部分をレンジャー号に集中させた。彼は、レンジャー号のほうがより人目を引き、かつ、積極的に攻撃をしてきたことから、これこそがロウの船だと勘違いしていたのだ。グレイハウンド号がレンジャー号のメインセールを撃ち破ると、レンジャー号のハリス船長は降伏した。ロウを捕らえたと信じていたソルガードは、レンジャー号を拿捕することに注力した。その間、僚艦を助けに向かうよりも自らの身を守ることに必死だったロウは、一瞬の戦闘停止のすきをついて、僚艦を捨てて戦場から逃げ去った。

ソルガードの部下がレンジャー号に乗り込むと、一人の海賊が降伏を拒んだ。彼は、〝拳銃とフラ

一七三〇年のニューポートを描いたリトグラフ。注意して見ると、左から二番目の帆船のマストの上に、海に張り出している狭い陸地が見える。これがハリスと二五名の仲間が一七二三年七月一九日に処刑されたグレーブリー・ポイントである。海賊が埋葬されたゴート島は、多くの大砲を備えた砦が見える手前の部分にある。

スコを手に進み出てきた。男は酔っぱらって、呪いのことばを吐きながら、銃を頭に突きつけると、自分の脳みそを吹き飛ばした〟。これによってレンジャー号のクルーの死者は四名となり、負傷者も八名となった。対照的に、グレイハウンド号は一人の死者もなく、負傷者は七名だった。ロウを捕らえたと期待していたソルガードだったが、彼が別の船で逃げたと知り、ひどく落胆した。

すべての虜囚をグレイハウンド号に移し、鎖につなぐのに一時間近くを要したが、ロウの乗ったフォーチュン号は、誘惑するかのようにまだ遠くに見えていた。午後五時、ソルガードは、真の標的を逃したくないと考え、再び追跡を始めた。この追跡は夜まで続いたが、最終的にソルガードは、ブロック島の近くでロウのフォーチュン号を見失ってしまった。追跡をあきらめたグレイハウンド号は、ニューポートに向かい、囚人たちはそこで重警備のもと拘置所へと連れて行かれた。数日後、有名な海賊の船長を捕らえたいとまだ考えていたソルガードは、引き続きロウ捕獲の任務を遂行するべく出港したが、結局成果を上げることなく再び帰港した。

レンジャー号のクルーの裁判は、ニューポートの政府庁舎で一七二三年七月一〇日から一二日までの間に行われた。三六名が、アムステルダム号を略奪し沈没させたこと、ウェランドの耳を切り落としたこと、グレイハウンド号を攻撃し、七名を負傷させたことを含む〝海賊行為と重罪〟で起訴された。結局、八名は無罪となったが、二八名は死刑を宣告された。そのうちの二名は後に刑の執行が延期され、最終的に赦免された。裁判の直後、有罪となった男の一人に、ロウとハリスが一七二三年の初めから襲撃した船のリストを作る時間が与えられた。その驚くべき数は四五隻だった。

絞首刑は七月一九日の正午から午後一時にかけて、ニューポート港の突端《とったん》のグレーブリー・ポイントで、喜びに沸く大勢の見物人を前に行われた。二六名の囚人は二一歳から四〇歳までで、ほとんどが英国生まれだった。地元の聖職者ナサニエル・クラップが短い説教をした後、男たちは海賊旗が掲げられた絞首台へと連れて行かれた。フランクリンのニューイングランド・クーラントは、「この旗は、〝オールド・ロジャー〟と呼ばれ、多くの海賊がこの旗の下で生き、この旗の下で死ぬと言っていた」と記している。またある目撃者は、「この国で、彼ら海賊が絞首台の上に立ち、その息が止まり、魂が永遠の世界へと旅立つのを待っている姿ほど悲しげな光景を見たことはない」と語ったという。海賊たちは静かに旅立って行ったわけではなかった。別の目撃者は、「彼らの死の間際のうめき声の何とすさまじいことよ」と語ったという。死体は絞首台から下ろされると、ゴート島で〝潮の満ち引きの合間に〟埋葬された。
　数年後に発表されたある記録によると、囚人の一人アイルランド人のジョン・フィッツジェラルドが、自身と同じ哀れな道をたどろうとする者への警告となることを願って、この世における最後の日々に詩を作り、刑の執行される前日に訪れた者に渡したという。そのうちの一部は次のようなものだった。

若く美しき日々に
われはこの仕事につき
忌まわしき海賊として
汚れた宝を求めた。
われらはみな邪悪に身を委ね
欲望を満たし
海を荒らしまわり
あらゆる罪を犯した……
神よ、皆を守りたまえ
このような終わりを迎えぬように
ああ、フィッツジェラルドのおおいなる破滅を
皆の幸福のために役立てたまえ

絞首刑の後、ソルガードは植民地のちょっとした有名人となり、彼の英雄的な行動をたたえて、ニューヨーク市は彼に〝名誉市民章《フリーダム・オブ・シティ》〟を贈ることを決めた。この公式文書は、彼をこの街の名誉市民にするというもので、片側に戦闘の光景を描き、もう一方の側にラテン語で〝人類の敵を意気高く追撃し、掃討せり〟と記された金の箱に入れて贈られた。

レンジャー号を失い、その戦力が半分になったことは、ロウを怒らせ、彼の残虐性という火に油を注ぐことになった。グレイハウンド号から逃れた二日後、ロウは陸地から八〇マイル（約一三〇キロメートル）沖合で、ネイザン・スキッフが船長を務めるナンタケットの捕鯨船と遭遇した。海賊は、捕鯨船に乗ると〝甲板で〟スキッフをむちで打ちすえ、今やロウの得意技と言っていい、両耳を切り落とすという残虐な行為をした。〝海賊は哀れなクルーをもてあそぶのに飽きると、スキッフに「お前は優秀な船長だから、安らかな死を与えてやろう」と言って、銃で頭を撃ちぬいた〟。十分に満足したロウは、一人の少年と二人のインディアンを連れ去り、船上に残った他の三名の捕鯨船のクルーに船を沈め、捕鯨用の小さなボートで〝仕事を続けるよう〟命じた。天候は穏やかだったため、彼らは水とビスケットだけで五〇時間近くかけて何とかナンタケット島に戻ることができた。スループ船の他の捕鯨用のボートはロウに襲われたときは、すでに漁に出ていた。そのボートに乗っていたクルーたちは何が起きたかを悟り、近くにいたスループ船までこぎつけて危険を知らせ、何とか救助された。

さらにロウはマサチューセッツのプリマスの沿岸で二隻の船を襲い、両方の船の船長の命を奪った。一人は頭皮を剝がれ、胸を開いて心臓を取り出された。海賊はこの心臓を焼き、クルーの一人に無理やり食べさせたという。さらに海賊は、もう一人の船長に〝斬りつけて傷を負わせ〟、耳を切り落としてこれを焼いて船長自身に食べさせた。これらの傷がもとでこの船長はすぐに息を引き取った。不吉なことに、ロウは生き残った者に向かって、「出会った者すべてに同じことをしてやる」と語ったという。

その後ノバスコシアの沿岸でも、ロウの暴虐は数週間にわたって続き、四〇以上の漁船を襲い、犠牲者の顔に斬りつけ、鼻に切り込みを入れ、耳や鼻を切り落としたと報告されている。ロウがある船からワインとブランデーの樽を奪おうとしたとき、その船の船長がロウに酒を奪った旨を一筆書いてくれれば、オーナーから酒を売ってその利益を着服したと疑われなくてすむと言って懇願した。ロウは喜んで同意し、男の要請をすぐに聞き入れてやると答えた。数分後、ロウは銃を二丁持って戻って来て、〝二丁を船長の腹に向け〟、驚く船長に、〝一つはワインの分だ〟と言って銃を撃ち、次にもう一丁の銃を船長の頭にあて、これは〝ブランデーの分だ〟と言って撃った。

七月の終わりには、ロウはメリー・クリスマス号という巨大な船を拿捕し、これに砲を積み込んで三四門とした上でこれを旗艦とした。このとき彼は、再びロウザーとともに航海をしていた。彼らはアゾレス諸島に向かい、その後アフリカ沿岸をシエラ・レオネまで南下した後、大西洋を渡ってカリブ海に向かった。彼らは、その途中でも船を襲い、あらゆる残虐行為の限りを尽くした。

その後、ロウは突然歴史から姿を消した。実際に何が起きたかは定かではない。ある証言によると、一七二四年のある時点で、ロウザーと別れたロウは、操舵長と口論になり、その操舵長が寝ているうちに彼を殺した後、残りのクルーによって捕らえられ、数人の仲間とともに無理やりボートに乗せて置き去りにされた。翌日、彼はフランスの船に捕らえられ、裁判のためにサントドミンゴに連れて行かれて絞首刑になったという。別の話では、ロウの残虐さに部下がとうとう耐えきれなくなり、彼と数人の部下にスループ船を与えて追い出し、その後の結末は定かではないという。さらに別の話では、海賊船がロウを捕らえ、スループ船を焼き払った上で、彼と彼の部下を無人島に置き去りにしたとも言われている。このなかの一つか、あるいはその組み合わせが真実であるかはともかく、歴史上もっとも残虐な海賊であったロウの生涯は、謎に満ちた最期を迎えたのだった。

ハリスら多くの海賊がニューポートのグレーブリー・ポイントで絞首刑にされたおよそ一カ月後、別の海賊が植民地で騒ぎを起こしていた。その海賊ジョン・フィリップスは、自身の海賊としての活躍よりもその異常で暴力的な最期によって有名となった。彼の海賊行為は一七二三年にニューファンドランドで始まった。そのとき彼はペティハーバーで魚の加工職人《フィッシュ・スプリッター》――加工工場のラインで受け取った魚の頭と内臓を取り除き、巧妙かつ素早く背骨を取って塩漬け職人に渡す係――として働いていた。単調な作業に飽き、金持ちになることを夢見ていたフィリップスと四人の男たちは、スクーナー船を盗んで海賊となった。彼らはこの船をリベンジ号と名づけ、海賊としての契約書を作ってこれに署名した。

この小さな海賊団は、グランドバンクスで三隻の漁船を襲い、何人かを無理やり仲間に加え、また希望する者を仲間に加えていった。自ら海賊になった者のなかには、黒ひげとともに航海をしていたという二七歳のジョン・ローズ・アーチャーがおり、その海賊としての知識から操舵長に選ばれた。無理やり仲間にさせられた者のなかには、二一歳のジョン・フィルモア――彼の孫のミラード・フィルモアはアメリカの第一三代大統領になった――がいた。若きフィルモアが海賊に捕らえられたことは、彼が船乗りになるために乗り越えてきたこれまでの半生を踏まえると、とりわけ悲劇的なものだった。

グロスターの北西に位置する小さな漁村であるマサチューセッツのイプスウィッチで少年時代を過ごしたフィルモアは、海に出ることを夢見ていた。しかし、彼の母親がその行く手に立ちはだかった。彼女の亡くなった夫は、かつて船乗りで、フランスのフリゲート船に捕らえられて何年も拘留され、手ひどい扱いを受けた後に解放されていた。彼女は、息子が同じ運命をたどることを恐れ、彼が西インド諸島へ向かう航海に加わる許可を得ようとしたとき、これを認めなかった。フィルモアの粘り強さが最後には母親を動かしたが、それはフィルモアが望んでいた形とはならなかった。彼女は当初の彼の計画を認めず、グランドバンクスで漁を行う地元の漁船の一員とさせたのだ。息子を守ろうとしたことが、意図せず危険な場所に送り込んでしまったことは何とも残酷な皮肉だった。

その後の五カ月間で、フィリップスはニューファンドランドから西インド諸島までのアメリカ沿岸を荒らしまわり、多くの船を襲った。しかし、戦利品は、食料や酒、衣類、火薬、砲弾など特筆すべきものはなかった。その他にフィリップスが得たものは多くのクルーからの憎しみだった。フィリップスの気まぐれで激しやすい性格から、クルーは次第に彼を憎むようになっていた。彼はしばしば小さな過ちを理由に、クルーをひどく叱りつけ、おびえさせていた。「フィリップスは完全に独裁者で、彼の命令に背く術はなかった」とフィルモアは語っている。また、フィルモアは、クルーの多くは、「彼に対する恐怖から、死ぬよりは彼の命令にしたがうほうがましだと考えていた」と語っている。船長はクルーの満足のために尽くすという海賊船における一般的なルールは、どうやらこの船では適用されていなかったか、クルーの大半が喜んであるいは渋々フィリップスの常軌を逸した虐待を受け入れていたかのどちらかであったようだ。

一七二四年二月四日、フィリップスはメリーランドの沿岸でスノー船を発見して追跡し、三日後にやっと追いついた。スノー船の航行能力に感心したフィリップスはこの船を僚艦に加え、仲間のうちの四名を送り込んで航行させるとともに、船長とクルーを虜囚として船倉に閉じこめて見張らせていた。フィリップスが送り込んだクルーのうちの二名、サミュエル・ファーンとジェイムズ・ウッドは、海賊のなかでもフィリップスの気まぐれな虐待行為に怒りを抱えており、逃亡計画を立てていた。

二隻の船は、停泊中は夜中もランタンをともしていたので、ファーンとウッドは、単純にスノー船の灯りを消して闇のなかをこっそりと去ることにした。しかし、フィリップスはスノー船の灯りが消えたのを見て彼らの計画を悟り、自らの船の灯りも消して追跡し、翌朝には彼らが視界に見えるところまで追いついた。この追いかけっこはさらに二日間続いたが、最終的にリベンジ号が追いつき、スノー船に激しい攻撃を加え、逃亡者を捕らえた。

フィリップスはファーンにリベンジ号に乗船するように命じたが、彼はこれを拒絶し、フィリップスに向けて拳銃を発砲したものの、銃弾は当たらなかった。ファーンとウッドは船倉に駆け込むと、ファーンがウィリアム・フィリップス（船長とは関係ない）を無理やり主甲板に向かわせた。彼がハッチから出てきたとき、リベンジ号の海賊が彼を撃った。深い傷を負ったフィリップスは後に足を切断しなければならなかった。

膠着《こうちゃく》状態が続き、スノー船の元船長とクルー全員が敗北を悟り、一人を残してスノー船に備えつけてあったボートに乗って、リベンジ号に向かいフィリップスに降伏した。彼らは、ファーンとウッドが後悔しており、フィリップスが彼らを許し、元通りクルーに迎えてくれるなら降伏し、聞き入れられないなら、死ぬまで戦うつもりであるという二人からのメッセージを伝えた。フィリップスは二人を許すと言い、スノー船にボートを差し向けた。

ファーンとウッドが、約束を守る人間としてフィリップスを信用したことは、これまでの彼の言動から考えると驚かざるを得ない。彼らはリベンジ号に乗船するとすぐにフィリップスを信用したことが間違いだと気づいたが、もはや遅かった。フィリップスは剣でファーンに斬りつけ、次にウッドを斬り、最後に二人の頭を銃で撃った。怒りが収まると、フィリップスはスノー船を船長とクルーに返し、彼らを解放した。

その後フィリップスは北上を続け、何隻かの船を襲った。そのなかには三月二七日に拿捕したバージニアから来た二隻が含まれていた。その船の一つの船長であるジョン・モティマーは、積み荷である高価なガチョウと豚を渡すことを拒んだ。これがフィリップスを怒らせ、二人の間で怒鳴り合いに発展し、すぐにモティマー――どうやら勇敢だが向こう見ずな男だったようだ――がこん棒でフィリップスに殴りかかる事態にまでなった。しかしフィリップスは、戦いに尻込みするような男ではなかった。彼は、剣を抜いてモティマーを刺し殺した。しかも、彼がその日殺した男はモティマーだけではなかった。フィリップスが彼の船にいる間に、無理やり海賊にさせられたリベンジ号のクルーの一人もスクーナー船で逃げようとし、捕まってフィリップスに斬り殺された。

フィリップスと戦うか、彼から逃げようとして悲惨な失敗に終わり、絶望的な教訓を得ていたにもかかわらず、無理やり海賊にさせられたクルーの何人かは、ときが来たら蜂起しようと静かにたくらんでいた。このなかにはフィルモアや船大工のエドワード・チーズマン、アイザック・ラッセンという名のインディアンなどがいた。彼らは我慢を続けて機会を待った。そして数週間後、ついにその機会がやって来た。四月一四日、ノバスコシアのケープセイブル島の南東四〇マイル沖で、フィリップスはアンドリュー・ハラディンが船長を務めるスクワール号――グロスターからやって来た新しく美しいスループ船の漁船で、このときが処女航海だった――を発見した。スクワール号を捕らえると、フィリップスは船を交換することにした。翌日、彼はクルーを新しい船に移し、スクワール号のクルーをリベンジ号に乗せて解放した。しかし、船長のハラディンは無理やり仲間にさせられた。

フィリップスが愚かだったのか、自分を無敵だと信じていたのかは定かではないが、彼は自分自身を非常に危うい状況に置いていた。フィリップスに忠実な海賊の数は、無理やり海賊にさせられた者と捕虜の数をわずかしか上回っていなかった。さらに彼がノバスコシア沿岸を北上していく間にも、フィリップスの知らないうちに、彼の破滅に向けた下地が整えられていた。フィルモアとその共謀者たちは、できるだけ秘密裏にハラディンとその他数名を計画に引き入れ、四月一八日ついに実行に移した。

スクワール号はまだ新しかったため、大工仕事がいくつか完了しておらず、フィリップスはこの作業を無理やり海賊にしたクルーの何人かに命じていた。その日の昼近く、チーズマンが仲間とともに〝道具を持って作業をするふりをして〟船内に散らばった。フィリップスは鉛の銃弾を鋳型に入れて作るのに忙しく、他の海賊は甲板を歩き回っていた。ラッセンがかじを取り、フィルモア、ハラディン、そして彼らの仲間三、四名が作戦通りの配置についた。正午にそのときが来た。

チーズマンが近くの海賊に飛びついてつかみかかると、船外へ放り出した。そのすぐ後、ラッセンがフィリップスの腕をつかんでいる間に、ハラディンが手斧を取り、これを船長の頭に振り下ろし、あっというまに彼を殺した。一方でフィルモアは別の海賊を斧で素早く殺し、他の共謀者が砲手を剣で刺し、船外に放り出した。残りの海賊は、反逆者らを見るとすぐに降伏した。

ハラディンはスクワール号をまず、グロスターに向かわせた。その後ボストンに着いて、そこで海賊は牢獄につながれることになった。当時の記録によると、切り落とされたフィリップスと甲板長の首は、塩をいっぱいに詰めた樽に入れて運ばれたという。数日後、ボストン・ニュースレターが、フィリップスが歴史というステージの上で繰り広げた短くも血にまみれたダンスについて報じた。同紙は「フィリップスとその共犯者が八カ月間に引き起こした大惨事や大損害、そして悪行の数々――三四隻の船を襲い、そのクルーを仲間に加え、殺し、打擲《ちょうちゃく》し、虐待し、時には彼ら自身の仲間も殺したという事実――はほとんど信じられないほどだ」と報じた。

海事裁判所の裁判は五月一二日と一三日に行われた。多くの傍聴人が集まり、特にある一団が話題を呼んだ。かなりの数の着飾った上流階級の女性が裁判に集まり、傍聴人の男性らをいらだたせたのだ。女性が裁判を傍聴することは極めて異例であり、ある男性にとっては、特に腹立たしいことだったようだ。彼は〝キッチン・スタッフ（台所用品の意）〟というペンネームで、怒りとともに、少々の軽妙さも加え、ニューイングランド・クーラントに投書を送った。〝女王陛下のよき臣民たる男性の傍聴人は、正義を求める法廷内の異常な叫び声に容赦なく押しやられて道を譲った。女性たちの何人かは、最後に法廷に入り、押し合いへし合いしながら前に進み、ペチコートを翻し、国王の臣民の多くを気づかずに突き飛ばし、致命的な傷を負わせた〟。キッチン・スタッフ氏がもっとも懸念していたのは、この侵略が危険な先例となることだった。なぜなら、〝貴婦人が取り上げる慣行は、やがて売春婦や下品な民衆にもまねされるからだった〟。もしそうなったら、法廷は女性でいっぱいになり、正義が行われなくなることを彼は恐れていた。つまり、そのような大騒ぎや会話の耳障りな音で、裁判を進めることができなくなると考えたのだった。現代の読者は、このキッチン・スタッフ氏の女性に対する差別的な態度を軽蔑するであろうが、これが発表された当時、男性が、このような伝統的に男性のための行事だった公共の場から女性を閉め出す必要性があると考えることは非常にありがちな話だった。

キッチン・スタッフ氏の心配をよそに、裁判は問題なく進んだ。四名の海賊が有罪となったが、二名は刑の執行が一時的に延期となった。その他の二名、ジョン・ローズ・アーチャーと二二歳のウィリアム・ホワイトには絞首刑が宣告された。もちろん、あの誰にも止めることのできないコットン・マザー牧師が、彼らの人生の最期のときにあらわれ、聖職者としての務めを果たして死刑囚二人と集まった民衆のために説教を行い、これをすぐに小冊子にした。何十年にもわたってこれらの〝海の怪物〟――マザーは海賊のことをこう呼んでいた――の罪について執筆し、説教を行ってきたことで、マザーは、海賊に対する自身の影響力や、最期のときに海賊が突然宗教上の必要性を見いだしてマザーと会うことを願い出ることについて、やや自信過剰になっていた。裁判の数週間後に書いた日記のなかで、マザーは、〝今や船乗りたちの脅威となった海賊が、彼らの虜囚に最初にさせるのは、マザー牧師を呪わせることだ〟と記している。また彼は、〝フィリップスのクルーが助言を求め、祈りをささげることを請うた唯一の人物は自分だった〟と記し、最後には〝死刑宣告を受けた者の何人かは、彼らがこの世で聞く最後の説教を自分から聞くことを選んだ〟と自慢げに締めくくった。マザーには多くの長所があったものの、そこに謙虚さは含まれていなかったようだ。

アーチャーとホワイトは一七二四年六月二日にハドソンズ・ポイントで絞首刑に処された。絞首台に送られる直前、彼らは最期のことばを残したが、二人とも、その哀れな末路をたどる原因が酒にあったと語っている。ホワイトは、〝海賊になるように誘われたときに酔っていた〟ことを認めていた。一方でアーチャーは、「他の多くの者と同様、私をここへと導いた邪悪の一つは私のひどい飲酒癖だ。ひどく酒を飲むことで興奮して、罪を犯してしまい、今や死という苦い結末を迎えようとしている」と語ったという。また、アーチャーは、「船長が、他の海賊の船長と同様、あれほどひどくクルーを虐待していなければ、誘惑に負けることもなかった」と語り、人道的な措置を懇願した。

彼らの死体はボストン湾のバード島（この島はローガン国際空港が建設されたときになくなっている）に運ばれ、ホワイトはここに埋葬された。一方、アーチャーは人々に見えるように鎖でつるされた。その年の秋、ダマー総督は感謝祭に関する布告を発し、そのなかで、"情け容赦ない海賊からわれわれの沿岸を守ってくれたこと"に対し神に感謝すると述べ、フィリップスとそのクルーの極めて異常な末路に触れ、〝海賊を捕らえることができたことは、神を大いに喜ばせた〟と記した。

アーチャーとホワイトが処刑された二週間後の一七二四年六月中旬、アレクサンダー・スポッツウッドが、バージニアのスポットシルベニア・カウンティのラピダン川沿いにある自宅から商務庁あてに書簡を送った。彼はその二年前にバージニアの総督の職を解かれていた。その理由に関しては現在までもさまざまな議論があるものの、おそらくは植民地の有力な農場主としばしば争いがあったことと、彼が、一個人の保有として英国政府が正当と考える以上に多くの土地を保有していたことによるものではないかと言われている。彼は、アメリカにおける大量の土地保有に関する法律上の問題を解決すべくロンドンに戻ることを申し出ていた。しかし、次の書簡のなかで明らかにしていたように、彼は、海賊に捕らえられた場合に起きることにおびえて、大西洋を横断することをひどく恐れていた。

私が海賊の討伐に大きな役割を果たしたことをお考えいただければ、国王陛下も、私の心配を容易に理解いただけることでしょう。こういった野蛮なならず者が、彼ら自身のクルーを罰するためではなく、自らの満足のために捕らえた船長の耳や鼻をそぐような残虐な行為をしているとするなら、彼ら海賊の象徴的な存在である黒ひげを討伐したことで、復讐を心に描いてバージニアの海域をうろつく海賊から、標的として狙われているこの私が彼らの手に落ちたときには、どんな非人道

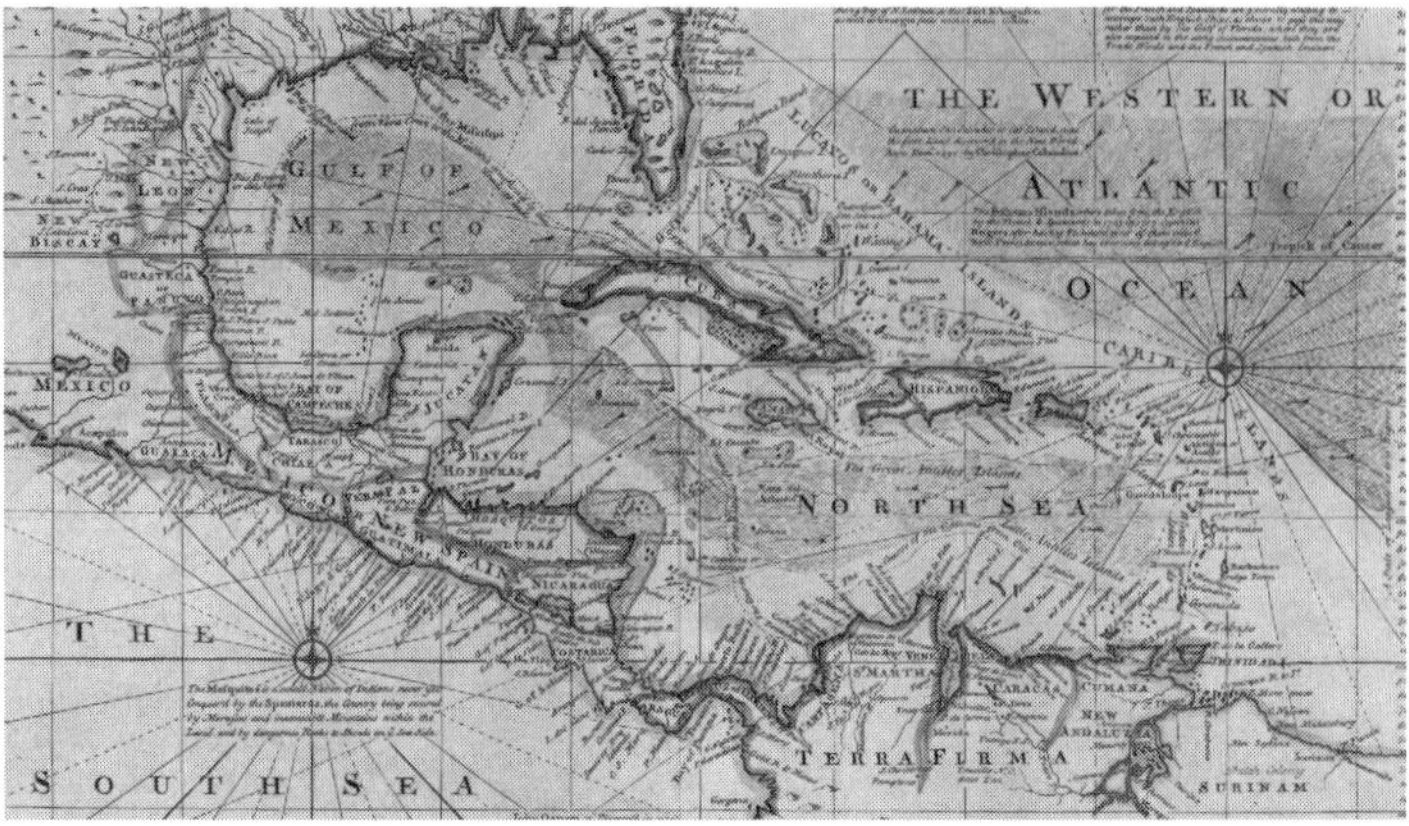

カリブ海と隣接する北アメリカと南アメリカを示した1720年の地図の一部。

的な行為が待っていることでしょう。

スポッツウッドが海賊と戦った記録は、実際に素晴らしいものだった。黒ひげ討伐のための遠征により一三名の海賊を処刑したことに加え、スポッツウッドは他にも多くの海賊を絞首刑にしていた。そのなかには勇敢にもバージニアに上陸して、その後恥をさらすこととなった海賊もいた。この一団には、以前バーソロミュー・ロバーツのクルーだった八名が含まれていた。彼らは、一七二〇年にバージニアに上陸してロンドンからの訪問者を装っていたが、やがて、気前よく〝お宝〟を居酒屋や娼館で費やし始めた。その派手な金遣いや風変わりな態度が疑惑を呼び、スポッツウッドは彼らを海賊であると判断して捕らえ、投獄した。このうちの六名は最終的に絞首刑となり、二名は〝過去の罪を悔い改める態度を示した〟ことから赦免され、バージニアに停泊していた海軍船の一員となるよう言いわたされた。

ロバーツは、以前の仲間が絞首刑になったことを知ると、バージニア全体に対し復讐を誓い、「女、子どもであれ一切容赦しない」と言ったという。このメッセージはロバーツが一七二一年の春にバージニアに向かう途中で捕らえたジェレマイア号の船長ターナーによってスポッツウッドにも伝えられた。植民地の安全を危惧したスポッツウッドとバージニアの評議会は、沿岸の見張りを増やし、植民地が面する川の河口に六〇門近い大砲を配備して防衛力を増強した。

彼の海賊との戦いにおける称賛に値する記録や、ロバーツ自身が彼を名指しして具体的な脅迫を行ったにもかかわらず、スポッツウッドがロンドンまでの航海をそれほど心配する必要はなかった。一七二四年の夏の時点で、ロバーツはすでに死んでおり、大西洋全体における海賊の脅威――特にアメリカ沿岸における脅威――は大きく減少していたのだ。結局、航海中にスポッツウッドが海賊に悩まされることはなかった。その後の二年間で、海賊の数は減少を続け、一七二六年七月にウィリアム・フライがボストンで絞首刑に処された時点で、ほとんど残っていなかった。大西洋における海賊の黄金時代はこうして幕を閉じた。

エピローグ　ヨー、ホッ、ホー、酒はラムがただ一本

EPILOGUE . "YO-HO-HO, AND A BOTTLE OF RUM!"

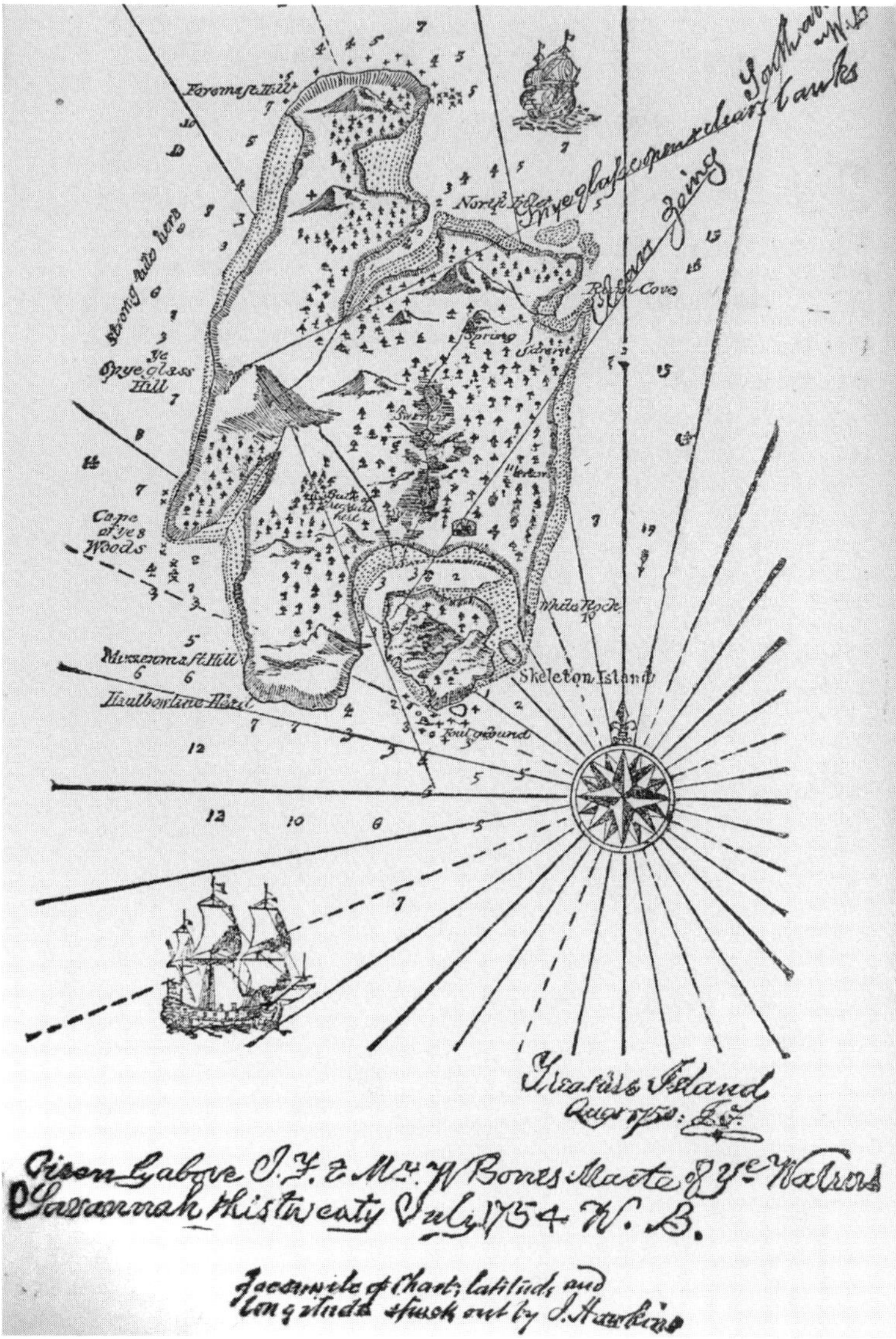

ロバート・ルイス・スティーヴンソンの宝島に出てくる骸骨島の宝の地図。地図の左下の部分には赤い×印とともに〝宝の山はここ〟と書かれている。

海賊の黄金時代において、裕福になった海賊は比較的少数だったものの、彼らの行為は、現実と想像上の両方において、書籍や映画、演劇、テレビ、ビデオゲームという形でゴールドラッシュを生み出し、海の盗賊団に対する人々の強いあこがれを生み出した。その結果、黄金時代の海賊は、生きていたころよりも死んでから、より有名になった。この傾向はこれらの海賊がまだその恐ろしい行為をしていたころから見られ、中でも注目すべきは、一七二四年に発行されたチャールズ・ジョンソンのベストセラー『悪名高き海賊たちの略奪と殺人の歴史（『海賊史』）』（『海賊列伝　歴史を駆け抜けた海の冒険者たち』中央公論刊）である。この書は、海賊に関する書籍の先駆的存在となり、その後の海賊物語の多くにおいても原典として利用されている。

これ以降、数百あるいは数千もの海賊の黄金時代に関する書籍が発行されている。その内容も事実に即したものからファンタジー、そしてそれらを組み合わせたものまでさまざまである。このように文学的な人気が高まった理由は明らかである。二〇世紀初めの海賊に関する歴史家は、「旅や冒険に関する文学のなかで、七つの海を舞台にした海賊の物語以上に一般読者――老いも若きも、男女を問わず――の関心を引くテーマはない」と語っている。

海賊に関するノンフィクションの書籍の数の多さも注目に値するが、その内容も、デビッド・コルディングリーの『Under the Black Flag』やマーカス・レディカーの『Villains of All Nations』のように、海賊全般を幅広く概観したものから、コリン・ウッダードの『The Republic of Pirates』、ステファン・タルティの『Empire of Blue Water』、アンガス・コンスタムの『Captain Kidd』、リチャード・ザックスの『Pirates Hunter』など、個々の海賊や海賊団をより詳細に描いているものまでさまざまである（これらの書籍の引用については、参考文献一覧に記載している）。これらの書籍が示している学術的な水準は、他の価値ある書籍と同様、注目に値するものであり、黄金時代の海賊をめぐる多くの神話を一掃する上で大きな役割を果たした。

しかし、海賊に対する関心を喚起したという点においては、小説や演劇、映画こそが最大の功労者といってよいだろう。小説におけるもっとも有名な作品は、間違いなく一八八三年に発表されたロバート・ルイス・スティーヴンソンの『宝島』である。一七五〇年代を舞台にしているものの、ほぼ丸々海賊の黄金時代から喚起されたテーマとイメージを借用している。ロング・ジョン・シルバーやビリー・ボーンズといった海賊、そして感受性が高く勇敢な少年ジム・ホーキンズなどの印象的な登場人物や、宝のありかを示す×印——実際に赤インクで三つの×印が描かれていた——のついた骸骨島の地図を用いて、スティーヴンソンは驚くほどワクワクさせる宝さがしの物語を作り上げた（地図上の宝のありかを示す際の×印を意味する〝X marks the spot〟というフレーズは決してスティーヴンソン自身が用いた表現ではなかった）。非情な海賊と恐れを知らない少年の胸躍らせる戦いを強調することによって、『宝島』は、子どもだけでなく大人も、海賊の財宝探しというファンタジーの世界へと誘《いざな》った。

ロバート・ルイス・スティーブンソンの1911年版「宝島」の表紙。挿画はナサニエル・C・ワイエスによるもの。

特にスティーヴンソンの豊かな想像力が生み出

した、ビリー・ボーンズがベンボウ提督亭で歌う海賊の唄のなかの一節が印象的である。

死人箱島に流れ着いたは十五人
ヨー、ホッ、ホー、酒はラムがただ一本
あとは皆酒に飲まれ悪魔に食われ
ヨー、ホッ、ホー、酒はラムがただ一本

（光文社古典新訳文庫 村上博基訳）

『宝島』が出版されて一〇年もたたないうちに、新聞と雑誌の編集者だったヤング・ユーイング・アリソンがスティーヴンソンのこの詩に加えてさらに長い詩を作り、〝遺棄船に乗って〟という題をつけた。この詩は後に魅力的なメロディーがつけられ、海賊をたたえるシーシャンティ（訳注：貿易船の船上で歌われていた労働歌の一種）へと形を変えた。このフレーズが広まったことを証明するように、右記の詩の最初の一行を歌えば、おそらくは、「ヨー、ホッ、ホー、酒はラムがただ一本」というかけ声が返ってくるだろう。

スコットランドの小説家、J・M・バリーが二〇世紀初めに著した『ピーター・パン――大人にならない少年――』もまた、大衆文化における海賊のイメージを高めることに役立った。想像上のネヴァーランドで繰り広げられるピーター・パンと恐ろしいフック船長率いる海賊団との果てることのない戦いが、心に訴えかける活力を物語に与え、この物語を神話的な域にまで高めている。このジャンルにおけるもう一つの有名な作品に、一八七九年にニューヨークで上演されたW・S・ギルバートとアーサー・サリバンによるコミック・オペラ「ペンザンスの海賊」がある。『宝島』と同様、この作品は海賊の黄金時代を舞台とはしておらず、ヴィクトリア女王の治世（一八三七年―一九〇一年）を描いている。それでもこの作品は多くの点で海賊の黄金時代を思い起こさせ、海賊の一般的なイメージアップに貢献した。

このオペラのなかで、海賊王が徒弟の一人で、海賊をやめて海賊ハンターとしての新たな使命を追求することになったフレドリックに語りかける場面がある。フレドリックが海賊王にいとま乞いを願うと、彼はこれを拒み、彼は海賊という〝職業〟を高く評価しているわけではないが、〝世間体にこだわって暮らすよりは、海賊のほうがむしろ誠実〟だと信じていると語っている。この点を強調するように、彼はその後、次のように歌う。

ああ、はるかによいことだ
自ら掲げた勇敢な黒き旗のもとで生きて死ぬのは
聖人ぶって暮らすより
海賊の頭と心をもって生きて死のう。
お前の進む偽りの世界よりはるかに
ここでは海賊誰もが豊かになる
しかし、私は私の唄に忠実であり

この1926年のサイレント映画は。〝ハリウッドのキング〟ともしばしば称される、サイレント映画時代の最も有名な俳優の一人ダグラス・フェアバンクスが主演を務めている。彼の息子、ダグラス・フェアバンクス・ジュニアも非常に有名な俳優である。

海賊王として生き、そして死ぬ。
私は海賊王なのだから！
それはまさに栄光である
海賊王であることは！
私は海賊王なのだから！

海賊の人気を高めるうえで、映画は、書籍や演劇よりもさらに大きな影響力があり、その人気に衰えるきざしはなく、それどころか近年になってさらに高まっている。ここでもまた『宝島』が大きな役割を果たしている。少なくとも二〇の映画がそのプロットやキャラクターにおいてスティーヴンソンの物語をベースにしており、中でももっとも独自の興味深い翻案としては『マペットの宝島』（一九九六年）が挙げられる。またピーター・パンも、一〇回近く映画化されている。その他の海賊映画としては、「ダグラスの海賊」（一九二六年）、「海の征服者」（一九四二年）、「海賊キッド」（一九四五年）などがあり、また、かなり時代は離れるが、思春期前の子どもたちが近隣地域を取り壊しから守るために、偶然見つけた地図に記された、海賊〝片目のウィリー〟の財宝を探す危険に満ちた冒険を繰り広げる冒険コメディー『グーニーズ』（一九八五年）などもある。映画『プリンセス・ブライド・ストーリー』（一九八七年）――ウィリアム・ゴールドマンの人気小説『プリンセス・ブライド』をベースにしている――は〝恐ろしい海賊ロバーツ〟――代々の海賊に引き継がれた名前で、それぞれが名を成し、十分な金を稼いでからこの名前に次の世代に引き継いでいる――の名前に繰り返し言及することで、物語に海賊のモチーフを加えている。

しかし、あらゆる時代を通じてもっとも有名な海賊映画は、ディズニー制作による「パイレーツ・オブ・カリビアン」シリーズであろう。二〇〇三年に始まり、五つの作品が作られ、全世界の興行収入は数十億ドルに達している。ブラック・パール号を率いる、ジョニー・デップ演じる伝説の海賊ジャック・スパロウがシリーズの主役を務め、ウィル・ターナー、エリザベス・スワン、黒ひげ、デイヴィ・ジョーンズ、幽霊船の船長サラザール、ジャック・スパロウの父――伝説的なロッカーであるキース・リチャーズが演じた――、そして

キャプテン・ジャック・スパロウを演じるジョニー・デップの実際の写真を掲載する権利を取得することが非常に難しいことから、ここにはカリフォルニア州ハリウッドでデップ／スパロウのポーズを決める男性の写真を掲載する。本物ではないが、非常によく似ている。

スパロウの天敵かつ戦友としてしばしば登場する残忍な海賊船長のヘクター・バルボッサなど、さまざまなヒーローやヒロイン、悪役がその周囲を固めている。

テレビもまた海賊の大衆文化における注目に一役買った。二〇一四年から二〇一七年にかけてスターズ・ネットワークで放映された「Black Sails／ブラック・セイルズ」がいい例である。この作品は、スペイン継承戦争直後のバハマのニュープロビデンス島を中心に、ベンジャミン・ホーニゴールド、ネッド（エドワード）・ロウ、チャールズ・ヴェイン、黒ひげ、ウッズ・ロジャーズ、アン・ボニーなど、多くの登場人物の名前――その行動ではないにしろ――を歴史のページから借りている。フィクションのテレビシリーズを補うように、海賊に関するドキュメンタリーもテレビで制作されている。これらのドキュメンタリーは、専門家による談話や高い娯楽性、歴史的考察などを用いて、視聴者に海賊になるということがどういうことなのかを実感させようと試みている。

最後に、多くのテレビゲームも海賊の魅力を利用しており、なかでも「アサシン クリードⅣブラック フラッグ」（二〇一三年）は非常に人気が高い。「Black Sails／ブラック・セイルズ」と同じく、この作品もスペイン継承戦争後のカリブ海を舞台にしており、同じように黒ひげやヴェインなどといった海賊を登場させている。ニューヨーク・タイムズのビデオゲームレビューは、ゲームの主要キャラクターについて詳しく説明した後、このゲームについて「海賊になれるのが楽しい」と評している。

海賊が多くの人々の想像力をわしづかみにしたのは、こういった劇的なフィクション作品によるところが大きい。その多くは伝統的な社会を後にして船に乗り、陽気な男たち――あるいは女たち――

と運命をともにし、船倉にラム酒を積んで世界の海を股《また》にかけて風の向くままに航海し、自由を謳歌《おうか》しながら財宝を手に入れて裕福になるという夢のような物語を描いている。マーク・トウェインは回想録である『ミシシッピの生活』（一八八三年）のなかで、彼とその友人は蒸気船の船員になるという、〝永遠の野望〟を抱き、「時折、私たちは、おとなしくしていれば神様も私たちが海賊になることを許してくださるだろうという望みを抱いていた」ことを認めている。

歴史家が、これらの架空の作品――特に、海賊を、愛と冒険、そして財宝を求めて昔ながらの素晴らしい時間を過ごす、非常に魅力的で、粋で心優しい悪党として描いている作品――の粗探しをすることは確かに可能である。実際には、欲と金こそが架空の海賊と実際の海賊の両方にとっての主なモチベーションであり、言われているようなロマンスや海賊の魅力はあくまでも想像上のものであった。一八九二年にあるニューヨーク・タイムズのリポーターは息をもつかせぬ勢いで次のように語っている。「海賊がもはや存在せず、その人気を失ったということは、魅力的な冒険譚《たん》を愛するすべての者にとって、失望の源以外の何ものでもない。彼らほど素晴らしい仲間はいない！　彼らのようにしゃれていて、機知に富んだヒーローがいただろうか？　彼らは山賊よりもはるかに優れている。山賊など、黒ひげやキャプテン・キッドに比べれば赤子のようなものだ」しかし、真の海賊が信じられないほどに人々の関心を引き、注目せずにはいられない存在である一方で、彼らは決して〝素晴らしい仲間たち〟でもなければ、親愛の情を感じさせるヒーローでもなかった。彼らは親しみやすい英雄ではなく、ただの海の犯罪者だったのだ。

同様に、海賊に関するフィクション作品は、しばしば基本的な歴史的事実をねじまげてしまっている。例えば、一九五二年の映画「海賊黒ひげ」では、一七世紀を舞台にバッカニアのヘンリー・モーガンとともに黒ひげを描いている。ワクワクさせるような非常に魅力的な組み合わせではあるが、実際に彼らが接点を持ったことはない。

海賊の映画やテレビに関するアドバイザーとなった多くの歴史家は、歴史的事実とハリウッドの論理との間で葛藤することになる。ロバート・C・リッチーはこれを最初に経験した一人である。一九八六年にキャプテン・キッドに関する独創性に富んだ書籍を出版した後、彼は多くのテレビや映画のプロデューサーから、海賊に関する作品を制作する際に、ある程度の信ぴょう性を持たせるための意見を聞く歴史コンサルタントとなることを要請された。リッチーは、数多くの海賊に関する誤解を正そうと試みたが、それはほとんどの場合、無駄な抵抗だった。結局は、プロデューサーやディレクター、脚本家は、正確性を確保するよりも、魅力的なドラマを作ることにしか関心がないのだ。テレビや映画とのごたごたを思い出して、リッチーが「アドバイザーという役割には極めて皮肉な見方しかできなくなってしまった」と語るのも無理からぬことだった。

もっとも私は、歴史家として海賊に関する架空の作品を詳細に分析し、これを批判することに特に関心はない。そういった作品は、多くの場合、その狙い通り、面白く、楽しませてくれる。私はそういった作品を分析するよりも楽しみたいのだ。

海賊に関する小説や、時にはノンフィクションにおいて繰り返し出てくるテーマが、埋蔵された財宝である。一般にキャプテン・キッドほど、このテーマと結びつけて考えられる海賊はいない。彼がロングアイランドの沖合にあるガーディナーズ島でジョン・ガーディナーに金銀を残して去って以来、キッドがそこに財宝を隠したといううわさや伝説がその後の何世代にもわたって広まった。またガーディナーズ島ではなく、デラウェアやニュージャージー、ロードアイランド、メイン、オークアイランド、ノバスコシアといった他の場所にあるのではないかといったうわさもある（著名な作家であり、恐怖小説の大家であるエドガー・アラン・ポーはキッドの埋蔵された財宝の伝説——この場合サウスカロライナのサリバンズアイランド近くとしている——を主要なプロットとして、一八四三年に短編『黄金虫』を著している）。二〇世紀初めに出版された、埋蔵された財宝に関する書籍には、「キャプテン・キッドの財宝は、虹のふもとに黄金のつぼがあるという夢と同様の伝説になった」と記されている。また、それは見つけにくいものであることも意味していた。多くの人々が長年にわたって、金と時間の両方を費やしてキッドの財宝を探してきたが、何も見つかっていない。今後も捜索が続くことは間違いないが、私は彼らがうまく行くことを願う一方で、ほぼ間違いなく、ひどく失望することになるだろうと確信している。なぜなら、キッドや他の黄金時代の海賊が彼らの財宝を埋めたという証拠はないのだ。なぜだろうか？　海賊は財宝を手元において使いたがり、それを隠そうとはしなかったからだ。もし彼らが人里離れた場所に財宝を埋めたとしても、彼らがいつそれを取り戻そうとしたのか、あるいは取り戻す機会があったのかどうかを知る術はない。またその機会があったとしても、他人が先にそこにたどり着く可能性もあるのだ。

　しかし、海賊の財宝は実際に存在した。それも海底に。バリー・クリフォードがそのことを証明してみせた。ケープコッドで少年時代を過ごしたクリフォードは、サム・ベラミーとウィダー号の遭難についての伝説を繰り返し聞かされてきた。その多くはおじのビルからで、ビルはいろいろなことを知っており、クリフォードを夢中にさせる話を聞かせることが得意だった。ウィダー号の財宝を見つける夢はクリフォード少年の想像力をかきたて、成長した彼はこの夢を追いかけることを決意する。一九八〇年代の初め、彼は船がどこに沈没したかについてのヒントを得るため、歴史上の記録を読みあさった。彼はキプリアン・サウサックの残した文書とケープコッドの地図――そこには非常におおまかではあったがウィダー号が沈没した場所が記されていた――に注目した。熟練したサルベージャー兼ダイバーとして、クリフォードは仲間を集め、熱心な投資家の支援を得たうえで、究極の財宝を求めてウェルフリートのマルコーニ・ビーチ沖の海域を徹底的に探索した。

ウィダー号の沈没から数世紀にわたり、財宝がこの沖合に沈んでいることを示す明らかな証拠が数多く発見されていた。一七九三年に書かれた難破に関する文書のなかで、聖職者であるレヴィ・ホイットマンは、「今日までに、ウィリアム国王やメアリー女王の銅貨がウェルフリートやイーストハムの海岸で発見されており、コブ・マネー――アメリカのスペイン領の植民地で作られていた仕上げをしていない銀貨――と呼ばれる銀貨も発見されている」と述べている。一九〇〇年代初めには、北東からの強風が吹いた後にこれらの海岸を訪れたある進取の気性に富んだケープコッドの住民が、六〇〇枚のスペイン銀貨《ピース・オブ・エイト》を手に入れている。これらは、異常な潮の干満や、嵐によって海底が攪拌《かくはん》され、海岸の地形が変わったことによって海上にあらわれたものが、たまたま見つかったものと考えられる。

これらのヒントは、これまでしばしば語られてきたウィダー号の難破やこの船が積んでいたとされる財宝の話を考えると、ウィダー号の財宝である可能性を示唆していた。そこで一九四〇年代後半には、歴史家エドワード・ロウ・スノウがこの財宝の回収に乗り出した。彼のダイバーは、絶えず荒海にもまれ、多くの時間を捜索と海底の砂の掘り起こしに費やしたが、わずかな金貨や銀貨、砲弾、そして木切れしか発見できなかった。これらは後に、すべて別の船のものであることがわかった。多大な投資をしたにもかかわらず、わずかな利益しか得られなかったことから、スノウは無念そうに、「投資した分に見合うだけの財宝を見つけることができたトレジャーハンターがいるとしたら、彼は非常にラッキーだ」と結論づけた。最終的に、クリフォードのチームが遠隔探索・回収技術を用いて、自らが〝非常にラッキー〟であることを実際に証明して見せた。

一九八四年七月二〇日、ダイバーの一人が海底の砂のなかから、大砲を発見し、歓声が沸き起こった。そしてそれはその後数年間に及ぶ海底からの多くの人工遺物――大量の金貨や銀貨、砂金、銃、砲弾、皿、茶瓶、指輪、ゲームの駒、カフリンクス、ろうそく立て、衣類の切れ端、船の木片など――の引き揚げの始まりだった。それらの人工遺物の数々がウィダー号のものであることを疑いの余地なく証明したのは、一九八五年の夏に引き上げられた、表面を海藻や貝殻で覆われた鐘だった。固着していたものをはぎ取り、慎重に表面を削ると、鐘の上部に、〝The ✚ Whydah ✚ Gally ✚ 1716〟の刻印があらわれたのだ。クリフォードと彼のチームは、初めて海賊船とその財宝を海底から発掘し、歴史にその名を刻んだ（二〇〇九年、アメリカのトレジャーハンターのグループが、ドミニカ共和国の沖合の海域で、海賊ジョセフ・バニスターのゴールデン・フリース号をその財宝とともに発見した。この発見にまつわる話は、ロバート・カーソンの『Pirate Hunters: Treasure, Obsession, and the Search for a Legendary Pirate Ship（Random House 2015)』（訳注：邦訳『海賊船ハンター――カリブ海に沈む「伝説」を探せ』（青土社）で詳しく述べられている）。

発掘された財宝がどれほどの価値があるかは定かではない。見積もりの幅は、不当に低いとみられる二〇万ドルからおよそ信じられない四〇億ドルまで非常に幅広い。しかし、そんなことはクリフォードにはどうでもよかった。本書が書かれた時点で彼にこれらを売るつもりはなかった。代わりに、彼と彼のスポンサーは、探索を続け、発見したものを文書化してわれわれの文化遺産の重要な一部として保存するために、すべての人工遺物をまとめて保管することを決めた（ウィダー号についてさらに詳しく知り、発見されたものを見たい方は、二〇一六年の夏にオープンした西ヤーマスのウィダー海賊博物館を訪れていただきたい）。

ウィダー号の発見だけが、近年のアメリカ沿岸で行われ、海賊の黄金時代に世間の目を向けさせた胸躍らせる海賊船探索ではない。一九九六年一一月、インターサル社のサルベージ船がビューフォート海峡の比較的浅い海域で一八世紀の難破船を特定した。二〇フィートを少し超える深さの場所で、二つの巨大ないかりと九門の大砲を含む船の残骸が散らばった場所を発見したのだ。潜水調査の初日に、一七〇五年のものと思われる銅製の鐘や、ラッパ銃の銃身、二つの砲弾が発見された。多くの者が、これらの人工遺物は黒ひげの旗艦アン女王の復讐号の残骸の一部ではないかと考えた。一九九七年三月に開かれた記者会見で、元のノースカロライナ州知事、ジェームズ・B・ハントがこの発見を報告した。彼はこう語った。「どうやら、大西洋の墓場から、わが国の沿岸でもっとも心を躍らせる、歴史的に重要な発見の一つが生まれたようです……われわれはあらゆるノースカロライナの州民がこれらの人工遺物を自ら目にすることができる日が来るのを心待ちにしています」

その後、ノースカロライナ州自然文化資源局から派遣された考古学者の監督のもと、この場所から何十万もの人工遺物の発掘作業が行われた。その結果、一〇門以上の大砲に加え、手投げ弾、船尾材、ピューター製の食器、酒瓶、ビーズ、バラスト用の石、ベルトのバックル、金メッキされた剣の柄、一八世紀初めの本の紙の破片、真ちゅう製のはかり用のおもり、さらにはパリで製造された尿道注射器――水銀を管理するために用いられていたもので、一七〇〇年代、梅毒やその他の性病の治療に推奨されていた――などが発掘された。それ一つだけで難破船を特定する証拠となる人工遺物はなかったものの、ウィダー号における鐘と同様、ノースカロライナ州の考古学者および州当局は、多くの状況証拠から判断して、彼らが発見したのがアン女王の復讐号の財宝であることを確信した。これによって、注射器は、黒ひげがチャールストン封鎖の際に街から受け取った薬品等の一部だった可能性が高いと考えられた（ハント知事の願いは現実となった。アン女王の復讐号の発掘プロジェクトの公式博物館である、ビューフォートのノースカロライナ海洋博物館がこの船から発見された数多くの人工遺物を展示し、世界中から来た訪問客を楽しませている）。

本書で描かれた海賊は、荒々しくも忘れることのできない足跡をアメリカの植民地に残した。数世紀にわたって、彼らのたけだけしくも、破滅的でありながら魅惑的な人生は、われわれを欺き、恐怖におとしいれ、そして楽しませ、われわれの文化に消すことのできない、比類なき足跡を残した。

今後も多くの海賊映画や、書籍、テレビ番組が作られ、それらの多くは神話を永らえさせ、あるいは新たな神話を作り出すことは間違いないだろう。

しかし、決して海賊の歴史を飾り立てる必要はない。彼らが実際にしてきたこと自体が十分に驚くべきことなのだから。

謝辞

Acknowledgments

本書を書くこととなったのは私の子どもたちがきっかけだった。私は、『Brilliant Beacons：A history of the American Lighthouse』を書き終わったとき、新しい著作の話題を探し始めた。私は、当時一〇代だったリリーとハリーに何について書いたらいいかと尋ねた。私が海賊に言及すると、彼らの目が輝き、二人そろって「それだよ、絶対海賊について書きなよ」と言ってくれた。リリーはその本のタイトル候補二つ――「剣と帆と無法者たち」と「ウォーッ」（あるいはさらに強調して「ウォーーッ」）――まで提案してくれた。私は、そのようなことばは、黄金時代の海賊が決して口にすることはなく、映画のなかで話を面白くするために創造された可能性が高いと娘に説明しなければならず、彼女を大いにがっかりさせた。

子どもたちが海賊というテーマに夢中になったのは無理からぬことであった。リリーとハリーは小さいころから「パイレーツ・オブ・カリビアン」に夢中で、海賊が大好きだったのだ。二人はまた、黄金時代の海賊に関する話を読んだり、見たりしていて、海賊が〝カッコイイ〟と思っていた。もちろん、子どもたちの強力な支援だけが、私がこの本を書いた理由ではない。しかし、彼らが海賊というアイデアを早くから認めてくれたことで、私は子どもたちがこの本を読んでくれるのではないかという希望を抱いた。しかも、二人がそれを〝カッコイイ〟と思ってくれるかもしれないのだ。

ライブライト社の編集主任兼出版ディレクターである、ボブ・ウェイルと、W・W・ノートンの元セールス・ディレクターであるビル・ルーシンの功績にも感謝したい。テーマを模索しているときに、たくさんの選択肢を挙げて彼らに検討してもらった。それらのなかには、私が良いと思っていたアイデアもいくつかあり、最近出版された他の本との差別化も図られていた。私は海賊についても候補に含めていた。これを書くのは楽しいだろうということがわかっていたからだ。だが、近年海賊に関する本が多く出版されており、新たに参入する余地はないと考えていたことから、あまり重視はしていなかった。だから、電話会議でアイデアについて話し合ったとき、彼らがこのテーマを一番気に入ってくれたことには非常に驚いた。私は自分自身の懸念を繰り返し説明したが、彼らは「エリック・ジェイ・ドーリンの海賊に関する本はまだない」と言ってくれた。私は同意するしかなく、こうして本書が正式に生まれた。ボブとビルが私のことを信頼してくれたことに感謝し、本書がそのことばが間違いではないことを証明してくれると信じている。私の当初の懸念にかかわらず、本書は結局、他の類書とは異なるものとなり、文学に対するユニークな貢献を果たすことになった。

ボブのアシスタントで、本書の担当編集者であるマリー・パントジャンは、素晴らしい仕事をしてくれた。彼女は、不要な素材を削り、スムーズな生き生きとした文章とするために洞察力に満ちた提案をしてくれた。彼女は本書をいいものにしてくれただけでなく、原稿の提出から、今、読者の方々が目にしている完成品となるまでのプロセスをずっと見守ってくれた。また、彼女が粘り強く、思いやりとユーモアをもってすべての作業をやり遂げてくれたこともここに申し添えたい。彼女と一緒に働けたことはとても楽しかった。コピー・エディターのシャーロット・ケルヒナーもまた、注意深い目で原稿の推敲《すいこう》に力を貸してくれた。

ノートンから出ている私の本はみな、素晴らしい装丁を施してもらっている。本書も同様であり、これもライブライトのプロダクション・デザイナー、アンナ・オラーの細心の気配りと創造力に満ちた感性のたまものである。ノートンおよびライブライトのアソシエイト・マネージング・エディター、ドン・リフキンは、疲れしらずの鋭い目で、原稿やレイアウトを繰り返しチェックし、エラーや矛盾を直してくれた。海賊に関するドラマと脅威、そしてその深い歴史をとらえた印象的なカバーは、ライブライトのアート・ディレクター、スティーブ・アタルドの功績によるところが大きい。新たな書籍を書店やオンライン書店、潜在的な読者に売り込んでくれる献身的な人々の存在なくして、作品が良き読者を得ることはできない。そのような宣伝活動については、ノートンのアシスタント・セールス・ディレクターであるディアドラ・ドラン、ライブライトの宣伝担当ディレクターであるピーター・ミラーおよびピーターのアシスタントであるコーデリア・カルバートに大変お世話になった。

私の長年のエージェントであるラス・ガレンは、いつも通り、アドバイザーであると同時に、秘密の聞き役、ご意見番、友人、そしてもっとも大切なサポーターでいてくれた。彼はいつも物事――特に私が得意でない分野――を直接的でいて納得できる視点で見てくれる。私は出版という、時には浮き沈みの激しい神秘的な世界を旅する上で、彼以上にふさわしい仲間を得ることを想像することはできない。

ジム・ネルソン、グレゴリー・フレミング、ブルース・ベラソンとアン・ベラソン、デビッド・ケイン、そしてルース・ルークスにも感謝したい。彼らは皆、原稿に対して貴重なフィードバックを与えてくれた。彼らは本書に多くの改善をもたらしてくれたが、本書に誤りがあったとしても、それは私の責任であって、彼らの責任ではない。特にジム――彼は、私が知っている誰より、いかにも海賊といった風貌をしている――は、航海に関する多くの質問に、正確かつユーモアを交え、喜んで答えてくれた。ここにあらためて感謝したい。

また、本書の巻末注および参考文献一覧に名前のある人々——その生死を問わず——に感謝したい。彼らの書籍や記事は必要不可欠な出典であり、これらがなければ本書を書くことはできなかった。あらゆるノンフィクション作家と同様、ゴールに到達するために、先人であるこれらの作家や学者に力を貸していただいた。

次の方々もさまざまな形で私を助けてくれた。ここに感謝したい。ペニー・アレン、マシュー・オーミラー、ジョー・バリセラ、カレン・ブリッジス、パトリシア・キーナン＝バーン、ブランドン・クリフォード、アンナ・クラッターバック＝クック、デビッド・コルディングリー、デビッド・ドブソン、ペニー・ドリン、ポール・フォンテノイ、イアン・グラハム、アンドレア・グリーン、ドナ・ケリー、アンガス・コンスタム、ジェサ・J・クリック、ニール・ラティモア、ダグラス・メイヨ、ケリー・マカナニー、ローレン・マコーマック、ローラ・ネルソン、ステファニー・A・ネルソン、アリソン・ニックス、リビー・オールドハム、モリー・ブルース・パターソン、パム・ピーターソン、ベティ・レイナー＝デイヴィス、デビッド・ラムジー、デイル・ザウター、ジョン・スクーノヴァー、ダン・スモール、リチャード・ザックス、ニコラス・アーカート、シンディ・ヴァラー、サミュエル・H・ウィリアムソン、ヴィッケン・イェプガリアン、そしてハーバードのワイドナー記念図書館、国立公文書館（ロンドン）、国立海洋博物館のケアード図書館（グリニッチ）、アボット公共図書館およびセーレム州立大学図書館の素晴らしい図書館員の方々。

私の父、スタンレーは本書の執筆中にこの世を去った。とても残念である。父はこの本について話を聞くのが大好きだった。生きていれば楽しんで読んでくれただろう。母のルースは、これまでも、

本書の完成を祝って、娘のリリーが、この絵――次の獲物を探す海賊船――を描いてくれた。

そしてこれからもずっと私の一番のサポーターでいてくれるだろう。二人が長年にわたって与えてくれたすべてに対し感謝の気持ちを伝えたい。

ハリーとリリーは本書の最初のファンであっただけでなく、ずっとサポートを続けてくれ、私がどんな身の毛がよだつような海賊の話を見つけたかと何度も尋ねてくれた。妻のジェニファーに関しては、ことばには言いあらわせないほどの感謝を感じている。もちろん、彼女は完璧ではないが、私には彼女の欠点を見つけることはできない（あっても、わずかだろう！）。彼女は私の最初の読者であり、いいニュースも悪いニュースも最初に分かち合った。私は誰よりも彼女の判断を信じてきた。そして彼女の揺るぎないサポートがなければ、私は作家になるという夢を追いかけることはできなかっただろう。もし彼女の底抜けに陽気な性格を備えることができていたなら、私は無敵になっていたはずだ。

Hull Remains and Ship-Related Accoutrements Associated with Site 31-CR-314," *Tributaries* (October 2001), 49–64p; Mark Wilde-Ramsing and Charles R. Ewen, "Beyond Reasonable Doubt: A Case for Queen Anne's Revenge," *Historical Archaeology* (June 2012), 110–33p; Samir S. Patel and Marion P. Blackburn, "Blackbeard Surfaces," *Archaeology* (March/ April 2008), 22–27p; Willie Drye, "Blackbeard's Ship Confirmed off North Carolina," National Geographic News (August 29, 2011, and updated on July 24, 2017), http:// news.nationalgeographic. com/ news/ 2011/ 08/ 110829-blackbeard-shipwreck-pirates-archaeology-science/ (二〇一七年七月二五日にアクセス); Kristin Romey, "Chance Blackbeard Discovery Reveals Pirate Reading Habits," National Geographic (January 4, 2018), https:// news.nationalgeographic.com/2018/01/ blackbeard-pirate-book-cannon-revenge/; and personal communication with Paul Fontenoy, Curator of Maritime History, North Carolina Maritime Museums, July 11, 2017.

414 **「どうやら、大西洋の墓場から**：Mark U. Wilde-Ramsing and Charles R. Ewen, "Beyond Reasonable Doubt: A Case for 'Queen Anne's Revenge,' " *Historical Archaeology* (2012), 110p.

405 **彼は海賊という……私は海賊王なのだから！**：W. S. Gilbert and Arthur Sullivan, *The Pirates of Penzance* (New York: J.M. Stoddart, 1880), 7p。
408 **「海賊になれるのが楽しい」**：Stephen Totillo, "Does It Say 'Aargh' When You Make a Kill?" *New York Times* (October 29, 2013).
409 **〝永遠の野望〟**：Mark Twain, *Life on the Mississippi* (Hartford, CT: American Publishing Company, 1899), 43p.
409 **「海賊がもはや存在せず**：M.E.S., "Deeds of Pirate Kings: A Romantic Kind of Sailor Now Extinct," *New York Times* (January 24, 1892).
410 **「アドバイザーという役割には**：Robert C. Ritchie, "Living with Pirates," *Rethinking History* (September 2009), 417p.
411 **「キャプテン・キッドの財宝は**：Ralph D. Paine, *The Book of Buried Treasure* (London: William Heinemann, 1911), 9.
411 **多くの人々が……たどり着く可能性もあるのだ**：Paine, *The Book of Buried Treasure*, 26–41p; Peter Ross, *A History of Long Island From Its Earliest Settlement to the Present Time*, vol. I (New York: Lewis Publishing Company, 1902), 180–81p; Cordingly, *Under the Black Flag*, 178–90p; Thomas A. Janvier, "The Sea-Robbers of New York," *Harper's New Monthly Magazine* (November 1894), 822p; Rebecca Simon, "The Many Deaths of Captain Kidd," *History Today* (July 2015), 7p; W. C. Jameson, *Buried Treasures of the Mid-Atlantic States: Legends of Island Treasure, Jewelry Caches, & Secret Tunnels* (Little Rock, AR: August House, 2000), 25–29p.
411 **しかし、海賊の財宝は実際に存在した**：ウィダー号とその財宝の発見に関する部分の背景情報は、次の資料による。

Clifford, *Expedition Whydah*; Donovan Webster, "Pirates of the Whydah," *National Geographic Magazine* (May 1999), 64–77p; Great Big Story and CNN Films, "This Explorer Shares Shipwrecked Treasures with the World," https:// www.discoverpirates.com/news/（2017年6月15日にアクセス）; The Whydah Pirate Museum website, https:// www.discoverpirates.com/（2017年6月17日にアクセス）; Doug Fraser, "Legend of the Whydah Pirate Ship Endures," *Cape Cod Times* (April 23, 2017).
412 **「今日までに**：Levi Whitman, "A Topographical Description of Wellfleet, in the County of Barnstable," (October 26, 1793), in *Collections of the Massachusetts Historical Society for the year 1794*, vol. III (Boston: Apollo Press, 1794), 120p.
412 **進取の気性に富んだケープコッドの住民が……たまたま見つかったものと考えられる**：Vanderbilt, *Treasure Wreck*, 121–22p; Edward Rowe Snow, *True Tales of Buried Treasure* (New York: Dodd, Mead, 1951), 57–59p.
413 **「投資した分に**：Snow, *True Tales of Buried Treasure*, 59p.
414 **一九九六年一一月……可能性が高いと考えられた**：アン女王の復讐号の発見に関する背景情報は、次の資料による。

North Carolina Department of Natural and Cultural Resources Queen Anne's Revenge Project website, http:// www.qaronline.org/（二〇一七年六月一七日にアクセス）; Moore, *Blackbeard the Pirate*, 31–39p; David D. Moore, "Blackbeard's Queen Anne's Revenge: Archaeological Interpretation and Research Focused on the

395 「フィリップスとその共犯者が：“On the Lord's Day,” *BNL* (April 30–May 7, 1724).
395 **海事裁判所の裁判は……鎖でつるされた**：“Boston, May 18,” *Boston Gazette* (May 11–18, 1724); “Boston, June 8,” New-England Courant (June 1–8, 1724); Babson, *History of the Town of Gloucester*, 288p.
396 〝キッチン・スタッフ……まねされるからだった〟：“To Old Father Janus,” *New-England Courant* (May 11–18, 1724).
396 **現代の読者は**：Mary Beth Norton, *Separated by Their Sex: Women in Public and Private in the Colonial Atlantic World* (Ithaca, NY: Cornell University Press, 2011), 120–22p.
397 **すぐに小冊子にした**：Cotton Mather, *The Converted Sinner. The Nature of a Conversion to Real and Vital Piety: and the Manner in Which it is to be Pray'd & Striv'n for: A Sermon Preached in Boston, May 31, 1724* (Boston: Nathaniel Belknap, 1724).
397 〝今や船乗りたちの：Cotton Mather, *Diary of Cotton Mather*, vol. II, 729.
397 〝海賊になるように：同上。
397 「他の多くの者と同様……誘惑に負けることもなかった」：Dow and Edmonds, *Pirates*, 325p.
398 〝情け容赦ない海賊から：“By the Honourable William Dummer, Esq., A Proclamation for a General Thanksgiving,” *BNL* (October 15–22, 1724).
398 **私が海賊の討伐に**：“Col. Spotswood to the Council of Trade and Plantations” (June 16, 1724), *CSPC*, item 210, vol. 34, 112–20p.
399 〝お宝〟：“Philadelphia, March 17,” *American Weekly Mercury* (March 17, 1720).
399 〝過去の罪を悔い改める態度を示した〟：“Alexander Spotswood to the Board of Trade” (May 20, 1720), 338p.
400 「女、子どもであれ一切容赦しない」：Rankin, *Golden Age of Piracy*, 137p；“Lt. Governor Spotswood to the Council of Trade and Plantations” (May 31, 1722), *CSPC*, item 513, vol. 32, 326–29p.
400 **このメッセージは**：“At a Council Held at the Capitol, the 3rd Day of May 1721,” *Executive Journals of the Council of Colonial Virginia, May 1, 1705–October 23, 1721*, 542p; Dodson, *Alexander Spotswood*, 220p.
400 **植民地の安全を危惧した**：“Lt. Governor Spotswood to the Council of Trade and Plantations” (June 11, 1722), *CSPC*, item 175, vol. 33, 79–99.

エピローグ　ヨー、ホッ、ホー、酒はラムがただ１本

402 「旅や冒険に関する：Grey, *Pirates of the Eastern Seas*, vii.
403 〝三つの×印〟：Robert Louis Stevenson, *Treasure Island* (London: Cassell, 1883), 51.
404 **死人箱島に流れ着いたは十五人**：同上、7p。
404 〝遺棄船に乗って〟：Young E. Allison, “Onboard the Derelict,” *Library of Southern Literature*, ed. Charles Alphonso Smith, vol. 14 (New Orleans, LA: Martin & Hoyt Company, 1907), 6134–36p; Walt Mason, “An Apology and Appreciation,” *Seven Seas Magazine* (November, 1915), 8p.

研究准教授ステファニー・Stephanie A. Nelsonとの二〇一七年六月二七日における個人的なやり取りならびに二〇一七年六月二六日におけるボストン・カレッジ高校ラテン語教諭マシュー・オウミラーとの個人的なやり取りによる。

388 **〝甲板で……仕事を続けるよう〟**：“Rhode-Island, June 24,” *BNL* (June 27, 1723)；“Boston,” *BNL* (June 13–20, 1723).

388 **五〇時間**：“A True Lover of Passive Obedience and Non-Resistance, Boston, June 24,” *New-England Courant* (June 17–24, 1723).

389 **〝斬りつけて傷を負わせ〟**：“Rhode-Island, June 24,” *BNL* (June 27, 1723).

389 **「出会った者すべてに同じことをしてやる」**：American Weekly Mercury (June 20–27, 1723); Flemming, *At the Point of a Cutlass*, 111p.

389 **〝一丁を船長の腹に向け〟**：“Canso, August 1, 1723,” *BNL* (September 12–19, 1723).

389 **七月の終わりには……最期を迎えたのだった**：Dow and Edmonds, *Pirates,* 213–17p; Flemming, *At the Point of a Cutlass*, 114p; Robert Francis Seybolt, Jonathan Barlow, and Nicholas Simons, “Captured by Pirates: Two Diaries of 1724–1725,” *New England Quarterly* (October 1929), 658–59p; “New-York, March 9,” *Weekly Journal or British Gazetteer* (May 30, 1724); “Advertisements,” *BNL* (August 1–8, 1723).

390 **ジョン・フィリップス**：フィリップスに関する部分の背景情報は、次の資料による。John Fillmore, “A Narrative of the Singular Sufferings of John Fillmore and Others, Onboard the Noted Pirate Vessel Commanded by Captain Phillips” (Aurora, NY: A. M. Clapp, 1837), *Millard Fillmore Papers*, vol. I, Publications of the Buffalo Historical Society, vol. X, ed. by Frank H. Severance (Buffalo, NY: Buffalo Historical Society, 1907), 29–39p; “Trial of John Fillmore and Edward Cheesman May 12, 1724,” in Jameson, *Privateering*, 323–30p; “Trial of William Phillips and Others (May 12, 1724), in Jameson, *Privateering*, 330–38p; “Trial of William White, John Rose Archer, and William Taylor” (May 13, 1724), in Jameson, *Privateering*, 338–42p; “Trial of John Baptis and Peter Taffery” (May 13, 1724), in Jameson, *Privateering*, 342–44p; “Deposition of John Fillmore,” *Boston Gazettte* (April 27–May 4, 1724); Defoe, *General History,* 341–51p; Dow and Edmonds, Pirates, 310–27p; “Boston, June 3,” *BNL* (May 29–June 4, 1724); Flemming, *At the Point of a Cutlass*, 114–18, 134–38.

392 **「フィリップスは完全に独裁者で**：Fillmore, “A Narrative of the Singular Sufferings of John Fillmore,” 36p.

392 **「彼に対する恐怖から**：同上、34p。

395 **大工仕事が**：John J. Babson, *History of the Town of Gloucester, Cape Ann, Including the Town of Rockport* (Gloucester, MA: Proctor Brothers, 1860), 287p.

395 **〝道具を持って**：“Deposition of John Fillmore,” *Boston Gazette* (April 27–May 4, 1724).

395 **切り落とされた**：“Boston, May 4,” *New-England Courant* (April 27–May 4, 1724); “Diary of Jeremiah Bumstead of Boston, 1722–1727,” in *New England Historical and Genealogical Register* (July 1861), 201p.

382 **この間に……解放されたという**：*Tryals of Thirty-Six Persons*, 174–75p, 176–77p, 188–89p.
383 **六月七日……喜んだ**："Rhode-Island, June 14," *BNL* (June 13–20, 1723); and Flemming, At the Point of a Cutlass, 105.
383 **三日後の**：グレイハウンド号と海賊の闘いの部分に関する背景情報は、次の資料による。
Tryals of Thirty-Six Persons, 177–78p; "Captain Peter Solgard (June 12, 1723)"; "Rhode-Island, June 14," *New-England Courant* (June 10–17, 1723); "Postscript," *New-England Courant* (June 10–17, 1723); "From the Boston Gazette, June 17," *American Weekly Mercury* (June 20–27, 1723); "Rhode-Island, June 14," *BNL* (June 13–20, 1723).
383 **〝追跡するように誘った〟**：*Tryals of Thirty-Six Persons*, 178p.
383 **〝骸骨が片手に**："New-port, Rhode-Island, July 19," *BNL* (July 18–25, 1723).
384 **部下を鼓舞した**："Rhode Island, June 14," *BNL* (June 13–20, 1723).
384 **〝拳銃とフラスコを手に**："Rhode-Island, June 14," *New-England Courant* (June 10–17, 1723).
386 **レンジャー号のクルーの裁判は……連れて行かれた**：*Tryals of Thirty-Six Persons*, 171–92p; Cotton Mather, *Useful remarks: An essay upon Remarkables in the Way of Wicked Men: A Sermon on the Tragical End, Unto Which the way of Twenty-Six Pirates Brought Them; at New Port on Rhode-Island, July 19, 1723: With an Account of their Speeches, Letters, & Actions, Before Their Execution* (New London: T. Green, 1723), 29p; Dow and Edmonds, *Pirates*, 307–8p; "New-port, Rhode-Island, July 19," *BNL* (July 18–25, 1723); Flemming, *At the Point of a Cutlass*, 188–89p.
386 **〝海賊行為と重罪〟**：*Tryals of Thirty-Six Persons*, 174–75p.
386 **その驚くべき数は**："An exact account of the vessels taken by the pirates during the time John Waters (one of those lately executed at Rhode Island) was with them." *BNL* (August 1–8, 1723).
386 **「この旗は**："Postscript," *New-England Courant* (July 22, 1723).
386 **「この国で、彼ら海賊が絞首台の上に立ち**：*An Account of the Pirates With Divers of Their Speeches, Letters, &c., and A Poem Made by One of Them: Who Were Executed at Newport, on Rhode Island, July 19, 1723* (1769年刊行の小冊子。出版者の場所および名称は明らかではないが、ボストンで印刷されたと思われる).
386 **「彼らの死の**：Mather, *Useful remarks*, 43–44p. マザーは刑の執行に立ち会っていないが、立ち会った者からその状況に関する説明を文書で得ていた。
386 **〝潮の満ち引きの合間に〟**：Arnold Greene, *The Providence Plantations for Two Hundred and Fifty Years* (Providence, RI: J. A. & R. A. Reid, 1886), 439p.
387 **若く美しき日々に……役立てたまえ**：*An Account of the Pirates, With Divers of Their Speeches*, 11–12p.
388 **〝名誉市民に**："City of New-York," *Boston Gazette* (September 23–30, 1723); Minutes of the Common Council of the City of New York, 1675–1776, vol. III (New York: Dodd, Mead and Company, 1905), 321–23p.
388 **〝人類の敵を**：アーツ・アンド・サイエンシズ大学副学部長およびボストン大学古典

370 数日後：同上。

370 「東のほうから：Gregory Flemming, "Dangerous Waters: In the Early Days of Whaling on Martha's Vineyard, Foul Weather and Ferocious Whales Were the Least of a Whaler's Worries," *Martha's Vineyard* (May–June, 2014), 4p；*Tryals of Thirty-Six Persons for Piracy,* in *British Piracy in the Golden Age*, vol. 3, 182p; "Boston," *BNL* (June 25–July 2, 1722).

372 〝服の下から取り出し：Barnard, *Ashton's Memorial*, 2p.

372 一〇隻以上の漁船："Boston, July 2," *Boston Gazette* (June 25–July 2, 1722).

372 「吐け、この野郎：Barnard, *Ashton's Memorial,* 3p.

373 「ロウが感情的に不安定で：同上。

374 〝尊敬と思いやり〟：同上、4p。

374 〝新しく清潔で：同上、5p.

375 ロウがあるポルトガル船を襲ったとき……クルー三二名を虐殺した："Governor Hart to the Council of Trade and Plantations" (March 25, 1724), *CSPC*, item 102, vol. 34, 71–73p.

375 「ああ、航海になど出なければよかった」：Barnard, *Ashton's Memorial*, 10p.

375 〝剣やつえで打ちすえられた〟：同上、7。

375 「私は彼らのような：同上、7p。

376 その年の冬の終わりのある日……身を隠した：同上、16–18p.

377 「あの野郎、森のなかで……置き去りにするぞ」：同上、17p。

378 こうしてアシュトンの：アシュトンのロアタン島での生活に関する背景情報についても同上の18–40pによる。

378 〝五ポンドの豚肉：同上、27p。

378 〝思わず後ずさりをした〟：同上、31p

379 〝服装と雰囲気から〟：同上、37p。

379 「自分たちは合法的な商売：同上、40p。

380 〝死んだと思っていた：同上、38p。

380 〝その心をまっすぐに神に向ける者を〟：同上、序文。

381 〝実在するロビンソン・クルーソー〟：Flemming, *At the Point of a Cutlass*, 168p.

381 〝アメリカでもっとも有名な海賊〟："Captain Peter Solgard" (June 12, 1723), ADM, 1/ 2452, NAL; Flemming, *At the Point of a Cutlass*, 14p.

381 一七二三年三月一〇日："Rhode Island, May 9," *BNL* (May 9–16, 1723); "Rhode-Island, May 8," *New-England Courant* (May 13–20, 1723).

381 〝スペイン人全員を斬り殺した〟："Rhode-Island, May 8," *New-England Courant* (May 13–20, 1723).

381 〝これまでに出没した："Governor Hart to the Council of Trade and Plantations" (March 25, 1724), *CSPC*, item 102, vol. 34, 71–73p.

382 〝残りの英国人に対しては："Rhode-Island, May 8," *New-England Courant* (May 13–20, 1723).

382 その後の三カ月間……チャールズ・ハリスが船長を務めることになった：Flemming, *At the Point of a Cutlass*, 103–5p; *Tryals of Thirty-Six Persons*, 176–77p.

General History, 643–58p.
362 〝ドーセットの忠誠心に富んだ高貴な人物の息子である〟: "Governor Rogers to Mr. Secretary Craggs" (December 24, 1718), *CSPC*, item 807, vol. 30, 424–46p.
362 「おれはこの島に：“Trials and Condemnation of Ten Persons,” 80p.
362 「海賊の本拠地としての：Cordingly, *Spanish Gold*, 167p.
364 植民地が海賊を支援するのではなく：Carl Bridenbaugh, *Cities in the Wilderness: The First Century of Urban Life in America, 1625–1742* (New York: Alfred A. Knopf, 1968), 175–82p.
364 ロンドンに生まれたロウは……一七二一年の年末にこの地に到着した：Defoe, *General History*, 318–19p; Dow and Edmonds, *Pirates*, 141–43p; Gregory N. Flemming, *At the Point of a Cutlass: The Pirate Capture, Bold Escape, & Lonely Exile of Philip Ashton* (Lebanon, NH: ForeEdge, 2014), 9–11p; “Rhode Island, June 8,” *American Weekly Mercury* (June 14–21, 1722).
366 そこで彼らは……別々の道を進むこととなった：“On the 10th of January,” *BNL* (April 23–30, 1722); “Rhode-Island, June 8,” *New-England Courant* (June 4–11, 1722); “Advertisement,” *New-England Courant* (June 11–18, 1722); Flemming, *At the Point of a Cutlass*, 13–15p; “Boston, July 2,” *Boston Gazette* (June 25–July 2, 1722); Defoe, *General History*, 304–14p; Dow and Edmonds, Pirates, 134–35p, 143–46p.
368 六月三日……ロウを捕らえるために出港した：“Newport, Rhode Island, June 7,” *American Weekly Mercury* (June 14–21, 1722); “Rhode Island, June 8,” *American Weekly Mercury* (June 14–21, 1722); Defoe, *General History*, 319–20p; Flemming, *At the Point of a Cutlass*, 15p.
368 〝海賊討伐の志願者を募るよう〟: “Newport, Rhode Island, June 7,” *American Weekly Mercury* (June 14–21, 1722); Flemming, *At the Point of a Cutlass*, 15p.
368 このロードアイランドの……新聞の発行を引き継ぐこととなった：Lemay, *Life of Benjamin Franklin*, vol. 1, 158; Parton, *Life and Times of Benjamin Franklin*, vol. I, 87–88p.
368 〝天候が許せば：“Newport, Rhode-Island, June 7,” *New-England Courant* (June 4–11, 1722).
370 〝植民地政府に対する由々しき侮辱〟: James Parton, *Life and Times of Benjamin Franklin*, vol. I (Boston: Ticknor and Fields, 1867), 87p.
370 フランクリンの辛辣な……休むための場所として利用していた：“Boston, June 18,” *CharOverride-14 Courant* (June 11–18, 1722); Dow and Edmonds, *Pirates*, 148–49p; John Barnard, *Ashton's Memorial: An History of the Strange Adventures, and Signal Deliverances, of Mr. Philip Ashton* (Boston: Samuel Gerrish, 1725), 1–2p; Daniel E. Williams, *“Of Providence and Pirates: Philip Ashton's Narrative Struggle for Salvation,” Early American Literature* (1989), 169p.
370 〝凶暴なる息子である海賊が: “By his Excellency, Samuel Shute,” *Boston Gazette* (July 16–23, 1722).
370 パピヨンが一〇〇名以上の兵とともに：“Boston, July 2,” *Boston Gazette* (June 25–July 2, 1722).

348 〝ロンドンで物乞いをしているところを目撃された〟：Defoe, *General History*, 84.

第九章　退場

350 **ジョージ国王が……証明されている**：“By the King, A Proclamation,” *BNL* (April 13–20, 1719); “Rhode-Island, August 8,” *BNL* (August 4–11, 1718); Lincoln, *British Pirates*, 72–73p; Cordingly, *Under the Black Flag*, 205–6p; “Mr. Popple to Sir Edward Northey” (August 9, 1717), *CSPC*, item 9, vol. 30, 6p.

351 **一七〇〇年の「より効果的な海賊取り締まりのための法律」は……大きいことを知らしめた**：“Governor Sir N. Lawes to the Council of Trade and Plantations” (June 21, 1718), *CSPC*, item 566, vol. 30, 270–72p; Leeson, *Invisible Hook*, 147–48p; Rediker, Villains of all Nations, 27–28p.

352 **〝何らかの効果的な方法が採られない限り〟**：“Whitehall, September 15, 1717,” *BNL* (December 16–23, 1717).

352 **その後の数年間で**：同上; Cordingly, *Under the Black Flag*, 208–9p; Earle, Pirate Wars, 185p.

352 **これらの船は海軍の……戦果を上げていた**：Earle, *Pirate Wars*, 185–89p.

353 **バーソロミュー・ロバーツ**：ロバーツとその死に関する背景情報は、次の資料による。

Defoe, *General History*, 5, 194–287p; Cordingly, *Spanish Gold*, 209–28p.

354 **サミュエル・ケイリー**：サミュエル・ケイリーに関する話と引用は次の資料による。“Boston,” *BNL* (August 15–22, 1720).

356 **〝深紅のダマスク織のチョッキと〟**：Defoe, *General History*, 243p.

358 **四〇〇名以上の海賊が**：Rediker, *Villains of all Nations*, 163p.

358 **さらに絞首刑になる海賊一名に対し**：Taylor, *American Colonies*, 297p.

358 **海賊の衰退をあらわす**：海賊の減少に関する部分の背景情報は、次の資料による。Cordingly, *Spanish Gold*, 132–66p; Woodard, *Republic of Pirates*, 163–68p, 232–35p, 284–86p, 301–4p, 311p; “Whitehall, September 15, 1717,” *BNL* (December 16–23, 1717).

358 **「この島は今や**：Lincoln, “Woodes Rogers and the War against Pirates in the Bahamas,” 115p.

360 **この計画の主要な推進者であり……たどり着いていた**：Woodes Rogers, *A Cruising Voyage Round the World* (London: Cross Keys and Bible in Cornhil, 1712), 124–31p; Cordingly, *Spanish Gold*, 40–42p; Becky Little, “Debunking the Myth of the ‘Real’ Robinson Crusoe,” *National Geographic* (September 28, 2016), https://news.nationalgeographic.com/2016/09/robinson-crusoe-alexander-selkirk-history/（2017年11月19日にアクセス）.

361 **「私は上陸し、砦を占拠した**：“Governor Woodes Rogers to the Council of Trade and Plantations” (October 31, 1718), *CSPC*, item 737, vol. 30, 372–81p.

361 **海賊に戻っていった**：同上。

362 **二日間の裁判**：“Trials and Condemnation of Ten Persons for Piracy at New-Providence in December 1718,” CO 23/ 1, no. 28, fols. 75–82, NAL; Defoe,

341 「黒ひげは五発の銃弾を受け：“Abstract of a letter from Mr. Maynard, first Lieutenant of His Majesty's Ship Pearl.”
342 メイナードのきょうだいであるマーガレット：J. A. Leo Lemay, *The Life of Benjamin Franklin: Journalist, 1706–1730*, vol. 1 (Philadelphia: University of Pennsylvania Press, 2006), 62p.
342 〝船乗りの歌〟：Benjamin Franklin, *Benjamin Franklin's Autobiography*, ed. William B. Cairns (New York: Longmans, Green, and Co., 1905), 13p.
342 〝もともとはロンドンの〟：Samuel Johnson, *A Dictionary of the English Language*, vol. II (London: Longman, Hurst, Rees, Orme, and Brown, 1818), s.v. “Grub Street.”
343 そしておのおのの男は銃を手にする：Justin Winsor, *The Memorial History of Boston*, vol. II (Boston: James R. Osgood and Company, 1881), 174n1.
343 血みどろの戦いが終わるとき：Lemay, *Life of Benjamin Franklin*, 66p.
344 「父は私の作品をあざけり〟：Franklin, *Benjamin Franklin's Autobiography*, 13p.
344 オクラコークの戦いの後……没収した：“Capt. Ellis Brand to Admiralty” (February 6, 1719); “Capt. Ellis Brand to the Admiralty” (March 12, 1718), ADM 1/ 1472, NAL.
344 一七一九年一月三日……礼砲で応えた：Cordingly, *Spanish Gold*, 176–77p.
344 河口の突端部：John F. Watson, *Annals of Philadelphia, and Pennsylvania, In the Olden Time*, vol. II (Philadelphia: Edwin S. Stuart), 221p.
345 〝銀で補強またはメッキされ〟：同上、221p；Lee, *Blackbeard the Pirate*, 124–25p.
345 四年間も：Lee, *Blackbeard the Pirate*, 139p.
345 メイナードとブランドが没収した品は：“Alexander Spotswood to Secretary Craggs” (May 26, 1719), *The Official Letters of Alexander Spotswood*, vol. II, ed. R. A. Brock (Richmond: Virginia Historical Society, 1885), 317p; Butler, *Pirates, Privateers*, 48p.
345 この金額は：Weeden, *Economic and Social History of New England*, vol. II, 890–91p.
345 スポッツウッドが管轄外の……ナイトを無罪と判断した：Minutes of the North Carolina Executive Council for December 30–31, 1718, April 3 and May 27, 1719; in *Records of the Executive Council, 1664–1734*, ed. Robert J. Cain (Raleigh, NC: Department of Cultural Resources, 1984), 79–91p; Lee, *Blackbeard the Pirate*, 143–56p; “Capt. Ellis Brand to the Admiralty” (March 12, 1718), ADM 1/ 1472, NAL; “Capt. Brand to the Admiralty” (July 14, 1719), ADM 1/ 1472, NAL; “Alexander Spotswood to Secretary Craggs” (May 26, 1719), 316–19p; “Alexander Spotswood to the Lords of Trade” (May 26, 1719), in *The Colonial Records of North Carolina*, vol. II, ed. William L. Saunders (Raleigh, NC: P. M. Hale, 1886), 336–38p; and “North Carolina Council Journal (May 27, 1719),” in Saunders, *Colonial Records of North Carolina*, vol. II, 341–49.
346 〝率直に言って：Defoe, *General History*, 92p.
346 またローズ・エメリ号の事件についても：同上、93p；Butler, *Pirates, Privateers*, 49p.
348 海賊たちの裁判は……自由の身となった：Lee, *Blackbeard the Pirate*, 136–38p; “Brand to the Admiralty” (July 14, 1719).

the Unlawful Concourse of Such Persons as Have Been Guilty of Piracy," *Executive Journals of the Council of Colonial Virginia*, vol. III, ed. H. R. McIlwane (Richmond: Virginia State Library, 1928), 612p.

330 〝武器を取り上げ、捕らえよう〟："Lt. Governor Spotswood to the Council of Trade and Plantations" (December 22, 1718), *CSPC*, item 800, vol. 30, 425–35p.

330 〝愚弄し、乱暴を働いて脅し……〝代金〟を支払っていたという〟："Brand to Admiralty" (February 6, 1719).

331 〝海賊たちの蛮行〟："Lt. Governor Spotswood to the Council of Trade and Plantations" (December 22, 1718).

331 チャールズ・ヴェインが一〇月にオクラコーク島を訪れ："Alexander Spotswood to George Gordon" (November 21, 1718), ADM 1826, NAL; and Woodard, Republic of Pirates, 287p.

332 〝この海賊の巣を根こそぎにする〟："Lt. Governor Spotswood to the Council of Trade and Plantations" (December 22, 1718)；"Brand to Admiralty" (February 6, 1719).

332 海軍士官のなかで最年長だった："George Gordon to the Admiralty" (March 10, 1718), ADM 1826, NAL.

332 二隻の小型のスループ船："Brand to Admiralty" (February 6, 1719); Butler, *Pirates, Privateers*, 43p.

333 バージニアには海賊に好意的な住民が多くいる："Lt. Governor Spotswood to the Council of Trade and Plantations" (December 22, 1718); "Alexander Spotswood to Lord Cartwright" (February 14, 1719), *The Official Letters of Alexander Spotswood*, vol. II (Richmond: Virginia Historical Society, 1885), 274p.

333 寛容な目では見ていなかった：Herbert L. Osgood, *The American Colonies in the Eighteenth Century*, vol. II (New York: Columbia University Press, 1924), 229; Dodson, *Alexander Spotswood*, 16p.

334 〝この海賊の集団を：H. R. McIlwaine, ed., Journals of the House of Burgesses of Virginia (Richmond: Printed by Virginia State Library, 1912), 223p.

334 「海賊の逮捕とせん滅を進める法律」：同上、xl。

334 ノースカロライナへの侵攻はすでに始まっていた：侵攻とその結果についての背景情報は、次の資料による。
"Brand to Admiralty" (February 6, 1719); "George Gordon to Adm. Sec. Josiah Burchett" (September 14, 1721), ADM 1/ 1826, NAL; "Lt. Governor Spotswood to the Council of Trade and Plantations" (December 22, 1718); "Abstract of a letter from Mr. Maynard, first Lieutenant of His Majesty's Ship Pearl"; Lee, *Blackbeard the Pirate*, 115p, 137p, 227–28p; Butler, *Pirates, Privateers*, 44–47p.

336 ティーチ（サッチ）は、メイナード大尉に呼びかけ："Rhode Island, February 20," *BNL* (February 23–March 2, 1719).

337 「われわれの最初のあいさつ："Abstract of a letter from Mr. Maynard, first Lieutenant of His Majesty's Ship Pearl."

338 〝英雄のごとく戦った〟：同上。

340 メイナードとティーチ（サッチ）は："Rhode Island, February 20," *BNL* (February 23–March 2, 1719).

321 **その一方で……特に厳しい目を持っていたようだった**：L. Lynn Hogue, "Nicholas Trott: A Man of Laws and Letters," *South Carolina Historical Magazine* (January 1975), 25p, 28p; Ritchie, Captain Kidd, 150p.

321 **〝凶悪さ〟**: *Tryals of Major Stede Bonnet*, 3p.

322 **〝たといあなたがたの罪は〟**：同上、36p。

322 **〝アーチピラタ……海賊ではないでしょうか」**：同上、9p。

322 **ボネットは、フランシス号襲撃については……絞首刑に処された**：*Tryals of Major Stede Bonnet*, 37–42p; Defoe, *General History*, 111p; David Ramsay, *Ramsay's History of South Carolina* (Newberry, SC: W. J. Duffie, 1858), 116–17n.

323 **「自分で命じておきながら……哀れな家族がふびんでならない」**: *Tryals of Major Stede Bonnet*, 39p.

324 **〝キリスト教徒として〟**: *Defoe, General History*, 112p.

324 **「一カ月に四九人もの海賊が**：Wallace, *History of South Carolina*, 232–33p.

326 **〝夜となく昼となく〟**: Defoe, *General History*, 77p.

326 **〝海賊が起こした騒動〟**: "North Carolina Council Journal" (December 30, 1718), in *The Colonial Records of North Carolina*, vol. II, ed. William L. Saunders (Raleigh, NC: P. M. Hale, 1886), 322p.

326 **〝一六歳の若い娘と……身を委ねさせることを妻に強いた〟**: Defoe, *General History*, 76p.

326 **〝黒ひげに正妻がいたこと**: Jane Stubbs Bailey, Allen Hart Norris, and John H. Oden III, "Legends of Black Beard and His Ties to Bath Town," *North Carolina Genealogical Society Journal* (August 2002), 273p；"Capt. Ellis Brand to the Admiralty" (February 6, 1719), ADM 1/ 1472, NAL.

327 **〝犬が吐いた物を食べるように〟**: *Tryals of Major Stede Bonnet*, 11p.

327 **ローズ・エメリ号とトワゾン・ドール（黄金の羊毛の意）号**：フランス船の拿捕に関するこの部分の背景情報は、次の資料による。
Colin Woodard, "Last Days of Blackbeard," 32–41p.

328 **〝船員を海に放り込む〟**：同上、40p.

328 **九月中旬ごろ……証拠は消えてなくなった**："Lt. Governor Spotswood to the Council of Trade and Plantations" (December 22, 1718), *CSPC*, item 800, vol. 30, 425–35p; "Lt. Governor Spotswood to the Council of Trade and Plantations" (August 11, 1719), *CSPC*, item 357, vol. 31, 205–14p; Defoe, General History, 76–77p.

329 **彼の肩書は副総督であったものの**：Leonidas Dodson, *Alexander Spotswood: Governor of Colonial Virginia, 1710–1722* (New York: AMS Press, 1969, reprint of a 1932 edition), 6p.

329 **〝ニュープロビデンスが**："Spotswood to the Lords of the Admiralty" (July 3, 1716), *The Official Letters of Alexander Spotswood*, vol. II, ed. R. A. Block (Richmond: Virginia Historical Society, 1885), 168p.

329 **〝金を使い果たすやいなや**："Lt. Governor Spotswood to the Council of Trade and Plantations" (August 14, 1718), *CSPC*, item 657, vol. 30, 332–35p.

329 **〝違法な騒ぎを起こした場合は〟**：Alexander Spotswood, "A Proclamation Prohibiting

308 「住民が彼のクルーを：*Tryals of Major Stede Bonnet*, 50p.
308 当時の熟練した大工の賃金：United States Department of Labor, *History of Wages in the United States from Colonial Times to 1928*, bulletin no. 604 (Washington, DC: United States Government Printing Office, 1934), 51p.
310 レットは、スペイン継承戦争の際に……悲劇的な旅を続けることとなった：*Tryals of Major Stede Bonnet*, iv, 8–9p; Hughson, *Carolina Pirates,* 90–93p; Defoe, *General History,* 136–37p; "Rhode-Island, October 10," *BNL* (October 13–20, 1718); Butler, *Pirates, Privateers*, 64–65p; "Governor and Council of South Carolina to the Council of Trade and Plantations" (October 21, 1718), *CSPC*, item 730, vol. 30, 366–67p.
310 勇敢な男として：Edward McCrady, *The History of South Carolina under The Proprietary Government, 1670–1719* (New York: Macmillan, 1897), 369p.
310 〝絶えず海賊の脅威にさらされており："Governor Johnson to the Council of Trade and Plantations" (June 18, 1718), *CSPC*, item 556, vol. 30, 266–67p.
311 その年早くに……口に押し込んだという："Deposition of Edward North" (May 22, 1718), *CSPC*, item 551ii, vol. 30, 260–64p.
312 パニックにおとしいれたことは想像に難くなかった：Hughson, *Carolina Pirates*, 92p.
313 一方でヴェインとイェーツを……チャールストンに到着した：*Tryals of Major Stede Bonnet*, iv–v.
313 徹底的に破壊する：同上、50p。
314 〝ばかにしたように帽子を振り〟：同上、v。
314 〝戦いを拒む者は：同上、19p.
314 〝戦うくらいなら死を選ぶ〟：同上。
314 〝寵愛していた〟：同上、25–26p.
316 〝戦いで粉々になっていた……とどめの一撃〟を加えようとした：同上、v。
316 チャールストンには拘置所が……信ぴょう性の高いものだった：同上、v, 11p; Hughson, Carolina Pirates, 99–101p; "Mr. Gale of South Carolina to Thomas Pitt" (November 6, 1718), CO 23/ 1; Brooks, *Quest for Blackbeard*, 455–56p; "Philadelphia, Novemb. 13," *BNL* (November 17–24, 1718).
317 トーマス・ヘップワースによると：*Tryals of Major Stede Bonnet*, 11p.
317 〝怒りをあらわにして：同上、9p。
318 これによって多くの捜索隊が……より厳重な警護のもとに拘置された：同上、v–vi。
318 もう一つの不安材料：ムーディーとウォーリーに関する部分の背景情報、次の資料による。
Hughson, *Carolina Pirates*, 112–22p; Defoe, *General History*, 297–303p (which includes a letter from a Charleston resident on the details of the engagements); David Duncan Wallace, *The History of South Carolina*, vol. I (New York: American Historical Society, 1934), 228–33p.
319 戦いは、街から見えるところ："Letter from a Charleston resident sent to Charles Johnson," in Defoe, *General History*, 302p.
320 後にベンジャミン・フランクリンは：Walter Isaacson, *A Benjamin Franklin Reader* (New York: Simon & Schuster, 2003), 149–51p.

1718), *CSPC*, item 556, vol. 30, 266–67.
298 〝捕虜たちは次には自分たちが殺されると：Defoe, *General History*, 88p.
299 〝停泊している船を：“Extracts of several letters from Carolina” (August 19, 1718).
299 〝彼らが置かれている〟：Defoe, *General History*, 89p.
300 〝略奪者であり、殺人者である〟：Defoe, *General History*, 74p.
300 〝人々の前を行ったり来たり行進する〟：*Tryals of Major Stede Bonnet*, 8p.
300 衣服や貴重品をはぎ取って：“Governor Johnson to the Council of Trade and Plantations” (June 18, 1718), *CSPC*, item 556, vol. 30, 266–67p.
300 〝さらに北へ向かい：“South Carolina, June 6,” *BNL* (June 30–July 7, 1718).
301 薬品は……招くことになっただろう：8; Edward McCrady, *The History of South Carolina Under the Proprietary Government, 1670–1719* (New York: Macmillan, 1897), 591p.
302 〝パン屋の一ダースを手に入れた〟：*Tryals of Major Stede Bonnet*, 48p.
302 代わりに……激しく叱責したという：*Tryals of Major Stede Bonnet*, 45p; and Moore and Daniel, “Blackbeard's Capture of the Nantaise,” 27p.
302 このことばは：Woodard, *Republic of Pirates*, 254p.
302 六月三日……スペインのスループ船に移された：*Tryals of Major Stede Bonnet*, 45–46p; “Ellis Brand to the Admiralty” (July 12, 1718), ADM 1/ 1472, NAL.
302 アン女王の復讐号のクルーの一人は……与えてくれると固く信じていた：Tryals of Major Stede Bonnet, iv, 19p; Brooks, Quest for Blackbeard, 419–28p; “Brand to the Admiralty (July 12, 1718)”; Woodard, *Republic of Pirates*, 254–57p; Butler, *Pirates, Privateers,* 38–9p, 60p; Konstam, *Blackbeard*, 183–84p; Defoe, *General History*, 75p.
302 「サッチが仲間を減らして〟：*Tryals of Major Stede Bonnet*, 46p；“Philadelphia, July 10,” *BNL* (July 14–21, 1718).
304 黒ひげは、二隻の船を失った直後……再び海賊に戻った者もいたものと思われる：*Tryals of Major Stede Bonnet,* 46p; Defoe, *General History*, 75p, 96–97p; Butler, *Pirates, Privateers*, 39p, 60p; Baylus, *Quest for Blackbeard*, 530–33p.
304 植民地の首都ではあったが：Herbert R. Paschal, *A History of Colonial Bath* (Raleigh, NC: Edwards & Broughton, 1955), 9–14p, 38p.
304 恩赦法：“By the King, A Proclamation for Suppressing of Pirates,” *BNL* (December 2–9, 1717).
306 一七一八年六月の初め、エデン総督は……仲間に加えていった：*Tryals of Major Stede Bonnet*, 11p, 19p, 46–47p; “Brand to the Admiralty” (July 12, 1718); Butler, *Pirates, Privateers*, 60–61p; Defoe, *General History*, 97–99p.
307 七月二九日……ただちに行動を開始した：*Tryals of Major Stede Bonnet*, iv, 7p, 13p, 21–23p, 30p, 48p; Hughson, *Carolina Pirates*, 90p.
307 〝フォーチュン号のクルーを：*Tryals of Major Stede Bonnet*, 23p；“Philadelphia, August 7,” *BNL* (August 11–18, 1718).
308 〝自らを守るものは……断ったという：*Tryals of Major Stede Bonnet*, 13p；“Philadelphia, August 7,” *BNL* (August 11–18, 1718).

291 **〝海賊のスループ船**：“Philadelphia, October 24,” *BNL* (November 4–11, 1717).
291 **黒ひげはベラミーのことを**：Woodard, *Republic of Pirates*, 134p, 145p.
291 **〝彼らに復讐する〟**：“Philadelphia, October 31,” *BNL* (November 4–11, 1717).
292 **ラ・コンコルド号**：ラ・コンコルド号とそのその拿捕についての背景情報は、次の資料による。
David D. Moore and Mike Daniel, “Blackbeard's Capture of the Nantaise Slave Ship La Concorde: A Brief Analysis of the Documentary Evidence,” *Tributaries* (October 2001); Woodard, *Republic of Pirates*, 210–12p; “Indictment for William Howard (1717), in Lee, *Blackbeard the Pirate*, 103p; Brooks, *Quest for Blackbeard*, 362–63.
292 **〝壊血病と赤痢によって**：Moore and Daniel, “Blackbeard's Capture of the Nantaise,” 24p.
292 **船をさらに強力にするため**：Woodard, *Republic of Pirates*, 212–14p; “Deposition of Thomas Knight (November 30, 1717),” CO 152/ 12, no. 67ii.
293 **〝のどを切り裂く〟**：Moore and Daniel, “Blackbeard's Capture of the Nantaise,” 25p.
293 **六一名の奴隷は……返された**：同上、21p, 27p; Woodard, *Republic of Pirates*, 215.
293 **ドセットに関しては……〝悪しき遭遇〟と名づけた**：Moore and Daniel, “Blackbeard's Capture of the Nantaise,” 25p.
294 **その後の数カ月間……可能性が高かった**：Woodard, *Republic of Pirates*, 214–15p, 240–41p; “Deposition of Henry Bostock.”
294 **プロテスタント・シーザー号**：ボネットのプロテスタント・シーザー号との遭遇についての背景は次の資料による。
“Boston, on the 31st of May last,” *BNL* (June 9–16, 1718).
295 **〝彼は海賊船を指揮することの**：Defoe, *General History*, 72p.
295 **海賊が停泊を続けていると……アドベンチャー号の船長になった**：“The Information of David Herriot and Ignatius Pell,” *Tryals of Major Stede Bonnet*, 44p; Defoe, *General History*, 72p.
296 **〝ワイアーがニューイングランドに戻ったときに**：“Boston, on the 31st of May last,” *BNL* (June 9–16, 1718).
296 **「おれの力となって**：同上。
297 **〝海賊たちに殺される〟**：同上。
297 **〝喜んだ〟**：同上。
297 **〝ボストンの船であり〟**：“The Information of David Herriot and Ignatius Pell,” 45p；“Boston, on the 31st of May last,” *BNL* (June 9–16, 1718).
297 **翌日……その後解放された**：同上。
297 **一カ月以上かけて……スペイン船を僚艦に加えた**：*Tryals of Major Stede Bonnet*, 9p, 45p.
298 **チャールストン封鎖**：チャールストン封鎖の部分に関する背景情報は、次の資料による。
Tryals of Major Stede Bonnet, iii–iv, 8; “Extracts of several letters from Carolina” (August 19, 1718), *CSPC*, item 660, vol. 30, 336–38p; Defoe, *General History*, 74–5p, 87–91p; “Governor Johnson to the Council of Trade and Plantations” (June 18,

285 **パーマーがリベンジ号との遭遇を**：同上。
285 **バハマに向かう途中……エドワード・サッチと直接会うことになる**："Philadelphia, October 24th," *BNL* (November 4–11, 1717); Defoe, *General History*, 96p.
286 **彼の名字のつづりを**：David Moore, "Blackbeard the Pirate: Historical Background and the Beaufort Inlet Shipwrecks," *Tributaries* (October 1997), 31p.
Tach、Tack、Thatche、Thacheなども使われていた：Robert E. Lee, *Blackbeard the Pirate: A Reappraisal of His Life and Times* (Winston-Salem, NC: John F. Blair, 1990), 4p; Baylus C. Brooks, *Quest for Blackbeard: The True Story of Edward Thache and His World* (Lake City: Lulu Press, 2016), 127–30p.
286 **出生地についても……明確な証拠はない**：Lee, *Blackbeard the Pirate*, 3–4p; Butler, *Pirates, Privateers*, 29–30p; Defoe, *General History*, 71p; David Moore, "Blackbeard the Pirate: Historical Background and the Beaufort Inlet Shipwrecks," *Tributaries* (October 1997), 31–32p; Kevin P. Duffus, *The Last Days of Black Beard the Pirate* (Raleigh, NC: Looking Glass Productions, 2008); Brooks, *Quest for Blackbeard*, 143–69p; Charles Leslie, *A New History of Jamaica, From the Earliest Accounts, to the Taking of Porto Bello by Vice-Admiral Vernon* (London: J. Hodges, 1740), 275p.
286 **〝とても長い真っ黒なひげ**："Deposition of Henry Bostock" (December 19, 1717), CO 152/ 12, fols. 219–20, NAL.
288 **〝ひげを長く伸ばし**："Abstract of a letter from Mr. Maynard, first Lieutenant of His Majesty's Ship Pearl, the Station-Ship at Virginia, to Mr. Symonds, Lieutenant of His Majesty's Ship the Phoenix, the Station-Ship at New York," *Weekly Journal or British Gazetteer* (April 25, 1719).
288 **〝黒ひげというあだ名は〟**：Defoe, *General History*, 84–85p.
289 **彼は冷酷で**：同上、96p。
289 **財宝のありかを白状しなかった船長を**："Depositions of Henry Bostock"; "New-York, Feb. 24th," *BNL* (March 3–10, 1718).
289 **「それどころか……作り上げたものである」**：Bialuschewski, "Blackbeard off Philadelphia," 170p.
289 **三二門の大砲……計画を練っていた**："Capt. Mathew Musson to the Council of Trade and Plantations" (July 5, 1717), *CSPC*, item 635, vol. 29, 338p.
290 **当時ホーニゴールドの……自分の船の主ではなくなった**："Capt. Ellis Brand to the Admiralty" (December 4, 1717), ADM 1/ 1472, NAL; Woodard, *Republic of Pirates*, 202–3p.
290 **リベンジ号は修理されて……海に投げ込んだという**："From Philadelphia, October 24," BNL (October 28–November 4, 1717); "From New-York, Octob. 28," *BNL* (October 28–November 4, 1717); "Philadelphia, October 24," *BNL* (November 4–11, 1717); "New-York, October 28," *BNL* (November 4–11, 1717); "Philadelphia, Novemb. 14th," *BNL* (November 18–25, 1717); Capt. Ellis Brand to the Admiralty (December 4, 1717); "New-York, Novemb. 4," *BNL* (November 4–11, 1717); "Indictment for William Howard (1717), in Lee, *Blackbeard the Pirate*, 102p.

第八章　海賊紳士と黒ひげ

280 **ラ・ビューズもいくつかの**：“Piscataqua, July 19th,” *BNL* (July 15–27, 1717); “Boston,” *BNL* (July 15–27, 1717).

280 **「われわれは、アメリカ沿岸に群がり**：John F. Watson, *Annals of Philadelphia* (Philadelphia: E. L. Carey & A. Hart, 1830), 465; Arne Bialuschewski, “Blackbeard off Philadelphia: Documents Pertaining to the Campaign against the Pirates in 1717 and 1718,” *Pennsylvania Magazine of History and Biography* (April 2010), 172p.

280 **一六八八年にバルバドス島で**：ボネットがリベンジ号で出港するまでの半生についての背景情報は、次の資料による。

Defoe, *General History*, 95p; Lindley S. Butler, *Pirates, Privateers, and Rebel Raiders of the Carolina Coast* (Chapel Hill: University of North Carolina Press, 2000), 51–55p; Woodard, *Republic of Pirates*, 197–99p; Christopher Byrd Downey, *Stede Bonnet: Charleston's Gentleman Pirate* (Charleston: History Press, 2012), 19–25p.

281 **〝少佐〟と呼ばれていた**：ボネットがどのようにしてこの呼称を得ることになったかは定かではない。いくつかの記録は、これは島の市民軍における階級だったとしている。別の記録では、バルバドスの土地所有者は所有している土地の広さに応じた軍の階級を与えられており、ボネットは四〇〇エーカーを超える土地を所有していたことから、少佐と呼ばれていたとする説もある。Byrd Downey, *Stede Bonnet*, 22pを参照されたい。

281 **〝広く尊敬を集める〟**：Defoe, *General History*, 95p.

281 **〝明らかな精神的な病〟**：同上。

281 **〝不和〟**：同上。

281 **六〇トンのスループ船**：同上; Woodard, *Republic of Pirates*, 198–99p.

282 **一二六名**：Colin Woodard, “The Last Days of Blackbeard,” *Smithsonian* (February 2014), 36p.

283 **海上では初心者だった……チャールストンの沖合にいた**：Defoe, General History, 95–96p; “New-York, May 6,” *BNL* (May 6–13, 1717); “By Letters from South Carolina of the 22nd past,” *BNL* (October 21–28, 1717).

283 **チャールストンは……囲まれていた**：Walter J. Fraser Jr., *Charleston! Charleston!: The History of a Southern City* (Columbia: University of South Carolina Press, 1989), 22; McCusker, “Colonial Statistics,” 5–655.

284 **〝この街は……ほうふつとさせるほどだった〟**：同上。

284 **サウスカロライナのプランテーション経済は……驚くことではなかった**：Walter Edgar, *South Carolina: A History* (Columbia: University of South Carolina Press, 1998), 66–67p, 78p.

284 **チャールストンのにぎわった港を……去って行った**：“By Letters from South Carolina of the 22nd past,” *BNL* (October 21–28, 1717); Defoe, *General History*, 96p; *Tryals of Major Stede Bonnet*, iii; Woodard, *Republic of Pirates*, 200–201p.

285 **〝無理やりボートで**：“By Letters from South Carolina of the 22nd past,” *BNL* (October 21–28, 1717).

271 ウィリアムズとベラミーのクルーによると……カリブ海へと戻って行った："Deposition of Ralph Merry and Samuel Roberts," 302p；"Piscataqua, May 17," *BNL* (May 13–20, 1717); "Marblehead, May 11," *BNL* (May 6–13, 1717); "Deposition of Paul Mansfield," Salem, Ma. (May 25, 1717). SCF 11945, *Whydah Sourcebook*, 133–34p; "Piscataqua, May 24," *BNL* (May 20–27, 1717).

271 リッチモンド島："Examination of Richard Caverley."

272 一方ウィリアムズは……整備をすることにした："Examination of Richard Caverley"; and "Deposition of Zachariah Hill, Boston (May 11, 1717), SCF 11945," in *Whydah Sourcebook*, 124p; Woodard, *Republic of Pirates*, 189–92p.

272 ウィリアムズはウィダー号とその僚船に……カリブ海へと向かった：Woodard, *Republic of Pirates*, 192p; "Deposition of Samuel Skinner, Salem, Ma (May 26, 1717)," in *Whydah Sourcebook*, 134–35p; "New-York, June 17," *BNL* (June 17–24, 1717); "Philadelphia, June 20," *BNL* (June 24–July 1, 1717).

273 ウィダー号が沈没した後……南に向かった："Rhode-Island, May 10," *BNL* (May 6–13, 1717); "New-York, May 6," *BNL* (May 6–13, 1717); "Rhode-Island, May 17," *BNL* (May 13–20, 1717); "Piscataqua, May 17," *BNL* (May 13–20, 1717); "Piscataqua, May 24," *BNL* (May 20–27, 1717); "Boston," *BNL* (May 20–27, 1717); "Philadelphia, June 13," *BNL* (June 17–24, 1717); "New-York, June 17," *BNL* (June 17–24, 1717); "Philadelphia, June 20," *BNL*; "New-York, July 29," *BNL* (July 29–August 5, 1717); Richard B. Morris, "The Ghost of Captain Kidd," *New York History* (July 1938), 288p, 295–96p; Woodard, Republic of Pirates, 191–93p, 196p.

273 〝沿岸を守ってくれ："A Proclamation for a Publick THANKSGIVING," *BNL* (November 18–25, 1717).

273 〝十分に戦備を整え："Rhode-Island, May 10," *BNL* (May 6–13, 1717).

273 〝海賊を追わせた〟："Philadelphia, June 20," *BNL* (June 24–July 1, 1717).

273 〝冷酷な怪物を："Governor Cranston to Governor Shute, Rhode Island (May 31, 1717). MA (Colonial) 2: 166," in *Whydah Sourcebook*, 138p.

274 〝冷酷に打ちすえた〟："Philadelphia, June 20," *BNL* (June 24–July 1, 1717).

274 〝船長〟と呼ばれる：Snelgrave, New Account of Some Parts of Guinea, 258p; Woodard, *Republic of Pirates*, 321.

275 〝囚人が海賊に：Cotton Mather, *Instructions to the Living, from the Condition of the Dead* (Boston: Allen for Boone, 1717), 7p.

275 奴隷として売られたようだった：*Whydah Sourcebook*, 335p.

276 〝人類の敵〟：*Trials of Eight Persons*, 6p.

276 罪を犯す言いわけにもならず：同上、13p。

278 〝礼儀正しく、親切で〟：同上、14p, 9–12p。

278 〝長く悲しい行進〟：Cotton Mather, *Diary of Cotton Mather,* vol. II, 1709–1724 (New York: Frederick Ungar Publishing, 1957), 488p.

278 「読者よ、見るがいい：Cotton Mather, *Instructions to the Living*, 38p.

Pirates, 183–85p; Clifford, Expedition Whydah, 264–65p.

265 **一三〇名から一六三名**：“Samuel Shute, A Proclamation,” *BNL* (May 6–13, 1717); Woodard, *Republic of Pirates*, 185p; Clifford, *Expedition Whydah*, 265p.

266 **ジュリアンは**：*Trials of Eight Persons*, 24p.
裁判期間中、ベラミーの部下の一人がケープ・コッド生まれの原住民（ジュリアンであることはほぼ間違いないと思われる）が乗船していたと証言している。しかし歴史家ケネス・キンカーは、最近の研究によってジュリアンが中央アジア出身のミスキート族であることが明らかになったと主張している。ジュリアンがどの部族の原住民であるかについては疑問が残ることから、私は両論を併記することとした。*Whydah Sourcebook*, 335pも参照されたい。

266 **〝撃ち殺すか**：Owen Morris, *Trials of Eight Persons*, 19p.

267 **サミュエル・ハーディング**：“Cyprian Southack to Governor Samuel Shute (May 8, 1717),” in Jameson, *Privateering*, 299p.

267 **〝ムーンカッサー（月を呪う者）〟**：Jeremiah Digges, *Cape Cod Pilot*: A Loquacious Guide (Provincetown, RI: Modern Pilgrim Press, 1937), 136–37p; Rodney E. Dillon Jr., “South Florida in 1860,” *Florida Historical Quarterly*, (April 1982), 453p; Birse Shepard, *Lore of the Wreckers* (Boston: Beacon Press, 1961), 7–10p.

267 **「神よ、われらはあなたに祈る**：Cathryn Pearce, *Cornish Wrecking 1700–1860: Reality and Popular Myth* (Woodbridge, UK: Boydell Press, 2010), 86p.

268 **〝莫大な富を得た〟**：Cyprian Southack to Governor Samuel Shute” (May 8, 1717), 299–300p.

268 **〝ひどく落胆しており〟**：*Trials of Eight Persons*, 11p.

268 **一方でマリー・アン号は……運命の裁きを待った**：*Trials of Eight Persons*, 10p, 12p; “Colonel Buffet to Governor Shute, Sandwich, Ma.” (April 29, 1717), *Whydah Sourcebook*, 100–101p; “Boston,” *BNL* (May 6, 1717).

270 **海賊がバーンスタブルの留置場に……再会できると信じていた**：“Deposition of Ralph Merry and Samuel Roberts,” 301–2p.

270 **地元の治安判事であるドーンが……提供されなかったことは言うまでもなかった**：“Journal of Cyprian Southack at Cape Cod, May 3, 1717,” MA (Journals 1695–1767) 38A: 16–17, *Whydah Sourcebook*, 103p; “Cyprian Southack to Governor Samuel Shute” (May 8, 1717), 299p; Arthur T. Vanderbilt II, *Treasure Wreck: The Fortunes and Fate of the Pirate Ship Whydah* (Boston: Houghton Mifflin, 1986), 64–65p.

271 **家屋や仕事場を捜索する**：“Advertisement by Cyprian Southack” (May 4, 1717), MA vol. 38A: 18, *Whydah Sourcebook*, 105p.

271 **「住民たちは非常に手ごわく**：Cyprian Southack to Governor Samuel Shute” (May 8, 1717), 299p.

271 **〝金、金塊〟**：“Samuel Shute, A Proclamation,” *BNL* (May 6–13, 1717).

271 **サウザック自身の……探索費用に充てられた**：“Minutes of Governors Council (September 19, 1717). MA 6: 513–14,” in *Whydah Sourcebook*, 166p; “Advertisements,” BNL (June 10–17, 1717); “Advertisements,” *BNL* (July 22–29, 1717).

Island" (April 28, 1717), *Rhode Island Historical Magazine* (April 1885), 291–92p; Examination of Jeremiah Higgins"; and "Deposition of John Lucas, Master of the Ship *Tryal of Brighthelmstone* of Great Britain before John Hart, Governor of Maryland" (April 13, 1717), CO 5/ 1318 no. 16iii, *Whydah Sourcebook*, 89–90p; Woodard, *Republic of Pirates*, 178–79p.

259 ベラミーのほうも……新しい船長に選ばれた：*Trials of Eight Persons*, 23–24p; "Information of Andrew Turbett, Master; and Robert Gilmore, Supercargo, of the ship Agnes of Glasgow before Lt. Governor Spotswood" (April 17, 1717), CO 5/ 1318 no. 16ii, *Whydah Sourcebook*, 92–93p.

260 〝われわれの沿岸に："Anonymous to Council of Trade and Plantations, Rappahannock, Virginia" (April 15, 1717), CO 5/ 1318 no. 4, *Whydah Sourcebook*, 91p；"April the 19th, 1717," *Executive Journals of the Council of Colonial Virginia, May 1, 1705–October 23, 1721*, ed. H. R. McIlwaine, vol. III (Richmond: Virginia State Library, 1928), 443–44p.

260 ベラミーはメインに向かい……ロングアイランドの近くを航行していた：*Trials of Eight Persons*, 9p, 24p; Woodard, *Republic of Pirates*, 180p.

260 マリー・アン号：*Trials of Eight Persons*, 9–11p, 24p; "Deposition of Thomas Fitzgerald and Alexander Mackonachy" (May 6, 1717), in Jameson, *Privateering*, 296–98p.

261 〝マスケット銃や〟：*Trials of Eight Persons*, 9p.

261 七〇〇〇ガロンの：Clifford, *Expedition Whydah,* 259p.

261 〝グリーンワイン："Deposition of Thomas Fitzgerald and Alexander Mackonachy," 296p.

261 ウィダー号が先導し……解決したかに見えた：*Trials of Eight Persons*, 9p.

262 スループ船フィッシャー号：*Trials of Eight Persons*, 9p; "Deposition of Ralph Merry and Samuel Roberts" (May 11, 16, 1717), in Jameson, *Privateering*, 301–2p.

262 インゴルズが詳しいと答えると："Deposition of Ralph Merry and Samuel Roberts" (May 11, 16, 1717), 301p.

262 〝もっと急ぐように〟：*Trials of Eight Persons*, 9p.

262 〝二度と見たくもない〟：同上、10p。

263 〝酒を見つけなければ〟：同上、9–10p。

263 〝風上にかじを切った〟：同上、10p。

263 〝国王から富を得るための私掠免許を授けられている〟：同上、10–11p。

263 〝世界の果てでも通用する〟：同上、10p。

264 ポチェット島："Deposition of Thomas Fitzgerald and Alexander Mackonachy," 297p.

264 「お願いだから：*Trials of Eight Persons*, 10p.

264 アン・ギャレイ号とフィッシャー号は："Deposition of Ralph Merry and Samuel Roberts" (May 11, 16, 1717), in Jameson, *Privateering*, 301.

264 他の三隻の船のクルーが……投げ出された："Cyprian Southack to Governor Samuel Shute" (May 5, 1717), in Jameson, *Privateering*, 292p; Woodard, *Republic of*

(August 1716), CO 5, 1265 no. 52,（*Whydah Sourcebook*, 52pに再録）.

251 **〝海賊自身がしばしば語っていたとして〟**："Mr. Gale to Col. Thomas Pitt, junr. So. Carolina," (November 4, 1718), *CSPC*, item 31i, vol. 31 (1719–1720), 1–21p.

251 **〝海賊の巣窟になりはてた〟**：Margarette Lincoln, "Woodes Rogers and the War against Pirates in the Bahamas," in *Governing the Sea in the Early Modern Era*, 111p；"Lt. Governor Pulleine to the Council of Trade and Plantations" (April 22, 1714), *CSPC*, item 651, vol. 27 (1712–1714), 332–34p.

252 **〝住民を襲って**："Deposition of John Vickers" (July 3, 1716).

253 **「反対するなら自殺する」**："Deposition of Abijah Savage, Commander of the Sloop Bonetta of Antigua before His Excellency Walter Hamilton" (November 30, 1716), CO 137/ 11, no. 45iii（Whydah Sourcebook, 78pに再録）；Thomas H. Maugh II, "A Pirate's Life for Him—At Age 9," *Los Angeles Times* (June 1, 2006); Clifford, *Expedition Whydah*, 222p, 224p.

254 **巨大な船を発見した**：この部分のウィダー号、その拿捕および再配備についての背景は次の資料による。

Woodard, *Republic of Pirates*, 156–58p, 169–70p; Clifford, *Expedition Whydah*, 246–253p; "Examination of John Brown and Peter Cornelius Hoof" (May 6, 1717), in *Trials of Eight Persons*, 15p, 23p, 25p; "Examination of Jeremiah Higgins"; "Examination of Richard Caverley (June 15, 1717)," Papers Relating to a Piracy Case, 6/ 2/ 1717–7/ 12/ 1717, Record Group 21: Records of District Courts of the United States, 1685–2009, National Archives at New York; Herbert S. Klein, *The Atlantic Slave Trade: New Approaches to the Americas* (Cambridge: Cambridge University Press, 2010), 106–7; "Shipping Returns, 1709–1722," Jamaica, CO 142/ 14, no. 58, NAL; *Whydah Sourcebook*, 347–48p.

254 **二万人の奴隷**：Robert Harms, *The Diligent: A Voyage through the Worlds of the Slave Trade* (New York: Basic Books, 2002), 159p.

255 **〝頭蓋骨と交差した骨〟**：*Trials of Eight Persons*, 24p.

256 **〝多くの高級品……手数料がわりに〟**："Examination of John Brown and Peter Cornelius Hoof," in *Trials of Eight Persons*, 23p.

256 **春が近づいてくると……分け与えるつもりでいた**：*Trials of Eight Persons*, 23–24p; "Examination of Richard Caverley"; Woodard, *Republic of Pirates*, 170p.

256 **船長のビーア**："Rhode-Island, May 3," *BNL* (April 29–May 6, 1717).

257 **おれの手下が……始まらねえ**：Defoe, *General History*, 587p.

258 **〝小さな船でそれをやれば〟**：Aurelius Augustine, *The City of God*, trans. Rev. Marcus Dods, vol. I (Edinburgh: T & T Clark, 1871), 140p.

258 **作られたものだったようだ**：これとは別の見解として、ビーアが実際にはベラミーとこの会話を交わしたとするものもある。Woodard, *Republic of Pirates*, 174pを参照されたい。

258 **〝海賊はロビンフッドを気取っていた〟**：*Trials of Eight Persons*, 11p.

259 **互いが視認できない**："Examination of Richard Caverley."

259 **その後の数週間で……定かではない**：Thomas Daniels et al., "Deposition, Block

the ship Agnes of Glasgow before Lt. Governor Spotswood, Virginia. April 17, 1717," CO 5/ 1318 no. 16ii, in *The Whydah Sourcebook*, compiled and edited by Kenneth J. Kinkor (Provincetown: Privately published, 2003), 92p; "Last Will & Testament of Mary Hallett," in *Whydah Sourcebook*, 286–87p; *Whydah Sourcebook*, 343–45p; Rozina Sabur, "Possible Remains of World's 'Richest Pirate' Captain Black Sam Bellamy to Be Compared to English Descendant's DNA," *Telegraph* (February 19, 2018); Tom Payne, "Carpenter, 33, Gives a DNA Sample to Find Out Whether He Is Related to Infamous Pirate Black Sam Who Plundered Booty Worth £ 85 Million 300 Years Ago," *Daily Mail* (April 6, 2018).

246 **ロードアイランドのニューポート出身で……関係が深かったという**：George Andrews Moriarty, "John Williams of Newport, Merchant, and His Family," *Genealogical Magazine* (December 1915), 4–10p.

247 **ウィリアムズとベラミーが……ほとんど成果を得ることはできなかった**：Woodard, *Republic of Pirates*, 97p, 106p, 124p; Clifford, *Expedition Whydah*, 110–13p; Defoe, *General History*, 585p.

248 **落胆しながらも……一つに移して逃走した**："Deposition of Allen Bernard, Jamaica" (August 10, 1716), JCM fols. 63–68（*Whydah Sourcebook,* 57–59pに再録）; Woodard, *Republic of Pirates*, 122–34p; Clifford, *Expedition Whydah*, 136–40p; "Deposition of John Cockrane, Jamaica" (August 10, 1716), JCM fols. 68–69（*Whydah Sourcebook*, 61–62pに再録）; "Memorial of Monsr. Moret [n.d.] Jamaican Council Minutes fols. 17–23,"（*Whydah Sourcebook*, 47pに再録）.

250 **〝バラバラに破壊した〟**："Deposition of Joseph Eels of Port Royall, Carpenter" (December 20, 1716), *CSPC*, item 411i, vol. 29, 211–15p.

250 **バイーヤ・ホンダを出港してまもなく……戦果を得るのはこれからだった**："Examination of John Brown and Thomas South" (May 6, 1717), *The Trials of Eight Persons Indicted for Piracy* (Boston: B. Green, 1718), 23–25p; "Examination of Jeremiah Higgins, Late Boatswain of the 'Mary Anne' " (July 12, 1717), Papers Relating to a Piracy Case, 6/ 2/ 1717–7/ 12/ 1717, Record Group 21: Records of District Courts of the United States, 1685–2009, National Archives at New York; "Letter of Governor [Walter] Hamilton to the Council of Trade and Plantations," (March l, 1717), CSPCS 29:# 484 (also CO 152/ 11, nos. #57,57i.),"（*Whydah Sourcebook*, 88pに再録）; Woodard, *Republic of Pirates*, 87–89p, 112–13p, 131–32p, 134–36p, 140p, 144–54p; Clifford with Perry, *Expedition Whydah*, 166–69p, 221–245p; Defoe, *General History*, 31p.

250 **〝フライング・ギャング〟**："Deposition of John Vickers" (July 3, 1716), *CSPC*, item 240i, vo:.29, 139-42p.

250 **一七一三年にナッソーに**："Lt. Governor Pulleine to the Council of Trade and Plantations" (April 22, 1714), *CSPC*, item 651, vol. 27, 332–34p.

250 **〝海賊共和国〟**：Woodard, *Republic of Pirates*, 1p, 3p, 7p.

251 **〝第二のマダガスカル〟**："Deposition of John Vickers" (July 3, 1716).

251 **マダガスカルと同様**："[Thomas Walker?] to the Council of Trade and Plantations"

234 〝海賊の多くは……避けたい〟：*Lives of the Most Remarkable Criminals, Who Have Been Condemned and Executed for Murder, the Highway, Housebreaking, Street Robberies, Coining and Other Offenses*, ed. Arthur L. Hayward (New York: Routledge, 2002, first published in 1735), 37p.
234 海上に浮かぶ社会：Leeson, *Invisible Hook*, 20, 27, 203.
235 海賊がどういった方法で……いかなかったからである：Angus Konstam, *The Pirate Ship 1660–1730* (Oxford: Osprey Publishing, 2003), 4–8p.
236 海賊船には、スループ船やスクーナー船から：Cordingly, *Under the Black Flag*, 161–62p, 206p; Angus Konstam, *The History of Pirates* (Guilford, CT: Lyons Press, 1999), 76p.
236 〝一七世紀と一八世紀における〟：Konstam, *History of Pirates*, 76p.
237 接近戦で好まれた：William Gilkerson and Spencer C. Tucker, "Naval Weapons, Boarding," in *The Encyclopedia of the Wars of the Early Republic, 1783–1812*, ed. Spencer C. Tucker (Santa Barbara: ABC-CLIO, 2014), 468p; David F. Marley, *Daily Life of Pirates* (Santa Barbara: Greenwood, 2012), 131p.
237 〝獲物のあるところ〟：Defoe, *General History*, 5p.
238 獲物となる船を逃がさないようにするため……使われることもあった：Rediker, *Villains of all Nations*, 98p; Cordingly, *Under the Black Flag*, 114–17p; "Philadelphia, Febr. 22," *Boston Gazette* (March 21–28, 1726); Hill, "Notes on Piracy," 147p.
239 いくつかの海賊旗については……共通点はないはずである：For a good discussion of the questionable provenance of many pirate flags, 多くの海賊旗に関する疑問の余地のある来歴に関する議論については、Little, *Golden Age of Piracy*, 16–23p、Hill, "Notes on Piracy," 147pを参照されたい。
239 〝頭蓋骨と砂時計が：Hill, "Notes on Piracy," 146p.
239 一七一〇年代と一七二〇年代……説もある：Cordingly, *Under the Black Flag*, 118p; Pringle, *Jolly Roger*, 123p; Eric Partridge, *A Dictionary of Slang and Unconventional English* (Oxon, UK: Routledge, 1984), 826p; Little, *Golden Age of Piracy*, 23–30p; Robert S. Gauron, "Fascinating Flags of Plundering Pirates and Profiteering Privateers," *Raven: A Journal of Vexillology* (2000), 6–7p; Hill, "Notes on Piracy," 147–48p; Grey, *Pirates of the Eastern Seas*, 16–19p.
240 〝海賊に抵抗した：“London, March 8," *BNL* (June 16–23, 1718).
243 船を戦いに適した仕様：Konstam, *The Pirate Ship*, 13–15.

第七章　財宝と騒動

246 一七一五年秋……財宝を求めて出港した：Woodard, *Republic of Pirates*, 28–30p, 52p, 90–95p; Barry Clifford, *Expedition Whydah: The Story of the World's First Excavation of a Pirate Ship and the Man Who Found Her*, with Paul Perry (New York: Cliff Street Books, 1999), 4–7p, 104–5p; Joseph Berger [Jeremiah Digges], *Cape Cod Pilot* (Cambridge, MA: MIT Press, 1969 , first published in 1937), 193–97p; "Information of Andrew Turbett, Master; and Robert Gilmore, Supercargo, of

143–44p; Kinkor, "Black Men," 195–210; Peter T. Leeson, *The Invisible Hook: The Hidden Economics of Pirates* (Princeton, NJ: Princeton University Press, 2009), 157–164p; Schonhorn, "Postscript," 705–7p; Lincoln, *British Pirates and Society*, 7p, 9p; Angus Konstam, *Blackbeard: America's Most Notorious Pirate* (Hoboken, NJ: John Wiley & Sons, 2006), 49p; Benerson Little, *Pirate Hunting: The Fight Against Pirates, Privateers, and Sea Raiders from Antiquity to Present* (Washington, DC: Potomac Books, 2010), 159–60p; Earle, *Pirate Wars*, 171–72p; Antcil, *Order in the Atlantic World*, 33p; Bolster, *Black Jacks*, 13–15p; Williams, "Nascent Socialists or Resourceful Criminals," 42–43p.

224 **「多くの白人の海賊にとって**：W. Jeffrey Bolster, *Black Jacks: African American Seamen in the Age of Sail* (Cambridge, MA: Harvard University Press, 1998), 15–16p.

225 **〝全体の二五パーセントから三〇パーセントが黒人だった〟**：Kenneth J. Kinkor, "Black Men under the Black Flag," in *Bandits at Sea: A Pirates Reader,* ed. C. R. Pennell (New York: New York University Press, 2001), 200–201p.

225 **〝一八世紀の白人の世界において**：Kinkor, "Black Men," 201p.

226 **当然のことながら……これも当時の人々に共通した特徴だった**："Deposition of Adam Baldridge" (May 5, 1699), 182p; Cindy Vallar, "Pirates and their Clothes," http://www.cindyvallar.com/dress.html（6月9日にアクセス）; Cordingly, *Under the Black Flag*, 8–13p; Benerson Little, *The Golden Age of Piracy: The Truth behind Pirate Myths* (New York: Skyhorse Publishing, 2016), xiii–xxiv.

226 **〝当時の船乗りの服装は**：2017年6月9日、ジェイムズ・L・ネルソンとの個人的なやり取りによる。

230 **主流となっていた**：Rediker, *Between the Devil and the Deep Blue Sea*, 263–64p; Rediker, *Villains of all Nations*, 68–69p.

230 **船長は……考えていなかったからである**：Defoe, *General History*, 213–14p.

230 **〝財産管理人〟とある種の〝裁判官〟**：Johnson, *History of the Pirates*, 213p.

231 **また、船長ではなく……選ばれていた**：Rediker, *Villains of all Nations*, 66–68p; Rediker, *Between the Devil*, 263p; Defoe, General History, 213–214p.

231 **〝社会保障制度〟**：Rediker, *Villains of All Nations*, 73p.

231 **一　船長はクルーの二人分の分け前を得る……船倉で銃を撃ってはならない**：*Tryals of Thirty-Six Persons for Piracy* (Boston: Samuel Kneeland, 1723),（Baer, *British Piracy in the Golden Age,* vol. 3, 191pに再録）; "Here Follow the Articles," *BNL* (August 8, 1723).

232 **〝いかなる場合であれ〟**：Dow and Edmonds, *Pirates*, 316p.

232 **〝音楽家は**：Defoe, *General History*, 213p.

232 **〝明かりやろうそくは**：同上、211p。

233 **〝正義の分配〟**：Peter Linebaugh and Marcus Rediker, *The Many-Headed Hydra: Sailors, Slaves, Commoners, and the Hidden History of the Revolutionary Atlantic* (Boston: Beacon Press, 2000), 163p.

234 **復讐を果たしていたのである**：Snelgrave, *New Account of Some Parts of Guinea*, 225p.

Press, 1988), 100–121p; John Robert Moore, *Defoe in the Pillory and Other Studies* (Bloomington: Indiana University Publications, 1939), 126–88p; Bialuschewski, "Daniel Defoe, Nathaniel Mist, and the 'General History of the Pyrates' "; Larry Schweikart and B. R. Burg, "Stand By To Repel Historians: Modern Scholarship and Caribbean Pirates, 1650–1725," *Historian* (February 1984), 228p.

219 **チャールズ・ジョンソンはペンネームで**：〝キャプテン・ジョンソン〟はデフォーではなく、船乗りで後にロンドンでジャーナリスト兼印刷業者となり、the *Weekly Journal*や*Saturday's Post*を発行したナサニエル・ミストであると主張する者もいる。Arne Bialuschewski, "Daniel Defoe, Nathaniel Mist, and the 'General History of the Pyrates,'および" *The Papers of the Bibliographical Society of America* (March 2004), 21–38pを参照されたい。

220 **「ジョンソンこそが**：Cordingly, *Spanish Gold*, 248p.『海賊史』の影響に関する同様の見解については、Moore, *Defoe in the Pillory*, 127pも参照されたい。

220 **〝あらゆる国の海賊〟**："Governor Sir N. Lawes to the Council of Trade and Plantations" (January 31, 1719), *CSPC*, item 34, vol. 31, 12–21p.

220 **二〇代**：Rediker, *Villains of all Nations*, 49; Cordingly, *Under the Black Flag*, 14–15p.

220 **アン・ボニーとメアリー・リード**：これらの二人の女海賊とラカムに関する背景情報は、次の資料による。

The Tryals of Captain John Rackham, and Other Pirates (Jamaica: Robert Baldwin, 1721), 16–18p; Defoe, *General History*, 148–65p; "Jamaica, St. Jago de la Vega, Nov. 21," *BNL* (February 20–27, 1721).

221 **〝男の上着に**：*Tryals of Captain John Rackham*, 18p.

222 **〝ふくらんだおなかを示して〟**：Defoe, *General History,* 152p.

222 **〝彼女は彼を見るのが**：同上、165p。

222 **たとえば、全員が男という環境と……ないことを示しているにすぎない**：Cordingly, *Under the Black Flag,* 100–103p; Rediker, *Villains of All Nations*, 74–75p; James Neill, *The Origins and Role of Same-Sex Relations in Human Societies* (Jefferson, NC; McFarland, 2009), 408p.

222 **同性愛が海賊の間で流行していたとする説がある**：B. R. Burg, *Sodomy and the Pirate Tradition: English Sea Rovers in the Seventeenth-Century Caribbean* (New York: New York University Press, 1995).

223 **「海賊の同性愛行為に関する証拠は**：Hans Turley, *Rum, Sodomy, and the Lash* (New York: New York University Press, 1999), 2p.

224 **「積極的に同性愛行為を**：Cordingly, *Under the Black Flag*, 103p.

224 **すべてではないにしろ……歓迎していたのかは定かではない**：Cordingly, *Under the Black Flag*, 15–16p; Rediker, *Villains of all Nations*, 53–55p; Marcus Rediker, "Libertalia: The Pirate's Utopia," in *Pirates: Terror on the High Seas—From the Caribbean to the South China Sea* (Atlanta: Turner Publishing, 1996), 132–34p; Arne Bialuschewski, "Pirates, Black Sailors and Seafaring Slaves in the Anglo-American Maritime World, 1716–1726," *Journal of Caribbean History* (2001),

212 **それほど明白ではないものの……に戻った**：McDonald, *Pirates, Merchants, 22–23; Cordingly, Spanish Gold*, 130p; Lincoln, *British Pirates*, 10–11p; Defoe, *General History*, 36p.
213 **九〇パーセント**：*The Tryals of Major Stede Bonnet, and Other Pirates* (London: Benjamin Cowse, 1719), 8p.
214 **「今すぐ仲間になると誓わなければ……とうとうあきらめた」**："Advertisement, James Salter," *Boston Gazette* (November 29–December 6, 1725).
214 **広告を元の仲間に頼んで地元の新聞に掲載させていた**：Joel H. Baer, ed., *British Piracy in the Golden Age: History and Interpretation, 1660–1730,* vol. 1 (London: Pickering & Chatto, 2007), 282p; "Advertisements, New-York, July 4, 1723," *American Weekly Mercury* (July 4–11, 1723); "Advertisement," *BNL* (August 1–8, 1723).
215 **〝死ぬほどむちで打った〟**："Advertisements," *BNL* (August 7–14, 1721).
215 **「地道な仕事では〟**：Defoe, *General History*, 244p.
215 **八〇人のクルー**：Manuel Schonhorn, "Postscript;" Defoe, *General History*, 705p.
216 **〝海賊になる〟**：Defoe, *General History*, 487p.
216 **「金よりも**：Peter Earle, *The Pirate Wars* (New York: Thomas Dunne Books, 2003), 179p.
216 **〝一七一六年から一七一八年の間には**：Rediker, *Villains of all Nations*, 29–30p. 注意しておいてほしいのだが、これらの大西洋における海賊の数は、さまざまな情報源に基づく、大ざっぱな見積もりで、実際には異なっている可能性もある。事実、レディカーがこれ以前に見積もったときには、この期間に活動していた総数は4500から5500で、1716年から1718年の間には1800から2400になり、1719年から1722年の間には1500から2000、さらに1000から1500となり、1723年から1726年の間には200未満になったとしている。いずれにしろ、その傾向――急激な増加とそれに続く劇的な減少――は同じである。Marcus Rediker, *Between the Devil and the Deep Blue Sea: Merchant Seamen, Pirates, and the Anglo-American Maritime World, 1700–1750* (Cambridge: Cambridge University Press, 1987), 256pも参照されたい。
217 **〝略奪行為によってこうむった〟**：Defoe, *General History*, 26p；Rediker, *Villains of All Nations*, 33p.
217 **〝はるかに上回っていた〟**：Davis, *Rise of the English Shipping Industry*, 305p.
217 **二四〇〇以上**：Rediker, *Villains of All Nations*, 33–34p.
217 **もちろん……もっともらしくは聞こえる**：同上。
217 **七〇〇〇件近く**：David J. Starkey, *British Privateering Enterprise in the Eighteenth Century* (Exeter, UK: University of Exeter Press, 1990), 100p.
218 **貧困層**：Rediker, *Villains of all Nations*, 51; Schonhorn, "Postscript," 703p.
218 **多くの海賊は……出身者も見られた**：Rediker, *Villains of all Nations*, 42–43p, 49–52p; Rediker, *Between the Devil and the Deep Blue Sea*, 258p.
219 **書籍のなかでは……情報源として利用されてきた**：Defoe, *General History*; Cordingly, *Under the Black Flag*, xix–xx; Lincoln, *British Pirates*, 9n17; P. N. Furbank and W. R. Owens, *The Canonization of Daniel Defoe* (New Haven, CT: Yale University

204 **財宝に関しては……返済に充てられた**：Beal, *Quelch's Gold*, 184p, 194p, 197–98p, 207–08p; Dow and Edmonds, *Pirates*, 114–15p; Philip Steele, *Isaac Newton: The Scientist Who Changed Everything* (Washington, DC: National Geographic, 2007), 53p.

第六章　幕あいまたは海賊の分類

208 **「私掠船というこのいまわしい取引が**：“Wm. Bignall to [? Mr. Dummer] Kingston (January 17, 1708),” *CSPC*, item 445i, vol. 24, 270–71p.

208 **この脅威は……将来の懸念も高まっていった**：Francis R. Stark, *The Abolition of Privateering and The Declaration of Paris* (New York: Columbia University Press, 1897), 68–69p; Meyer, “English Privateering,” 444p; N. A. M. Rodger, *The Command of the Ocean: A Naval History of Britain* (New York: W. W. Norton, 2004), 196–97p.

208 **〝多くの苦情……世界に変える〟**：“Mr. Dummer to Mr. Popple” (January 17, 1709), *CSPC*, item 301, vol. 24, 201–2p.

209 三万六〇〇〇**人以上**：Lloyd, *British Seaman*, 287p.

209 **このような職を失った……温床を作っていた**：Davis, *Rise of English Shipping*, 25–26p, 129–31p; “A Letter from Jamaica to a Merchant in London” (September 22, 1725), in *The Political State of Great Britain for the Month of March, 1726* (London: T. Warner, 1725), 233p; Colin Woodard, *The Republic of Pirates: Being the True and Surprising Story of the Caribbean Pirates and the Man Who Brought Them Down* (New York: Harcourt, 2007), 86–7; Cordingly, *Spanish Gold*, 123p.

210 **「あえて監獄に入る**：James Boswell, *The Life of Samuel Johnson,* vol. I (London: T. Davison, 1821), 286–87p.

210 **〝少なくとも三一件の**：Rediker, *Villains of All Nations*, 46–47p.

210 **〝指揮官が彼らの**：“Letter from an Officer of an East-India Ship,” in *Piracy Destroy'd: Or, a Short Discourse Shewing The Rise, Growth and Causes of Piracy of Late* (London: John Nutt, 1701), 12p.

211 **〝悪魔のように振る舞わない〟**：Mather, *Vial Poured Out*, 44.

211 **〝クルーが海賊になる理由は**：William Snelgrave, *A New Account of Some Parts of Guinea, and the Slave-Trade* (London: James, John, and Paul Knapton, 1734), 225p.

211 **ある破滅的な大惨事も……財宝を追い求める決意を固めていた**：E. Lynne Wright, *Florida Disasters: True Stories of Tragedy and Survival* (Guilford, CT: Globe Pequot, 2017), 7–11p; Cordingly, *Spanish Gold*, 123–25p; Woodard, *Republic of Pirates*, 103–6p.

211 **〝水が矢のように降り注ぎ**：Cordingly, *Under the Black Flag*, 125p.

212 **〝莫大な財宝を回収しようとするよう〟**：“Lt. Governor Spotswood to Secretary Stanhope” (October 24, 1715), *CSPC*, item 651, vol. 28, 315–17p.

212 **〝スペインがこれを……夢中になって難破船の捜索に向かい〟**：“Captain Belchen to Josiah Burchett” (May 13, 1716), CO 137/ 11, fol. 97, NAL.

England Crime Literature and the Origins of American Popular Literature, 1674–1860 (Amherst: University of Massachusetts Press, 2006), 3p.

198 **三八八冊の書物**：Silverman, *Life and Times of Cotton Mather,* 197p.

198 **〝若く、無知であった〟**：“Governor Dudley to the Council of Trade and Plantations (July 13, 1704).”

199 **ダドリーはこの寛大な措置の理由を……狙ったものであった**：Beal, *Quelch's Gold*, 139p, 174p, 177p, 179p, 181p, 185p.

199 **〝植民地に富をもたらした者**：“Governor Dudley to the Council of Trade and Plantations (July 25, 1704),” *CSPC*, item 1274, vol. 22, 585–93p.

200 **〝仰天した〟**：Sewall, “Diary of Samuel Sewall,” vol. II, 109.

200 **ニューイングランドでは……とらえられていた**：Daniel Allen Hearn, *Legal Executions in New England: A Comprehensive Reference, 1623–1960* (Jefferson, NC: Mcfarland, 1999); Ronald A. Bosco, “Lectures at the Pillory: The Early American Execution Sermon,” *American Quarterly* (Summer, 1978), 159p.

200 **〝アメリカで最初の**：“The *Boston Newsletter*, number 1,” Massachusetts Historical Society, Collections Online, http://www.masshist.org/database/viewer.php? item_id = 186（二〇一七年一月一三日にアクセス）.

201 **「私は、死は怖くない**：*An Account of the Behavior and Last Dying Speeches of the Six Pirates, That Were Executed on Charles River, Boston Side, On Fryday June 30th, 1704* (Boston: Boone, 1704).

201 **「私たち聖職者は……誘惑から逃れる〟**：*An Account of the Behavior and Last Dying Speeches of the Six Pirates.*

202 **ダドリーが、有罪を宣告された**：Beal, *Quelch's Gold*, 179.

202 **「神よ、救われるためには……決して忘れるな」**：*An Account of the Behavior and Last Dying Speeches of the Six Pirates.*

203 **「処刑台の足場が開くと**：Sewall, “Diary of Samuel Sewall,” vol. II, 110p.

203 **ロープでつるされた後に……数分間も続いたという**：D. P. Lyle, “What Happens When Someone is Hanged?” Writer's Forensics Blog, https://writersforensicsblog.wordpress.com/2011/03/31/question-and-answer-what-happens-when-someone-is-hanged/（二〇一七年一月一五日にアクセス）.

203 **〝マーシャルズ・ダンス〟**：Lincoln, *British Pirates*, 37p.

203 **〝四方八方に向かって踊る〟**：Marcus Rediker, *Villains of all Nations: Atlantic Pirates in the Golden Age* (Boston: Beacon Press, 2004), 53p.

203 **〝タイバーン・ジグを踊る〟**：Catharine Arnold, *Underworld London: Crime and Punishment in the Capital City* (London: Simon & Schuster, 2012), 106p.

203 **〝死刑囚の脚を引っ張り**：Henri Misson, *M. Misson's Memoirs and Observations in his Travels over England* (London: D. Browne, 1719), 123p.

204 **神の法に逆らって戦った海賊は**：Ralph D. Paine, *The Ships and Sailors of Old Salem* (Chicago: A. C. McClurg., 1912), 42p.

204 **「願わくは**：“Humble Address of the Council and Assembly of the Massachusetts Bay to the Queen (July 12, 1704),” *CSPC*, item 451, vol. 22, 212–13p.

Sewall (New York: HarperOne, 2007), 1p.

190 **他にもジャイルズ・コーリーという男が……コーリーは息を引き取った**：同上、170–71p; Emerson W. Baker, *A Storm of Witchcraft: The Salem Trials and the American Experience* (New York: Oxford University Press, 2015), 37–38p; および二〇一七年一一月二六日におけるエマーソン・W・ベイカーとの個人的なやりとりより。

190 **〝責められるべきであり、恥ずべきこと〟**：Baker, *A Storm of Witchcraft*, 223p.

190 **北アメリカのアフリカ人奴隷と奴隷貿易を批判した最初の書籍である**：Mark A. Peterson, "The Selling of Joseph: Bostonians, Antislavery, and the Protestant International, 1689–1733," *Massachusetts Historical Review* (2002), 1p；LaPlante, *Salem Witch Judge*, 225–29p, 300–304p.

190 **マーブルヘッドに向かう途中……逮捕令状を発行した**：Samuel Sewall, "Diary of Samuel Sewall, 1674–1729," vol. II, 1699–1700–1714, *Collections of the Massachusetts Historical Society, vol. IV, Fifth Series* (Boston: Massachusetts Historical Society, 1879), 103p; "Marblehead, June 9," *BNL*.

191 **〝武装した海賊が〟**：Sewall, "Diary of Samuel Sewall," vol. II, 104p.

192 **〝海賊の罪……出て行け」**：Hanna, *Pirate Nests*, 342p.

192 **〝五回も殴られ〟**：同上。

192 **落胆したシューワル判事たちは……クルーに加わった**："Gloucester, Upon Cape Anne, June 9," *BNL* (June 12–19, 1704).

193 **〝気前よく万歳三唱を送った〟**：Sewall, "Diary of Samuel Sewall," vol. II, 105p.

193 **〝少佐らが追っている〟**：同上。

194 **〝攻撃を受けることなく〟**：同上、106。

194 **〝支援が得られず〟**："Gloucester, June 12," *BNL* (June 12–19, 1704).

194 **〝重警備のもと〟**："Boston, June 17," *BNL* (June 12–19, 1704).

195 **ダドリー総督は、六月一三日……有罪であることは明らかだった**：Baer, *Arraignment, Tryal*, 263–88p; *Chapter 47 in The Acts and Resolves*, 386–98p; Stephen C. O'Neill, "The Forwardness of Her Majesty's Service: Paul Dudley's Prosecution of Pirate Captain John Quelch," *Massachusetts Legal History*, vol. 6 (000), 29–34p.

195 **〝海賊、略奪および殺人〟**：Baer, *Arraignment, Tryal*, 266p.

195 **〝女王陛下の慈悲を受けることを認められた〟**：同上、268p。

197 **認めていた**："Governor Dudley to the Council of Trade and Plantations (July 13, 1704)," *CSPC*, item 455, vol. 22, 213–18p.

197 **マザーは高度な教育を受けていたが**：Kenneth Silverman, *The Life and Times of Cotton Mather* (New York: Harper & Row, 1984), 29p, 129p, 194p.

198 **「聖職者の舌は**：George Bull, *A Companion for the Candidates of Holy Orders* (London: George James, 1714), 8p.

198 **「わが慈悲深き神は**：Cotton Mather, *Faithful Warnings to Prevent Fearful Judgments* (Boston: Timothy Green, 1704), 37p.

198 **〝私掠行為は**：同上。

198 **〝ことばによる説教は〟**：Daniel A. Cohen, *Pillars of Salt, Monuments of Grace: New*

第五章　戦争による刑の猶予

180 **決して重大な問題ではなかった**：Arthur Pierce Middleton, *Tobacco Coast: A Maritime History of Chesapeake Bay in the Colonial Era* (Baltimore: Johns Hopkins Press, 1984), 207p; James G. Lydon, *Pirates, Privateers, and Profits* (Upper Saddle River, NJ: Gregg Press, 1970), 77. その他この数年に及ぶ戦争に対する*CPSC*の著者による検討に基づく。

180 **膨れ上がっていた**：Christopher Lloyd, *The British Seaman: 1200–1860, A Social Survey* (Rutherford, NJ: Fairleigh Dickinson University Press, 1968), 286–87p.

180 **およそ二倍**：Davis, *Rise of English Shipping*, 129–31p.

180 **一六〇〇隻以上の船が**：W. R. Meyer, "English Privateering in the War of the Spanish Succession, 1702–1713," *Mariner's Mirror* (November 1983), 435p.

180 **報告は時折あったものの**："Governor Dudley to [? the Earl of Nottingham]" (May 10, 1703), *CSPC*, item 673, vol. 21, 408–10; Hill, "Notes on Piracy," 138–40p.

180 **ジョン・ケルチ**：ケルチとチャールズ号に関するこの部分の背景情報は、次の資料による。

The Arraignment, Tryal, and Condemnation of Capt. John Quelch, and Others of his Company [1705], in *British Piracy in the Golden Age: History and Interpretation, 1660–1730*, vol. 2, ed. Joel H. Baer (London: Pickering & Chatto, 2007), 257–61p, 263–88p; Clifford Beal, *Quelch's Gold: Piracy, Greed, and Betrayal in Colonial New England* (Washington, DC: Potomac Books, 2008); *Chapter 47 in The Acts and Resolves, Public and Private, of the Province of the Massachusetts Bay*, vol. VIII, 1703–1707 (Boston: Wright & Potter, 1895), 386–98p.

181 **〝悪化しており……早急な善後策を講じるために〟**：Baer, *Arraignment, Tryal*, 286p.

181 **〝あらゆる海賊、私掠船**：同上、284p。

181 **〝任務に最適な船〟**：同上、287。

182 **アメリカを代表する漁村……ヨーロッパ中の市場で売られた**：Samuel Roads Jr., *The History and Traditions of Marblehead* (Marblehead, MA: N. Allen Lindsey, 1897), 26p, 46–47p; Lord and Gamage, *Marblehead: The Spirit of '76 Lives Here*, 18–35p; Christine Leigh Heyrman, *Commerce and Culture: The Maritime Communities of Colonial Massachusetts, 1690–1750* (New York: W. W. Norton, 1986), 245p.

182 **〝体が非常に弱っている……失うことになる〟**：Heyrman, *Commerce and Culture*, 286p.

185 **〝これによって、クルーらが**：同上、286–87。

187 **〝難破船から莫大な財宝を**：同上、10p。

187 **「マーブルヘッドに着いた**：*BNL* (May 15–22, 1704).

188 **〝現在の指揮官と**：Baer, *Arraignment, Tryal*, 287p.

189 **ボストン・ニュースレターに声明を載せ**：*BNL* (May 22–29, 1704).

189 **〝警官から警官へ〟**："Rhode-Island May 26," *BNL* (May 22–29, 1704).

189 **五月二九日**：*Chapter 47 in The Acts and Resolves*, 389p.

189 **三名の委員**："Marblehead, June 9,"*BNL* (June 12–19, 1704).

189 **三〇名以上が**：Eve LaPlante, *Salem Witch Judge: The Life and Repentance of Samuel*

of Trade and Plantations" (November 28, 1700), *CSPC*, item 953, vol. 18, 667–703p.

174 **東インド会社のもう一つの優先課題は……命令を受けていた**：Nutting, "The Madagascar Connection," 208–9p; Steele, *Politics of Colonial Policy*, 52–53; Osgood, *American Colonies*, vol. I, 543p.

174 **「インド洋における**：Steele, *Politics of Colonial Policy*, 53p.

174 **少しずつ減ってはいたものの**：Hill, "Notes on Piracy," 141p, 154p; Woodes Rogers, *A Cruising Voyage Around the World* (London: A. Bell, 1712), 419p.

174 **ほとんど失われていた**：Arne Bialuschewski, "Between Newfoundland and the Malacca Strait: A Survey of the Golden Age of Piracy, 1695–1725," *Mariner's Mirror* (May 2004), 172–73p; McDonald, *Pirates, Merchants, Settlers*, 125–27p; Judd, "Frederick Philipse," 374p. 一七〇〇年以降にアメリカの入植者が海賊になり、インド洋を目指した、よく知られた事例は少なくとももうひとつあった。ジョン・ホールジーは1706年ごろに、ニューファンドランド沖でフランス船を拿捕するために、私掠免許状を持ってボストンを出発した。このときはスペイン継承戦争のさなかで、英国はフランスとスペインと対立していた（この戦争に関しては本書の次の章で詳しく述べる）。フランス船を襲う代わりに、彼は仲間とともにインド洋へ向かい、ムガル船などを襲った。Hill, "Notes on Piracy," 138–40pも参照されたい。

174 **結局、キッドの略奪行為は……保護された**：Ritchie, *Captain Kidd*, 153p; Shawn Antcil, *Order and the Atlantic World: A Study in the British War against the Pirates, 1695–1725* (PhD diss., University of Ottawa, 2008), 61p.

175 **英国政府と議会による……理にかなったことだった**：Ritchie, *Captain Kidd*, 128p; Taylor, *American Colonies*, 296p.

176 **減少させること**："Preface," *CSPC*, vol. 18, vii–lxiii; Steele, *Politics of Colonial Policy*, 42–59p.

176 **〝アメリカでは海賊は**："Col. Quarry to the Council on Trade and Plantations" (June 5, 1700), *CSPC*, item 500, vol. 18, 300–301p.

176 **〝今この海域は**："Governor Blake to the Earl of Jersey" (June 10, 1700), *CSPC*, item 500, vol. 18, 300–301p.

176 **〝衰退しつつある〟**："Governor the Earl of Bellomont to the Council of Trade and Plantations" (November 28, 1700), *CSPC*, item 953, vol. 18, 667–703p.

176 **「最近、この地域の海岸に**："George Larkin to the Council of Trade and Plantations" (October 14, 1701), *CSPC*, item 945, vol. 19, 576–77.；"Mr. Larkin to the Council of Trade and Plantations" (December 30, 1701), *CSPC*, item 1131, vol. 19, 719–20p.

177 **〝貧しいという理由で……何ら制限を受けることはなかった〟**："Governor the Earl of Bellomont to Mr. Secretary Vernon" (January 3, 1700), *CSPC*, item 8, vol. 19, 1–17p.

177 **「これらの者は**："George Larkin to the Council of Trade and Plantations" (December 5, 1701), *CSPC*, item 1054, vol. 19, 658–59p.

in Jameson, *Privateering*, 225p；"Lord Bellomont to the Board of Trade" (July 8, 1699), in Jameson, *Privateering*, 215p.

164 **キッドがロンドンに到着する前から……終止符を打とうと考えた**：Ritchie, *Captain Kidd*, 183–92p.

164 **「議会はあら探しに**："Vernon to the Duke of Shrewsbury (September 25, 1697)," *James Vernon, Letters Illustrative of the Reign of William III, From 1696 to 1708*, vol. I (London: Henry Colburn, 1841), 405p.

165 **まさに〝取るに足らない男〟**：Ritchie, *Captain Kidd*, 192p.

165 **〝悲惨な住環境〟**：C. Whitehead, *Lives and Exploits of English Highwaymen, Pirates, and Robbers*, vol. I (Philadelphia: Carey, Hart, 1835), 182p; Cordingly, *Under the Black Flag*, 188p.

165 **「故意にやったのではなく**："The Trial of Captain William Kidd, at the Old Bailey," 143p.

165 **裁判のなかで……否決されたのだと反論した**："The Trials of Wm. Kidd, Nicholas Churchill, James Howe . . . ," 169–70p, 174p, 210p.

165 **しかし、ベロモントがロンドンに送った……決定的なものだった**：Ritchie, *Captain Kidd*, 208–9; "William Kidd to Speaker of the House of Commons" (April 1701), in Jameson, *Privateering*, 250–51p.

166 **「閣下**："The Trials of Wm. Kidd, Nicholas Churchill, James Howe . . . ," 234p.

168 **〝提供する〟…… 〝何の価値もなかった〟**："William Kidd to Robert Harley, Petition Enclosed" (May 12, 1701), *The Manuscripts of His Grace The Duke of Portland*, vol. IV (London: Eyre and Spottiswoode, 1897), 17p.

168 **キッドの願いは……何年にもわたってさらされた**：*The Ordinary of Newgate his Account*; Zacks, *The Pirate Hunter*, 381–93p; Ritchie, *Captain Kidd*, 222–27p; *A True Account of the Behavior, Confession and Last Dying Speeches, Of Captain William Kidd; and Margarette Lincoln, British Pirates and Society, 1680–1730* (London: Routledge, 2014), 35p, 37p.

168 **〝彼の破滅に手を貸した〟**：*A True Account of the Behavior, Confession and Last Dying Speeches, Of Captain William Kidd, and the Rest of the Pirates, That Were Executed at Execution Dock in Wapping, on Friday the 23rd of May, 1701* (London: Bride Lane, 1701).

168 **〝別れを告げる機会も与えられずに**：同上。

170 **「心から後悔しており**：*The Ordinary of Newgate his Account.*

173 **東インド会社は、キッドのこの象徴的な力を利用して**：Ritchie, *Captain Kidd*, 137p.

173 **その取引を取り締まり……もっとも貴重な関係が絶たれることになった**：Platt, "The East India Company and the Madagascar Slave Trade," 553–54; Lincoln, *British Pirates*, 127p; Bialuschewski, "Pirates, Slavers, and the Indigenous Population," 419p; "The East India Company to Council of Trade and Plantations" (March 7, 1698), *CSPC*, item 279, vol. 16, 126–27p.

173 **度重なる商売上の失敗**：Ritchie, *Captain Kidd*, 233p; D. T. Valentine, *Manual of the Corporation of the City of New York (New York*: Charles W. Baker, 1857), 466–68.

174 **「マダガスカルとの違法な貿易は**："Governor the Earl of Bellomont to the Council

155 その一歩を踏み出したのだった：Ritchie, *Captain Kidd*, 99–100p; "The Trial of Captain William Kidd, at the Old Bailey, for Murder and Piracy Upon the High Seas . . . (May 9, 1701)," 156–57p, 195p, 203p, 213p. キッドがメアリー号を襲う前に英国船を襲った可能性については次の資料を参照されたい。"Extract from a Letter From Carwar to Bombay" (August 9, 1697), *CSPC*, item 723, vol. 16, 363–67p.

155 〝キッドが海賊になるつもりであり〟："Narrative of William Cuthbert" (July 1699), *CSPC*, item 680, vol. 17, 366–80p.

155 〝そのような者は乗っていない〟："The Trial of Captain William Kidd, at the Old Bailey, for Murder and Piracy Upon the High Seas . . . (May 9, 1701)," 157p.

155 およそ一週間後……不満を鎮めようとしていた：同上、100–102p; Zacks, *Pirate Hunter*, 134–37p.

155 〝活力にあふれた性格〟：Ritchie, *Captain Kidd*, 102.

156 「見下げ果てた犬野郎」……「このクソ野郎が！」："The Trial of Captain William Kidd, at the Old Bailey," 134–35p.

156 〝英国にいる友人が：同上、138p。

157 「おやおや、こいつは運がいい："The Trials of Wm. Kidd, Nicholas Churchill, James Howe . . . ," 158p.

158 〝彼らと同様の悪党であり〟：同上、160p。

158 〝自分の魂も地獄の業火に焼かれる〟：同上、167。

159 キッドとその部下を海賊とみなし：Benjamin F. Thompson, *The History of Long Island; From Its Discovery and Settlement to the Present Time*, vol. II (New York: Gould, Banks, 1843), 332p.

159 実はケダー・マーチャント号は：Ritchie, *Captain Kidd*, 127p.

160 六月、セント・アントニオ号は……友人たちに預けていた："Memorial of Duncan Campbell" (June 19, 1699), in Jameson, *Privateering*, 202–5p; "Narrative of John Gardner" (July 17, 1699), in Jameson, *Privateering*, 220–23p; "A Copy of the Earl of Bellomont's Letter to Captain Kidd" (June 19, 1699), *Journals of the House of Commons* (London: House of Commons, 1803), vol. 13, 22p; "Declaration of William Kidd" (September 4, 1699), in Jameson, *Privateering*, 236–37p; Ritchie, *Captain Kidd*, 176–77p.

161 四〇万ポンド相当の：Narcissus Luttrell, *A Brief Relation of State Affairs from September 1678 to April 1714*, vol. IV (Oxford: Oxford University Press, 1857), 543–49p; Ritchie, *Captain Kidd*, 168p; Hanna, *Pirate Nests*, 297p.

162 ボストンでキッドは……キッドを捕らえ、投獄した："Lord Bellomont to the Board of Trade" (July 8, 1699), in Jameson, *Privateering*, 213–18p; Ritchie, *Captain Kidd*, 177–80p; "Narrative of William Kidd" (July 7, 1699), in Jameson, *Privateering*, 205–13p; "Governor the Earl of Bellomont to the Council of Trade and Plantations" (July 26, 1699), *CSPC*, item 680, vol. 17, 366–79p.

162 「カリフォードに一発大砲を見舞えば："Narrative of William Kidd" (July 7, 1699), 210p.

163 〝一〇オンスの金：同上。

163 「キッドの話したことには："Lord Bellomont to the Board of Trade" (July 26, 1699),

the King" (January 11, 1700), *CSPC*, item 29, vol. 18, 26p; "Draft of a Letter for His Majesty's Signature" (February 1, 1700), *CSPC*, item 73, vol. 18, 52p; Steele, *Politics of Colonial Policy*, 56–7p.

148 **〝ニューイングランドや他の植民地の**："Council of Trade and Plantation" (April 11, 1700), *CSPC*, item 312, vol. 18, 163–66p.

149 **同時に……勅許を失うことも定められていた**："An Act to Punish Governors of Plantations in this Kingdom, for Crimes By Them Committed in the Plantations," in *Statutes Relating to the Admiralty*, 90p; Hanna, *Pirate Nests*, 290p; Burgess, *Politics of Piracy*, 193p; Attorney General to the King (June 19, 1700), *CSPC*, item 566, vol. 18, 350–51p.

149 **裁判を受けさせるために……証左であった**："Council of Trade and Plantations to the King" (January 11, 1700), *CSPC*, item 29, vol. 18, 26p; "Draft of a Letter for His Majesty's Signature" (February 1, 1700), *CSPC*, item 73, vol. 18, 52p; and Steele, *Politics of Colonial Policy*, 56–57p.

149 **キャプテン・ウィリアム・キッド**：キッドに関するこの部分の背景情報は、次の資料による。
"The Trial of Captain William Kidd, at the Old Bailey, for Murder and Piracy Upon the High Seas . . . (May 8, 1701) in *A Complete Collection of State Trials and Proceedings for High Treason and Other Crimes and Misdemeanors*, vol. XIV, ed. T. B. Howell (London: T. C. Hansard, 1812), 123–46p; "The Trials of Wm. Kidd, Nicholas Churchill, James Howe . . . (May 9, 1701)", in Howell, *Complete Collection of State Trials and Proceedings*, 147–234p; Ritchie, *Captain Kidd*; Richard Zacks, *The Pirate Hunter: The True Story of Captain Kidd* (New York: Hyperion, 2002); Cordingly, *Under the Black Flag*, 180–89p; "Deposition of Benjamin Franks" (October 20, 1697), in Jameson, *Privateering*, 190–95p; "Narrative of William Kidd" (July 7, 1699), in Jameson, *Privateering*, 205–13p; "Examination of Edward Buckmaster" (June 6, 1699), in Jameson, *Privateering*, 197–98p; 歴史家リチャード・ザックとの個人的なやりとり（2017年7月11日）; Graham Brooks, ed., *Trial of Captain Kidd* (Edinburgh: William Hodge, 1930), 1–50p; ADM, "Captain William Kidd's Deposition, Instance and Prize Courts: Examinations and Answers" (October 15, 1695), 13/ 81, 313, NAL.

152 **クルーを募集する呼びかけが……驚くことではなかった**：Zacks, *Pirate Hunter*, 11–20p; "Col. Robert Livingston to Shrewsbury," (September 20, 1696), in Historical Manuscripts Commission, *Report on the Manuscripts of the Duke of Buccleuch & Queensbury*, vol. II, part 2 (London: Mackie, 1903), 405–6p; Pringle, *Jolly Roger*, 158–60p.

152 **「最近やって来たキャプテン・キッドは**："Governor Fletcher to Council of Trade and Plantations" (June 22, 1697), *CSPC*, item 1098, vol. 15, 517–20p; Hill, *"Notes on Piracy,"* 112–22p.

153 **「行くぞ、野郎ども**："The Trials of Wm. Kidd, Nicholas Churchill, James Howe . . . ," 164p.

of Bristol" (August 13, 1699), *CSPC*, item 711, vol. 17, 390p.
140 金のチェーンをぶら下げ："Deposition of Nicholas Thomas Jones, Robert McEllam, Samuel Johns, and William Parker Himarke" (August 4, 1699), CO 5/ 1411, NAL.
141 その年の初めに……置き去りにした："Governor Day to Council of Trade and Plantations" (September 21, 1699), *CSPC*, item 802, vol. 17, 444–45p.
141 見知らぬ船が……発見した："John Aldred to Francis Nicholson" (July 26, 1699), CO 5/ 1411, NAL.
142 「私はずっと："Order of the Lords Justices of England in Council" (October 5, 1697), *CSPC*, item 1363, vol. 15, 269p.
143 ロアノーク・マーチャント号を襲って："John Martin to Francis Nicholson" (July 29, 1699), CO 5/ 1411, NAL.
143 数十隻もの商船："Micajah Perry, Edward Haistwell and John Goodwin to the Council of Trade and Plantations" (November 23, 1699), *CSPC*, item 989, vol. 17, 539–40p.
143 HMSショアハム号：HMSショアハム号とラペ号との戦いおよびその後についての背景情報は、次の資料による。

Shomette, *Pirates on the Chesapeake*, 122–51p; "Libel by Captain William Passenger" (May 11, 1700), in Jameson, *Privateering*, 271–72p; "Deposition of Joseph Man" (June 11, 1700), in Jameson, *Privateering*, 273–74p; "Deposition of William Woolgar and Others" (June 11, 1700), in Jameson, *Privateering*, 272–73p; Rankin, *Golden Age of Piracy*, 64–76p; "Governor Nicholson to the Council of Trade and Plantations" (June 10, 1700), *CSPC*, item 523, vol. 18, 307–28p; *The Proceedings of the Court of Admiralty, by a Special Commission, Being The Tryal of all the French Pirates at the Old-Bailey, on Monday, Tuesday, Thursday, and Friday, Being the 21st, 22nd, 24th, 25th Days of October, 1700* (London: Printed for W.H. Near Fleet Bridge, 1700); Williams, *Pirates of Colonial Virginia*, 53–62p.
143 〝捕らえるか、沈めるか: Shomette, *on the Chesapeake*, 131p.
145 「商船の船員じゃあ：同上、125p。
145 〝大きな船〟：同上、133p。
146 「たかがこんな小さな船："Capt. Passenger's account of the taking of a French pirate" (June 10, 1700), *CSPC*, item 523ii, vol. 18, 307–28p.
146 〝ほとんど粉々になるまで〟：同上。
146 〝司令官がギターと：Shomette, *Pirates on the Chesapeake*, 135p.
146 「焼き尽くせ、焼き尽くせ」：Rankin, *Golden Age of Piracy*, 73p.
147 英国政府は、腐敗した政治家を更迭し……報奨金が与えられた："An Act for the More Effectual Suppression of Piracy" (1700), *The Statutes Relating to the Admiralty, Navy, Shipping, and Navigation of the United Kingdom,* ed. John Raithby (London: George Eyre and Andrew Strahan, 1823), 86–89p; David R. Owen and Michael C. Tolley, *Courts of Admiralty in Colonial America, the Maryland Experience, 1634–1776* (Durham, NC: Carolina Academic Press, 1995), 32–34p, 165–66p; Hanna, *Pirate Nests*, 289–90p.
147 一六世紀に定められた法……絞首刑となった："Council of Trade and Plantations to

Plantations" (October 20, 1699), *CSPC*, item 877, vol. 17, 463–82p.
137 〝**最低限の支援……ののしられ侮辱された**〟: "Col. Quar[r] y to the Council of Trade and Plantations" (June 6, 1699), *CSPC*, item 495, vol. 17, 274–75p; Hanna, *Pirate Nests*, 2p.
137 〝**最大限の努力を用いて**〟: William Penn, Broadside, "By the proprietary of the province of Pennsylvania, and counties annexed with the advice of the Council, a proclamation" (Philadelphia: Reinier Jansen, 1699); Hanna, *Pirate Nests*, 1–3p.
137 「**海賊と海の略奪者に対する法**」: "An Act Against Pirates and Sea-Robbers," (November 27, 1700), in *The Statutes at Large of Pennsylvania from 1682 to 1801*, vol. II (Philadelphia: Clarence M. Busch, 1896), 100–104p.
138 〝**ジャマイカが**: "William Penn to the Council of Trade and Plantations" (April 28, 1700), *CSPC*, item 366, vol. 18, 208–12p.
138 〝**激しく殴打し**: "Jeremiah Basse to William Popple" (July 26, 1697), *CSPC*, item 1,203, vol. 15, 563–65p.
138 「**世界のどこかで**: "Jeremiah Basse to William Popple" (July 18, 1697), *CSPC*, item 1187, vol. 15, 557–58p.
138 〝**これらの海のならず者たちを取り締まり**: "Governor Basse to William Popple" (April 1698), *CSPC*, item 415, vol. 16, 186–87p.
139 〝**騒ぎ立てている**〟: "Governor the Earl of Bellomont to William Popple, Postscript" (July 7, 1698), *CSPC*, item 646, vol. 16, 325–26p.
139 〝**主任調査官**〟: "Governor the Earl of Bellomont to Council of Trade and Plantations" (June 22, 1698), *CSPC*, item 593, vol. 16, 279–89p.
140 〝**正義を果たそうにも**: "Governor the Earl of Bellomont to Council of Trade and Plantations" (May 3, 1699), *CSPC*, item 343, vol. 17, 191p.
140 〝**海賊の巣窟**〟: "Governor the Earl of Bellomont to Council of Trade and Plantations" (May 18, 1698), *CSPC*, item 472, vol. 16, 221–24p.
140 〝**不正な交易や**: "Governor the Earl of Bellomont to William Popple" (October 27, 1698), *CSPC*, item 944, vol. 16, 512–13p.
140 **植民地での海賊との戦いにおける……状況もかなり違ってくるはずだった**: "Council of Trade and Plantations to the King" (November 9, 1699), *CSPC*, item 943, vol. 17, 514; Ritchie, *Captain Kidd*, 155–59p; Steele, *Politics of Colonial Policy*, 53–54p.
140 **植民地の総督たちは**: "Governor the Earl of Bellomont to the Council of Trade and Plantations" (August 24, 1699).
140 **プロビデンス・ギャレイ号**: プロビデンス・ギャレイ号およびジェームズ船長に関する背景情報は、次の資料による。
Donald G. Shomette, *Pirates on the Chesapeake: Being a True History of Pirates, Picaroons, and Raiders on Chesapeake Bay, 1610–1807* (Centreville: Tidewater Publishers, 1985), 103–113p; Lloyd Haynes Williams, *Pirates of Colonial Virginia* (Richmond, VA: Dietz Press, 1937), 53–62p; Hugh F. Rankin, *The Golden Age of Piracy* (New York: Holt, Rhinehart & Winston, 1969), 64–76p.
140 **船長は英国人の**: "Account by Richard Burgess, Master of the Maryland Merchant

132 **四〇〇戸の家と二五〇〇人の**：Russell F. Weigley, ed., *Philadelphia: A 300-Year History* (New York: W. W. Norton, 1982), 11p; McCusker, "Colonial Statistics," 5-653. 別の資料では、当時のフィラデルフィアの人口が五〇〇〇人近かったとするものもある。私はA 300-Year Historyが課税台帳や固定資産税台帳などを含む複数のデータを用いていることからこの数字を使うことにした。いずれにしろ、当時のフィラデルフィアは比較的小さな街だった。

133 **「裕福な私掠船のクルーは**：John Smith, "The Bad Life, Qualities and Conditions of Pyrats," in *The Generall Historie of Virginia, New England & The Summer Isles, Together with The True Travels, Adventures and Observations, and A Sea Grammar,* vol. II (Glasgow: James MacLehose and Sons, 1907), 202–3p.

133 **彼は一六九七年に任命されていたが……総督の職に任じられた**：William L. Stone, "The Earl of Bellomont and the Suppression of Piracy, 1698–1701," *National Magazine* (November, 1892), 1–5p.

134 **ただし彼の給料が**：Ritchie, Captain Kidd, 179. See also Herbert L. Osgood, *The American Colonies in the Eighteenth Century*, vol. I (New York: Columbia University Press, 1924), 272p.

134 **〝以前は重要な問題とはみなされず……事実を述べただけだ〟**："Minutes of the Council of New York" (May 8, 1698), *CSPC*, item 433, vol. 16, 203–4p.

134 **〝海賊はあらゆる市民国家が忌み嫌う憎むべき行為〟**："Earl of Bellomont At A Council Held at New York" (May 19, 1698), *Journal of the Legislative Council of the Colony of New-York, Began the 9th Day of April, 1691; And Ended the 27th of September, 1743* (Albany: Wee, Parsons, 1861), 111p.

135 **〝海賊の保護に関するあっせん屋〟**："Governor the Earl of Bellomont to Council of Trade and Plantations" (June 22, 1698), *CSPC*, item 593, vol. 16 (1697–1698), 279–89p.

135 **〝人間のクズ〟**：同上；Ritchie, *Captain Kidd*, 170p.

135 **ベロモントは次にフレッチャーに狙いを定めた……彼の評判も地に落ちた**：James S. Leamon, "Governor Fletcher's Recall," *William and Mary Quarterly* (Oct., 1963), 538–42p; "Heads of Complaint Against Colonel Fletcher, in Brodhead," in *Documents Relative to the Colonial History of the State of New York,* vol. IV, 433–34p.

136 **〝海賊行為を大いに助長していた〟**："Council of Trade and Plantations to the King" (March 9, 1699), *CSPC*, item 167, vol. 17, 95–98p.

136 **〝海賊の支援者〟**：Edward Randolph, "List by Mr. Randolph of all the Proprietors of the Plantations That Are Independent of the Government of his Majesty" (February 20, 1697), in *The Manuscripts of the House of Lords, 1695–1697* (London: Eyre and Spottiswoode, 1903), 442p.

136 **〝でたらめのうそっぱち〟**：William Penn, "Mr. Penn's Answer to Mr. Randolph's Paper Relating to Pennsylvania," *Manuscripts of the House of Lords*, 1695–1697, 457p.

136 **〝ポケットを金貨でいっぱいにして**："Col. Quar[r] y to the Council of Trade and

1696), *A Complete Collection of State Trials*, vol. XIII, ed. T. B. Howell (London: Longman, Hurst, Rees, etc., 1816), 453p.
125 **政府と東インド会社の経営陣は……再び裁判にかけるよう提案した**：Ritchie, *Captain Kidd*, 135–37p.
125 **〝海賊国家〟**：Senior, *A Nation of Pirates*.
126 **〝外国の人々は**：Sir Charles Hedges, "The Trial of Joseph Dawson and Others," 456p.
126 **〝この国とこの都市の名誉を**：L. C. J. Holt, "The Trial of Joseph Dawson and Others," 481p.
126 **〝自らの悪行〟**：Hill, "Notes on Piracy," 102p.
127 **エイヴリーにならい**："Extracts from letters received by the East India Company" (December 21, 1698), CSPC, item 115, vol. 16, 61–78p.
127 **〝海賊にとって戦利品は**："Extracts from letters received by the East India Company" (February 17, 1698), *CSPC*, item 235, vol. 16, 112–14p.
127 **これらの裁判の六カ月前……優先課題としていた**：Ian K. Steele, *Politics of Colonial Policy: The Board of Trade in Colonial Administration, 1696–1720* (Oxford: Clarendon Press, 1968), 3–23p, 42–43p; Ritchie, *Captain Kidd*, 149–50p.
127 **一六九六年、商務・拓務庁に代えて、商務庁が設立されていたが、**：商務庁が商務・拓務庁に取って代わったにもかかわらず、その後何年にもわたって、英国の公式文書には、正式な商務庁ではなく、商務・拓務庁の名前が記載されていた。変更後の文書を引用元として記載する際には、商務・拓務庁の名前で作成・送付されたものであっても商務庁として記載している。
128 **〝海賊の取り締まりに全力を尽くす〟**："Board of Trade to Lieutenant-Governor Stoughton" (January 20, 1697), *CSPC*, item 604, vol. 15, 312–14p.
128 **以前はジャマイカで大工をしていたスニードは**：Charles P. Keith, *Chronicles of Pennsylvania From the English Revolution to the Peace of Aix-La-Chapelle, 1688–1748*, vol. 1 (Philadelphia: Patterson & White Company, 1917), 312p.
129 **〝マーカムとその家族に**："Robert Snead to Sir John Houblon" (September 20, 1697), *CSPC*, item 1331, vol. 15, 613–15p.
129 **ジェイムズ・ブラウンと結婚していた**："Edward Randolph to William Popple" (April 25, 1698), *CSPC*, item 401, vol. 16, 180–81p; Governor the Earl of Bellomont to the Council of Trade and Plantations" (May 30, 1700), *CSPC*, item 466, vol. 18, 266–82p.
129 **〝酒を飲みながら〟**："Robert Snead to Sir John Houblon" (September 20, 1697).
129 **「人々がこの街にやって来て**：同上。
129 **「総督と海賊との間に……この国のためになっている」**："Narrative of Captain Robert Snead" (1697), *CSPC*, item 451i, vol. 16, 211–15p.
130 **〝密告者〟……〝密告者と呼ばれるにふさわしい男〟**：同上。
131 **〝卑劣な男〟**：同上。
131 **〝ひどく太った男〟**："Information of Thomas Robinson" (1697), *CSPC*, item 451ii, vol. 16, 211–15p.
132 **「誰もがわかっていた**："Robert Snead to Sir John Houblon" (September 20, 1697).

1–15p; “Examination of John Dann” (August 3, 1696), in Jameson, *Privateering*, 165p.

114 〝明るく陽気な：Hill, “Notes on Piracy,” 100p.

115 「おれは成功するために：Baer, “ ‘Captain John Avery’ and the Anatomy of a Mutiny,” 14p.

115 多少は厚かましいと感じたのか……多くの海賊が集結していた：“Examination of John Dann,” 165–66p; Defoe, *General History*, 50–52p.

116 「仲間は貪欲で勇敢なうえ……親しみをこめて結んでいた：“Petition of the East India Company” (July 1696), in Jameson, *Privateers*, 154p.

116 エイヴリーの考えは：Ritchie, *Captain Kidd*, 87p.

116 エイヴリーの手紙の内容が……悪影響が及ぶことは必至だった：“Extract, E. I. Co., Letter from Bombay” (May 28, 1695), in Jameson, *Privateering*, 155–65p; John Keay, *The Honourable Company: A History of the English East India Company* (Hammersmith: Harper Collins, 1993), 185–86p; Hill, “Notes on Piracy,” 94–95p.

118 夏のさなか……残りの者はカロライナに向かった：“Examination of John Dann” 167–70; “Abstract, E. I. Co. Letters from Bombay” (October 12, 1695), in Jameson, *Privateering*, 156–59p; “Affidavit of Philip Middleton” (November 11, 1696), in Jameson, *Privateering*, 171–72p; “Narrative of Philip Middleton, of the ship *Charles Henry*, to the Lords Justices of Ireland” (August 4,1696), *CSPC*, item 517 ii, vol. 15, 259–64p; Pringle, *Jolly Roger*, 142–43p; Ritchie, *Captain Kidd*, 87–89p, 130–33p; John Biddulph, *The Pirates of Malabar and An Englishwoman in India Two Hundred Years Ago* (London: Smith, Elder, 1907), 26p; Hill, “Notes on Piracy,” 103p; Cordingly, *Under the Black Flag*, 191p.

121 「このことはムガル帝国の王室に：“Abstract, E. I. Co. Letters from Bombay” (October 12, 1695), in Jameson, *Privateering*, 159p.

121 その願いにもかかわらず……その後すぐに取引も再開した：同上、156–59p; Keay, *Honourable Company*, 186–88p; Ritchie, *Captain Kidd*, 130–32p.

122 エイヴリーの残虐な海賊行為によって……支払うことを自ら申し出た：“By the Lords Justices, A Proclamation” (July 17, 1696) (London: Charles Bill, July 1696); “By the Lords Justices, A Proclamation” (August 10, 1696), *Proceedings of the Council of Maryland, 1693–1696/ 7,* ed. William Hand Browne (Baltimore: Maryland Historical Society, 1900), 496–98p; Ritchie, *Captain Kidd*, 135p.

124 〝史上初の国際的な海賊狩り〟：Burgess, *Pirates' Pact*, 144p.

124 その後の数年間で：Baer,“ ‘Captain John Avery,’ ” 1–2p.

124 彼のその後の人生に関するばかげた記録：Charles Johnson, *The Life and Adventures of Capt. John Avery, and the Successful Pyrate,* introduction by Joel H. Baer (Los Angeles: Augustan Reprint Society, 1980).

124 エイヴリーのクルーに関しては……ただちにその海賊を投獄した：Douglas R. Burgess Jr., *The Politics of Piracy: Crime and Civil Disobedience in Colonial America* (Lebanon, NH: ForeEdge, 2014), 62–63p; Dann, in Jameson, *Privateering*, 171p.

125 「海賊を許せば：Dr. Newton, “The Trial of Joseph Dawson and Others” (October 19,

105 「この島で見られる多くの私掠船〟: "Lieutenant-Governor Sir William Beeston to Lords of Trade and Plantations" (June 10, 1693), *CSPC*, item 393, vol. 14, 114p.
106 「罪を許され: "Lieutenant-Governor Sir William Beeston to the Earl of Nottingham" (July 28, 1693), *CSPC*, item 479, vol. 14, 135–36p.
106 〝海賊や違法な貿易を: "Edward Randolph to William Popple" (May 12, 1698).
106 「私はクルーが去ってしまい: "Governor Nicholson to the Duke of Shrewsbury" (June 14, 1695), *CSPC*, item 1897, vol. 14, 510–13p.
107 〝広大な港〟: "From Captain Thomas Warren, of H.M.S. Windsor, to the East India Company" (November 28, 1697), *CSPC*, item 115 I, vol. 16, 67–71p.
107 別の記録には: Ritchie, *Captain Kidd*, 112p; Jane Hooper, "Pirates and Kings: Power on the Shores of Early Modern Madagascar and the Indian Ocean," *Journal of World History* (June 2011), 223p.
107 〝西洋人と原住民の荒くれ者たちのリーダー〟: "Council of Trade and Plantations to the King" (February 26, 1698), *CSPC*, item 265i, vol. 16, 121–22p.
107 望まぬ訪問者があらわれたときに備えて……戻って過ごしていた: Ritchie, Captain Kidd, 112; and "Deposition of Samuel Perkins of New England" (August 25, 1698), *CSPC*, item 771, vol. 16, 403–4p.
108 「最後に、あなたと一緒に過ごせる日を: John C. Appleby, *Women and English Piracy, 1540–1720: Partners and Victims of Crime* (Woodbridge, UK: Boydell Press, 2013), 116p.
108 一三〇〇スペイン銀貨: Ritchie, *Captain Kidd*, 119.
108 〝一方のグループは〟: "Deposition of Samuel Perkins of New England" (August 25, 1698).
109 サント・マリー島の海賊植民地の……これまでと同じように続いたという: Ritchie, *Captain Kidd*, 116p; "Deposition of Baldridge," Jameson, *Privateering*, 186–87p; McDonald, *Pirates, Merchants*, 126p; "Governor the Earl of Bellomont to Council of Trade and Plantations" (July 1, 1698), *CSPC*, item 622, vol. 16, 301–14p; "Governor the Earl of Bellomont to Council of Trade and Plantations" (August 24, 1699), *CSPC*, item 740, vol. 17, 402–11p.
110 エドワード・ランドルフ: ランドルフに関する背景情報は、次の資料による。Bailyn, *New England Merchants*, 154–59p; Michael Garibaldi Hall, *Edward Randolph and the American Colonies: 1676–1703* (Chapel Hill: University of North Carolina, 1960), 1, 178–82p.
110 〝あらゆる国の海賊に……隠れ家としている主な植民地〟: Randolph, "A Discourse About Pyrates," 320–21p.
110 〝総督自らが〟: "Edward Randolph to the Commissioners of Customs" (November 10, 1696), *CSPC*, item 396i, vol. 15, 212–15p.

第四章　取り締まり

114 チャールズ二世号の船員たちは……南へと向かった: Joel H. Baer, " 'Captain John Avery' and the Anatomy of a Mutiny," *Eighteenth Century Life* (February, 1994),

Pirates, Merchants, 84–89p; Nash, *Urban Crucible*, 70p; "Examination of Edward Buckmaster (June 6, 1699)," in Jameson, *Privateering*, 197p.

101 **一ガロンのラム酒が**：“Earl of Bellomont to the Lords of Trade” (November 14, 1698), in Brodhead, *Documents Relative to the Colonial History of the State of New York*, vol. IV, 532.

101 **〝もっとも重要な収益源〟**：Judd, “Frederick Philipse,” 358p.

102 **ニューヨークの商人が……裕福になった**：Cathy Matson, *Merchants & Empire: Trading in Colonial New York* (Baltimore: Johns Hopkins University Press, 2002), 63–64p; McDonald, *Pirates, Merchants*, 51–52p.

102 **〝海賊の天国であり〟**：Ritchie, *Captain Kidd*, 38p.

102 **〝紅海の男たち〟**：“Letter from Peter Delanoy Relative to Governor Fletcher's Conduct” (June 13, 1695).

103 **約四〇隻の船**：Caroline Frank, *Objectifying China, Imagining America: Chinese Commodities in Early America* (Chicago: University of Chicago Press, 2011), 31–32p.

103 **〝植民地の総督が国王の敵と戦うことを認めた私掠免許状を持っていた〟**：Hanna, *Pirate Nests*, 201p.

103 **「紅海やマダガスカルの財宝は**：“Lord Bellomont to Lords of the Admiralty, Boston” (September 7, 1699), *CSPC*, item 769 xviii, vol. 17, 425–32p.

103 **一ポンドから二ポンド**：Ralph Davis, *The Rise of the English Shipping Industry in the Seventeenth and Eighteenth Centuries* (St. Johns: International Maritime Economic History Association, 2012), 127–34p.

103 **〝不信心者であり**：“Nathaniel Coddington Narrative” (November 27, 1699), CO 5/1259, fol. D74, NAL；*Piracy Destroyed*, 5p.

103 **「キリスト教の敵であるイスラム教徒の船を襲って**：*The Ordinary of Newgate his Account of the Behavior, Confessions, and Dying-Words of Captain William Kidd, and other Pirates, that were Executed at the* Execution-Dock *in Wapping, on Friday May 23, 1701* (London: Printed for E. Mallet, 1701).

104 **ロンドンでの需要が高く**：McDonald, *Pirates, Merchants*, 41p; Hanna, *Pirate Nests*, 197p.

104 **「英国法は英国を取り巻く**：Bailyn, *New England Merchants*, 157–58p; Taylor, *American Colonies*, 276p.

104 **さらにそのことは……正当性を入植者らに与えていた**：Mark G. Hanna, “Well-Behaved Pirates Seldom Make History: A Reevaluation of the Golden Age of English Piracy,” in *Governing the Sea in the Early Modern Era: Essays in Honor of Robert C. Ritchie*, eds. Peter C. Mancall and Carole Shammas (Huntington, CA: Huntington Library, Art Collections, and Botanical Gardens, 2015), 134–45p.

105 **〝自らの身を守るためだった……を証言すること〟**：Mark G. Hanna, “A Lot of What Is Known about Pirates Is Not True, and a Lot of What Is True Is Not Known: The Pirate Next Door,” *Humanities* (Winter 2017), https://www.neh.gov/humanities/2017/winter/feature/lot-what-known-about-pirates-not-true-and-lot-what-true-not-known,（二〇一七年六月一二日にアクセス）

96 **スティーブン・デランシーや**：Gary B. Nash, *The Urban Crucible: Social Change, Political Consciousness, and the Origins of the American Revolution* (Cambridge, MA: Harvard University, 1979), 68p.

97 **〝初期のアメリカ版ホワイトカラー犯罪〟**：同上。

97 **フィリップスは、フレドリック・フライプセンの名で**：フィリップスに関する背景情報は、次の資料による。

Jacob Judd, "Frederick Philipse and the Madagascar Trade," *New-York Historical Society Quarterly* (October 1971), 354–57p; Aline Benjamin, "From Rags to Riches in 1686," *New York Times* (October 30, 1977); Kevin P. McDonald, *Pirates, Merchants, Settlers, and Slaves: Colonial America and the Indo-Atlantic World* (Oakland: University of California Press, 2015), 48p; Edwin G. Burrows and Mike Wallace, *Gotham: A History of New York City to 1898* (New York: Oxford University Press, 1999), 80p.

97 **一二フィートの壁**：John Steele Gordon, *The Business of America: Tales from the Marketplace—American Enterprise from the Settling of New England to the Breakup of AT& T* (New York: Walker Publishing, 2001), 9p; Burrows and Wallace, *Gotham*, 64p.

98 **ニューヨークは植民地における奴隷売買の中心地であり**：Lillian S. Williams, Amybeth Gregory, and Hadley Kruczek-Aaron, "African Americans," *The Encyclopedia of New York State*, ed. Peter Eisenstadt (Syracuse: Syracuse University Press, 2005), 18p; Leslie M. Harris, *In the Shadow of Slavery: African Americans in New York City, 1626–1863* (Chicago: University of Chicago Press, 2003), 11–12p.

98 **一六八五年に殺人の告発を免れるために**：Burgess, *Pirates' Pact*, 96p; "Deposition of Samuel Perkins" (August 25, 1698), *CSPC*, item 771, vol. 16, 403–4p.

98 **これは性急な決断ではなく……高い利益を得ることができたのである**：Arne Bialuschewski, "Pirates, Slavers, and the Indigenous Population in Madagascar, c. 1690–1715," *International Journal of African Historical Studies* (2005), 404p; McDonald, *Pirates, Merchants, Settlers*, 40–41p, 47p, 85p; Virginia Bever Platt, "The East India Company and the Madagascar Slave Trade," *William and Mary Quarterly* (Oct., 1969), 549p.

100 **バルドリッジがサント・マリー島に着くまでは**：Platt, "The East India Company," 548–50p; McDonald, *Pirates, Merchants*, 40–41p; James C. Armstrong, "Madagascar and the Slave Trade in the Seventeenth Century," *Omaly sy anio* (1983), 218p.

100 **そこで彼は、原住民に取り入るために……ささやかな砦を造り**："Deposition of Adam Baldridge (May 5, 1699)," in Jameson, Privateering, 181p.

100 **〝キング・バルドリッジ〟**：McDonald, *Pirates, Merchants*, 88–89p; Burgess, *Pirates' Pact*, 95–97p.

100 **バルドリッジがフィリップスの奴隷取引について……ホームシックになった海賊をアメリカに運んでやったの**：Judd, "Frederick Philipse," 357–66p；Ritchie, *Captain Kidd*, 112–16p; Deposition of Baldridge (May 5, 1699)," 182–87p; McDonald,

91 〝テューは何でも話してくれ：“John Graves to Council of Trade and Plantations” (February 19, 1697), *CSPC*, item 744, vol. 15, 379p.

92 当時人口が四〇〇〇人を超え：McCusker, “Colonial Statistics,” 5-655.

92 〝珍しい宝石を鞘にあしらった〟：Rufus Rockwell Wilson, *New York: Old & New, Its Story, Streets, and Landmarks*, vol. I (Philadelphia: J. B. Lippincott Company, 1903), 136–37p.

92 テューは地元の居酒屋や……私掠免許状を彼に授けた：“Copy of a report from the Attorney-General of New York to Governor Lord Bellomont” (May 4, 1698), *CSPC*, item 846 iii, vol. 16, 455–468p; “I. T. South to the Lords Justices of Ireland. Dublin” (August 15, 1696), *CSPC*, item 517, vol. 15, 248–67p.

94 「見知らぬ訪問者として：“Governor Fletcher to Council of Trade and Plantations” (June 22, 1697), *CSPC*, item 1098, vol. 15, 517–20p.

94 「勇気にあふれた……贈られたという：“Benjamin Fletcher to Council of Trade and Plantations” (December 24, 1698), *CSPC*, item 1077, vol. 16, 583–91p.

94 「テューはフレッチャーの寵愛を受け：“Letter from Peter Delanoy Relative to Governor Fletcher's Conduct” (June 13, 1695).

94 〝周知の事実だった〟：“Council of Trade and Plantations to the Lords Justices of England” (October 19, 1698), *CSPC*, item 904, vol. 16, 480–82p.

95 免許状を手に……実を結ぶことなく終わった：Dow and Edmonds, *Pirates*, 96p; Gosse, *History of Piracy*, 321p; “Baldridge Deposition,” in Jameson, *Privateering*, 184p; Defoe, *General History*, 439p; Burgess, *Pirates' Pact*, 113–16p; “John Graves to Council of Trade and Plantations” (February 19, 1697), *CSPC*, item 744, vol. 15, 379p.

95 〝金が石や砂のようにあふれている紅海へ行くこと〟：“Nathaniel Coddington Narrative” (November 27, 1699), CO 5/ 1259, fol. D74, NAL.

96 一人一〇〇ポンド：“Deposition of James Emott (May 1698) and Deposition of Leonard Lewis” (May 1698), *CSPC*, item 473 vii and ix, vol. 16, 224–29.

96 〝みかじめ料〟：“Deposition of Leonard Lewis” (May 1698), *CSPC*, item 473 vii, vol. 16, 224–29.

96 〝面倒な事態におちいることを避けるため〟：“Deposition of Samuel Burgess” (May 3, 1698).

96 数百人もの海賊から：“Mr. Weaver's Statements to the Board of Trade,” September 27, 1698, in John Romeyn Brodhead, *Documents Relative to the Colonial History of the State of New York*, vol. IV (Albany: Weed, Parson and Company, 1854), 384p.

96 「彼らが海賊になったとしても：“Governor Fletcher to Council of Trade and Plantations” (June 22, 1697).

96 三万ポンド：“Letter from Peter Delanoy Relative to Governor Fletcher's Conduct” (June 13, 1695).

96 税官吏の……保安官も同様のことをしていた：P. Bradley Nutting, “The Madagascar Connection: Parliament and Piracy, 1690–1701,” *American Journal of Legal History* (July 1978), 210p.

Author, 1748), 57p.

第三章 〝石や砂のように豊富に金《かね》のあるところ〟

86 **〝ほとんど航海には使い物にならないほど〟……クルーは活気に満ちていた**：J. Ovington, *A Voyage to Suratt in the Year, 1689* (London: Jacob Tonson, 1696), 102–3p.

86 **この海賊たちは……巡礼者も運んでいたのだ**：Charles Grey, *Pirates of the Eastern Seas (1618–1723): A Lurid Page of History* (Port Washington, NY: Kennikat Press, 1971, first published in 1933), 12, 89–109p; Ovington, *A Voyage*, 103–5p; *Piracy Destroyed: Or, A Short Discourse Showing the Rise, Growth and Causes of Piracy of Late; With a Sure Method How to Put a Speedy Stop to that Growing Evil* (London: John Nutt, 1701), 2p; Charles Hill, "Notes on Piracy in Eastern Waters," The Indian Antiquary (March 1927), Hill, 89–91p.

88 **最初にムガルの財宝を求めてインド洋に向かったアメリカ船**：ジェイコブ号に関する話の背景情報は、次の資料による。

Robert C. Ritchie, "Samuel Burgess, Pirate," *Authority and Resistance in Early New York*, ed. William Pencak and Conrad Edick Wright (New York: New-York Historical Society, 1988), 117–18p; Hannah, *Pirate Nests*, 215p; "Deposition of Samuel Burgess" (May 3, 1698), *CSPC*, item 473ii, vol. 16, 224–29p; "Deposition of Edward Taylor" (May 7, 1698), *CSPC*, item 473iii, vol. 16, 224–29p; "Letter from Peter Delanoy Relative to Governor Fletcher's Conduct" (June 13, 1695), *CSPC*, item 1892, vol. 14, 503–6p; Charles Burr Todd, *The Story of The City of New York* (New York: G. P. Putnam's Sons, 1888), 174p; "Council of Trade and Plantations to the Lords Justices of England (October 19, 1698)," *CSPC*, item 904, vol. 16, 480–82p.

89 **〝強い情熱とわずかな才能を持ち**：William Smith, *The History of the Province of New-York From The First Discovery to the Year MDCCXXXII* (London: Thomas Wilcox, 1757), 80p.

89 **「国の利益ではなく金だけを求める哀れな乞食だ」**：James Grant Wilson, *The Memorial History of the City of New-York, From its First Settlement to the Year 1892*, vol. I (New York: New-York History Company, 1892), 495p.

89 **「贈り物を受け取るときは特に喜んだ」**："Letter from Peter Delanoy Relative to Governor Fletcher's Conduct" (June 13, 1695), *CSPC*, item 1892, vol. 14, 503–6p.

90 **ロードアイランド生まれのテューは……ベンジャミン・フレッチャーのもとに向かった**：Burgess, *Pirates' Pact*, 108–12p; Dow and Edmonds, *Pirates*, 84–88p; Baldridge Deposition, J. Franklin Jameson, *Privateering and Piracy in the Colonial Period—Illustrative Documents* (New York: Augustus M. Kelley, 1923), 183p; Randolph, "A Discourse About Pyrates," 321p; "Secretary to the East India Company to William Popple" (December 18, 1696), *CSPC*, item 517, vol. 15, 259–64p; Daniel Defoe [Charles Johnson], *A General History of the Pyrates*, ed. Manuel Schonhorn (Mineola, NY: Dover Publications, 1999), 422–23p, 438–39p.

"Colonial Statistics," in *Historical Statistics of the United States, Earliest Times to the Present, Millennial Edition, Part E,* eds. Susan B. Carter et. al. (Cambridge: Cambridge University Press, 2006), 5-651–53, 5-655.

75 **海賊が植民地に利益をもたらすのと同様に**：Philip Alexander Bruce, *Institutional History of Virginia in the Seventeenth Century,* vol. II (New York: G. P. Putnam's Sons, 1910), 209p.

76 **トーマス・ポンド**：ポンドに関するこの部分の背景情報は、次の資料による。
Henry Edmonds, *Captain Thomas Pound* (Cambridge, MA: John Wilson and Son, 1918), 23–84p; Dow and Edmonds, *Pirates*, 54–72. 前者の出典には、この時代の裁判記録およびこの事件に関与していた者の証言に多くのページを割いており、これらから引用している。

77 **この行動は**：Priscilla Sawyer Lord and Virginia Clegg Gamage, *Marblehead: The Spirit of '76 Lives Here* (Radnor: Chilton Book Company, 1972), 65p; Samuel C. Derby, "The Derby Family," *The 'Old Northwest' Genealogical Quarterly* (January, 1910), 36p.

78 **〝ならず者〟**：Sylvanus Davis, "Deposition" (August 19, 1689), in Edmonds, *Captain Thomas Pound*, 55p.

78 **〝海側をしっかり見張る〟**：同上。

79 **〝追ってきたら、捕らえられる前に〟**：John Smart, "Deposition" (August 17, 1689), in Edmonds, *Captain Thomas Pound*, 56p.

80 **〝海賊を制圧し〟**："Governor's Council to Samuel Pease" (September 30, 1689), in Edmonds, *Captain Thomas Pound*, 61p.

80 **〝ターポリンコーブに海賊がいる〟**：Benjamin Gallop et al., "Deposition" (1689), in Edmonds, Captain Thomas Pound, 36.

80 **〝赤い旗……情けをかけてやるのはおれたちのほうだ」**：同上：Matthew Mayhew, "Deposition" (August 29, 1689), in Edmonds, *Captain Thomas Pound*, 59p.

81 **〝位の高い女性〟**："Journal of Benjamin Bullivant" (May 19, 1690), *CSPC*, item 885, vol. 13, 263–65p.

82 **〝人々を大いにがっかりさせた〟**：Samuel Sewall, "Diary of Samuel Sewall," vol. I, 1674–1700, in Collections of the Massachusetts Historical Society, vol. V, Fifth Series (Boston: Massachusetts Historical Society, 1878), 310.

82 **この状況を……〝神の恐ろしい裁き〟だと言った**：R. B., *The General History of Earthquakes* (London: A. Bettersworth and J. Hodges, 1734), 134–40p; M. N., "Earthquake at Port Royal in Jamaica in 1692," *The Gentleman's Magazine* (November 1785), 879–80p; Hanna, *Pirate Nests*, 142p.

82 **〝魚や鳥たちの餌〟**：Matthew Parker, *The Sugar Barons: Family, Corruption, Empire, and War in the West Indies* (New York: Walker, 2011), 169p.

83 **〝世界でもっとも罪深い、堕落した人々〟に下された〝神の恐ろしい裁き〟**："An Account of a Dreadful Earthquake, That Happened at Port Royal in Jamaica, on June the 7th, 1692," in "Two Letters Written by a Minister of that Place," in *Philotheus, True and Particular History of Earthquakes* (London: Printed for the

68　**アメリカの植民地で……事実上無意味なものとなっていた**：Hanna, *Pirate Nests*, 148n6, 178p; "Earl of Craven to Lords of Trade and Plantations" (May 27, 1684), *CSPC*, item 1707, vol. 11, 642–43p.

69　**〝適切に裁く代わりに……貿易に多大な悪影響を与えていた**："King James II to Governor Dongan" (October 13, 1687), in *Documents Relative to the Colonial History of the State of New-York*, vol. III, 490–91p.

69　**一六八四年八月……金を使ってくれるに違いないと考えていた**："Governor Cranfield to Lords of Trade and Plantations" (August 25, 1684), *CSPC*, item 1845, vol. 11, 678–79p; C. H. Haring, *The Buccaneers in the West Indies in the XVII Century* (New York: E. P. Dutton and Company, 1910), 251–52p.

70　**〝虐殺と強奪で悪名が高い、第一級の海賊……金や銀、宝石、カカオといった海賊の戦利品の隠し場所〟**："William Dyer to Sir Leoline Jenkins" (September 12, 1684).

70　**次の獲物**："William Stapleton to Lords of Trade and Plantations" (January 7, 1685), *CSPC*, item 2042, vol. 11, 759–60p.

70　**決して驚くべきことではないが……決して偶然ではなかった**：Curtis Nettles, "British Policy and Colonial Money Supply," in *Economic History Review* (October 1931), 219–33p; Bernard Bailyn, *The New England Merchants in the Seventeenth Century* (Cambridge, MA: Harvard University Press, 1979), 182–83p; Hanna, *Pirate Nests*, 168–71p.

71　**「ニューイングランドの銀は**：Cotton Mather, "Some Consideration on the Bills of Credit Now Passing in New-England," in *Tracts Relating to the Currency of the Massachusetts Bay, 1682–1720*, ed. Andrew McFarland (Boston: Houghton, Mifflin and Company, 1902), 17p.

71　**植民地の総督らが……驚くことではなかったのかもしれない**："Edward Randolph to William Popple" (May 12, 1698), *CSPC*, item 452, vol. 16, 211–15p; Hughson, "Carolina Pirates," 23p; Taylor, *American Colonies*, 286p; B. R. Carroll, *Historical Collections of South Carolina*, vol. I (New York: Harper & Brothers, 1836), 86–87p.

72　**航海法**：Taylor, *American Colonies*, 258p.

72　**〝たとえ個々の総督が**：Hanna, *Pirate Nests*, 145–46p.

72　**〝海賊や違法な取引に対して正当な措置を**："A Letter to a Member of Parliament Concerning the Suppression of Piracy (March 20, 1700)," in *Letter-Book of Samuel Sewall, Collections of the Massachusetts Historical Society*, vol. I, Sixth Series (Boston: Massachusetts Historical Society, 1886), 222n.

73　**一六九〇年の夏……英雄として迎えられた**：同上、263–70p; Chapin, "Captain Paine of Cajacet," 25–29p; Samuel Greene Arnold, *History of the State of Rhode Island and Providence Plantations*, vol. I (New York: D. Appleton, 1874), 520–21p.

74　**〝非常に凶暴で、腹のすわった男〟**：Samuel Niles, "A Summary Historical Narrative of the Wars in New-England with the French and Indians, in the Several Parts of the Country," in *Collections of the Massachusetts Historical Society*, vol. VI of the Third Series (Boston: American Stationers' Company, 1837), 269p.

74　**「彼と戦うなら**：同上、270p.

74　**植民地に定住する……軍事上の勢力となっていたのだった**："John J. McCusker,

64 〝海賊がもたらした金であふれている〟："Sir Thomas Lynch to the Lords of Trade and Plantations" (February 28, 1684), *CSPC*, item 1563, vol. 11, 592–98p.
65 〝あらゆる国のなかでももっとも有名な海賊の寄港地〟：John Romeyn Brodhead, *History of the State of New York*, vol. II (New York: Harper & Brothers, 1871), 524p.
65 この資金の大きさを理解するために比較してみると：William B. Weeden, *Economic and Social History of New England*, 1620–1789, vol. I (Boston: Houghton, Mifflin and Company, 1890), 334p; Weeden, *Economic and Social History of New England*, vol. II, 887p.
65 〝植民地時代のアメリカの貨幣の：Hanna, *Pirate Nests,* 171p；Shirley C. Hughson, "The Carolina Pirates and Colonial Commerce (1670–1740)," in *Johns Hopkins University Studies in Historical and Political Science*, ed. Herbert B. Adams, Twelfth Series, V-VI-VIII (Baltimore: Johns Hopkins Press, 1894), 249–50p; John Fiske, *Old Virginia and Her Neighbours,* vol. II (Boston: Houghton, Mifflin and Company, 1897), 362p.
65 海賊は、貨幣に加えて……溶かしてフォークやナイフ、スプーンにすることだった：Hanna, *Pirate Nests*, 96–98p, 169–70p; Thomas Hutchinson, *The History of the Colony of Massachusetts-Bay* (London: M. Richardson, 1760), 177–78p.
65 〝それと気づかれずに："Edward Randolph to the Lords of Trade (May 29, 1689)," *in Documents Relative to the Colonial History of the State of New-York*, ed. John Romeyn Brodhead, vol. III (Albany, NY: Weed, Parsons and Company, 1853), 582p.
65 また海賊は……奴隷も植民地にもたらした：Hanna, *Pirate Nests*, 91p, 167–72p.
66 〝多くの〟："Edward Randolph to William Blathwayt (October 19, 1688)," in *Edward Randolph, 1678–1700*, vol. VI (Boston: The Prince Society, 1909), 275p.
66 〝かなり裕福な商人〟：Abiel Holmes, *American Annals; or A Chronological History of America*, vol. I (Cambridge: W. Hilliard, 1805), 444n2.
66 トーマス・ペイン：ペインに関する背景情報は、次の資料による。
Howard M. Chapin, "Captain Paine of Cajacet," *Rhode Island Historical Society Collections* (January 1930), 19–32p.
66 〝捕らえて連れてくるか："Thomas Lynch to Leoline Jenkins" (November 6, 1682), *CSPC*, item 769, vol. 11, 318–21p.
67 〝押収に抵抗するために武装する時間〟："Relation of T. Thacker, Deputy-Collector" (August 16, 1684), *CSPC*, item 1862ii, vol. 11, 684–86p.
67 〝海賊行為をしていたこと〟：同上。
67 一六八四年九月……告発した："William Dyre to Leoline Jenkins" (September 12, 1684), *CSPC*, item 1862, vol. 11, 684–86p.
67 〝完全な海賊〟：同上。
68 「彼らは十分な人員を配備した：Edward Randolph, "A Discourse About Pirates, With Proper Remedies to Suppress Them" (1696), in Philip Gosse, *The History of Piracy* (Mineola, NY: Dover Publications, 2007, reprint of original 1932 edition), 320p.

54 〝世界でもっとも危険な都市〟：Hamilton Mabie and Marshal H. Bright, *The Memorial Story of America, Comprising the Important Events, Episodes, and Incidents Which Make Up the Record of Four Hundred Years* (Philadelphia: John C. Winston, 1892), 119p.

54 〝西インド諸島のソドム〟：Carl and Roberta Bridenbaugh, *No Peace beyond the Line: The English in the Caribbean, 1624–1690* (New York: Oxford University Press, 1972), 367p.

55 あいつらは金を手に入れたとしても：Esquemelin, *Buccaneers*, 81–82p.

56 〝彼女は太っていたため：同上Diana and Michael Preston, *A Pirate of Exquisite Mind: Explorer, Naturalist, and Buccaneer—The Life of William Dampier* (New York: Walker, 2004), 28p.

56 モーガンはジャマイカにたどり着くと……死ぬほど悔しがったという：Talty, *Empire of Blue Water*, 101–128p, 199–252p; Patrick Pringle, *Jolly Roger: The Story of the Great Age of Piracy* (New York: W. W. Norton, 1953), 67–75p; Hanna, *Pirate Nests*, 103–114p; Esquemelin, *Buccaneers*, 180–204p; Pope, *Buccaneer King*, 62–67p, 216–49p; Cordingly, *Under the Black Flag*, 45–53.p

57 「こうして世界でもっとも偉大な：Henry Morgan's Account of an Expedition Against the Spaniards (April 20, 1671), in "America and West Indies: April 1671," *CSPC*, item 504, vol. 7, 203p.

58 その結果、強奪した財宝は：Talty, *Empire of Blue Water*, 251p.

58 一六七一年四月ジャマイカに帰ってきたモーガンは……かつてに比べて大幅に減っていた：Pope, *Buccaneer King*, 248–82p; Talty, *Empire of Blue Water*, 253–82p; Patrick Pringle, *Jolly Roger*, 75–78p; Hanna, *Pirate Nests*, 115–42p; "King Charles II to Thomas Lynch" (March 10, 1671), CO 137/ 11, fol. 111, NA; Burgess, *Pirates' Pact*, 67–77p.

60 〝愉快な君主〟：Anna Keay, *The Magnificent Monarch: Charles II and the Ceremonies of Power* (London: Continuum, 2008), 2–3p.

62 〝このいまわしい海賊行為が〟："Sir Thos. Lynch to Joseph Williamson" (January 13, 1672), *CSPC*, item 729, vol. 7, 315–17p.

第二章　もろ手を挙げた歓迎

64 植民地の商人たちは……準備に費やすようになった：Hanna, *Pirate Nests*, 150–58p, 167p.

64 〝ごく普通の船乗り〟：John Winthrop, *Winthrop's Journal, History of New England, 1630–1649*, vol. II, ed. James Kendall Hosmer (New York: Charles Scribner's Sons, 1908), 272p.

64 〝活気にあふれた荒くれ者〟：William Bradford, *History of Plymouth Plantation*, ed. Charles Deane (Boston: Privately Published, 1856), 441p.

64 〝狂人のように〟：同上。

64 〝貧しい者らに惜しみなく施しを与える……断言した〟：Winthrop, *Winthrop's Journal*, vol. II, 272p.

45　〝恐怖におののいた〟：Clap, *Memoirs*, 18.
46　〝報告があるまで：Winthrop, *Winthrop's Journal*, vol. I, 95p.
46　「彼らはいくつかの英国のプランテーションに滞在したが、……自ら船を沈めるつもりだ」：同上、96p。
46　アンソニー・ディックス：Sidney Perley, *The History of Salem Massachusetts,* vol. I (Salem, MA: Sidney Perley, 1924), 223p.
46　ひどくおびえていて：Clap, Memoirs, 18p.
46　〝ブルらの海賊を追うために：Winthrop, *Winthrop's Journal*, vol. I, 101–2p.
47　〝東に逃げ……哀れな末路を迎えた〟：Clap, *Memoirs*, 18–19p.
47　また、他にも：Perley, *History of Salem*, 223p.
48　一六三〇年ごろ……均等に――少年は大人の半分――分けた：Alexander O. Esquemelin, *The Buccaneers of America,* translated by Alexis Brown, and introduction by Jack Beeching (Mineola, NY: Dover Publications, 2000［これは一九六九年 Penguin Books 翻訳版の再版であり、オリジナル版は一六七八年にオランダで発行された]), 8–10p, 29p, 47p, 70–72p; Violet Barbour, "Privateers and Pirates of the West Indies," *American Historical Review* (April 1911), 536–39p; James Burney, *A Chronological History of the Voyages and Discoveries in the South Sea or Pacific Ocean*, vol. IV (London: Luke Hansard & Sons, 1816), 47–51p; Cordingly, *Under the Black Flag*, xviii.
50　〝海の兄弟〟：James Burney, *History of The Buccaneers of America* (London: Swan Sonnenschein, 1891, reprint of 1816 edition), 41p.
50　〝目が卵のように飛び出るまで〟：Esquemelin, *Buccaneers*, 147p.
52　〝片手刀で：同上、107p.
52　この残酷な行為を：同上、117p.
52　時間とともに、バッカニアは……金庫を潤したのだった：Hanna, *Pirate Nests*, 102–114p; Douglas R. Burgess Jr., *The Pirates' Pact: The Secret Alliances between History's Most Notorious Buccaneers and Colonial America* (New York: McGraw Hill, 2008), 47–50p; Stephen Talty, *Empire of Blue Water: Captain Morgan's Great Pirate Army, the Epic Battle for the Americas, and the Catastrophe that Ended the Outlaw's Bloody Reign* (New York: Crown, 2007), 20–23p; Dudley Pope, *The Buccaneer King: The Biography of the Notorious Sir Henry Morgan, 1635–1688* (New York: Dodd, Mead, 1977), 121–25p.
54　〝（トルデシリャス条約が定めた）境界線の〟：Lennox Honychurch, *The Caribbean People, Book 2* (Cheltenham, UK: Thomas Nelson & Sons, 1995), 45p.
54　風格のあるれんが造りの：Michael Pawson and David Buisseret, *Port Royal Jamaica* (Barbados: University of the West Indies Press, 2000), 135p; Mathew Mulcahy, " 'that fatall spot': The Rise and Fall—and Rise and Fall Again—of Port Royal, Jamaica," in *Investing in the Early Modern Built Environment*, ed. Carole Shammas (Leiden: Brill, 2012), 196p; Mathew Mulcahy, *Hurricanes and Society in the British Greater Caribbean, 1624–1783* (Baltimore: Johns Hopkins University Press, 2006), 120p.

Oliver Horton and Lois E. Horton, *Slavery and the Making of America* (Oxford: Oxford University Press, 2005), 27–29p; Engel Sluiter, "New Light on the '20 Odd Negroes' Arriving in Virginia, August 1619," *William and Mary Quarterly* (April 1977), 395–98p; "The First Africans," Jamestown Rediscovery, Historic Jamestowne, http://historicjamestowne.org/history/the-first-africans/（二〇一七年一一月九日にアクセス）; Bernard Bailyn, *The Barbarous Years: The Peopling of British North America; The Conflict of Civilizations, 1600–1675* (New York: Alfred A. Knopf, 2013), 174–75p; Clive Senior, *A Nation of Pirates: English Piracy in its Heyday* (London: David & Charles Newton Abbot, 1976), 8p.

41 **〝その何年か前には、バミューダ諸島に連れてこられた奴隷がいた**：Horn, *A Land as God Made It*, 286–87p.

42 **〝略奪をなりわいとする**：*James I, By the King. A Proclamation Against Pirats* (January 8, 1609) (London: Deputies of Robert Barker, 1609).

42 **〝厳しく罰し、荷物を没収しない限り〟**：“Virginia Company Instructions to the Governor and Council of State in Virginia (July 24, 1621)," in Samuel M. Bemiss, *The Three Charters of the Virginia Company of London* (Williamsburg: Virginia 350th Anniversary Celebration Corporation, 1957), 110p.

42 **ディクシー・ブル**：ディクシー・ブルに関する背景情報は、次の資料による。
Jim McClain, *A Brief Account of the Wicked Doings of Dixie Bull, Reportedly the First Pirate in New England Waters* (New York: Court Printers, 1980); C. E. Banks, *"Pirate of Pemaquid, 1631," The Maine Historical and Genealogical Recorder,* vol. I (Portland, ME: S.M. Watson, 1884), 57–61p; John Winthrop, *Winthrop's Journal, "History of New England," 1630–1649,* vol. I, ed. James Kendall Hosmer (New York: Charles Scribner's Sons, 1908) 82, 95–96p, 101–2p; Roger Clap, *Memoirs of Captain Roger Clap* (Boston: David Carlisle, 1807), 18–19p; George Francis Dow and John Henry Edmonds, *The Pirates of the New England Coast, 1630–1730* (New York: Sentry Press, 1968, facsimile of the 1923 edition), 20–22p.

42 **インディアンによって集められ……収入源となっていた**：Eric Jay Dolin, *Fur, Fortune, and Empire: The Epic History of the Fur Trade in America* (New York: W. W. Norton, 2010), xv, 21–22, 37–73; and James Truslow Adams, The Founding of New England (Boston: Atlantic Monthly Press, 1921), 102p.

44 **一六三〇年にエイブラハム・シュルテによって**：Harry Gratwick, *The Forts of Maine: Silent Sentinels of the Pine Tree State* (Charleston, SC: History Press, 2013); J. Wingate Thornton, "Ancient Pemaquid, An Historical Review," *Collections of the Maine Historical Society*, vol. V (Portland, ME: Published for the Society, 1857), 197p.

44 **五〇〇ポンド**："John Winter to Robert Trelawny" (July 11, 1633), *Documentary History of the State of Maine*, vol. III, ed. James Phinney Baxter (Portland, ME: Hoyt, Fogg, and Donham, 1884), 23p.

44 **当時、商船の船長が**：William B. Weeden, *Economic and Social History of New England, 1620–1789*, vol. II (Boston: Houghton, Mifflin and Company, 1890), 877–78p.

first-city-capitalismに二〇一七年一一月九日にアクセス。

33 〝マニラ・ガレオン〟：David Cordingly, *Spanish Gold: Captain Woodes Rogers and the Pirates of the Caribbean* (London: Bloomsbury, 2011)；Patricio N. Abinales and Donna J. Amoroso, *State and Society in the Philippines* (Lanham, MD: Rowman & Littlefield, 2005), 63p.

33 〝あらゆる海の財宝〟：Glyndwr Williams, The Great South Sea: English Voyages and Encounters, 1570–1750 (New Haven, CT: Yale University Press, 1997), 233p.

33 金や銀、そして異国の品々の流入が……もっとも大きな利益を得たのは英国だった：Taylor, American Colonies, 63–65p.

33 〝トルデシリャス条約：H. Michael Tarver and Emily Slape, "Overview Essay," in *The Spanish Empire: A Historical Encyclopedia,* vol. I, ed. H. Michael Tarver and Emily Slape (Santa Barbara, CA: ABC-CLIO, 2016), 61–62p.

34 〝海賊や私掠船のクルーの間で育ち……英国の年間収入を上回る財宝をもたらしたのだった：Kelsey, *Sir Francis Drake*, 11–39,p 75–82p, 137–70p, 210–19p; Hanna, *Pirate Nests*, 43–45p; Robert C. Ritchie, *Captain Kidd and the War against the Pirates* (Cambridge, MA: Harvard University Press, 1986), 12p; Henry Walter, *A History of England*, vol. III (London: J. G. & F. Rivington, 1832), 588p–89p; David Cordingly, *Under the Black Flag: The Romance and the Reality of Life among the Pirates* (Orlando: Harvest Book, 1995), 28–31p.

36 〝さまざまな傷〟：Harry Kelsey, *Sir Francis Drake: The Queen's Pirate* (New Haven, CT: Yale University Press, 1998), 76p.

38 〝カカフエゴ：Kenneth R. Andrews, *Trade, Plunder, and Settlement: Maritime Enterprises and the Genesis of the British Empire, 1480–1630* (Cambridge: Cambridge University Press, 1984), 154p.

38 「同じ時代の人々が：Samuel Taylor Coleridge, *Specimens of the Table Talk of the Late Samuel Taylor Coleridge*, vol. II (New York: Harper & Brothers, 1835), 16p.

39 〝船乗りたち〟：William Wood, *Elizabethan Sea-Dogs: A Chronicle of Drake and His Companions* (New Haven, CT: Yale University Press, 1921).

40 〝私掠船だと言い張っても：Ritchie, Captain Kidd, 13p; Mark St. John Erickson, "Spain Feared Jamestown for Harboring English Pirates," *Daily Press* (June 1, 2012).

40 〝入植者の様子をひそかに探る代わりに：James Horn, *A Land as God Made It: Jamestown and the Birth of America* (New York: Basic Books, 2005), 200–203p.

40 〝国王陛下〟に対し：“Letter of Don Diego De Molina, 1613," *Narratives of Early Virginia,* 1606–1625, ed. Lyon Gardiner Tyler (New York: Charles Scribner's Sons, 1907), 218p.

41 〝一六一九年初め……明確なメッセージを送った：W. Frank Craven, "The Earl of Warwick, A Speculator in Piracy," *The Hispanic American Historical Review* (November 1930), 463–64p; Hanna, *Pirate Nests*, 76–77p; John Donoghue, *Fire under the Ashes: An Atlantic History of the English Revolution* (Chicago: University of Chicago Press, 2013), 26–27p; Horn, *A Land as God Made It*, 244p; James

Conditions of Pyrates; And How They Taught the Turks and Moores to Become Men of Warfare," in Capt. John Smith, Works, 1608–1631, ed. Edward Arber (Birmingham: Privately published, 1884), 913p.

23 「**海賊がいない時代などなく**：Dio Cassius, Dio's Annals of Rome, translated by Herbert Baldwin Foster, vol. II (Troy: Pafraets Book Company, 1905), 16p.

23 〝**許可を受けた**〟：William Barton, *A Dissertation on the Freedom of Navigation and Maritime Commerce and Such Rights of States, Relative Thereto, as are Founded on the Law of Nations* (Philadelphia: John Conrad, 1802), 294p; Angus Konstam, *The World Atlas of Pirates* (Guilford, CT: Lyons Press, 2010), 174p.

24 〝**人類の敵**〟：William Blackstone, *Commentaries on the Laws of England*, 9th ed., vol. 4 (London: Printed for W. Strahan, T. Cadell, and D. Prince, 1783), 71p. エドワード・コーク卿が〝人類の敵〟という呼び方を、自身で思いついたわけではない。このことばの語源はローマの政治家マルクス・トゥッリウス・キケロ（紀元前一〇六年－四三年）にさかのぼる。彼は海賊のことを、communis hostis omnium すなわち、〝すべての共通の敵〟と呼んだ。Daniel Heller-Roazen, *The Enemy of All: Piracy and the Law of Nations* (New York: Zone Books, 2009), 16pを参照されたい。

25 〝**死の王の旗のもと**〟：Marcus Rediker, " 'Under the Banner of King Death': The Social World of Anglo-American Pirates, 1716 to 1726," *William and Mary Quarterly* (April 1981), 204p.

第一章　小さな始まり

30 〝**英国がバージニア島を足がかりとして**：Philip III, King of Spain, letter to the Duke of Medina Sidonia, July 29, 1608, MS 2010.5, John D. Rockefeller Jr. Library, Colonial Williamsburg Foundation. Mark G. Hanna, *Pirate Nests and the Rise of the British Empire: 1570–1740* (Chapel Hill: University of North Carolina Press, 2015), 68p; *The Genesis of the United States,* vol. I, ed. Alexander Brown (Boston: Houghton, Mifflin and Company, 1890), 119–21p.

30 〝**彼を殺害した**：Mark Cocker, Rivers of Blood, *Rivers of Gold: Europe's Conquest of Indigenous Peoples* (New York: Grove Press, 1998), 9pおよびKim MacQuarrie, *The Last Days of the Incas* (New York: Simon & Schuster, 2007), 95–96p, 123p, 133–34p。

32 〝**ポトシのように豊かに**〟：Kenneth Pomeranz and Steven Topik, *The World that Trade Created: Society, Culture, and the World Economy, 1400 to the Present* (Armonk, NY: M.E. Sharpe, 2006), 154p.

32 〝**真の意味で初の世界通貨**〟：Niall Ferguson, *The Ascent of Money: A Financial History of the World* (New York: Penguin Press, 2008), 25–26p.

32 〝三〇〇〇**トン**〟：Neil MacGregor, "Pieces of Eight," in *A History of the World in 100 Objects* (New York: Viking, 2011), 518p.

32 〝**人を喰う山**〟：Patrick Greenfield, "Story of Cities #6: How Silver Turned Potosi into 'the First City of Capitalism,' " *Guardian* (March 21, 2016), https://www.theguardian.com/cities/2016/mar/21/story-of-cities-6-potosi-bolivia-peru-inca-

1660–1730, vol. 3 (London: Pickering & Chatto, 2007)231–58p; Mather, *Vial Poured Out*; Benjamin Colman, *It is a fearful thing to fall into the Hands of the Living God: A Sermon Preached to Some Miserable Pirates, July 10, 1726, The Lords Day* (Boston: Philips and Hancock, 1726).

13 「いいか、少しでも手足を動かしたり：Baer, "Tryals of Sixteen Persons," 249p.

13 「お願いだ、甲板長……「主よ、私の魂を憐れみたまえ」：同上。

14 「あの野郎を甲板に引きずり出せ」……「お願いだから、命だけは助けてくれ」：同上、257p。

14 「船長の後を追うんだな」……「お願いだ、ロープを投げてくれ」：同上、256p。

14 〝幸運の紳士たち〟：同上、254p。

14 三隻の商船を襲い：同上、254p。"New York, June 20," *Boston Gazette* (June 20–27, 1726); "Philadelphia, June 23," *American Weekly Mercury* (June 23, 1726).

14 〝頭を吹き飛ばされる〟：Baer, "Tryals of Sixteen Persons," 254p.

15 〝機嫌を取って〟：Mather, *Vial Poured Out*, 3p.

16 〝お目当ての船団〟：Colman, It is a fearful thing, 34p.

17 「捕虜となって服従しない限り、死ぬことになるぞ」：同上、34–35p。

17 〝自分自身を呪い……地獄へ連れて行ってくれる〟：同上、35–36p。

17 六月二九日："Yesterday came in here," *BNL* (June 23–30, 1726).

18 薄暗い色の石でできた："Petition of Poor Prisoners in Boston Jail, 1713," in *Bulletin of the Boston Public Library* (January–March, 1919), 82p.

18 〝天罰を避ける〟：Mather, Vial Poured Out, 11p.

18 〝衆目にさらされるつもりはない〟：同上、47p。

18 〝悔い改めたといううそをついたまま死んでいく〟：同上、19p。

18 〝不機嫌で怒りをあらわにしていた〟：同上、47p。

19 〝フライは元気よく：Colman, *It is a fearful thing*, 37p.

19 〝勇敢な男〟……手際が悪いと言って死刑執行人を非難し〟：Mather, *Vial Poured Out*, 47p.

20 〝船長たちに言いたいことがある……来るべき裁き〟：同上、48p。

20 〝人々――特に船乗り――に対する警告として："On Tuesday the 12th Instant," *BNL* (July 7–14, 1726).

22 〝攻撃する、襲撃する〟："Pirate," *The Oxford English Dictionary*, 2nd ed., vol. XI, ed. J. A. Simpson and E. S. C. Weiner (Oxford: Clarendon Press, 1989), 898–99p; Ricardo Gosalbo-Bono and Sonja Boelaert, "The European Union's Comprehensive Approach to Combating Piracy at Sea: Legal Aspects," in *The Law and Practice of Piracy at Sea: European and International Perspectives* (Oxford: Hart Publishing, 2014), 81p.

22 〝自由気ままに襲いかかり、略奪に命をかける海のオオカミ〟：Homer, The Odyssey, translated by Robert Fagles (New York: Penguin, 1996), 28p。さらに海賊に関する偉大な古代の文化を知りたい場合は、Daniel Heller-Roazenによる *The Enemy of All: Piracy and the Law of Nations* (New York: Zone Books, 2009), 31–39pを参照されたい。

22 〝あらゆる土地に多くの人々がいれば：John Smith, "The Bad Life, Qualities and

巻末注で使用されている略語

ADM：高等海事裁判所
BNL：ボストン・ニュースレター
CO：植民地政府記録
NAL：国立公文書館（ロンドン）
CSPC：イギリス対外政策文書（Calendar of State Papers Colonial, America and West Indies)。英国印刷庁は、一五七四年から一七三九年に及ぶ期間に対する数巻よりなる当該文書を出版している。本書において引用している当該文書は、一八〇〇年代後半から一九〇〇年代の初めから中ごろにかけて出版され、W・ノエル・セインズベリー、J・W・フォーテスキュー、セシル・ヘッドラムなどの多くの編集者によって編集された。これらの文書は、ハードコピー、Proquest（http://www.proquest.com/)、またはBritish History Online（http://www.british-history.ac.uk/search/series/cal-state-papers-colonial-america-west-indies）で入手可能である。以下の巻末注は、引用したCSPCの文書名、文書番号、巻番号およびページ番号を記載している。

5 **「だが、船ったって**：William Shakespeare, *The Merchant of Venice, in theWorks of William Shakespeare*, ed. Edmond Malone, vol. V (London: Printed for the Proprietors, 1816), 16p.

序章

12 **大きな利益を生み出していた広大な**：Trevor Burnard, *Planters, Merchants, and Slaves: Plantation Societies in British America* (Chicago: University of Chicago Press, 2015), 64–69p、James D. Rice, "Jamaica," in *The Historical Encyclopedia of World Slavery*, vol. I, ed. Junius P. Rodriguez (Santa Barbara: ABC-CLIO, 1997), 374p、Gilder Lerhman Institute for American History, "Facts About the Slave Trade and Slavery," https://www.gilderlehrman.org/history-by-era/slavery-and-anti-slavery/resources/facts-about-slave-trade-and-slavery, accessed on November 22, 2017、Alan Taylor, *American Colonies* (New York: Viking, 2001), 217–18p; W. J. Gardner, *A History of Jamaica* (London: Elliot Stock, 1873), 155–56p.

12 **〝虐待し、犬のように残酷に〟**：Cotton Mather, *The Vial Poured Out Upon the Sea: A Remarkable Relation of Certain Pirates Brought Unto A Tragical and Untimely End* (Boston: T. Fleet for N. Belknap, 1726), 1, 21p.

12 **ウィリアム・フライ**：フライの功績に関する背景情報は、次の資料による。
Joel H. Baer ed.,"Tryals of Sixteen Persons for Piracy etc." (Boston: Joseph Edwards, 1726) in *British Piracy in the Golden Age: History and Interpretation,*

Shomette, Donald G. *Pirates on the Chesapeake: Being a True History of Pirates, Picaroons, and Raiders on Chesapeake Bay, 1610–1807*. Centreville, MD: Tidewater Publishers, 1985.

Williams, Lloyd Haynes. *Pirates of Colonial Virginia*. Richmond, VA: Dietz Press, 1937.

Woodard, Colin. *The Republic of Pirates: Being the True and Surprising Story of the Caribbean Pirates and the Man Who Brought Them Down*. New York: Harcourt, 2007.

_____. "The Last Days of Blackbeard." *Smithsonian* (February 2014).

Zacks, Richard. *The Pirate Hunter: The True Story of Captain Kidd*. New York: Hyperion, 2002.

Flemming, Gregory N. *At the Point of a Cutlass: The Pirate Capture, Bold Escape, & Lonely Exile of Philip Ashton*. Lebanon, NH: ForeEdge, 2014.

Gosse, Philip. *The History of Piracy*. Mineola, NY: Dover Publications, 2007. First published in 1932 by the University of North Carolina Press.

Grey, Charles. *Pirates of the Eastern Seas (1618–1723)*: A Lurid Page of History. Port Washington, NY: Kennikat Press, 1971. First published in 1933 by S. Low, Marston & Co.

Hanna, Mark G. *Pirate Nests and the Rise of the British Empire: 1570–1740*. Chapel Hill: University of North Carolina Press, 2015.

Jameson, J. Franklin. *Privateering and Piracy in the Colonial Period, Illustrated Documents*. New York: Augustus M. Kelley, 1923.

Konstam, Angus. *The History of Pirates*. Guilford, CT: Lyons Press, 1999.

_____. *The Pirate Ship: 1660–1730*. Oxford: Osprey Publishing, 2003.

_____. *Blackbeard: America's Most Notorious Pirate*. Hoboken, NJ: John Wiley & Sons, 2006.

Lee, Robert E. *Blackbeard the Pirate: A Reappraisal of His Life and Times*. Winston-Salem, NC: John F. Blair, 1990.

Leeson, Peter T. *The Invisible Hook: The Hidden Economics of Pirates*. Princeton, NJ: Princeton University Press, 2009.

Lincoln, Margarette. *British Pirates and Society, 1680–1730*. London: Routledge, 2014.

Little, Benerson. *The Golden Age of Piracy: The Truth behind Pirate Myths*. New York: Skyhorse Publishing, 2016.

McDonald, Kevin P. *Pirates, Merchants, Settlers, and Slaves: Colonial America and the Indo-Atlantic World*. Oakland: University of California Press, 2015.

Moore, David. "Blackbeard the Pirate: Historical Background and the Beaufort Inlet Shipwrecks." *Tributaries* (October 1997).

Pringle, Patrick. *Jolly Roger: The Story of the Great Age of Piracy*. New York: W. W. Norton, 1953.

Rankin, Hugh F. *The Golden Age of Piracy*. New York: Holt, Rhinehart & Winston, 1969.

Rediker, Marcus. " 'Under the Banner of King Death': The Social World of Anglo-American Pirates, 1716 to 1726," *William and Mary Quarterly* (April 1981).

_____. *Between the Devil and the Deep Blue Sea: Merchant Seamen, Pirates, and the Anglo-American Maritime World, 1700–1750*. Cambridge: Cambridge University Press, 1987.

_____. *Villains of all Nations: Atlantic Pirates in the Golden Age*. Boston: Beacon Press, 2004.

Ritchie, Robert C. *Captain Kidd and the War against the Pirates*. Cambridge, MA: Harvard University Press, 1986.

Senior, Clive. *A Nation of Pirates: English Piracy in its Heyday*. London: David & Charles Newton Abbot, 1976.

参考文献一覧

本参考文献一覧には本書において引用された出典の一部を記載する。アメリカにおける海賊の歴史や海賊全般についてもっと知りたいと考える読者にとっての出発点となればと考える。具体的な記事や文中に記載された特定の海賊に関する追加情報については、文末注を参照されたい。

Appleby, John C. *Women and English Piracy, 1540–1720: Partners and Victims of Crime.* Woodbridge, UK: Boydell Press, 2013.

Baer, Joel H., ed. *British Piracy in the Golden Age: History and Interpretation, 1660–1730*, 4 vols. London: Pickering & Chatto, 2007.

Beal, Clifford. *Quelch's Gold: Piracy, Greed, and Betrayal in Colonial New England.* Washington, DC: Potomac Books, 2008.

Bialuschewski, Arne. "Between Newfoundland and the Malacca Strait: A Survey of the Golden Age of Piracy, 1695–1725." *Mariner's Mirror* (May 2004), 167–86p.

Brooks, Baylus C. *Quest for Blackbeard: The True Story of Edward Thache and His World.* Lake City: Lulu Press, 2016.

Burgess, Douglas R., Jr., The Pirates' Pact: *The Secret Alliances between History's Most Notorious Buccaneers and Colonial America*. New York: McGraw Hill, 2008.

Butler, Lindley S. *Pirates, Privateers, and Rebel Raiders of the Carolina Coast.* Chapel Hill: University of North Carolina Press, 2000.

Clifford, Lindley S. *Expedition Whydah: The Story of the World's First Excavation of a Pirate Ship and the Man Who Found Her*. With Paul Perry. New York: Cliff Street Books, 1999.

Cordingly, David. *Under the Black Flag: The Romance and the Reality of Life among the Pirates*. Orlando: Harvest Book, 1995.

_____. *Spanish Gold: Captain Woodes Rogers and the Pirates of the Caribbean*. London: Bloomsbury, 2011.

Defoe, Daniel [Charles Johnson]. *A General History of the Pyrates*, ed. Manuel Schonhorn. Mineola, NY: Dover Publications, 1999.

Dow, George Francis, and John Henry Edmonds. *The Pirates of the New England Coast, 1630–1730*. New York: Sentry Press, 1968. First published in 1923.

Downey, Christopher Byrd. *Stede Bonnet: Charleston's Gentleman Pirate.* Charleston: History Press, 2012.

Earle, Peter. *The Pirate Wars*. New York: Thomas Dunne Books, 2003.

Esquemelin, Alexander O. *The Buccaneers of America*. Translated by Alexis Brown, and introduction by Jack Beeching. Mineola, NY: Dover Publications, 2000.

イラストレーション・クレジット

［19、36、37、39、45、51、55、117、167、177、183、191、196、197、227（下）、251、283、309、321、325、347、369、385、399、406］
アメリカ議会図書館の厚意により

［269］アメリカ議会図書館Geography and Map Divisionの厚意により

［407］アメリカ議会図書館Prints and Photographs Division , The Jon B. Lovelace Collection of California Photographs in Carol M. Highsmith's America Project

［29、31（上）、31（下）、47、49、53、59、63、137、161、221、223、227（上）、245、279、281、287、303、323、349、355、359、367］
ボストン大学ジョン・カーター・ブラウン図書館の厚意により

［43］海軍兵学校ニミッツ図書館Collections & Archives Departmentの厚意により

［57、207、357］ハーバード大学ホートン図書館の厚意により

［85、113、119、169、225、331、339、341、373］
Charles Ellms, *The Pirates Own Book, or Authentic Narratives of the Lives, Exploits, and Executions of the Most Celebrated Sea Robbers* (Boston: S. N. Dickinson, 1837). ハーバード大学ホートン図書館の厚意により

［379］John Barnard, *Ashton's Memorial: Or An [sic] History of the Strange Adventures, and Signal Deliverances, of Mr. Philip Ashton*. ハーバード大学ホートン図書館の厚意により

［99］ニューヨーク公共図書館I. N. Phelps Stokes Collection of American Historical Printsの厚意により

［135］ニューヨーク公共図書館The Miriam and Ira D. Wallach Division of Art, Prints and Photographs: Print Collectionの厚意により

［151］ニューヨーク公共図書館Astor, Lenox and Tilden Foundations, Art and Picture Collectionの厚意により

［327］ニューヨーク公共図書館Miriam and Ira D. Wallach Division of Art, Prints and Photographs: Print Collectionの厚意により

［247、365］メトロポリタン美術館the Jefferson R. Burdick Collection, Gift of Jefferson R. Burdickの厚意により

［335］"New and Correct Map of the Province of North Carolina," by Edward Moseley (1733). イースト・キャロライナ大学ジョイナー図書館の厚意により

［371］アメリカ海洋大気庁アメリカ海洋漁業局の厚意により

［422］© Lily Dolin

※［］内はページ番号

■著者紹介

エリック・ジェイ・ドリン（Eric Jay Dolin）

1961年アメリカ生まれ。ブラウン大学では生物学と環境研究を専攻後、エール大学で環境管理研究の修士号を、マサチューセッツ工科大学で環境政策計画研究の博士号を取得。アメリカ環境保護庁勤務、環境コンサルタントの後、アメリカ海洋大気庁海洋漁業局の漁業政策分析官として活動。著書に『クジラとアメリカ ── アメリカ捕鯨全史』（原書房）がある。現在は、マサチューセッツ州マーブルヘッドに家族と一緒に住んでいる。

著者ウェブサイト　ericjaydolin.com
Facebook　@ericjaydolin
Twitter　@EricJayDolin

■訳者紹介

吉野弘人（よしの・ひろと）

宮城県出身。山形大学人文学部卒業。金融機関、監査法人勤務を経て、2019年より翻訳業に。『黒と白のはざま ザ・プロフェッサー』『ザ・プロフェッサー』（共にロバート・ベイリー著／小学館）などがある。

2020年8月3日 初版第1刷発行

フェニックスシリーズ⑪⑪

海賊《かいぞく》の栄枯盛衰《えいこせいすい》
──悪名高きキャプテンたちの物語

著　者　エリック・ジェイ・ドリン
訳　者　吉野弘人
発行者　後藤康徳
発行所　パンローリング株式会社
〒160-0023　東京都新宿区西新宿7-9-18　6階
TEL 03-5386-7391　FAX 03-5386-7393
http://www.panrolling.com/
E-mail　info@panrolling.com
装　丁　パンローリング装丁室
印刷·製本　株式会社シナノ

ISBN978-4-7759-4236-9